ULLSTEIN

Die Autorin

Dr. Judith Orloff arbeitet als psychiatrische Ärztin in Los Angeles und hat eine Professur für klinische Psychiatrie an der Universität von Kalifornien. Sie hält regelmäßig Vorträge und Workshops über ihre Arbeit.

Von Judith Orloff sind in unserem Hause erschienen:

Jenseits der Angst
Die Kraft in mir

Judith Orloff

Die Kraft in mir

Fünf Schritte zu körperlicher, emotionaler und sexueller Gesundheit

Aus dem Amerikanischen
von Angelika Hansen

Ullstein

Besuchen Sie uns im Internet:
www.ullstein-taschenbuch.de

Ullstein Esoterik
Herausgegeben von Michael Görden

Aus dem Amerikanischen von Angelika Hansen
Titel der Originalausgabe
DR. JUDITH ORLOFF'S GUIDE TO INTUITIVE HEALING
Erschienen bei Crown Publishers, a division of Random House, Inc.

Umwelthinweis:
Dieses Buch wurde auf chlor- und säurefreiem Papier gedruckt.

Ullstein ist ein Verlag der Ullstein Buchverlage GmbH, Berlin.
Neuausgabe
1. Auflage November 2004

Umschlaggestaltung: FranklDesign, München
Titelabbildung: www.vietmeier.com
Druck und Bindearbeiten: Ebner & Spiegel, Ulm
Printed in Germany
ISBN 3-548-74210-6

Inhalt

Vorwort

In den letzten Jahren haben mehr und mehr Menschen nach einer neuen Art von Medizin gesucht. Vielen ist klar geworden, dass die begrenzte Welt von Hightech, invasiven Verfahren, zentraler ärztlicher Versorgung und sechsminütigen Arztbesuchen sowohl für die Ärzte als auch für die Patienten oftmals unbefriedigend ist. Eine kürzlich von der Kellogg-Foundation freigegebene Studie zeigt, dass jeder dritte Amerikaner davon überzeugt ist, dass das bestehende medizinische System selbst schwer krank ist.

Laut neuesten Untersuchungen würde die Mehrheit aller amerikanischen Ärzte ihren Söhnen und Töchtern nicht empfehlen, Medizin zu studieren. Darüber hinaus wächst die Frustration der Ärzte und Patienten über die Versuche, Kosten für medizinische Behandlungen durch begrenzten Zugang zu ärztlicher Fürsorge zu kontrollieren, anstatt die den Leiden und Krankheiten zugrunde liegenden Ursachen aufzudecken.

In *Die Kraft in mir* beschreibt Frau Dr. Orloff mit beredten Worten ihre Vision, wie die Fürsorge für den Körper mit anderen Dimensionen von Gesundheit und Heilung in ein organisches Ganzes gebracht werden kann, wo sowohl emotionale und spirituelle als auch physische Transformation möglich ist. Sie hilft uns, eine Verbindung zwischen verschiedenen Welten herzustellen. Sie ist eine erfahrene, schulmedizinisch ausgebildete Ärztin, die Intuition und Spiritualität in ihre Praxis integriert. Als ich Frau Orloff zum ersten Mal traf, war ich von ihrer Leidenschaft beeindruckt, mit der sie anderen Menschen hilft, ihre innere Stimme und eigene persönliche Wahrheit zu finden. Im Umgang mit anderen ist sie sanft, doch ihre Hingabe an dieses Ziel ist von wilder Entschlossenheit.

In meiner Arbeit habe ich festgestellt, dass Schmerz und Leid in all ihren Formen, einschließlich Krankheit, ein mächtiges Tor zu einer positiven Veränderung unseres Lebens sein können. Wenn wir das Leid auch nicht suchen, so ist es doch zuweilen unvermeidlich. Die konventionelle Schulmedizin lehrt uns, Schmerz abzutöten, zu betäuben, auszuschalten oder uns von ihm abzulenken. Im vorliegenden Buch beschreibt Frau Orloff, wie wir die Erfahrung des Schmerzes und Leidens benutzen können, um unsere Wertvorstellungen zu klären und herauszufinden, was uns am meisten am Herzen liegt und was nicht. Manchmal sind die bedeutungsvollsten Veränderungen im Leben am schwierigsten einzuschätzen, doch sie können erfahren werden.

Liebe ist ein wunderbarer Weg, um die tiefsten Aspekte unseres Selbst zu erreichen und die ruhige, intuitive Stimme in unserem Innersten zu hören, die von den meisten spirituellen und religiösen Traditionen beschrieben wird. Nach meiner Erfahrung vermittelt diese Stimme sehr deutliche, jedoch leise Informationen, die zutiefst sinnvoll, ja sogar heilend sind.

Das vorliegende Buch kann Ihnen helfen, einen direkteren Zugang zu Ihrer eigenen inneren Stimme zu finden. In einer Zeit, in der wir zuweilen die Gültigkeit unserer eigenen Erfahrungen infrage stellen und in der Abstimmungsergebnisse oftmals Führungsqualitäten ersetzen, birgt die Fähigkeit, Ihre Intuition anzuwenden, in praktischer und transformativer Hinsicht ungeahnte Möglichkeiten.

Ihre Intuition kann es Ihnen erleichtern, Ihre Ernährungsweise zu ändern, regelmäßig Sport zu treiben, das Rauchen einzustellen und besser mit Stress fertig zu werden. Informationen über Gesundheit zu sammeln und den Intellekt zu befriedigen ist wichtig, doch in der Regel für die meisten Menschen nicht ausreichend, um positive Veränderungen in der Ernährungsweise und im gesamten Lebensstil vorzunehmen und beizubehalten; wäre dies der Fall, würde niemand rauchen. Es liegt nicht am Mangel an Information – jeder, der raucht, weiß, dass es nicht gut für ihn ist. Wir müssen auf einer tieferen Ebene an die Dinge herangehen.

Liebe ermöglicht uns, mit unseren tiefsten Intuitionen in Kontakt zu kommen. Der Gedanke, dass Liebe heilt, ist nicht neu; eine zunehmende Zahl wissenschaftlicher Untersuchungen zeigt heute deutlich, dass Personen, die sich einsam, depressiv und isoliert fühlen, viel öfter krank werden und vorzeitig sterben. Andererseits zeigen viele Studien, dass alles, was ein Gefühl von Liebe, Intimität und Gemeinsamkeit erzeugt, gleichzeitig Gesundheit und Langlebigkeit fördert. Zum Beispiel haben zahlreiche Forschungen gezeigt, dass Krebskranke, die sich in entsprechenden Selbsthilfegruppen zusammenschließen, oftmals nicht nur ihre Lebensqualität verbessern, sondern auch länger überleben.

Für mich besteht das höchste Ziel des Heilens nicht darin, ewig zu leben, sondern zu lernen, ein erfüllteres und freudvolleres Dasein zu führen, mit einem offenen Herzen und voller Mitgefühl. Der Weg der Liebe und des intuitiven Heilens, den Judith in diesem Buch beschreibt, und die machtvollen Werkzeuge, die sie anbietet, können Ihr Leben verändern.

Dr. Dean Ornish

Gründer und Vorsitzender des Preventive Medicine Research Institute, Professor der Medizin an der School of Medicine, University of California; Autor der Bücher *Die revolutionäre Therapie: Heilen mit Liebe* und *Revolution in der Herztherapie.*

Einleitung

Wir sind die Hüter unserer eigenen Heilung. Wir sind die Hüter einer intuitiven Intelligenz, die so machtvoll ist, dass sie uns den Weg zu unserer Heilung zeigen kann. Für jeden von uns ist die Zeit gekommen, diese Macht wieder zu ergreifen. Vergessen Sie nie: Es ist Ihr Recht, gesund zu werden. Es ist Ihr Recht, in Ihrem eigenen Innern nach den Antworten zu suchen.

Wir sind die Vorhut einer Revolution im Bereich der Gesundheitsfürsorge, die genauso tief greifend ist wie die Bürgerrechtsbewegung oder der Feminismus. Ich sehe einen weltumspannenden Aufstand von mutigen Menschen wie Sie, die fordern, dass ihre spirituellen und intuitiven Stimmen beim Heilungsprozess geachtet werden. Ihre Leidenschaft macht einen Unterschied; sie wird die Dinge verändern und hat es bereits getan. Ansichten wandeln sich. Überall begegne ich Personen in medizinischen Berufen und Patienten, die sich alleine gegen die eisige Sterilität technologischer Erfindungen – egal, wie wundervoll sie sein mögen – auflehnen, wenn dafür einfache Freundlichkeit, Liebe und eine Ehrfurcht vor unserer inneren Vision geopfert wird.

Wir Ärzte haben so viel vergessen. Wir müssen dringend unser Gespür für das Visionäre wiedererlangen und dafür kämpfen, den Geist der Medizin lebendig zu erhalten. Die Zukunft der Medizin liegt in der Integration von Intuition und technologischem Fortschritt, in der Vermählung von Herz und Geist. Es ist eine traurige Tatsache, dass zu viele im Bereich der Gesundheitsfürsorge tätige Menschen den Blick für diese Dinge verloren haben, und zwar in einem solchen Maße, dass die von unserer Kultur anerkannten Heilkundigen nicht einmal mehr wissen, dass sie sehen können. Sie gehen ihrem Beruf mit einer

Blindheit nach, die tödlich ist; einer Blindheit, die zum Beispiel in der traditionellen Psychiatrie diktiert, dass »Behauptungen von sechstem Sinn oder Hellsehen« als psychotische Wahnvorstellung oder Betrug abgestempelt werden. Das wurde mir in meiner medizinischen Ausbildung an der Universität von Southern California und während meiner vier Jahre als Assistenzärztin in der Psychiatrie beigebracht. Auch heute noch ist diese Einstellung üblich in der medizinischen Praxis. Visionslos sind viele Mediziner und Pfleger nicht in der Lage zu begreifen, dass sowohl unsere eigene Heilung als auch die unserer Patienten und unseres Planeten vom Erwachen unseres Mitgefühls, unserer intuitiven Voraussicht und Demut vor dem Mysterium des Geistes abhängig sind.

Ich definiere Intuition als eine mächtige Form innerer Weisheit, die nicht von unserem rationalen Verstand beeinflusst wird. Sie ist eine sanfte, ruhige innere Stimme, die wir alle hören können, wenn wir wollen – eine unerschütterliche, unserem Wohlbefinden verpflichtete Stimme der Wahrheit. Sie können sie als ein »Gefühl im Bauch« erleben, als eine Ahnung, eine blitzlichtartige Erkenntnis oder einen Traum. Immer ein Freund, hält sie ein wachsames Auge auf unseren Körper und lässt uns wissen, wenn etwas aus dem Gleichgewicht geraten ist.

Wir alle besitzen in unserem Inneren einen intuitiven Heilungscode, der die Blaupause für unsere Gesundheit, unser Glück und für das Überleben von allem, was hier auf der Erde gut ist, beinhaltet. Dieser Code ist in einer Sprache der Stille geschrieben, der Metaphorik, Bildsymbolik, Energie und eines Wissens, das uns fremd erscheint, bis wir lernen, es zu entziffern. Ich möchte mit Ihnen teilen, was ich bis heute über diesen Code weiß, obwohl ich ständig mehr darüber lerne. Indem Sie seine Nuancen, seine Geheimnisse zu verstehen beginnen, wird Ihnen der Code bald als die vertrauteste aller Sprachen erscheinen;

eine Sprache, die Sie beherrschten, bevor Sie sich überhaupt an irgendetwas Materielles erinnern konnten; eine Sprache, für deren Verständnis kein gesprochenes Wort erforderlich ist.

Meine Erfahrung ist die einer Psychiaterin, die ihre Intuition benutzt. Ich schreibe dieses Buch, um Ihnen die praktischen Techniken für die Benutzung Ihrer eigenen Intuition zur Heilung vorzustellen, die ich täglich in meinem Leben anwende und an meine Patienten weitergebe. Während Sie dieses Buch lesen, werden Sie lernen, wirklich auf die Bedürfnisse Ihres Körpers zu hören. Sie werden lernen, Warnzeichen zu erkennen und entsprechend zu handeln, um Krankheiten vorzubeugen. Ich werde Ihnen die Fähigkeit vermitteln, lebenswichtige Informationen mithilfe von Meditation, Träumen und Remote-Viewing (einer Art intuitiver Einstimmung) zu erhalten, um wieder Sinn in Ihr Leben zu bringen, wenn es am verwirrendsten ist. Die Einsichten, die Sie aus diesen Techniken gewinnen, werden solchen Erfahrungen wie Krankheit, Verlust oder Hoffnungslosigkeit, die der rationale Verstand allein kaum richtig einschätzen kann, einen neuen Sinn geben. Ich werde Ihnen eine Methode zeigen, wie Sie die subtilen Kräfte Ihres Körpers benutzen können, um Schmerzen zu heilen, Panikzustände, Depressionen und andere Symptome aufzulösen.

Denken Sie so weit zurück, wie Sie können. Versuchen Sie sich an einen spezifischen Augenblick zu erinnern, als Sie auf das hörten, wirklich zutiefst hinhörten, was unsichtbar zu sein schien, sich aber überaus wirklich anfühlte. Vielleicht handelte es sich dabei um die innere Aufforderung, einen bestimmten Beruf zu ergreifen; eine plötzliche, unerklärliche Anziehung zu dem Menschen, den zu heiraten Sie bestimmt waren; oder einfach ein starker Impuls, einen guten Freund zu kontaktieren, den Sie jahrelang nicht gesehen hatten. Dieses unbestreitbare Gefühl für das Richtige ist ein Echo des Codes, von dem ich spreche. Diese Sicherheit steht Ihnen bei allen Ihren Entscheidungen zu. Selbst wenn Sie momentan den Kontakt mit dieser inneren Stimme verloren haben, lassen Sie mich Ihnen helfen, sie wieder zu finden. Dies ist die Art von Intuition, auf der ich sowohl meine Karriere als Psychiaterin als auch mein persönliches Leben aufgebaut habe. Ohne sie fühle ich mich nicht vollständig. Ohne sie bekommen meine Patienten nur einen Bruchteil meiner Heilfähigkeit, was ihnen nur schadet. Ohne sie fehlt mir die Freude, Klarheit und Vision, um im Leben meiner Patienten und in meinem eigenen positive Veränderungen herbeiführen zu können. Ich gestatte nichts und niemandem, mich von meiner Intuition abzuhalten.

In meinem ersten Buch *Jenseits der Angst* sprach ich über die Kämpfe, die ich durchgemacht habe, um meine intuitiven Fähigkeiten mit der Welt der Wissenschaft in Einklang zu bringen. Ich habe von der Einsamkeit und Angst erzählt, die ich als Einzelkind erlebt habe, das in der Lage war, Unausgesprochenes zu spüren und Dinge über Menschen zu wissen, ohne dass sie auch nur ein Wort erwähnten. Meine Fähigkeiten erschreckten meine Eltern, die beide Ärzte waren. Mir wurde verboten, zu Hause über meine Vorahnungen zu sprechen. Oft schaute ich nachts stundenlang verzweifelt zu den Sternen empor und betete, dass ein Raumschiff in unserem Vorgarten landen, mich mitnehmen und zu meinem wirklichen Zuhause bringen würde. Die Entfremdung, die ich in jenen Tagen fühlte, ist heute für niemanden von uns mehr nötig.

Heute ist Intuition meine größte Leidenschaft. Ich bin den vielen Engeln in meinem Leben dankbar, Lehrern, die geduldig mit mir durch meine Ängste gegangen sind. In meiner psychiatrischen Praxis verlasse ich mich bei jedem Aspekt der Patientenfürsorge auf meine Intuition. Ich benutze sie zusammen mit meiner konventionellen medizinischen Ausbildung, um für den jeweiligen Patienten die für ihn optimale Behandlungsmöglichkeit zu finden. Die Botschaften, die ich von Visionen, Träumen und innerem Wissen erhalte, leiten mich, gemeinsam mit meinem Verstand. Ich lehre die Patienten, ihrer inneren Stimme als einer Quelle authentischer Wahrheit zu vertrauen. Ich habe das Glück, viel herumzureisen und Vorträge über intuitives Heilen vor vielen außergewöhnlichen Zuhörern zu halten – sowohl Personen im Bereich der Gesundheitsfürsorge als auch aus anderen Berufen –, die sich danach sehnen, ihre Fähigkeit des Sehens wiederzuerlangen. Unsere Zahl nimmt rapide zu. Wir können uns heute gegenseitig unterstützen. Das größte Geschenk, das ich durch die Veröffentlichung von *Jenseits der Angst* erhalten habe, ist die Freiheit, meine innere Stimme anzuerkennen und darüber zu sprechen, trotz der Angst davor, was meine Kollegen in der Schulmedizin darüber denken mögen.

Die Reaktionen von Lesern, Kollegen, Patienten und Seminarteilnehmern sind großzügiger und positiver gewesen, als ich es mir je hätte träumen lassen. Ich habe viele tausend Briefe und Anrufe von den verschiedensten Menschen erhalten, die man sich vorstellen kann – Ärzte, Rabbiner, Nonnen, Gefängnisinsassen, schizophrene Patienten, Hausfrauen, Schauspieler, FBI-Agenten, Schüler und sogar von einer Gruppe von mehr als 90 Lehrern aus Oklahoma, die sich von ihren intuitiven Einsichten haben leiten lassen, um Kleinkinder zum Lernen zu inspirieren – und alle waren sie fest entschlossen, ihre innere Stimme zu finden. Diese Menschen sind meine Helden. Sie alle haben gesehen, wie viel Gutes passiert, wenn sie dem unsichtbaren Code, von dem ich spreche, gestatten, sich in liebevollem Dienst am anderen zu offenbaren.

Hierbei handelt es sich keineswegs um ein seltenes Phänomen. Es ist weit verbreitet. So viele von uns sind es leid, betäubt zu bleiben und zu schlafen; wir sehnen uns nach der Art von Hochgefühl, das nur durch intuitives und spirituelles Erwachen gewonnen wird. Wachen Sie gemeinsam mit mir auf. Beginnen Sie, den Schleier vor Ihren Augen zu lüften. Der Himmel ist nicht ein weit entfernt liegender Ort, der vom Leben getrennt ist. Intuition wird Sie in die Lage versetzen, die Schönheit, die Leidenschaft und das wunderbare Licht zu sehen, das schon immer da gewesen ist.

In meinem ersten Buch sprach ich von der allgemeinen Theorie und Praxis der Intuition; im vorliegenden Buch möchte ich Ihnen spezielle intuitive Werkzeuge vorstellen, durch die Sie Zugang zu der heilenden Weisheit in Ihrem eigenen Innern finden können.

Ich benutze die Bezeichnung »intuitives Heilen« in diesem Buch, um die intuitive Brillanz zu betonen, die wir alle anzapfen können, um unsere Lebenskraft beizubehalten und zu optimieren. Mein Hauptthema ist ganz einfach: Unsere Intuition kann uns einen Zugang zu unserer Spiritualität geben und uns zeigen, wie wir gesünder und vollkommener werden können. Wenn Sie sich guter Gesundheit erfreuen, werden Sie wissen wollen, wie Sie mithilfe der Intuition gesund bleiben und Botschaften erkennen können, mit deren Hilfe Sie eine Erkrankung verhindern können. Wenn Sie oder ein Ihnen nahe stehender Mensch Heilung brauchen, werden Sie sich von Ihrer Intuition den Weg dahin zeigen lassen können.

Ich möchte Sie bitten, den Begriff Heilung im weitesten Sinne zu verstehen. Heilung kann ein völliges Verschwinden von Symptomen beinhalten, eine »Genesung« – oder auch nicht. Auf einer tief gehenden intuitiven Ebene bezieht sich Heilung auch auf die Selbsterkenntnis und das Seelenwachstum, die durch Krankheit oder den herannahenden Tod erreicht werden können. Unsere Wahrnehmung dieser Übergänge ist von größter Bedeutung. Ob gesund oder krank, wenn unser Ziel das Mitgefühl für uns selbst, inneres Hinhören und eine tiefere Verbindung mit dem Göttlichen ist, engagieren wir uns in einem Akt der Liebe, der unvermeidlich zu einer Transformation führt.

Um den Heilungsprozess – einen im Wesentlichen nonverbalen Vorgang – darzulegen, stelle ich Ihnen nachfolgend ein Rahmenwerk von fünf intuitiven Schritten vor. Sie können sich, genau wie ich, auf die Wirkung dieser fünf Schritte verlassen, um alle Aspekte Ihres Lebens zu klären. Lassen Sie sich von ihnen führen. Sie können Ihnen helfen, Entscheidungen in Bezug auf ärztliche Fürsorge zu untermauern, oder Ihnen kreative Alternativen anbieten. Die fünf Schritte sind:

1. Achten Sie auf Ihre Glaubenssätze!
2. Nehmen Sie Ihren Körper bewusst wahr!
3. Erspüren Sie das energetische Potenzial Ihres Körpers!
4. Bitten Sie um innere Führung!
5. Hören Sie auf Ihre Träume!

Egal, um was es sich handelt, diese fünf Schritte sind überzeugende Werkzeuge. Ich empfehle Ihnen dringend, Ihre Heilung nicht dem Zufall zu überlassen. Indem Sie die Verantwortung für Ihre intuitiven Bedürfnisse übernehmen, können Sie besser für sich sorgen. Im Verlauf dieses Buches werde ich detailliert beschreiben, wie Sie diese Schritte benutzen können, um bei Ihrer Gesundheit eine instinktiv informierte, aktive Rolle zu spielen.

Die Kraft in mir ist in drei Teile gegliedert. Im Abschnitt »Der Körper« hebe ich die lebenswichtige Rolle hervor, die Ihre Intuition und Ihr subtiles Energiesystem bei der Aufrechterhaltung Ihrer physischen Gesundheit, bei der Selbstdiagnose, der Schmerzkontrolle und der Heilungsbeschleunigung spielen. Darüber hinaus mache ich Sie mit einem grundlegenden Kriterium bei der Wahl eines Arztes oder Heilers vertraut, der in der Lage ist, spirituelle, intuitive und technische Fähigkeiten sinnvoll miteinander zu verbinden.

Der zweite Teil des Buchs, »Emotionen und Beziehungen«, macht deutlich, dass Ihr Weg als spiritueller Krieger darin besteht, zum Kern Ihres Gefühlslebens vorzudringen und die dort vorgefundenen Verletzungen durch Mitgefühl zu heilen. Hier wird gezeigt, wie Intuition zu Durchbrüchen bei Angstzuständen, Depressionen und emotionalen Blockaden führen kann, selbst in Fällen, wo die traditionelle Psychotherapie versagt hat. Er beschreibt die wichtige Bedeutung der Zentrierung und des Schutzes unserer Energie. Sie werden über die intuitive Anwendung von Antidepressiva und anderen Medikationen lernen. Sie werden sehen, wie Intuition gute Beziehungen stärken, problematische retten und Ihnen helfen kann, passende Lebenspartner zu wählen.

Der dritte Teil, »Sexuelles Wohlbefinden«, stellt die sexuelle Energie als einen mächtigen Verbindungsfaktor dar, eine Oase für die Pflege und Fürsorge unserer verwirrten Spiritualität. Sexualität ist mehr als physische Liebe; sie ist eine intuitive Art des Seins in der Welt, eine energetische Öffnung zum Leben, zur Natur und zur geistigen Dimension. Sie kann Ihnen ein Gefühl gesteigerter Dynamik und den anderen Bereichen Ihres Lebens eine verstärkte Vitalität verleihen. Sie werden entdecken, wie Sie Ihre Sexualität erwecken können – unabhängig davon, ob Sie in einer Beziehung leben oder nicht – und wie Sie die erotische Kraft lenken können, um Symptome von Depression bis Rückenschmerzen zu heilen.

Meine jahrelangen Erfahrungen als Ärztin haben mir gezeigt, dass unser physisches, emotionales und sexuelles Wohlbefinden miteinander verbunden sind, als Mitarbeiter in einem eleganten Zusammenspiel. Wenn wir diese vielfältigen Verbindungen nicht anerkennen, wird eine komplette Heilung unmöglich sein. Wir alle sind vielseitige Wesen, wenn wir uns auch weit von unserer wirklichen Kraft entfernt haben. Ich bitte Sie, mutig zu sein und Ihre vielfältigen Seiten mit mehr Herz in Einklang zu bringen, als Sie es jemals erlebt haben. Selbst wenn Sie nur einen Ihrer Aspekte abtrennen und unberücksichtigt lassen, tun Sie sich Gewalt an. Stellen Sie sich immer wieder auf die fünf Schritte ein, mit denen Sie vereint Ihre Energie stärken und Ihre Gesundheit in bestem Zustand halten können.

Es wird eine Zeit kommen, wo wir entscheiden müssen, ob wir ein Leben führen wollen, das auf den Bedürfnissen unseres Herzens basiert. Im Hinblick auf Heilung bedeutet diese Verpflichtung, in eine mitfühlende Übereinstimmung mit den hellen und dunklen Kräften zu kommen, die uns formen, und nichts auszulassen. Erinnern Sie sich daran, wenn Sie all den Engeln und Dämonen auf Ihrem Weg begegnen. Indem sich Ihr Herz öffnet, wird Ihnen auch verstärkt Ihre Intuition zugänglich; sie wird Ihnen zeigen, wie Sie sehen und leben können. Sie wird Sie mit einem Gefühl erneuerten Glaubens und Vertrauens erfüllen, das es Ihnen ermöglicht, sich allem zu stellen.

Während ich dies schreibe, befinden wir uns im Jahre 5758 des jüdischen Kalenders, dem Jahr *enya,* was so viel heißt wie »Ihr werdet es intuitiv wissen«. In diesem Sinne lade ich Sie ein, sich eingehend mit dem vorliegenden Buch zu befassen und vielleicht neue Gebiete zu erkunden. Versuchen Sie, offen zu bleiben. Gehen Sie gemeinsam mit mir ein Risiko ein. Es gibt eine Magie in dem, was unsichtbar ist. Erlauben Sie sich, berührt zu werden. Seien Sie wieder unschuldig, damit Ihnen nichts verborgen bleibt. Sie können den intuitiven Code überall spüren: in der Wärme Ihres Atems, in Ihrem Körper, im sanften Rauschen der Blätter im Wind, im mitternächtlichen Meer. Seien Sie ganz still. Lauschen Sie aufmerksam … der Mond, die Erde, die Sterne – sie alle kennen das Geheimnis der Intuition. Lassen Sie es sich von ihnen zuflüstern.

ERSTER TEIL

Der Körper

1

Was ist intuitives Heilen?

Jeder Anfang hat eine magische Kraft …
die uns beschützt und uns hilft zu leben.

Hermann Hesse

Das Zwielicht schimmerte violett und badete die Hügel Neuenglands in einem sanften Licht. Direkt über mir konnte ich Jupiter sehen, wie er unterhalb einer blassen Sommer-Mondsichel strahlte. Ein magischer Anblick, der mir Kraft gab. Der frühe Abend, noch immer warm, lag zwischen Licht und Schatten – wie wir alle – und wies mich in die Richtung dessen, was kommen würde.

Ich befand mich auf dem Weg zu einem Seminar, das ich für 150 weibliche Gefangene in einem Frauengefängnis in Connecticut leiten würde. Ich war von Marcelle, einer in diesem Gefängnis tätigen Sozialarbeiterin, eingeladen worden, die mein Buch *Jenseits der Angst* gelesen hatte. Wir hatten uns bei unserem ersten Telefongespräch auf Anhieb verstanden. Sie war knallhart und lustig, mit der Stimme einer Straßengöre aus Brooklyn. »Diesen Frauen geht es wirklich dreckig«, sagte sie. »Sie haben schlimme Entscheidungen in ihrem Leben getroffen. Bitte kommen Sie und bringen Sie ihnen bei, auf ihre innere Weisheit zu hören. Das wird ihnen gefallen; das wird ihnen gut tun.« Ich fühlte mich geehrt und nahm die Chance wahr. Wieder einmal war ich erstaunt, wohin das Leben mich führte. Intuitives Heilen in einem Gefängnis? Und die Wärter waren damit einverstanden? Während meiner medizinischen Ausbildung an der Universität von Los Angeles hätte ich mir eine solche Einladung nicht einmal im Traum vorstellen können.

Damit will ich nicht sagen, dass ich nicht nervös war. Ich hatte bereits einmal ein Hochsicherheitsgefängnis für Männer besucht – eine aufschlussreiche, doch entnervende Erfahrung. Ich weiß, dass es irrational ist, doch wann immer ich mich in der Gesellschaft von Leuten in Regierungsuniformen befinde, fühle ich mich schuldig, so als hätte ich etwas falsch gemacht. Das ist wie ein Reflex. Selbst wenn ich nicht zu schnell fahre, zucke ich zusammen, wenn hinter mir ein Streifenwagen fährt. Außerdem muss ich zugeben, dass mich der bloße Gedanke, eingesperrt zu werden und gesagt zu bekommen, was ich zu tun habe, in eiskalte Panik versetzt. Ich nehme an, dass es sich dabei um die Kombination eines Hauchs von Klaustrophobie, meiner Furcht vor willkürlichen Regeln und Bestimmungen und meinem Bedürfnis handeln zu müssen, sodass ich in jedem Augenblick aus einer Situation fliehen kann, wenn ich beschließe, dass es an der Zeit ist zu gehen. Ich bin immer diejenige, die in ihrem eigenen Auto zu Verabredungen oder sonst wohin fahren will … für alle Fälle.

Meine Anspannung verringerte sich, als ich den Eingang der Haftanstalt erreichte. Das Gefängnis war von mehreren Hektar saftig grüner Wiesen umgeben, die von schirmförmigen Holzapfelbäumen und Gruppen von duftenden, knorrigen Pinien gesäumt waren. Ich bestaunte den Schwarm purpurfarbener Truthähne und schwarzer kanadischer Gänse, die wild und beschützt auf diesem bundesstaatlichen Gelände lebten. Marcelle begrüßte mich mit einem Lächeln: »Herzlich willkommen in Dunbury.« Ich schluckte. Universen kollidierten. Da stand sie, braunhäutig und exotisch wie eine Zigeunerin, in ihrem langen, bunten Blumenrock, mit tintenschwarzen Haaren, die im Wind wehten – ein Hinweis auf ihre libanesische

Abstammung. Doch hinter ihr ragte bedrohlich ein doppelter Drahtzaun mit säbelspitzen Pfosten empor. Ich wappnete mich und nahm einen langen, tiefen Atemzug. Dann gingen wir hinein.

In Gefängnissen gibt es weder Kurven noch Farben. Wo immer ich hinschaute, sah ich in Winkeln angeordnete Zementblöcke, beigefarbene rechteckige Gefängnishöfe, quadratische gewölbte Türen, die zur Sperrstunde zugeknallt werden, und ausgeblichene, in Winkeln von 90 Grad aufgestellte Bänke. Marcelle und ich überquerten den Hof – der ungefähr die Größe von zwei Fußballfeldern hatte – und betraten das Auditorium, einen großen, trostlos anmutenden Raum, der dennoch von einer spürbaren Energie vibrierte. Das große Geschenk für mich als Intuitive ist die Fähigkeit zu spüren, was man nicht sehen kann. Hier, in diesem Augenblick, spürte ich unsichtbare Scheinwerfer, die mich wie die Strahlen der Sonne erwärmten und mir von den Augen der anwesenden Frauen entgegenstrahlten. Überall sah ich Hunderte von Augenpaaren, die zu uns emporschauten, fragend, suchend, leuchtend. Rauheit und Sanftheit vermischten sich. Ich sah geheimnisvolle, ovale schwarze afrikanische Augen, die Augen weiser älterer Frauen, andere Augen von strahlendem Blau oder Grün. Ich spürte das Summen von Wut und Angst, die Ruhelosigkeit unter ihrer Haut … und gleichzeitig ein subtiles Leuchten, das alles durchdrang.

»Guten Abend, meine Damen«, grüßte Marcelle gut gelaunt die Menge. »Ich möchte Ihnen Frau Dr. Orloff vorstellen.« Ich ging auf die Bühne und nahm vorsichtig auf dem bereitstehenden Stuhl Platz. Ich fühlte mich winzig, während ich meinen Blick über das riesige Auditorium mit all den Frauen in ihren khakifarbenen Gefängnisuniformen schweifen ließ. Ich wusste, dass die äußeren Umstände ihres und meines Lebens nicht verschiedener hätten sein können. Zudem war ich perfekt dazu geeignet, als

Stereotyp abgestempelt zu werden. Psychiaterin und intuitive Heilerin aus Kalifornien? Klar! Wie viele Menschen, vor allen Dingen an der Ostküste, hätten ihren Spaß damit haben können? Wenn ich doch nur aus dem mittleren Westen käme! Ich fragte mich, ob man mir überhaupt zuhören würde. Ich musste mich selbst daran erinnern, dass alle Antragsformulare für die Beteiligung an diesem Seminar innerhalb von 20 Minuten ausgefüllt worden waren. Diese Frauen hatten sich alle entschieden, zu kommen und ihre Freizeit für das Seminar zu opfern.

Ich begann mit den wesentlichen Dingen. »Wie viele von Ihnen waren von Ihrer Intuition gewarnt worden, kein Verbrechen zu begehen, doch wie viele richteten sich nicht danach?« Fast alle Frauen hoben die Hand.

»Wie viele von Ihnen haben gewusst, dass Sie Ihre Gesundheit gefährdeten, doch Sie ignorierten die Zeichen, die Ihnen Ihr Körper schickte?« Wieder gingen viele Hände hoch.

»Wie viele von Ihnen haben gespürt, dass eine Beziehung nicht gut gehen würde, was Sie aber nicht davon abhielt, sie einzugehen?«

»Ich habe es gleich beim ersten Rendezvous gewusst!«, rief eine kräftige Blonde aus einer der hinteren Reihen. Alle lachten wissend.

Es war klar, dass viele dieser Frauen Signale erhalten hatten, Schwierigkeiten aus dem Weg zu gehen, ihnen aber keine Beachtung schenkten. Dennoch war ich sowohl von ihrer Ehrlichkeit als auch ihrer Selbsterkenntnis überrascht.

Im Verlauf der nächsten Stunde wurde ich mit einer Fülle von Fragen überschüttet.

»Was ist intuitives Heilen?«, fragte eine Frau.

»In erster Linie bedeutet es, mit Ihrem Herzen in Kontakt zu kommen und Ihrer Intuition zu lauschen. Dann diese Information zu benutzen, um geheilt zu werden. Der erste Schritt«, sagte ich, »besteht darin, diese leise, sanfte Stimme in Ihrem Inneren zu hören, die Ihnen die Wahrheit sagt. Eine Art von Schutzengel. Sie müssen sehr still sein, um sie zu hören.«

»Ich habe es versucht. Ich kann sie nicht hören«, sagte die Frau. »Der Lärm in meinem Kopf ist zu groß. Ich kann nicht aufhören, an meinen Sohn zu denken. Ich kann nicht aufhören, darüber nachzudenken, wann ich hier rauskomme.« *Hier rauskommen.* Ich wusste, dass ich einen Refrain hörte, der durch diesen Ort spukte, eine durchaus verständliche Monomanie.

Ich war mir der Qual dieser Frau bewusst. Wie hätte ich es nicht sein können? Doch meine Aufgabe bestand darin, ihr klarzumachen, dass wir alle unsere Sorgen haben – unsere Besessenheiten. Es war richtig, aus dem Gefängnis rauszuwollen. Es war richtig, dass sie an ihren Sohn dachte. Doch um heilen zu können, musste sie zuerst innere Ruhe finden. »Am Anfang«, erklärte ich, »ist es natürlich, sich Gedanken zu machen. Unsere Liste von Dingen, die wir tun müssen, unsere Hoffnungen, Träume, Ängste – selbst die wichtigsten Bedürfnisse müssen vorübergehend zur Seite gelegt werden, wenn wir unsere intuitive Stimme finden wollen. Das Geschnatter unseres Verstandes hört nie auf. Das Geheimnis ist, zu lernen, wie man meditiert. Versuchen Sie, jeden Tag ein paar Minuten still zu sein. Wenn Sie wollen, können Sie es auch länger tun. Jedes Mal, wenn ein Gedanke kommt, achten Sie darauf, sich auf Ihren Atem zu konzentrieren. Das wird Ihnen helfen, die innere Stille zu finden.«

Ich schaute mir die Gesichter im Raum an. Die Frauen schienen ganz bei der Sache zu sein. Ich sammelte mich und fuhr fort. »Wie viele von Ihnen meditieren bereits?«, fragte ich in der Erwartung, nur ein paar Hände zu sehen. Doch beinahe die Hälfte meiner Zuhörerinnen reagierte; ich war entzückt. Mein Erstaunen entging den Frauen offensichtlich nicht. »Wir haben hier jeden Tag Meditations- und Yogakurse!«, rief jemand. Ich war überrascht – das entsprach nicht meiner Vorstellung von einem Gefängnis.

Im Laufe dieser Diskussion fiel mir eine streng aussehende, blasse Frau in der ersten Reihe auf, die zunehmend unruhiger wurde. Ihre dunklen Augen, umrahmt von schwarzer Wimperntusche, schauten nervös und ungeduldig. (Später fand ich heraus, dass sie eine überführte Mörderin war.) Ihre Hand schoss steil nach oben und verlangte meine Aufmerksamkeit. Um ehrlich zu sein, ich hatte Angst, nicht zu reagieren. »Können wir bitte aufhören, so viel zu reden?«, fauchte sie. O nein, dachte ich, jetzt geht es los. Es wurde still im Raum. Ich warf einen schnellen Blick auf Marcelle, die einen völlig ruhigen Eindruck machte. Doch die Frau starrte mich weiterhin an. Sie wollte etwas von mir, aber was? Ich hatte keine Ahnung – das war offensichtlich. Schließlich sagte sie verzweifelt: »Ich habe es satt, immer nur zu reden. Ich möchte wissen, wie sich intuitives Heilen *anfühlt*. Können wir nicht hier meditieren? Können Sie es uns *bitte* zeigen?« »Ja!«, ließen sich andere Stimmen vernehmen. Ich atmete erleichtert auf. Natürlich konnte ich das.

An diesem Augustabend meditierten im Danbury-Staatsgefängnis 150 Frauen gemeinsam. Unter dem grellen Licht der Neonröhren, eine körperlose Stimme im Ohr, die über Lautsprecher Befehle in den Hof bellte, schlossen wir unsere Augen und konzentrierten uns auf unseren Atem. »Beginnen Sie, indem Sie sich auf Ihr Herz konzentrieren«, sagte ich. »Fangen Sie langsam an, die Liebe in Ihrem Inneren zu fühlen. Zwingen Sie nichts herbei. Sie hören, indem Sie sich der Liebe öffnen. Dann können Sie die Stimme Ihrer Intuition vernehmen. Lassen Sie Liebe zu jedem Teil Ihres Körpers fließen, der krank ist oder wehtut. Wenn vor Ihrem inneren Auge ein Bild auftaucht, nehmen Sie es wahr, doch beschäftigen Sie sich nicht weiter damit. Später können Sie dann sehen, ob es Ihnen bei Ihrer Heilung helfen kann. Achten Sie ausschließlich auf Ihren Atem. Wenn Sie emotionale Schmerzen haben, lassen Sie sich vollständig von der Liebe umgeben. Nehmen Sie sie einfach ganz in sich auf.« Beinahe 20 Minuten lang kommunizierten, lachten, weinten die hier versammelten Frauen, verurteilt wegen Mordes, Kindermisshandlung, Unterschlagung, Verschwörung zum Sturz der Regierung, Bankraubs. Einige von ihnen erhielten einen flüchtigen Blick auf die Liebe, für andere bedeutete es viel mehr.

Die Resonanz der Liebe erfüllt das ganze Universum. Sie verwandelt ein Gefängnisauditorium in einen Ort der Andacht. Wann immer eine Gruppe von Menschen mit der Absicht zusammenkommt, zu heilen, dann ist das starke Medizin. Wann immer wir aufrichtig in unseren Herzen nach Liebe suchen, stellt sich Magie ein. In Danbury sah ich wieder einmal, dass die Aussicht auf Erlösung immer gegenwärtig ist, egal, wie tief jemand gefallen ist. Ich bin diesen Frauen dankbar für die Offenheit, die sie miteinander geteilt haben, und für ihren Mut zur Heilung. Jeder von uns ist schon einmal krank gewesen. Wir alle haben uns verletzt gefühlt, hintergangen, enttäuscht. Wir alle müssen so sehr danach suchen, die Liebe zu finden.

Mit der Liebe kommt die Freiheit. Ich bin mir der Gefahr von Metaphern, von zu leicht vorgenommenen Vergleichen bewusst. Dennoch muss ich Ihnen sagen, dass die Gefängnisse, in denen wir leben – extern oder intern –, nur in dem Maße Macht über uns haben, wie wir uns von ihnen bestimmen lassen, wer wir sind. Oder für diejenigen von uns, die außerhalb des Stacheldrahts leben, nur insoweit, wie wir ihre Existenz verleugnen. Nehmen Sie zum Beispiel die jahrzehntelange Inhaftierung des Nobelpreisträgers Nelson Mandela. Trotz der schrecklichen Bedingungen, denen er ausgesetzt war, erlag er weder jemals dem Rassenhass noch gab er seine Prinzipien auf.

Wie Mandela bieten uns die Gefängnisinsassinnen, denen ich begegnete, und ihr Augenblick der Heilung Spiegel, damit wir uns selbst klarer erkennen können. Abgesehen davon, wie brutal die Verhältnisse waren, aus denen sie kamen, die Not und der Preis der Armut, gelingt es einigen von uns besser als anderen, unsere Emotionen zu kontrollieren und sie nicht zerstörerisch auszuleben. Diese Frauen lehren uns eine wesentliche, intuitive Wahrheit: die machtvolle Verbindung zwischen uns allen. Das heißt, dass die Ähnlichkeiten zwischen uns größer sind als unsere Unterschiede, wenn es zunächst auch kaum so aussehen mag. Da ich intuitive Fähigkeiten habe, bedrängten mich die Gefangenen nach unserer Meditation, den Ausgang ihres jeweiligen Prozesses vorauszusagen, das Datum ihrer Entlassung, und ob sie begnadigt werden würden oder nicht. Sie waren von echten Sorgen bedrängt, die nicht die meinen waren. Dennoch fühlte ich ständig unsere Ähnlichkeiten. In unseren Herzen sind wir alle gleich und untrennbar miteinander verbunden. Wenn wir Krankheit oder Verzweiflung loswerden wollen, muss für jeden von uns die Liebe die Linse sein, durch die wir uns selbst und die Welt betrachten. Die näheren Einzelheiten variieren von einem Leben zum anderen, doch die Aufgabe bleibt die gleiche.

Nehmen Sie meine Erfahrung in diesem Gefängnis als unseren Ausgangspunkt, einen sehr menschlichen Mikrokosmos unseres Hungers nach Heilung. Für uns alle ist Liebe die Grundlage intuitiver Heilung, die Essenz alles Spirituellen, sowohl in unserem Inneren als auch in der Außenwelt. Dunkelheit und Licht. Die Antwort. In der Tradition meines spirituellen Lehrers gibt es einen Weg, das Tao, in den alle anderen Wege münden. Ob Sie die Liebe, von der ich spreche, in einer konventionellen Religion finden, in stiller Kontemplation oder im sanften Schein des Mondes – Sie müssen in jeder Zelle Ihres Wesens wissen, dass diese Liebe wahr und bedingungslos ist. Kein abstraktes Konzept oder in der Ferne liegendes Ziel, sondern eine zugängliche, vertrauenswürdige Kraft in Ihrem täglichen Leben. Wenn Sie sie nicht fühlen können, lassen Sie mich Ihnen dabei helfen. Alles, was Sie brauchen, ist Unschuld und ein offener Geist. Haben Sie ein wenig Geduld. Die Wunder liegen vor Ihnen. Der spirituelle Weg, auf dem wir uns befinden, ist sehr breit und aus robustester Erde und Steinen gemacht. Er ist darauf vorbereitet, jeden Aspekt Ihres Wesens und mehr zu unterstützen. Ob Sie sich ausgezeichneter Gesundheit erfreuen oder krank sind, glücklich sind oder nicht, es gibt keinen einzigen Teil Ihres Selbst, der auf dieser Reise nicht willkommen ist.

Lassen Sie mich Ihnen genau sagen, was intuitives Heilen bedeutet. Es bedeutet, auf die Signale Ihres Körpers zu hören – Ihre innere Stimme und Ihr Herz, Ihre Verbindung zum Geistigen –, um herauszufinden, wie Sie physisch, emotional und sexuell vollkommener werden können. Intuition gibt Ihnen einen Vorsprung bei der Vorbeugung gegen Krankheit. Indem Sie Warnzeichen erkennen, können Sie umso eher entsprechende Schritte vornehmen, um die Integration Ihres inneren Abwehrsystems wiederherzustellen, manchmal sogar, bevor sich überhaupt Symptome einstellen. Wir alle sind Manifestationen von Energie. Wenn Sie eine Krankheit bekommen, können Sie lernen, wie Sie die Energien Ihres Körpers intuitiv ins Gleichgewicht bringen können, um Regeneration und Wiederherstellung zu beschleunigen. Das Wissen, das Sie aus dem Hören auf Ihre Intuition gewinnen, lässt sich positiv in allen Bereichen Ihres Lebens anwenden. Es gibt Ihnen praktische Hinweise bei der Lösung jedes Problems, mit dem Sie konfrontiert werden.

Intuitive Heilung ist eine interaktive Angelegenheit. Sie bedeutet, die Intelligenz Ihres analytischen Verstandes zu respektieren und gleichzeitig der inneren Weisheit zu vertrauen, die Sie führt. Es ist wie ein Tanz. Ihr Intellekt und Ihre Intuition sind Verbündete; sie können wunderbar zusammenarbeiten. Vergessen Sie nicht, dass der Intellekt – egal, wie brillant er ist – durch seinen linearen Fokus limitiert ist. Seine Sehfähigkeit ist begrenzt. Im Gegensatz dazu ist Intuition multidimensional; sie kann Oberflächen durchdringen; sie bietet Lösungen für Ihre Gesundheit und Ihr Glücklichsein, die der Verstand alleine nicht richtig einschätzen kann. Die Schwierigkeit besteht darin, dass das Geplapper des Verstandes oft so laut ist, dass es das innere Wissen übertönt. Ich werde Ihnen helfen, dieses Wissen wieder zu finden.

Intuition führt Sie außerdem in den Bereich der Genialität – wo Ideen, Vorstellungskraft und Träume ihren Ursprung haben und wo Heilung möglich wird, selbst wenn die Wissenschaft sie als unmöglich erachtet. Als Ärztin habe ich unzählige Male gehört, wie meinen Patienten von wohlmeinenden Ärzten gesagt wurde: »Ihre Krankheit ist chronisch. Sie werden einfach damit leben müssen«, oder: »Nur wenn Sie diese Pillen nehmen, werden Sie sich besser fühlen.« Solche Ratschläge können gefährlich, schwächend, unwahr sein. Es gibt immer Optionen; um sie zu finden, mag es notwendig sein, dass Sie eine Art Revolutionär werden. Haben Sie den Mut, sich jenseits der konventionellen medizinischen Weisheit zu begeben. Vertrauen Sie darauf, dass Sie Ihre innere Vision erwecken *können.* Wenn Sie dies tun, werden Ihnen die Antworten klar – wenn auch zuweilen völlig unerwartet.

Bereiten Sie sich darauf vor, überrascht zu werden. Ein kosmischer Sinn für Humor spielt hierbei eine Rolle. Es mag so aussehen, als ob ein listiger Schwindler die Show beherrscht. Sie bitten um Lösungen – Sie werden sie erhalten. Versuchen Sie, sich nicht täuschen zu lassen, und unterschätzen Sie nicht Ihre Bedeutung. Oberflächlich betrachtet, mag der Rat, den Sie erhalten, haarsträubend erscheinen, unpraktisch, das Letzte, was Sie tun wollten. Sie haben nicht die leiseste Ahnung, wie Sie diesen Rat in die Tat umsetzen sollen. Ziehen Sie keine voreiligen Schlüsse. Logik trügt.

Das am unmöglichsten erscheinende Szenario der Heilung kann das am meisten inspirierte sein. Ich selbst bin ein lebender Beweis dafür. Als ich Anfang zwanzig war, hatte ich einen deutlichen Traum, der mir klarmachte, dass ich Psychiaterin werden sollte, um die Referenzen zu erlangen, die es mir ermöglichen würden, den übersinnlichen Bereich glaubwürdig zu machen. Ich und Ärztin? In jenen Tagen gab es nichts, was ich weniger attraktiv fand. Ich war ein Hippie. Ich lebte mit meinem Malerfreund, der als Verkäufer in der Wäscheabteilung eines großen Kaufhauses arbeitete, in einem Loft in Venice Beach. Außerdem waren meine Eltern beide Ärzte, ebenso die meisten ihrer Freunde. Wie schrecklich! Und wie langweilig! Ich fühlte mich zu den kreativen Typen am Rande der Gesellschaft hingezogen. Ich hatte eben erst begonnen, meine intuitive Seite zu entdecken, und arbeitete als Forscherin mit der Parapsychologin Dr. Thelma Morik an der Universität von Kalifornien in Los Angeles. Jedenfalls wusste ich inzwischen genug, um anzunehmen, dass sich dieser Traum bewahrheiten könnte. Nicht dass ich je glaubte, dass es so weit kommen würde. Ungefähr zur gleichen Zeit schickten meine Eltern mich zu einer Berufsberaterin. Sie testete mich und teilte mir dann die Resultate mit. Nie werde ich ihre Worte vergessen: »Was immer Sie tun«, sagte sie, »entscheiden Sie sich nicht für eine Karriere im Heilbereich.« Stellen Sie sich vor, ich wäre diesem Rat gefolgt. Was wäre passiert? Ich hätte meine wirkliche Berufung verfehlt. Glücklicherweise rettete mich mein Traum. Seine Energie gab mir die Kraft, vierzehn Jahre medizinischer Ausbildung zu absolvieren.

Die intuitiven Botschaften, die Sie erhalten, können lebensverändernd sein. Bitte hören Sie hin. Es kann Ihnen nur Gutes bringen, obwohl ich weiß, wie leicht es ist, sich auf das zu fixieren, was Sie bereits verfolgen und bei dem Sie das Gefühl haben, es sei das Richtige für Sie. Ich kämpfe ständig damit. Ich bitte Sie einfach, andere Möglichkeiten zuzulassen, so wie ich es zu tun gelernt habe. Halten Sie sich mit Urteilen zurück. Schauen Sie zu, wie sich Ihre Zukunft entfaltet. Oft treten Synchronizitäten auf; Möglichkeiten können sich einstellen. Folgen Sie ihnen. Achten Sie darauf, wohin sie Sie führen. Veränderungen dieser Art besitzen immer eine Komponente des Unberechenbaren. Es kann geheimnisvoll sein, betörend. Seien Sie zu einem Lächeln bereit.

In diesem Sinne möchte ich Ihnen jetzt Ihre Landkarte für die Reise präsentieren. Hier ist ein erster Blick auf die fünf intuitiven Schritte, die Ihre Gesundheit und Ihr ganzes Leben verändern können. Sie stellen die Struktur dar, auf die ich mich in diesem Buch immer wieder berufen werde. Jeder Schritt repräsentiert einen Indikator, der Ihnen helfen kann, Krankheit vorzubeugen, Energie wieder aufzufüllen und Einsichten in jede Art von Problem zu gewinnen. In jedem Kapitel werde ich Sie sorgfältig durch diese fünf Schritte führen. Die Benutzung dieser Struktur wird Ihre Intuition verstärken beziehungsweise es Ihnen möglich machen, sie zu finden.

Erster Schritt. Achten Sie auf Ihre Glaubenssätze!

Ihre Glaubenssätze bestimmen die Art Ihrer Heilung. Positive Einstellungen unterstützen Wachstum, negative Einstellungen beeinträchtigen es. Ehrlichkeit ist erforderlich, um destruktive Glaubenssätze aufzuspüren und loszulassen, Glaubenssätze, die so tief in Ihnen verwurzelt sind, dass Sie ihre Schädlichkeit gar nicht bemerken. Wenn wir unsere Glaubenssätze und Überzeugungen genauer untersuchen, werden uns unbewusste, unterminierende Einflüsse nicht länger etwas anhaben können. Unsere Glaubenssätze rufen biochemische Reaktionen hervor; unsere Gedanken und Organsysteme sind miteinander verbunden. Das, was Sie glauben – was Sie *wirklich* glauben –, programmiert Ihre neurochemischen Abläufe. Damit will ich nicht sagen, dass Sie gute Miene zum bösen Spiel machen oder immer ein glückliches Gesicht aufsetzen sollen, um anderen zu gefallen, sondern vielmehr, dass Sie absolut ehrlich sich selbst gegenüber sein müssen. Dadurch werden Sie von unbewussten Impulsen befreit, die Ihre Heilung behindern.

Zweiter Schritt. Nehmen Sie Ihren Körper bewusst wahr!

Ihr Körper ist ein reich nuancierter, intuitiver Empfänger. Sie müssen sich vollkommen in ihm befinden, um heilen zu können. Das mag ein paar Veränderungen erfordern. Wir sind darauf trainiert, vom Hals aufwärts zu funktionieren und den Rest unseres Körpers zu verdrängen. Ich möchte, dass Sie sich neu orientieren, indem Sie den Intellekt respektieren, doch sich gleichzeitig Ihrer Körperlichkeit erfreuen. Sich der Sinnlichkeit des Körpers bewusst zu werden, kann Ihnen den Zugang zu Ihrer Intuition ermöglichen. Das mag zum Beispiel bedeuten, dass Sie die ersten Anzeichen von Schmerz bemerken und entsprechende Schritte unternehmen können, Ihrem Gefühl im Bauch zu vertrauen, wenn es um Beziehungen geht oder darum, Ihre Sexualität zu wecken. Wir können es uns nicht leisten, solche das Leben unterstützenden Signale zu ignorieren. Die Einstimmung auf den eigenen Körper und seine Signale ist von allergrößtem Wert.

Dritter Schritt. Erspüren Sie das energetische Potenzial Ihres Körpers!

Die subtile Energie Ihres Körpers anzuzapfen, kann Heilung bringen. Von einer intuitiven Perspektive aus betrachtet, bestehen wir alle aus vielfarbig leuchtenden Energiefeldern (deren Zentren Chakras genannt werden), die von uns ausstrahlen. Diese können gespürt werden. Sie enthalten Wahrheiten über unsere physischen, emotionalen und sexuellen Bedürfnisse. Energie hat unterschiedliche Manifestationen, vom Erotischen bis zum Übersinnlichen. Für die meisten Menschen unsichtbar, können sie mithilfe von Intuition empfunden werden. Um zu heilen, müssen Sie zunächst lernen, Energie zu identifizieren. Dann können Sie sie zu bestimmten Teilen des Körpers senden. Das Spüren von Energie kann eine sehr sinnliche Erfahrung sein. Ich versichere Ihnen, das Ganze ist nicht nur Arbeit!

Vierter Schritt. Bitten Sie um innere Führung!

Viele Antworten liegen in Ihrem Innern. Um sie zu finden, fokussiere ich mich auf zwei intuitive Techniken: Meditation und »Remote-Viewing«. *Meditation* ist ein Zustand der Ruhe, der die Intuition verstärkt. Sie ist das Fundament meiner spirituellen Praxis. Zudem senkt Meditation den Blutdruck, löst Spannungen auf und kann dazu beitragen, Herzerkrankungen zu heilen und sogar den Alterungsprozess zu verzögern.

Die Methode, die ich Ihnen zeigen werde, besteht darin, sich bewusst auf den eigenen Atem zu konzentrieren und mit Ihrem stillen inneren Pulsschlag in Berührung zu kommen, Ihrem intuitiven Zentrum. Ihr Atem wird Sie dahin bringen. Ist Ihnen die Stille erst einmal vertraut, können Sie *Remote-Viewing* einsetzen, eine intuitive Technik, mit der Sie ungehindert durch Zeit und Raum reisen können. Es ermöglicht Ihnen, sich auf die Vergangenheit, Gegenwart und Zukunft einzustimmen oder eine Person, einen Ort, eine Situation zu visualisieren, selbst in großer Entfernung. Mit diesem Wissen können Sie helfen, Krankheiten zu diagnostizieren, indem Sie sich ein Bild der Organe des Körpers machen, die richtigen Behandlungsweisen vorhersagen und die gegenwärtig angewandten Therapien prüfen – alles obligatorische Vorgänge, wenn die konventionelle Medizin offensichtlich unfähig ist, eine Heilung zu finden. Remote-Viewing enthüllt darüber hinaus emotionale und sexuelle Blockaden; sie kann Ihnen sogar helfen, eine Person zu überprüfen, bevor Sie sich auf eine Beziehung mit dem Betreffenden einlassen. Remote-Viewing bietet alle diese Möglichkeiten, und es ist einfach zu lernen: College-Studenten brauchten nur ein paar Sitzungen, um einfaches Remote-Viewing erfolgreich anwenden zu können.

Fünfter Schritt. Hören Sie auf Ihre Träume!

Intuition ist die Sprache der Träume. Wir sprechen sie jede Nacht, während des REM-Zustands, der Schlafphase, wenn unsere Gehirnwellen geheime Heilungsformeln übermitteln. Die Gesetze dieser mystischen Symbolik – Bilder, Botschaften, Szenarios – unterscheiden sich von denen unseres Wachzustands. Das Gefühl eines Traumes kann genauso kraftspendend sein wie sein Inhalt; oftmals überwiegt das Nonverbale. Außerdem werden in Träumen Offenbarungen über Krankheiten und Beziehungen vermittelt. Träume können heilen, doch zuerst müssen Sie sie in Ihr Bewusstsein holen. Während des Schlafs befinden wir uns in einer Art Amnesie. Für den logischen Verstand sind Träume etwas Fremdartiges, eine Sprache, die er nicht verstehen kann. Träume können nicht vom rationalen Verstand alleine erfasst werden; intuitive Erinnerung ist nötig. Indem Sie lernen, wie Sie sich an Ihre Träume erinnern und sie interpretieren können, werden Sie in der Lage sein, sich diese Form der Heilung zunutze zu machen.

Sie können diese fünf intuitiven Schritte sowohl bei jedem Gesundheitsproblem in Ihrem Leben anwenden als auch bei allen emotionalen oder sexuellen Themen. Ich benutze sie jeden Tag – in meiner Arbeit als Psychotherapeutin, bei meinen Beziehungen, meinen Entscheidungen in Bezug auf Gesundheit oder neuen Richtungen, die ich einschlagen will. Wenn Sie weiterlesen, werden Sie lernen, wie diese Schritte im Einzelnen aussehen. Sie sind flexibel, sie erweitern und reflektieren Möglichkeiten. Versuchen Sie sich nicht zu sehr an irgendeinem dieser Schritte festzuhalten; erlauben Sie ihnen einfach, die Situation zu erhellen. Ein Schritt mag Ihnen mehr liegen als ein anderer. Ich bin zum Beispiel seit meiner Kindheit eine sehr produktive Träumerin – jede Nacht artikulieren meine Träume meine innere Wahrheit besser, als es irgendeine andere Methode vermag. Finden Sie den für Sie natürlichsten Ausdruck Ihrer Intuition. Haben Sie Spaß dabei. Geben Sie sich selbst die Erlaubnis, die Möglichkeiten Ihrer Intuition zu erforschen.

Die Form, die Ihre Intuition annimmt, mag unterschiedlich sein: Bilder, Träume, Geräusche, ein Gefühl im Bauch, ein inneres Wissen, ein Kaleidoskop kreativen Fließens. Oft erhalte ich bei meiner Arbeit mit Patienten blitzlichtartige Eindrücke. In Sekundenschnelle empfange ich eine

Welle von Informationen. Das mag ich sehr. Als Ärztin verlasse ich mich mittlerweile auf diese Momente der Erkenntnis. Achten Sie darauf, ob Ihnen solche Einsichten widerfahren. Halten Sie sofort alles schriftlich fest. Die Informationen können in Sekundenschnelle auftauchen, doch verschwinden sie, wenn sie nicht aufgezeichnet werden. Passen Sie gut auf. Wir alle haben unseren eigenen intuitiven Stil. Entdecken Sie den Ihren. Während Sie dieses Buch lesen, versuchen Sie, jeden der fünf intuitiven Schritte anzuwenden. Lassen Sie sich Zeit. Experimentieren Sie. Machen Sie Ihre eigenen Erfahrungen.

Fragen zum Nachdenken

- Bezeichnen Sie sich als einen intuitiven Menschen? Wenn ja, warum? Wenn nicht, welche intuitiven Fähigkeiten würden Sie gerne entwickeln?
- Glauben Sie, dass Ihre Intuition heilen kann? Welche alten Vorstellungen sagen Ihnen, dass sie es nicht kann? Sind Sie in der Lage, diese Gedanken beiseite zu lassen und für neue Möglichkeiten offen zu bleiben?
- Welche Art von Heilung brauchen Sie am meisten? Sind Sie bereit, sie zu empfangen?
- Welche Bedeutung hätte es für Ihr Leben, wenn diese Heilung eintreten würde?

Während ich fortfahre, intuitives Heilen zu definieren, möchte ich betonen, dass die geistige Einstellung entscheidend ist, mit der Sie an dieses Thema herangehen. Tiefe Heilung ist ein Zustand der Gnade, nicht etwas, das Ihnen automatisch zusteht. Demut und Bescheidenheit sind erforderlich. Mir ist klar, dass Ihnen die Möglichkeit, intuitive Informationen über die Vergangenheit, Gegenwart und Zukunft erhalten zu können, verführerisch erscheinen mag. Ich habe zu viele Menschen erlebt, die ihrem Ego zum Opfer gefallen sind und jegliches Gefühl für Moral und Prioritäten verloren haben. Wir müssen für das Wissen dankbar sein, das uns den Weg zum Wohlbefinden zeigt, und darauf achten, nie zu sehr von uns selbst eingenommen zu sein.

Das Bindeglied, das ich Ihnen vermitteln möchte, ist folgende Voraussetzung: dass Sie aus Ihrem Herzen heraus handeln. Dann und nur dann bitten Sie um intuitive Richtungweisung. Sie müssen von Ihrem Gefühl für Menschlichkeit und Güte geführt werden. Das sorgt für die richtige Perspektive. Für mich ist die Tatsache, dass ich wenig weiß, eine beständige Wahrheit. Ich bin privilegiert – genau wie Sie es sein werden –, gewisse Dinge sehen zu können, doch bedenken Sie: Was wir sehen, ist nicht mehr als ein Sandkorn im großen Mysterium des Lebens.

Das Herz stabilisiert sich. Es bietet Stärken, von denen Sie nie wussten, dass Sie sie besitzen. Es verleiht Klarheit, die von einer größeren Kraft als der Ihrigen auszugehen scheint. Das Herz erlaubt Ihnen, das Unüberwindliche zu überwinden. Wir können nicht immer die Ereignisse in unserem Leben kontrollieren, doch wir können ihnen gegenüber unsere Einstellung bestimmen.

Ich habe eine Patientin, deren Ehemann, mit dem sie 40 Jahre lang verheiratet war, kürzlich an Bauchspeicheldrüsenkrebs gestorben ist. Ihre Liebesgeschichte begann bereits im Gymnasium. Der Gedanke, ohne ihren Mann leben zu müssen, war ihr unerträglich. Kurz bevor er starb, hinterließ sie eine Botschaft aus seinem Krankenhauszimmer auf meinem Anrufbeantworter: »Ich habe das Gefühl, als ob ich einen Eisberg hoch zu einem Zelt klettere, wobei es keinen Weg zurück gibt. Es ist bitterkalt. Der Wind heult. Doch während ich mich zwischen Lagen von Eis nach oben kämpfe, sehe ich hier und dort Beete mit wunderschönen, winzig kleinen roten Blumen.«

Mir traten Tränen in die Augen, als ich dies hörte. Ich

weiß nur zu gut, wie uns das Leben an unsere Grenzen führen kann – und uns dann in einen emotionalen Bereich hineinstößt, der unerbittlich erscheint. Wie bei dieser Patientin erweitert Intuition die Kapazität, zu sehen, und verleiht Mut. Die Blumen, von denen sie sprach, sind der Segen, den uns die Intuition schenkt. Unsere Fähigkeit, solche Blumen wahrzunehmen – egal, in welcher Situation wir uns befinden –, ist unser Gegenmittel für die Angst. Dies bedeutet nicht, dass der Schmerz meiner Patientin weniger stark ist. Doch lehrt sie uns, dass selbst in den schlimmsten Situationen die Gelegenheit für Herrlichkeit und für Hoffnung, für die Verbindung zum Geistigen gegeben ist.

Es ist wichtig zu verstehen, dass intuitives Heilen zwar mit dem Individuum beginnt, jedoch nicht nur persönlicher Natur ist. Wir werden zu Katalysatoren für etwas, das jenseits unseres Selbst liegt. Indem wir uns mehr und mehr der Liebe zuwenden, setzen wir eine Energie frei, die andere fühlen können. Ich meine damit eine »Präsenz«, die Fähigkeit, Liebe auszustrahlen, ohne ein Wort zu sagen. Einfach nur neben einem Menschen zu stehen, der diese Qualität besitzt, spendet enormen Trost. Unser Ziel ist es, diese Präsenz zu entwickeln. Die Liebe, die jeder von uns erzeugt, strahlt in die Welt hinaus wie Wellen, die sich auf dem Wasser kräuseln, unbegrenzt von Zeit und Raum. Liebe hat eine Stimme. Sie hat mitfühlende Arme, die sich Ihnen aus Ihrer Familie entgegenstrecken, Ihrer Gemeinde, der ganzen Welt.

Jeder Mensch hat eine empathische Verbindung zum gesamten Ökosystem. Diese Dynamik ist ein Wechselspiel – unser Einfluss auf die Umgebung und ihre Wirkung auf uns. Ich meine damit nicht nur die physischen Auswirkungen – beispielsweise die Zerstörung des Regenwaldes und globale Erwärmung –, wobei ich nicht versuche, diese Verwüstungen zu bagatellisieren. Ich will damit vor allen

Dingen sagen, dass *wir* auf einer intuitiven Ebene verletzt werden, wenn unsere Umwelt verletzt wird. Es existiert ein energetisches Kontinuum zwischen unseren Körpern und der Natur. Wir sind nicht getrennt von der Erde oder von dem, was in unseren Städten passiert. Es geht ein Fließen durch alles, was lebt, das wir fühlen können, wenn wir uns darum bemühen. Viele von uns spüren es bereits. Doch selbst unsere besten Absichten, die Bedingungen auf der Welt zu verbessern, können fehlgeleitet werden.

Auf einer kürzlich vorgenommenen Reise nach Berlin besuchte ich den östlichen Teil der Stadt, wo früher die Mauer stand. Es war ein kalter, bedeckter Oktobernachmittag, als wir am ehemaligen Checkpoint Charlie ankamen – dem berühmten amerikanischen Militärposten, der zu Zeiten des Kalten Kriegs eine schwer bewachte Grenze zwischen Ost und West war. Mein Gastgeber, ein deutscher Buchhändler, hätte nicht begeisterter über all die »positiven« Veränderungen sein können, die seit dem Mauerfall in der Stadt passiert sind. Ich schaute hinüber in das ehemalige Ostberlin. Als ich sah, was er meinte, war ich schockiert. Wo früher eine monotone Szenerie im Sowjetstil vorgeherrscht hatte, eine monotone graue Wochenschau, wurden jetzt endlose Blöcke ultramoderner Hochhäuser errichtet, so weit das Auge reichte. Kalt und rechteckig, ahmten sie die harscheste westliche Ästhetik nach. »Welch ein Fortschritt!«, erklärte mein Gastgeber begeistert. Mir wurde das Herz schwer. Politische Unterdrückung und ein totalitäres System waren vorbei. Das war zweifellos eine gute Sache. Doch »Fortschritt« alleine konnte dieses kostbare Land nicht heilen.

Berlin: eine lebende Metapher für die Schwierigkeit, die unterschiedlichen Aspekte in unserem Innern in Einklang zu bringen. Etwas Tiefgreifenderes war dafür erforderlich. Warum wurden keine Wälder gepflanzt, keine Gärten, keine Blumenbeete, nichts, was der Erde Respekt erwiesen hätte? Warum wurden keine Reinigungszeremonien vorgenommen? Ich bin nicht generell gegen Urbanisierung. Doch an einem Ort, der so viel Schweres erlebt hat, ist das einfach nicht genug. Ich wusste, dass dieses Missverständnis in Bezug auf Fortschritt nicht sein müsste. Wir müssen vorsichtiger sein. Heilung kommt von innen. Alles andere ist eine Illusion.

Intuition und Illusion können nie nebeneinander bestehen. Die Möglichkeit, die intuitives Heilen offeriert, besteht darin, die Gesamtheit des Lebens mit neuen Augen zu betrachten und jegliche begrenzte Vorstellung der schöpferischen Kreativität für Wohlbefinden zu untersuchen und loszulassen. Versuchen Sie nicht, sich mit irgendjemand anderem zu vergleichen – ob Sie von einer Krankheit genesen oder einfach nur Wege finden wollen, um Ihre Energie zu verbessern: Ihr Weg ist einzigartig. Lassen Sie sich von Ihrem intuitiven inneren Führer leiten. Wenn Ihr Arzt Ihnen zum Beispiel eine Behandlungsmethode vorschlägt, die sich für Sie falsch anfühlt, zögern Sie nicht, sie infrage zu stellen. Sie haben das Recht, sich Gedanken darüber zu machen, was Heilung für Sie bedeutet, und diese Vorstellung sollten Sie nicht ignorieren. Ich selbst habe mich mit diesem Thema auseinander setzen müssen.

Stellen Sie sich eine Arztvisite in einem großen Lehrkrankenhaus vor. Eine Gruppe steifer junger Assistenzärzte und ein praktizierender Kardiologe, alle in weißen Kitteln, Stethoskope in der Hand, versammeln sich am Bett einer älteren Frau. Sie ist eben erst wegen eines Herzinfarkts eingeliefert worden. Sie hat offensichtlich Angst. Abgesehen von ein paar Fragen, sprechen die Ärzte kaum mit ihr. Jeder der Assistenzärzte hört zuerst ihr Herz ab, dann ihre Lungen. Sie besprechen ihre Befunde. Die Frau sagt kein Wort. Als die Ärzte fertig sind, verabschieden sie sich höflich und verlassen einer nach dem anderen hinter dem Herzspezialisten das Krankenzimmer.

Schnitt zur nächsten Szene, fünf Minuten später. Ein Reinigungsmann kommt herein. Er lächelt und summt ein altes Otis-Redding-Lied. »Wie geht es Ihnen?«, fragt er fröhlich. Die Frau richtet sich auf. Sie reden ein wenig miteinander. »Halten Sie die Ohren steif«, sagt der Mann und gibt ihr einen freundschaftlichen Klaps auf den Rücken. »Sie sehen gut aus.« Sie lacht. Er gibt ihr das Siegeszeichen mit der Hand und winkt, als er sich verabschiedet. Dieser Mann hat keinerlei akademische Grade, doch hat er ganz offensichtlich ein Herz so groß wie der ganze Raum.

Solche Szenarios kann man in Krankenhäusern jeden Tag beobachten. Nachdem ich dies immer wieder erlebt habe, musste ich mir die Frage stellen: »Wer ist hier der wirkliche Heiler?« Lassen Sie uns zu unserer Diskussion über Präsenz zurückkehren. Die Energie, die wir ausstrahlen, macht einen Unterschied. Sie kann heilen. Andere können sie fühlen. Die Herzensqualität, die der Reinigungsmann ausstrahlte, ist etwas, um das wir uns alle bemühen sollten. Technologische Fähigkeiten und Herz sind ein machtvolles Duo, das sich in jedem Heiler vereint.

Um unser Verständnis von Heilung zu erweitern, müssen wir unsere Intuition zu Hilfe nehmen und mehr Mitgefühl für uns selbst haben. Lassen Sie uns eine wesentliche Voraussetzung der Schulmedizin näher betrachten: Heilen wird ausschließlich mit Gesundheit gleichgesetzt. Auf den ersten Blick erscheint dieser Gedanke logisch, doch von einer intuitiven Perspektive ist er lediglich ein Bruchteil der Wahrheit. Heilung kann selbst in den schwierigsten Phasen unseres Lebens auftreten, vorausgesetzt, wir sind in der Lage, sie wahrzunehmen. In einigen Fällen kann Heilung bedeuten, krankheitsfrei zu sein, wovon wir normalerweise ausgehen. Doch bitte versuchen Sie zu verstehen, dass Heilung auch beinhalten kann, einen Zustand der Depression zu erleben, mit chronischen Schmerzen zu leben oder Krebs zu überleben. Die Grundfrage, der wir uns alle stellen müssen, lautet: Muss Krankheit ein Versagen bedeuten? Ich glaube nicht. In dem Augenblick, wo wir versuchen, die Bedingungen unserer Heilung festzulegen, lassen wir eine größere Weisheit außer Acht, die in unser Leben zu unseren Gunsten eingreifen kann. Bitte glauben Sie nicht, ich sei blind gegenüber der oft brutalen Realität unserer Erfahrungen. Durch meine Arbeit als Ärztin habe ich beinahe jede Art von Situation gesehen, die das »Fleisch des Menschen« heimsuchen kann. Ich sage nicht, dass Krankheit und Verlust nicht schrecklich sind. Niemand von uns würde diese Dinge freiwillig wählen. Dennoch ist es eine unbestreitbare Tatsache, dass Heilung auf völlig unerwartete Art und Weise eintreten kann.

Das wirkliche Problem liegt eher darin, dass wir einige unserer Erwartungen aufgeben müssen. Ich möchte Ihnen hier von meinem Vater erzählen. Mit 76 Jahren ging er in den Ruhestand, nachdem er sein ganzes Leben lang als Arzt tätig gewesen war. Natürlich hatte er in seiner jahrzehntelangen Medizinerkarriere, genau wie ich, das volle Spektrum menschlicher Krankheiten erlebt. Dann wurde mein Vater selbst zum Patienten. Er litt, wie seine Mutter, an der Parkinsonkrankheit. Das bedeutete, dass mein Vater langsam seine Fähigkeit verlor, zu gehen, zu schlucken, zu sprechen, sich zu erinnern. Sein Körper konnte Infektionen nicht mehr so gut abwehren wie früher, und es bestand das Risiko einer Lungenentzündung, die ihn das Leben kosten könnte.

Obwohl ich Ärztin bin, wurden alle meine Glaubenssätze in Bezug auf Heilung durch die Erkrankung meines Vaters und seines immer schlechter werdenden Zustands zutiefst erschüttert. Es war niederschmetternd für mich, mitzuerleben, wie er körperlich in so kurzer Zeit verfiel. Ich wollte ihn festhalten, doch er verschwand zusehends vor meinen Augen. Wenn ich ihn besuchte, saß er immer aufrecht in seinem Lieblingsschaukelstuhl mit dem roten Samtpolster. Seine großen, blaugrünen Augen, die ich von ihm geerbt habe, schauten mich unverwandt, ohne eine Spur von Bitterkeit und unschuldig an. Ich musste mich zusammenreißen, denn am liebsten hätte ich jedes Mal geweint. Er hatte keine Verteidigungskraft mehr, war wie ein Baby. Ich hätte alles getan, um ihn zu beschützen. Ich war sein einziges Kind. »Hallo, Liebling«, sagte er jedes Mal, wenn ich ins Zimmer kam. Seit ich ein kleines Mädchen war, liebte ich es, wenn er mich Liebling nannte. »Ich bin froh, dich zu sehen, Daddy«, sagte ich und küsste ihn auf die Wange.

Mein Vater war sein Leben lang eine Art Einzelgänger gewesen. Er hatte nie viel über seine oder meine Gefühle gesprochen, obwohl es mir mehr als einmal ein brennendes Bedürfnis gewesen wäre. Als Radiologe verbrachte er seine Tage allein in Dunkelkammern, wo er Röntgenbilder entwickelte, Krankheiten diagnostizierte und medizinische Berichte diktierte. Abends saß er wie angeklebt vor dem Fernseher und schaute sich Baseballspiele an. Das brachte meine Mutter oft zur Weißglut. »Ich werde diesen Fernseher noch mal rausschmeißen!«, drohte sie in mehr als 40 Ehejahren immer wieder, doch sie tat es nie. Meine Mutter, die ebenfalls Ärztin war, liebte Gesellschaft über alle Maßen. Trotz der Proteste meines Vaters brachte sie es fertig, dass er seinen Smoking anzog (in dem er besonders gut aussah), und dann schleppte sie ihn zu üppigen Partys oder politischen Spendenaktionen. Jedes Jahr plante sie exotische Ferienreisen – Israel, die italienische Riviera, die Sahara –, die sie gemeinsam unternahmen. Mein Vater beschwerte sich gerne und oft über das Reisen, doch in Wahrheit liebte er jede Minute davon. Meine Mutter war vor vier Jahren an Krebs gestorben. Ohne sie war mein Vater nicht mehr derselbe.

Sie hätten guten Grund, anzunehmen, so wie ich es tat, dass der Verlust der Lebenspartnerin und die Entwicklung der Parkinsonkrankheit nur schwer als Vorbedingung für die Heilung meines Vaters herhalten konnten. Ich hätte ihm mit Sicherheit nie ein solches Schicksal gewünscht. Doch wurde ich Zeuge, wie mein Vater in vieler Hinsicht aufblühte. Mehr als einmal musste ich zweimal hinschauen, um sicher zu sein, dass das, was unmittelbar vor meinen Augen ablief, wirklich passierte. Doch so ist die Wahrheit; manchmal braucht man Zeit, um sie zu verarbeiten.

Zum Beispiel war mein Vater auf seinen Wunsch hin in ein elegantes Altersheim in Westwood gezogen, mehrere Kilometer von meiner Wohnung entfernt. Er sagte mir bei vielen Gelegenheiten, dass er sich dort sicher fühlte. Zunächst schauderte mir bei dem Gedanken, dass er woanders als zu Hause sein könnte. Ich betrachtete seinen Umzug in das Heim als mein Versagen. Wir alle kennen die negative Klischeevorstellung der Seniorenresidenzen. Und wir sollten uns tatsächlich nichts vormachen – zu oft trifft dieses Stereotyp zu. Dennoch kristallisierte sich das Heim, in dem mein Vater lebte, als Lebensretter heraus. Das Haus war voller Menschen – meistens Frauen –, die ihn umhegten, dafür sorgten, dass er genug aß, und die sich um seine verschiedenen Schmerzen Sorgen machten. Er freute sich regelrecht auf die Gruppentherapiesitzungen, in denen er zum ersten Mal gelernt hatte, seine Gefühle auszudrücken. Jeden Montagabend gingen wir in ein Restaurant in der Nachbarschaft zum Essen (er bestellte ein Wurstbrot; ich schlürfte Kohlsuppe) und redeten einfach miteinander. Mein Vater, dieser Experte in der Kunst der Zurückhaltung, ein Virtuose emotionalen Schweigens, konnte plötzlich über seine Gefühle reden. Es mag Ihnen nicht als etwas Besonderes erscheinen, doch für mich war sein neues Verhalten wie ein Wunder.

An einem stürmischen Dezemberabend erklärte mein Vater völlig unerwartet nach dem Essen: »Ich darf nicht vergessen, um mich herum gibt es so viel Himmel.« Ich war verblüfft. Ich hatte meinen Vater als das definiert, was er stets gewesen zu sein schien: linear, praktisch, nicht jemand, der sich poetisch ausdrückte. Ich begriff, dass Menschen oft dann, wenn sie sich auf ihren Tod vorbereiten, unerwartete Geistesblitze oder Erkenntnisse von Schönheit empfangen. Ich betrachtete eingehend das Gesicht meines Vaters: Es war in einer Veränderung begriffen.

Es wurde spät, Zeit, gute Nacht zu sagen. Wir gingen zurück zu seinem Zimmer, als wir aus der Ferne Musik hörten. Das Gesicht meines Vaters erhellte sich. »Komm, lass uns dahin gehen«, sagte er und deutete in die Richtung der Kantine. Welche Überraschung! Mein Vater war berühmt dafür, dass er gesellschaftlichen Veranstaltungen aus dem Weg ging. Doch was wusste ich schon? Ich folgte ihm. In der Kantine war eine Gruppe von Heimbewohnern, alle zwischen 60 und 101 Jahre alt, von denen einige mit den Fingern schnippten und andere, so gut sie konnten, zu brasilianischer Musik tanzten. Was für ein Anblick! Drei Musiker, selbst schon in fortgeschrittenem Alter, trugen stolz ihre bestickten Gauchokostüme. Sie kamen einmal in der Woche ins Heim, um für Unterhaltung zu sorgen.

»Judith, ich möchte so gerne tanzen«, sagte mein Vater. Ich fing beinahe an zu lachen. Ich konnte einfach nicht glauben, was passierte. »Ich habe Angst«, fuhr er fort. »Was ist, wenn ich nicht tanzen kann? Ich möchte mich nicht zum Narren machen.« Doch bevor ich noch etwas erwidern konnte, ging er langsam mit seinem Laufgerät auf die Linoleum-Tanzfläche zu. Ich fühlte mich wie in einem Traum. Als die anderen bemerkten, wie mutig mein Vater war, und ihn tanzen sahen, begannen sie alle zu applaudieren. Die Sambamusik erfüllte den Raum – die Trommeln dröhnten, und die Kastagnetten klickten.

Draußen fiel ein kalter Winterregen vom Himmel und der Wind heulte so stark, dass die Fensterläden klapperten. Im nächsten Moment gab es einen Donnerschlag, dann noch einen. Einen Augenblick lang spürte ich, wie die Zukunft mit all ihren Verlusten und Gaben und dem unvermeidlichen Tod meines Vaters auf uns zueilte. Doch hier, sicher und geborgen in diesem großen, von Musik erfüllten Raum, mehr denn je zuvor berührt davon, wie viel es zu lernen gab, sah ich meinem Vater beim Tanzen zu. Es sah so aus, als würde er davonfliegen.

2

Visionen von Gesundheit und Vorbeugung

Wenn du wissen willst, wie dein Körper morgen aussieht, schau dir deine Gedanken von heute an.

NAVAJO-SPRICHWORT

Ein elektrisches Summen erfüllt den Raum. Der Stakkatorhythmus von Piepsern. Ärzte, deren Namen über Lautsprecher ausgerufen wurden, an den Haustelefonen. Überall um mich herum der unverwechselbare Adrenalinrausch von Ärzten im Bereitschaftsdienst.

In der Regel macht es mich nicht nervös, wenn ich einen Vortrag halte, doch Sekunden bevor ich mich diesem Publikum von Ärzten zuwende, erklärt Agnes, im zweiten Jahr Assistenzärztin in der Psychiatrie, freundlicherweise, dass der Chefarzt ihres Programms kürzlich mitten in der Vorführung eines Videos mit einem ähnlichen Thema wie dem meinen wütend den Raum verlassen hatte. Ausgerechnet *jetzt* sagt sie mir das! Und wie nicht anders zu erwarten, sitzt der Mann mitten in der ersten Reihe.

Ich befinde mich an der University of Nevada Medical School und bin dabei, eine Präsentation bei einer »großen Runde« vorzubereiten – ein wichtiges Ritual in der modernen Medizin: Jede Woche versammeln sich Ärzte in Krankenhäusern und in akademischer Runde, um über Themen im Zusammenhang mit der Patientenfürsorge zu debattieren. Das »Amphitheater« ist gerammelt voll. Mehr als 100 Assistenzärzte der Psychiatrie und sonstiges Krankenhauspersonal sind anwesend. Nie zuvor hat ein Vortrag hier so viele Zuhörer angelockt, hat man mir gesagt. Vom Podium aus schaue ich über die vielen Reihen tadellos gekleideter Ärzte. Beinahe erwarte ich, dass sie sich in die Luft erheben und davonfliegen.

Ich nehme einen langen, tiefen Atemzug und konzentriere mich auf das Thema meines Vortrags »Wie man übersinnliche Fähigkeiten zum Wohle einer optimalen Patientenfürsorge einsetzen kann«. Plötzlich bricht mir am ganzen Körper kalter Schweiß aus. Mir ist sehr wohl bewusst, dass es sich hier um ein äußerst riskantes Territorium handelt, ganz und gar nicht ungefährlich. Soweit ich weiß, ist dies das erste Mal, dass einer medizinischen Belegschaft irgendwo in den USA solch ein Thema zur ernsthaften Beschäftigung vorgestellt wird. Vielleicht wird man sich über mich lustig machen, meine Aussagen bezweifeln oder sie schlichtweg von der Hand weisen. Mein professioneller Ruf als Ärztin steht auf dem Spiel.

Ich versuche, in den Gesichtern der skeptischen Menge zu lesen. Ich muss mir in Erinnerung rufen, dass die traditionelle Psychiatrie alles Übersinnliche als Zeichen von Psychose betrachtet, nicht daran glaubt, dass es existiert, oder es mit den billigen »übersinnlichen« Telefonleitungen assoziiert, mit denen die Fernsehzuschauer spätnachts bombardiert werden. Das heißt, dass ich mich auf eine Menge Ablehnung einstellen muss. Dennoch fühlt sich meine Befürchtung noch tiefer verwurzelt an, als es die Gelegenheit erfordert – irgendwie nicht auf das Hier und Jetzt bezogen. Sie liegt viel tiefer in meinem Inneren. Ich habe dieses Gefühl schon früher verspürt: eine Art mich verfolgender Resonanz aus einer Vergangenheit, an die ich mich nicht wirklich erinnern kann; eine Zeit, als es gefährlich war, solche Dinge auch nur zu erwähnen. Ich nehme all meinen Mut zusammen. Meine heutige Botschaft besagt, dass die medizinische Praxis einer Veränderung bedarf. Wir müssen unsere Fähigkeit benutzen, mit einem inneren Wissen in Kontakt zu treten, das uns sagt, wie wir bei der Vorsorge von Krankheiten beziehungsweise deren Behandlung besser helfen können.

Dann beginne ich mit meinem Vortrag. Während die Minuten vergehen, fühle ich sowohl gespannte Aufmerksamkeit als auch höfliche Zurückhaltung. Außerdem ist eine gewisse Erwartungsspannung spürbar – die Fragen werden nicht lange auf sich warten lassen.

Unmittelbar nach dem Applaus am Schluss meines Vortrags meldet sich ein ernsthaft aussehender Assistenzarzt vorsichtig: »Ich möchte nicht der Typ sein, der in der hinteren Reihe verächtliche Kommentare vor sich hin brummt«, beginnt er. »Doch ich kann Ihnen schon länger nicht mehr folgen. Übersinnlich? Ich bitte Sie! Wollen Sie tatsächlich versuchen zu behaupten, dass es so was gibt?«, fordert er mich heraus. »Und wenn, was ist dann der Unterschied zwischen Übersinnlichem und Intuition?«

»Ich betrachte diese beiden Dinge als ein Kontinuum«, antworte ich so ruhig wie möglich. Es bringt mir nichts, wenn ich mich durch Feindseligkeit provozieren lasse; ich stehe lieber über den Dingen. »Für mich ist Intuition mehr als die allgemeine Erfahrung eines Gefühls im Bauch oder von Ahnungen, deren sich alle guten Ärzte loben. Ich spreche von einer bestimmten übersinnlichen Fähigkeit, die wir alle haben: Wir alle können lernen, detaillierte innere Führung darüber zu erhalten, wie wir Krankheit vermeiden und gesund bleiben können. Ich habe erst vor kurzem beschlossen, mich an den Begriff *Intuition* zu halten, um beides zu beschreiben, wann immer die Menschen Schwierigkeiten zu haben scheinen, mich zu verstehen. Der Begriff *übersinnlich* hat oft zu viele negative Assoziationen.« (Es war zu spät gewesen, die Wortwahl für diesen Vortrag zu ändern.) Selbst jetzt, wo ich dies schreibe, bin ich traurig, dass ich so vorsichtig mit diesem Wort umgehen muss, doch ist mir klar, dass es bei manchen Menschen sofort eine Abwehrhaltung hervorruft.

Die Debatte ging weiter. »Wie kann ich wissen, ob meine Intuition nicht lediglich eine Projektion ist?«, »Wie kann Intuition uns bei der Diagnose und Vorbeugung von Krankheiten helfen?«, »Können wir Patienten lehren, Warnsignale zu erkennen, *bevor* sie überhaupt krank werden?«, »Erhalten wir die Botschaften über unsere Gesundheit in Träumen?« So viele Fragen: Ich hatte kaum Zeit, sie alle zu beantworten.

Für mich geschah an diesem Nachmittag ein Wunder. Trotz der Opposition im Raum, trotz der rigorosen Ausbildung, der sich diese Ärzte unterzogen hatten, und trotz der Verherrlichung von Technologie auf Kosten des Instinkts hatte ein Dialog über die heilende Rolle der Intuition begonnen. Ich war tief berührt zu hören, dass die Assistenzärzte noch Stunden später heiße Diskussionen über dieses Thema führten. Selbst der Direktor der Abteilung dankte mir für mein Erscheinen. Scherzend bemerkte er: »Sie haben mich so freundlich angeschaut, dass ich es kaum ertragen konnte!« Alle lachten. Ich lachte auch. Dennoch wunderte ich mich, warum Freundlichkeit als eine solche Überraschung empfunden wurde.

Das Ziel meines Vortrags an dieser medizinischen Fakultät war, neue Behandlungsmöglichkeiten vorzustellen, bei denen die Intuition als Instrument eingesetzt wird. Und ohne Frage gab es hier Personen, die ich nicht erreichen konnte. Es war, als spräche ich zu einem Betonblock! Doch viele andere begannen sich für dieses Thema zu interessieren. Mir ist klar, dass jeder von uns wissen muss, wie sehr er bereit ist, seiner Intuition zu vertrauen. Hierbei handelt es sich um ein zutiefst persönliches Verständnis, das unsere innersten Glaubenssätze über das Ausmaß von Veränderungen, deren wir fähig sind, bestimmt. Reicht die Wissenschaft aus, um uns gesund zu halten, oder ist unser Gespür einer inneren Vision eine Quelle, an die wir uns wenden sollten? Wenn es mir möglich war, diesem Publikum von Ärzten zumindest die Erlaubnis zu geben, sich mit diesen Themen zu beschäftigen, dann habe ich Erfolg gehabt. Wie der persische Dichter Rumi sagt: »Jenseits jeglicher Vorstellungen von richtig oder falsch befindet sich ein freies Feld. Dort werde ich dich treffen.« Dieser Tag war lediglich ein Anfang.

Jetzt möchte ich Sie auf die nächste Phase unserer Reise mitnehmen. Ich werde Sie zu einigen sehr persönlichen, intimen Bereichen führen, die Sie sich vielleicht noch nie näher angesehen haben: die Bereiche zwischen Ihren Gedanken, den unausgesprochenen Botschaften, die Sie empfangen, den Inspirationen, die Sie in der Stille, in Ihren Träumen oder sogar in der Sprache des Sternenlichts finden können. Ich werde Ihnen diverse Ideen über Vorbeugung und Heilung präsentieren, die Ihrem rationalen Verstand vielleicht unmöglich erscheinen. Subtile Dinge dieser Art kann er nicht erfassen. Suchen und vertrauen Sie stattdessen Ihrer intuitiven Erfahrung der praktischen Herangehensweisen, die ich Ihnen vorstelle. Unterziehen Sie sie einer genauen Prüfung.

Bedenken Sie einmal dieses Konzept: Krankheit kann oftmals entdeckt und rückgängig gemacht werden, bevor physische Symptome auftreten. Echos von Krankheiten gehen ihrer Manifestation voraus und schwingen durch die winzigsten Zellen in Ihrem Innern, vergleichbar mit einem beinahe bewegungslosen Wind, der Ihre Haut streift. Er mag für Ihr normales Bewusstsein nicht wahrnehmbar sein – doch intuitiv wissen Sie, dass er existiert. Ich werde Ihnen zeigen, wie Sie sich auf diese feinen Signale einstimmen können. Begeben Sie sich jenseits des Normalen, um frühzeitig selbst kleinste Veränderungen in Ihrer Selbstwahrnehmung zu spüren und vorauszusagen.

Sie haben einen Heilungscode in Ihrem Innern, der lebenswichtige Informationen darüber enthält, wie Sie gesund bleiben und in vielen Fällen Krankheiten sogar rückgängig machen können, bevor sie physische Form annehmen. Ich weiß auch, dass dies nicht in jedem Fall möglich oder angebracht ist. Ich möchte noch einmal betonen, dass unsere Heilung manchmal durch die Krankheit selbst eintreten muss; diese Notwendigkeit stellt kein Versagen unsererseits dar. Die Lektion, die wir aus einer Krankheit lernen, sollte nie unterschätzt werden. Sie muss nicht immer die physische »Heilung« der Krankheit bedeuten. Doch kann Krankheit ein Katalysator für die Entwicklung des Mitgefühls für das eigene Selbst sein, für das Weicherwerden unseres Egos, das Vertrauen in unsere Intuition und die Erkenntnis dessen, was wirklich wichtig ist für uns. Obwohl nie jemand bewusst eine Krankheit wählen würde, ist sie ein anspruchsvoller Lehrer, der wie nichts anderes Veränderungen in uns einleiten kann. Intuition bereitet die Bühne vor für die Öffnung unseres Herzens. Spirituell ausgedrückt ist tiefe Heilung eine Sache der Perspektive und beinhaltet zuweilen mehr als die Auflösung von »Symptomen«. Manche Krankheiten sind vermeidbar, doch ist in jedem Fall das Entschlüsseln Ihres eigenen Heilungscodes von größter Wichtigkeit.

Um Ihnen zu helfen, mit dieser Entschlüsselung zu beginnen, lassen Sie uns gleich zu der praktischen Anwendung der fünf intuitiven Schritte übergehen. Ich werde Ihnen den entsprechenden Vorgang beschreiben, wann immer Sie intuitive Hinweise über Ihre Gesundheit bekommen wollen. Im Moment wollen wir uns mit Vorbeugung beschäftigen. In späteren Kapiteln konzentrieren wir uns dann auf Krankheit. Hier werde ich Ihnen jeden Schritt mit der speziellen Betonung darauf vorstellen, wie Sie subtile Energie spüren können.

In der Schulmedizin werden diese intuitiven Schritte leicht übersehen; sie sind unsichtbar und können noch nicht zuverlässig in Zahlen ausgedrückt werden. Machen Sie sich langsam mit jedem der Schritte vertraut. Lernen Sie jeden einzelnen kennen, als sei er ein guter Freund. Die Schritte sind voller Leben, Atem und Magie. Dieser Prozess ist nicht statisch. Erlauben Sie ihm, Sie zu unterrichten. Die Herangehensweise, die ich beschreibe, mag eine

Herausforderung für Sie sein, eine bestimmtere Haltung in Bezug auf Ihre medizinische Fürsorge einzunehmen, als Sie es sich je vorgestellt haben.

Erster Schritt.
Achten Sie auf Ihre Glaubenssätze!

Ich habe eine Patientin, Marcie, die liebend gerne frische Orangen isst und dabei auf das Meer hinausblickt. Nichts macht sie glücklicher, als die Wellen zu beobachten, die sich am Strand brechen, der Schimmer des goldenen Lichts auf dem Wasser, wenn die Sonne zwischen den Wolken erscheint, die großen Pelikane mit ihren weiten Flügeln, die nach Fischen tauchen, das phosphoreszierende Leuchten der Wellen bei Nacht.

Marcie ist Journalistin für eine Zeitung in Los Angeles. Ihr Spezialgebiet ist die Politik. Sie liebt ihre Arbeit leidenschaftlich, doch übertreibt sie es manchmal damit. Ihr Terminplan ist voll mit Interviews, Pressekonferenzen, letzten Neuigkeiten. Es fiel ihr seit jeher schwer, sich Zeit für sich selbst zu nehmen. Manchmal kam ihr der Gedanke in den Sinn: »Wenn ich doch nur eine Erkältung hätte. Dann könnte ich zu Hause bleiben, im Bett liegen und aufs Meer hinausschauen.« Natürlich hörte sie nicht darauf. Sie überzeugte sich selbst, dass sie sich wohl fühlte. Schließlich hatte sie so viel zu tun. Dann bekam sie innerhalb von ein paar Tagen eine Erkältung.

Glaubenssätze sind äußerst machtvoll. Sie können die Voraussetzungen dafür schaffen, dass bestimmte Dinge eintreten. Unser Körper ist sehr intelligent. Es ist wichtig, dass er seine Ruhe bekommt. Er muss gepflegt werden und sich wohl fühlen. Wenn ein Gedanke daherkommt, der dem Körper sagt: »Damit du die Ruhe kriegst, die du brauchst, musst du krank werden«, wird er sich entsprechend verhalten. Es ist nicht so, dass Marcie wirklich krank werden wollte. Sie verlangsamte nur einfach ihren Rhythmus nicht. »Glaubenssätze und Krankheiten stehen miteinander in Beziehung«, sagte ich ihr. Wie viele von uns, hatte sie diese Tatsache intellektuell verstanden, sich jedoch noch nicht nach ihr gerichtet. Sie musste sie erst am eigenen Leib als wahr erfahren. Wenn ihr heute der Gedanke einer Erkältung verlockend erscheint, weiß sie, dass sie sich einen Tag frei nehmen muss. Dieser im Bett verbrachte Tag, an dem sie Orangen isst – und sich hin und wieder eine Portion Schokoladeneis gönnt (nicht das mit dem reduzierten Fettgehalt!) –, erspart ihr die Symptome einer wirklichen Erkältung. Die Erlaubnis, manchmal »zu schwänzen«, ist ein Geschenk, das Marcie sich selbst zu geben gelernt hat. Danach fühlt sie sich erneuert und erfrischt. Sie hat schon lange keine Erkältung mehr gehabt.

Marcie hatte die Wahl, was ihre Gesundheit betraf. Genau wie Sie. Ihr Geist und Ihr Körper sind durch einen komplizierten, intuitiven Kreislauf miteinander verbunden. Achten Sie auf die Muster oder immer wiederkehrende Glaubenssätze und Emotionen, die vor einer Krankheit in Erscheinung treten. Es kann gut sein, dass es sich dabei um Vorwarnungen handelt. Ein anderer meiner Patienten, der Drehbücher für Fernsehshows schreibt, hat ein Magengeschwür, das ihm periodisch immer wieder zu schaffen macht. Er merkte, was ihm bevorstand, wenn ihm mindestens eine Woche bevor irgendwelche Symptome auftraten, sein Sinn für Humor abhanden kam. Der schlimmste Albtraum für einen Komödienschreiber ist die Angst, dass ihm nichts mehr komisch erscheint. Alles und jedes machte ihn nervös. Heute weiß er, was er beim Auftauchen dieses Warnsignals zu tun hat, nämlich besonders gut auf seinen Magen zu achten, um eine Attacke zu verhindern.

Ihr Körper reagiert auf Ihre Überzeugungen und Glaubenssätze, seien sie nun bewusst oder unbewusst. »Dieser

Job frisst mich auf.« – »Das Leben lohnt sich nicht.« – »Ich habe Todesangst.« – »Wegen dir werde ich noch einen Herzinfarkt kriegen.« – »Ich bin so müde, dass ich das Gefühl habe, gleich umzukippen.« Alle diese Gedanken geben machtvolle Botschaften und sogar sich selbst erfüllende Prophezeiungen an die Chemie, das Gewebe und die Zellen Ihres Gehirns weiter. In ihrem Buch *The Artisté Way* weist Julia Cameron scharfsinnig darauf hin, dass viele von uns zwar bei der Vorstellung von positivem Denken zusammenzucken – zu süßlich, all diese Aphorismen –, wir aber andererseits nicht das geringste Problem damit haben, uns selbst zu sagen, dass wir dumm, fett, hässlich und völlige Versager sind.

Ein Teil des Problems mag im Mangel an inspirierenden, glaubwürdigen Vorbildern liegen. Uns werden entweder zuckersüße, nicht authentische Figuren vorgesetzt, die »positiv denken«, oder heldenhafte Menschen, deren Leben ein böses Ende nimmt. In unserem Kopf setzt sich die Binsenwahrheit fest, dass große Künstler ihr Leben als Alkoholiker oder Selbstmörder beenden, oder dass die ehrenhaftesten politischen Vertreter unweigerlich ermordet werden. Wir müssen uns von dieser Denkweise befreien und damit beginnen, Kreativität mit Optimismus und Lebensfreude zu assoziieren. Negativität fasziniert, indem sie sich unserer Angst bemächtigt und die Realität verzerrt. Es ist wichtig, dass Sie diese Tatsache erkennen, merken, wenn die Angst überhand nimmt, und damit beginnen, Ihr Denken umzuprogrammieren.

Schauen Sie genau nach, welche negativen Glaubenssätze Sie haben. Visualisieren Sie Gesundheit, nicht Krankheit. Kultivieren Sie einen wachsenden Optimismus, der angstbesetztes Denken mit Hoffnung und persönlicher Kraftgewinnung ersetzt. Berenice, eine meiner besten Freundinnen, erlitt durch einen Brand an ihrem ganzen Körper Verbrennungen dritten Grades. Später überlebte sie zweimal das

Auftreten von bösartigem Hautkrebs. »Ich mache mir nie Sorgen um meine Gesundheit«, sagte sie mir. »Ich habe absolutes Vertrauen in die Macht meines Körpers, Widrigkeiten überwinden zu können.« Berenice, heute 70 Jahre alt, visualisiert regelmäßig, dass sie physisch und geistig gesund bleiben wird, bis sie mehr als 90 Jahre alt ist. Sie ist entschlossen, diese Vision in die Wirklichkeit umzusetzen.

Lange Zeit wehrte ich mich gegen positives Denken. Jahrelang zog ich mich innerlich zurück, wenn man mir sagte: »Denk positiv.« Alles, was ich tun wollte, war, zu rebellieren. Das erinnerte mich an die furchtbaren Momente als Kind, wenn meine Eltern sagten: »Lächle in die Kamera«, oder: »Mach ein freundliches Gesicht«. Natürlich tat ich es nie. Ich war wütend auf jeden, der mir sagte, wie oder was ich sein sollte. Bitte verstehen Sie, dass dies nicht meine Absicht mit Ihnen ist. Auch will ich damit nicht andeuten, dass positives Denken weder ausschließlich verantwortlich für die Erhaltung Ihres Wohlbefindens ist noch dafür, dass es Ihnen schlecht geht – diese Vorstellung wäre zu simpel und irreführend. Was ich jedoch sagen möchte, ist, dass Ihre Einstellung in Bezug auf Gesundheit über Ihre Fähigkeit entscheidet, sie zu behalten beziehungsweise zu erreichen. Sie müssen sich darum bemühen, liebevoller mit sich selbst umzugehen, um das beste biochemische und seelische Umfeld zu schaffen, in dem eine Heilung möglich ist.

Es ist die Qualität der Liebe, die zu einem unausgesprochenen Leben in Ihrem Innern vordringt, einer göttlichen Mikrobiologie. Auf einer unterschwelligen Ebene sprechen die Zellen. Indem Sie immer offener werden, hören Sie mit Ihrer Intuition auf das, was Hermann Hesse tat, als er auf »die Lehren, die mein Blut mir zuflüstert« hörte. Dieses Blut geht Generationen zurück. Es sind nicht nur die Erbinformationen, die Sie mitbekommen haben; Sie tragen in Ihrem Innern die gesamte Geschichte Ihrer Ahnen. Die Glaubenssätze, die Ihre Mütter und Großmütter im Hinblick auf ihre Gesundheit hatten; die Krankheiten, die sie durchgemacht haben und wie sie damit umgegangen sind, wirken sich bis heute auf Sie aus.

Als ich vor einiger Zeit den Inhalt eines Banksafes durchging, das Dokumente meiner Eltern enthielt, fiel mir ein Stück Papier mit dem Datum 23. Juni 1976 in die Hände. Am oberen Rand stand der Name meiner Mutter in Großbuchstaben. Es handelte sich um einen Pathologiebericht. Darin hieß es, dass sie bösartige Lymphtumoren hatte. Ich war wie erstarrt. Ich erinnerte mich an das Leid, das diese Krankheit ihr verursacht hatte, und erlebte noch einmal ihren Tod vor vier Jahren. Die Tatsache ihres Verlusts, die unbarmherzige Qual, zog aufs Neue mein Innerstes zusammen. War dieser Lymphdrüsenkrebs so wichtig für sie, dass sie den ursprünglichen Bericht darüber aufgehoben hatte, damit ich ihn Jahre nach ihrem Tod finden konnte? Was wollte sie mir damit sagen? Jedenfalls lag diese Notiz zusammen mit anderen Unterlagen im selben Papierstapel wie meine Geburtsurkunde, meine Grundschulzeugnisse, meine erste Baby-Haarlocke. Ihr Lymphdrüsenkrebs war ein ähnlicher Meilenstein für meine Mutter. Und ich konnte nicht anders, als mich zu fragen: »Würde es auch einer für mich sein?«

Die Glaubenssätze unserer Eltern über Krankheit werfen ein Licht auf unsere eigenen Glaubenssätze über uns selbst. Meine Mutter, die selbst Ärztin war, definierte sich nichtsdestoweniger durch ihren letztlich tödlichen Lymphdrüsenkrebs und gab der Krankheit daher mehr Macht, als sie eigentlich hatte. Mir wurde klar, dass es lebenswichtig war, sich von dieser Denkweise zu distanzieren. Die Krankheiten unserer Vorfahren müssen nicht zu unseren eigenen werden. Es ist entscheidend, sich nicht verpflichtet zu fühlen, etwas zu erben, das nicht zu uns gehört, oder die Verbindung mit unseren Liebsten so misszuverstehen, dass wir ihre Krankheiten übernehmen. Genetische Voraussetzungen mögen die Übertragung einer Krankheit nahe legen, doch können wir viel tun, um unsere intuitive Verbindung mit einem derartigen Prozess zu beenden. Am wichtigsten ist es, dass Sie Ihre Ängste erkennen. Es ist natürlich, Mitgefühl mit dem zu haben, was Ihre Liebsten durchmachen. Dennoch sollten Sie aufpassen, sich nicht übermäßig mit den Krankheiten oder Schwierigkeiten zu identifizieren, die die Betreffenden bei dem Umgang damit haben. Angst hat die Funktion eines negativen Magneten. Tun Sie Ihr Bestes, um sie loszulassen. Das Loslassen von Angst bringt Ihnen Erleichterung. Allein dieser Vorgang kann Sie davon befreien, die genetischen Muster Ihrer Verwandten noch einmal durchzuleben.

Wir können nicht immer die Dinge kontrollieren, die uns im Leben widerfahren, doch bestimmen wir die Qualität unserer Lebensreise. Machen Sie es sich zur Gewohnheit, Ihre Glaubenssätze als intuitive Wegweiser zu betrachten, sowohl als Vorboten von Krankheit als auch als Möglichkeiten, sie zu verhindern. Vorbeugung ist für Sie viel näher, als Sie vielleicht denken mögen.

Zweiter Schritt. Nehmen Sie Ihren Körper bewusst wahr!

Viele Jahre lang fühlte ich mich nie sicher in meinem Körper. Er fühlte sich fremdartig an, ein viel zu kleiner Behälter. Ich fühlte mich gefangen, wollte heraus. Überwältigt von einer Flut von Empfindungen schwebte ich stets ein paar Zentimeter über meiner Haut, von meinem Körper getrennt. Es schien, als ob ich nur selten atmete. Ich versteckte mich vor meiner Sinnlichkeit. Doch ist ein großer Teil des Im-Körper-Seins ein sinnliches Erlebnis: das Einatmen des Duftes von nächtlich blühendem Jasmin; das Hören des sanften Rufes einer Eule; das Empfinden des

Elektrisiertseins von Kopf bis Fuß, wenn wir uns zu einem anderen Menschen hingezogen fühlen.

Wir nehmen eine Menge von Dingen als selbstverständlich hin. Wir vergessen, die Sinnlichkeit des Menschseins zu ehren. Achten Sie darauf, wie gut es sich anfühlt, zu atmen, zu essen, zu gehen, einem Freund direkt in die Augen zu schauen. Ich musste meine intuitive Seite erforschen und mich mit dem Gedanken vertraut machen, mich zu öffnen, um zu erkennen, dass der Körper ein eleganter, intuitiver Empfänger ist, der feinfühlig auch die zartesten Eindrücke registriert. Damit Sie sich Ihrer Intuition voll bewusst werden, reicht es nicht aus, nur Ihren Verstand zu benutzen. Machen Sie es sich in Ihrem Körper bequem. Sie können es sich nicht leisten, mit einem Fuß draußen zu bleiben.

Unsere Gesellschaft legt größten Wert auf die Fähigkeit, Widrigkeiten und Not aushalten zu können. Wir feiern Personen, die die Gefahrensignale ihres Körpers ignorieren, um etwas zu erreichen – ein Machowahn, der zu schweren Gesundheitsproblemen führen kann. Bei einer Konferenz letzten November traf ich einen Arztkollegen, der eine gut gehende Praxis hat. Normalerweise sonnengebräunt und fit, sah er regelrecht gespenstisch aus. Er vertraute mir an: »Meine Schulter bringt mich noch um.« »Seit wann?«, fragte ich. Verlegen schwieg er einen Moment. »Seit letzten Mai. Ich war zu beschäftigt, um zu einem Orthopäden zu gehen, damit er sich die Sache anschaut.« Das ist so typisch für einen Arzt! Als wenn das Ignorieren von Schmerz dafür sorgt, dass er verschwindet. Fast sechs Monate? Mehr als jeder andere hätte er es besser wissen müssen. Er hatte gute Absichten, wie viele von uns, doch versäumte er, entsprechend zu handeln.

Es ist von größter Wichtigkeit, dass Sie sich umstellen, damit Sie sich über die Mechanismen hinwegsetzen können, die Sie zum Zwecke des Beiseiteschiebens von Unbehagen entwickelt haben. Um Krankheit vorzubeugen, werde ich Ihnen zeigen, wie Sie speziell auf physische Notsignale achten können. Respektieren Sie die Botschaften Ihres Körpers, lassen Sie sie nicht unberücksichtigt. Manchmal ist eine einfache, sofortige Reaktion alles, was notwendig ist. Wenn Sie müde sind, ruhen Sie sich aus. Wenn Sie Hunger haben, essen Sie etwas, das Ihnen schmeckt. Wenn Sie angespannt sind, gönnen Sie sich eine erholsame Massage. Was ist der Preis für das Nichthinhören? Sie kriegen eine Grippe oder Sie verstauchen sich den Rücken. Sie hören immer noch nicht hin? Der Thermostat wird immer heißer, bis Sie schließlich hinhören.

Die Beachtung früher Warnsignale schützt Ihre Gesundheit. Ihr Körper ist aufs Überleben programmiert. Machen Sie sich damit vertraut, wie er zu Ihnen spricht. Er möchte, dass es Ihnen gut geht. Er wird Ihnen sagen, wenn dies nicht der Fall ist. Hippokrates schrieb vor über 2000 Jahren: »Überall im Körper gibt es ein Maß von bewusstem Denken.« Das ist eine praktische Weisheit, nach der Sie sich richten können. Um einen Vorsprung bei der Abwendung von Symptomen zu erreichen, sollten Sie sich daran gewöhnen, die leiseren Botschaften zu spüren, die Ihnen Ihr Körper schickt. Einige davon werden Sie vielleicht auf Anhieb erkennen.

Fragen zum Nachdenken

- Fühlen Sie sich manchmal »aus dem Gleichgewicht«? Eigenartig gefühllos? Losgelöst von allem? So als ob Sie aus dem Rhythmus gekommen sind? Wie lange tolerieren Sie dieses Gefühl, dass irgendwas mit Ihrem Körper nicht stimmt?
- Fühlen Sie sich manchmal »toxisch«, so als ob Sie eine Grippe bekommen würden, obwohl es keine anderen Anzeichen dafür gibt?
- Haben Sie unerklärliche Symptome, die sich vielleicht schon seit Jahren bemerkbar machen? Einen Knoten

oder eine Leere in Ihrem Bauch? Einen Knoten im Hals? Ein wehes Herz?
- Haben Sie jemals das schmerzhafte Gefühl von Wundheit oder Bloßstellung empfunden? Scheint Ihnen alles und jedes zuzusetzen, und Sie fühlen sich schutzlos gegenüber diesen Einflüssen?

Wenn Sie auf irgendeine dieser Fragen mit »Ja« antworten, lohnt es sich, mit einer generellen Inventur Ihrer Gesundheit und Ihres Stresslevels zu beginnen. Welche Bereiche können verbessert werden? Untersuchen Sie alles: wie oft Sie Sport treiben, wie viel Zeit Sie sich für sich selbst nehmen, Ihre Beziehungen. Sorgen Sie dafür, dass Sie genug Raum und Zeit reservieren, um Ihre Batterien wieder aufzuladen. Obwohl diese Veränderungen relativ unwichtig erscheinen mögen, weisen sie auf einer intuitiven Stufe frühzeitig auf Schwierigkeiten hin. Um zu beginnen, tun Sie Ihr Bestes, um die Problembereiche genau festzulegen und zu verbessern. Später, in dem Teil dieses Kapitels, wo es um subtile Energie geht, werden wir uns vertieft mit Lösungen beschäftigen.

Die Warnsignale Ihres Körpers – sowohl die leisen als auch die offensichtlichen – wahrnehmen zu können, erfordert eine gesteigerte Empfindsamkeit für die Nuancen alles Körperlichen; so können Sie kleinere Veränderungen spüren, bevor sie zu großen Problemen werden. Aufmerksamkeit ist das Schlüsselwort. Verdrängung ist das Gegenteil von Intuition. Sie müssen Ihr Bestes tun, um diese Tendenz zu überwinden. Was ist die eigentliche Wurzel der Verdrängung? Könnte es sein, dass wir nicht nur die Botschaften unseres Körpers ignorieren, sondern die Tatsache überhaupt verdrängen, dass wir einen Körper haben?

Der Grad umfassender Selbstfürsorge, den ich vorschlage, muss einer tiefen Anerkennung und Wertschätzung der Kostbarkeit Ihrer physischen Form entspringen – was eine radikale Bewusstseinsveränderung bedeutet und nicht bloß eine Änderung des Verhaltens. Mir ist klar, dass ich damit eine Menge von Ihnen erwarte. Schließlich hat die Mehrheit von uns nicht einmal die Chance, einen Blick auf ihre eigene Anatomie zu erhaschen, was ein eklatantes Versäumnis in unserer grundsätzlichen Erziehung darstellt. Sie könnten ohne weiteres Ihr ganzes Leben leben, ohne jemals zu wissen, was unter Ihrer Haut liegt. Wie eigenartig, dass dies niemand infrage zu stellen scheint! Die Schönheit unserer inneren Vorgänge, die Ehrfurcht, die man empfindet, wenn man Zeuge dieser Vorgänge wird, ist das Urrecht eines jeden Menschen. Wir alle besitzen in unserem Innern ein herrliches, dreidimensionales Universum, das wir zu unserem eigenen Nachteil ignorieren. Wir haben uns daran gewöhnt, Oberflächliches als Tatsache zu akzeptieren und nur einen Bruchteil dessen zu sehen, wer wir wirklich sind – besonders, was unsere Körper betrifft. Wir müssen unter diese Oberflächen tauchen, um uns selbst aufzuwecken.

Mein eigenes Erwachen geschah in einem Anatomielabor im ersten Jahr meines Medizinstudiums. Es kam völlig unerwartet. Ich war im Hinblick auf das Aufschneiden eines Körpers genauso zart besaitet, wie es wohl die meisten von uns wären, vor allem das Aufschneiden eines toten Körpers, in Formaldehyd eingelegt. Und schon vor der Sektion dieser faulige Geruch! Und wieso überhaupt ich? Die Vorahnung, die ich vor Jahren gehabt hatte, sagte mir, dass ich Psychiaterin werden würde. Das war der Plan. Leichen wurden darin nicht erwähnt. Oje! Ich hatte nicht den geringsten Wunsch, ein Gehirn, Nieren oder eine Leber zu sezieren. Obwohl ich es mir nie eingestanden hatte, war ich mit einer Art Ekelgefühl gegenüber dem Körper aufgewachsen – eine kulturell bedingte Reaktion, die ich mit den meisten Menschen in meiner Umgebung teilte. Vor allem der Anblick von Blut: Es als heilig zu betrachten wäre das Letzte gewesen, was mir eingefallen wäre. Erst nachdem ich Woche um Woche gezwungen war, Gewebe, Organe und Knochen zu berühren und mir ihre Struktur einzuprägen, wurde mir die Herrlichkeit des Körpers offenbar.

Während ich später als Assistenzärztin bei wichtigen Operationen zugegen war, wurde mir die Ehrfurcht gebietende Erfahrung zuteil, ein Herz zu sehen, das in der offenen Brust eines Patienten mit einem Labyrinth von Blutgefäßen verbunden war; die Struktur einer Gebärmutter zu fühlen, von Eierstöcken und Lungen – eine Ehre, die jedem von uns zuteil werden sollte, der es möchte, einfach als eine Initiation in das, was es bedeutet, ein Mensch zu sein. In meiner Erinnerung hat sich für immer die Energie eines jeden Organs eingeprägt, seine weiche, feuchte Beschaffenheit, seine Wärme und glänzende Farbe. Wenn ich mich heute intuitiv auf Patienten einstimme, kann ich die unterschiedlichen Frequenzen dieser Organe fühlen.

Bei den Eskimos gibt es ein altes Ritual, in dem ein Schamane übernatürliche Fähigkeiten benutzt, um »seinen Körper des Fleisches und Blutes zu entledigen«, damit nichts als seine Knochen übrig bleiben. Dazu muss er sich alle Teile seiner Anatomie in Erinnerung rufen und jeden Knochen laut bei seinem Namen nennen. Auf diese Weise gewinnt der Schamane an Macht und Selbsterkenntnis, indem er die eigentliche Struktur, aus der er zusammengesetzt ist, ehrt. Sich Ihrer Struktur bewusst zu werden, wird Ihnen helfen, Ihr Selbstbild zu vervollständigen und Ihre Aufmerksamkeit auf Ihren Körper und seine Muster zu richten, um auf diese Weise Krankheiten vorbeugen zu können.

Ich empfehle Ihnen, was ich allen Teilnehmern an meinen Seminaren ausdrücklich ans Herz lege: Kaufen Sie sich ein Kinderbuch oder ein populärwissenschaftliches Buch über den Körper, das angefüllt ist mit detaillierten, leicht verständlichen Farbzeichnungen, die Ihnen einen umfassenden, amüsanten Überblick über das Gehirn und den Körper geben. Schauen Sie sich das Buch von Anfang bis Ende an. Sehen Sie sich selbst in jeder Illustration.

Holen Sie Ihre Buntstifte hervor. Wählen Sie Ihre eigene Farbskala. Haben Sie Spaß bei der Sache. Sie können auch in Ihren örtlichen Buchladen gehen und nach einer CD-ROM für Kinder fragen, die sich mit dem menschlichen Körper beschäftigt. Schauen Sie sich diese CD-ROM genau an. Um eine direktere Erfahrung zu machen, gehen Sie in ein Geschäft für Ärztebedarf und kaufen Sie sich ein Stethoskop. Ich empfehle Ihnen, wie auch meinen Seminarteilnehmern, mit einem Freund Arzt zu spielen. Fühlen Sie sich gegenseitig den Puls. Üben Sie sich darin, den Herzschlag Ihres Freundes zu hören, seine Lungen, seinen Bauch. *Bumm-bumm.* Rauschen, Gurgeln. Kinder lieben diese Geräusche und amüsieren sich köstlich bei solchen Experimenten. Machen Sie es genauso. Vergleichen Sie Ihre Beobachtungen. Schauen Sie sich sorgfältig an, wie Sie gemacht sind.

Im Laufe dieses Prozesses lernen Sie, dass jeder Mensch genauso zusammengesetzt ist wie Sie, dass Sie alle die grundsätzliche Struktur gemeinsam haben, wobei jedoch jeder einzigartig ist. Gewinnen Sie zunächst eine generelle Vorstellung der verschiedenen Systeme des Körpers, der Verdauung, der Atmung, des Kreislaufs, der Harnorgane, der Nerven. Welche Rolle spielt jedes dieser Systeme bei der Erhaltung Ihrer Gesundheit? Dann schauen Sie sich die Hauptorgane an. Wo befindet sich Ihre Bauchspeicheldrüse? Ihre Blase? Ihr Herz? Welche Funktion übt jedes dieser Organe aus? Auf welche Weise hält es Sie am Leben? Das Wichtigste dabei ist, dass dieses Wissen den Körper entmystifiziert und ihn aus dem Bereich des Unbekannten, des Unaussprechlichen oder der Tabus befreit. Das Ziel besteht nicht darin, Ihre Struktur übermäßig zu physikalisieren, sondern sich mit ihr vertraut zu machen.

Je intimer Sie Ihr physisches Make-up kennen, desto erfolgreicher und intuitiver werden die gesundheitsbezogenen Eingriffe, die Sie vornehmen. Wenn Sie zum Beispiel aufgrund der Ausscheidung eines Nierensteins entsetzliche Schmerzen haben, kann Ihre Fähigkeit, Ihre Nieren zu visualisieren, Ihnen einen konkreten Anhaltspunkt geben, sich auf sie einzustimmen. Wie ein Laserstrahl können Sie Ihre Aufmerksamkeit genau auf den Problembereich richten und ihm bei der Heilung helfen, indem Sie eine Technik zum Mobilisieren subtiler Energie anwenden, die ich Ihnen zeigen werde. Tun Sie das Gleiche, wenn Sie operiert werden oder sich irgendeiner Art ärztlicher oder zahnärztlicher Behandlung unterziehen. Visualisieren Sie vor, während (wenn Sie bei Bewusstsein sind) und nach der Behandlung die genaue Lage des Problems. Während sich Ihre Intuition immer mehr weiterentwickelt, werden Sie lernen, Energie dorthin zu schicken; wie, erkläre ich Ihnen später. Ihre intuitive Teilnahme sorgt dafür, dass die Heilung leichter, schneller und mit weniger Komplikationen eintritt. Ihre Anatomie zu kennen erlaubt es Ihnen, Ihre Intuition anzuwenden, um subtile Energieveränderungen, die einer Erkrankung vorausgehen, zu lokalisieren und zu spüren (was Ihre Chancen erhöht, sie zu verhindern oder wenigstens frühzeitig zu diagnostizieren), und zeigt Ihnen, wohin Sie Ihre heilende Energie dirigieren sollen, wenn eine Erkrankung eintritt.

Ihre Gegenwart in Ihrem Körper weckt ihn auf. »Kann das wirklich ich sein?«, werden Sie vielleicht fragen. Ihre Anatomie mag Ihnen so verrückt erscheinen, dass Sie sich kaum dazu in Beziehung setzen können, ähnlich wie bei einem fremden Land. Doch beruhigen Sie sich. Lassen Sie sich Zeit. Achten Sie auf jeden Widerstand, den Sie gegenüber dem, was Sie sehen, verspüren. Das ist nur natürlich. Lernen Sie, langsam zu verstehen, wie dieser Widerstand Sie davon abhält, eine Verbindung mit Ihrer Körperlichkeit aufzunehmen, Ihrem ursprünglichen Kern. Bleiben Sie dran. Nach angemessener Zeit wird Ihr Widerstand dahinschmelzen. Zunehmend wird es Ihnen Freude bereiten, ganz in Ihrem Körper zu sein. Ihre Empfindsamkeit, vom Körper übermittelte Botschaften wahrzunehmen und dann entsprechend zu handeln, wird immer größer werden.

Ihr Körper verdient es, geehrt zu werden. Das hat natürlich zur Folge, dass Sie lernen, sich selbst mehr zu lieben. Die Unschuld, mit der Sie an Ihren Körper herangehen, neugierig, doch mit Demut, wird Ihr Bewusstsein über die menschliche Erfahrung erweitern. Wenn Sie beschließen, Ihr Leben wirklich *in* Ihrem Körper zu leben, wird das Ihre Prioritäten ändern. Bei mir war das so. Ohne Zwang anzuwenden, wird Ihnen das Lauschen auf Ihre inneren Abläufe zur zweiten Natur werden.

Dritter Schritt. Erspüren Sie das energetische Potenzial Ihres Körpers!

Denken Sie mikroskopisch. Denken Sie winziger als mikroskopisch. Stellen Sie sich Ihren Körper vor, die Feinheiten seines Fleisches und seines Blutes. Doch stellen Sie sich gleichzeitig eine andere Dimension vor, aus Energie gemacht, die Ihre Haut durchdringt und sich viele Meter jenseits von ihr erstreckt. Was ist diese Energie? Sie ist eine intuitive Sprache des Körpers. Sie ist die Essenz dessen, was wir sind, eine subtile Schwingung, die allem Physischen zugrunde liegt, sowohl dem belebten als auch dem unbelebten (einschließlich Objekten wie Steinen, Möbel oder Schmuck). Einige von uns können diese Energie leichter sehen; andere können sie spüren. Wenn wir uns auf die kleinsten Bestandteile reduzieren, finden wir reine Energie. Hindu-Mystiker nennen sie *Shakti*. In der chinesischen Medizin wird sie *chi* genannt. Sie ist die strahlende »Aura«, von der die Seher in allen Zeitaltern gesprochen haben. Selbst die Schulmedizin ist langsam dabei, dies zu begreifen. Eine aufregende neue Subspezialität ist an die Oberfläche getreten: Energiemedizin. Indem sie sich von überlieferten hinduistischen und buddhistischen Systemen inspirieren lässt, erkennt sie unseren Körper und unseren Geist als Manifestationen von Energie an, die aus sieben Zentren im Körper besteht, *Chakras* genannt. Jeglicher Verlust von Gleichgewicht in diesen Zentren führt zu Krankheit.

Hier ist ein Überblick über die Chakras, damit sie leichter zu visualisieren sind. Damit haben Sie einen Bezugspunkt, den Sie immer wieder benutzen können, während Sie mehr über dieses System lernen. Natürlich können die Tiefe und das Geheimnis der Chakras nur durch eigene Erfahrung verstanden werden; diese Vereinfachung ist lediglich ein Anfang.

Ein Mini-Führer zum Chakra-System

Chakra	*Position*	*Funktion*	*Farbe*
Erstes	Genitalien, Anus	Sexualität	Rot
Zweites	fünf Zentimeter unterhalb des Bauchnabels, mittig	Sexualität, Fürsorge, Gleichgewicht	Orange
Drittes	Solarplexus	Emotionen, Machttrieb, Kontrollbedürfnis	Gelb
Viertes (Herzchakra)	fünf Zentimeter über dem Zwerchfell, mittig	Mitgefühl, Liebe	Grün
Fünftes	Kehle	Kommunikation, eigene Wahrheit ausdrücken	Kobaltblau
Sechstes (»drittes Auge«)	Stirn, zwischen den Augenbrauen	Intuition, Intellekt	Violett
Siebtes (Kronenchakra)	Spitze des Kopfes	Spiritualität	Weiß

Ich möchte, dass Sie sich daran gewöhnen, sich Ihren Körper in Form von Chakras vorzustellen. Schauen Sie sich die Tabelle an und achten Sie darauf, wo die Chakras mit den verschiedenen Teilen Ihres Körpers korrespondieren. Orientieren Sie sich visuell. Dann nehmen Sie sich zumindest ein paar Minuten Zeit, um zu erforschen, wie sich jedes Chakra anfühlt. Setzen Sie sich ruhig hin, konzentrieren Sie sich auf jedes einzelne Zentrum so lange, wie Sie möchten. Achten Sie auf jedes Gefühl von Hitze, Kälte, Prickeln, Druck, Emotionen und an welchen Stellen Empfindungen verblassen oder stärker werden. Machen Sie sich diese Übung zur Gewohnheit. Durch die tägliche Wahrnehmung werden die Chakras aktiviert. Selbst wenn Sie eine Weile dazu brauchen, geben Sie nicht auf. Während wir uns mit den einzelnen Kapiteln beschäftigen, wird Ihre Fähigkeit, die Chakras zu spüren, zusehends wachsen.

Es ist wichtig, über diese Zentren Bescheid zu wissen, um optimale Gesundheit zu erhalten und Krankheit zu vermeiden. Energie kann auf eine allgemeine Art wahrgenommen werden, doch das Lesen der Chakras gibt Ihnen die Möglichkeit, sie in unverwechselbare, körperbezogene Komponenten aufzuschlüsseln. Indem Sie in näherem Kontakt mit Ihrem Körper sind, können Sie spüren, ob er einwandfrei funktioniert oder besondere Fürsorge braucht. Intuitive Information über Ihre tiefsten physischen, emotionalen und spirituellen Bedürfnisse wird durch die Chakras weitergeleitet. Das Interpretieren dieser Signale ist lebenserhaltend.

Energiemedizin geht von anderen Voraussetzungen aus als die westliche Schulmedizin, und ich bitte Sie, sich diese näher anzuschauen. Eine dieser Annahmen besagt, dass Sie sowohl Materie als auch das Licht sind, das uns umgibt. Sie sind Farbe, die sich ständig verändert und die Ihre Stimmungen und Ihre Gesundheit reflektiert.

Manchmal leuchten Sie golden oder in tiefstem Rot, zu anderen Zeiten schießen Strahlen von lieblichstem Blau und Grün und Weiß wie Reflexe von Ihrer Haut. All dies befindet sich außerhalb des Spektrums dessen, was wir normalerweise sehen. Innerhalb dieser Farben gibt es unsichtbare »Fäden«, die eine exquisite Fähigkeit besitzen, die Energie einer anderen Person zu absorbieren und zu fühlen, selbst aus mehreren Metern Entfernung. Diese intuitiven Rezeptoren sind so genau, dass sie selbst die kleinsten Veränderungen in Ihrer Gesundheit und der Art und Weise, wie sie von anderen Menschen beeinflusst wird, spüren.

Lassen Sie uns Energie in Begriffen Ihres täglichen Lebens betrachten. Haben Sie jemals zum Beispiel eine Frau auf einer Party getroffen und sie sofort gemocht? Es lag gar nicht so sehr an dem, was sie gesagt oder getan hat, sondern daran, wie gut Sie sich in ihrer Gegenwart gefühlt haben. Oder erinnern Sie sich an die Zeit, als Sie mit einem Mann an einem Projekt arbeiteten, der sehr nett war, wo Sie aber jeden Abend nach Dienstschluss völlig erledigt waren? In beiden Fällen reagierten Sie auf die Energie eines anderen Menschen. Auf eine sehr reale Weise kann die von anderen ausgesandte Energie einen Einfluss auf die Erhaltung Ihres Wohlbefindens haben. Ohne diesen gegenseitigen Austausch ist eine Interaktion mit einem anderen Menschen unmöglich. Machen Sie sich das klar. Wann immer es Ihnen möglich ist, sollten Sie sich mit Personen umgeben, in deren Gegenwart Sie sich wohl fühlen, die Ihnen Kraft geben, und sollten jeden meiden, der Ihnen Ihre Energie absaugt. Ihr Körper ist ständig mit der Verarbeitung und Umsetzung von Energie beschäftigt und stimmt sich sensibel auf Menschen, Orte und Situationen ein.

Nehmen Sie zum Beispiel das Konzept des persönlichen Raumes. Fragen Sie sich selbst: »Gibt es eine bestimmte

Distanz (einen halben Meter, einen Meter, drei Meter), die Sie einzuhalten wünschen, wenn Sie mit anderen reden? Ist es Ihnen unangenehm, wenn diese Distanz nicht respektiert wird? Wir alle haben schon Personen getroffen, die sich dessen so unbewusst sind, dass sie praktisch auf Ihnen sitzen, während Sie miteinander reden. Haben Sie bemerkt, dass Sie in solchen Fällen wegrücken? Und der andere dann irritierenderweise noch näher herankommt? Es gibt eine unsichtbare energetische Grenze, die Sie umgibt und die den Raum festlegt, in dem Sie sich bei der Interaktion mit anderen wohl fühlen. Intuitiv spüren Sie diese Grenze. Als Reaktion auf das Zunahekommen einer anderen Person lernen Sie unbewusst bereits in sehr jungen Jahren, Kompromisse zu schließen. Das Ergebnis? Sie eignen sich eine bestimmte Körpersprache an – indem Sie Ihre Arme vor der Brust kreuzen, mit Ihren Händen reden, Ihre Stimme lauter werden lassen –, die diese Grenze aufrechterhält. Auf diese Weise teilen Sie anderen die Distanz mit, die sie einhalten müssen und bei der Sie sich am wohlsten fühlen.

Wie kann das Wissen um Energie Sie gesund erhalten? Um eine bessere Vorstellung darüber zu bekommen, müssen wir uns die Dynamik näher anschauen, wie Krankheit funktioniert. Lassen Sie uns den ganzen Vorgang verlangsamen. Beginnen Sie, Krankheit als einen fortschreitenden Verlauf zu sehen – sie manifestiert sich nie einfach so aus heiterem Himmel, sondern Sie müssen das folgendermaßen sehen: Energiemäßig sind Sie zu dem Zeitpunkt, wo Sie einen Herzinfarkt, einen Schlaganfall oder eine Migräneattacke erleiden (so genannte akute Erkrankungen), bereits lange dabei, krank zu werden. Zellulären Veränderungen gehen immer subtile Wandlungen voraus. Das Geheimnis besteht darin, Unausgeglichenheiten in Ihrem Körper wahrzunehmen, bevor Sie Schmerzen haben oder eine Krankheit voll ausbricht.

Zu diesem Zweck müssen Sie auf die leiseren Signale hören, die Ihr Körper Ihnen sendet – Energiewarnungen, die vor irgendeiner physischen Ursache auftreten können. Ein Gefühl der Leerheit, Taubheit, Erschöpfung, ein Knoten im Magen oder im Hals, unerklärliche Schmerzen und störende Empfindungen – diese verallgemeinerten Symptome sind für ihre flüchtige Natur bekannt und trotzen oftmals jeder normalen Erklärung. Dennoch müssen Sie, um sich wohl zu fühlen, wissen, worauf sie zurückzuführen sind.

Höchstwahrscheinlich hat Ihr Arzt, den Sie wegen dieser Gefühle konsultiert haben, Sie untersucht und eine Anzahl von Tests vorgenommen, die alle negativ ausfielen, sofern Ihre Symptome auf einem Energieungleichgewicht basierten. »Ihnen fehlt nichts«, hat er Ihnen gesagt und Sie nach Hause geschickt. Jetzt waren Sie vielleicht noch verwirrter als vorher und zweifelten an sich selbst. Machen Sie sich bewusst, dass Energie sich in Formen bemerkbar macht, die die Schulmedizin heute noch nicht erklären kann. Das Problem besteht darin, dass – wenn es sich um Energie handelt – die meisten von uns weder wissen, wie die richtigen Fragen lauten noch wohin sie sich wenden können, um Hilfe zu erhalten. Also unternehmen wir nichts. Wir sind dazu gezwungen, körperliche Zustände zu tolerieren, die nicht gut für uns sind – eine Vorbereitung für spätere negative Auswirkungen auf unsere Gesundheit.

Um aus dem Gleichgewicht geratene Kräfte in sich selbst zu erspüren, müssen Sie erkennen, dass Energie in ihrer einfachsten Form etwas ist, das wir zunächst als Schwingung wahrnehmen. Sie ist so unterschwellig, dass wir sie oft übersehen. Ich möchte Ihnen zeigen, wie ich mich auf Energie einstimme, damit Sie sich damit vertraut machen können. Ich praktiziere diese Technik täglich. Lassen Sie mich Ihnen zeigen, wie das funktioniert.

Schließen Sie Ihre Augen. Atmen Sie ein paarmal tief durch. Machen Sie es sich bequem. Fokussieren Sie sanft Ihre Aufmerksamkeit ausschließlich auf Ihren Körper. Wie fühlt er sich an? Achten Sie auf jedes physische Unbehagen oder auf Bereiche, die sich gut anfühlen. Nehmen Sie die generelle Schwingung Ihres Körpers wahr. Dann versuchen Sie, Ihre subtile Energie wahrzunehmen. Fragen Sie sich selbst: Spüre ich irgendwo Wellen von Kribbeln oder ein Summen? Heiße oder kalte Schauer oder eine Gänsehaut, die nichts mit der Außentemperatur zu tun haben? Wenn ja, kann ich genau feststellen, welches bestimmte Organ damit zu tun hat? Kann ich in ihm ein besonderes Gefühl des Wohlbefindens oder der Dynamik spüren? Oder fühlt es sich flach, kraftlos, krank an?

Sie können Energie als ein Summen, eine Farbe, ein Vibrieren wahrnehmen. Diese Empfindungen können sich in unterschiedlichen Bereichen Ihres Körpers zeigen – in Ihren Nebenhöhlen, Ohren, der Leber, der Wirbelsäule. Einige Teile Ihres Körpers mögen sich lebendig anfühlen, besonders empfindsam; andere dumpf, schmerzhaft oder taub. Lassen Sie Ihrer Vorstellungskraft freien Lauf. Achten Sie darauf, wie diese Empfindungen variieren. Vielleicht fühlen Sie Dinge in Teilen Ihres Körpers, von denen Sie gar nicht wussten, dass Sie sie haben. Das ist gut so. Sie lernen Ihren Körper viel besser kennen, ein positiver Start für die Vorbeugung von Krankheiten.

Üben Sie. Üben Sie. Üben Sie. Es braucht Zeit, diese feine Energie wahrzunehmen. In der Zwischenzeit wird Ihnen Ihr Verstand weiterhelfen. Er übersetzt ständig Vibration in Informationen, die Sie leichter erkennen können, etwa durch Metaphorik und Emotionen. Viele meiner Patienten haben verblüffende Beschreibungen abgegeben: der Buchhalter, der das Gefühl hatte, als schieße ein Eisenstab seinen Rücken hinunter; das junge Mädchen mit einer schwarzen Wolke über ihrem Herzen. Vielleicht hatten Sie schon ähnliche machtvolle Bilder. Oder wie wäre es mit Folgendem? Haben Sie schon einmal das eigenartige Gefühl gehabt, dass Teile Ihres Körpers verstopft sind, blockiert oder gar nicht mehr funktionieren, ohne einen physischen Beweis, dass dem wirklich so ist? Dass sich in Ihrer Leber Traurigkeit aufgestaut hat oder dass Ihre Gelenke voller Wut sind? Dies sind Möglichkeiten, wie subtile Energie sich Ihnen mitteilen und Ihnen Hinweise auf Ihre Gesundheit anbieten kann. Als Intuitive habe ich mir beigebracht, mich auf dieser Ebene auf meine Patienten einzustimmen. Und ich zeige ihnen, wie sie es selbst genauso machen können.

Nehmen wir beispielsweise ein Magengeschwür. Lassen Sie mich eine typische Entwicklung beschreiben, von ersten Energie-Warnzeichen bis zum Auftauchen von Symptomen:

> Wellen von Gänsehaut – sich physisch aus dem Gleichgewicht fühlen – Knoten im Magen – lokalisiertes Gefühl von Wut – zusammengeballte Faust – ein Gefühl des Blockiertseins – verstärkte Magensäure – Magenschmerzen – das Geschwür bildet sich.

Ich habe einen Patienten, George, der mehrere Male im Jahr unter Gallensteinattacken litt. Sie waren so schlimm, dass er manchmal ins Krankenhaus musste und sogar Morphiumspritzen bekam. Sein Internist legte ihm nahe, sich operieren zu lassen, ein logischer Vorschlag. Doch George wollte diesen Weg nicht gehen, sondern es lieber mit einer natürlichen Behandlungsweise versuchen. Das tat er auch, indem er ein hoch potenziertes Schmerzmittel nahm, jedoch ohne Erfolg. Doch durch unsere gemeinsame Arbeit fiel George etwas auf, das er normalerweise übersehen hätte: Vor einer Attacke fühlte sich seine Bauchgegend stundenlang »gestaut« und übermäßig heiß an – so sehr, dass sie regelrecht Hitze ausstrahlte. Sein Internist hatte keine Erklärung dafür, doch George wurde sich der Energie immer mehr bewusst. »Benutzen Sie dieses Wissen«, riet ich ihm. »Warum nehmen Sie nicht das nächste Mal, wenn die Hitze kommt, sofort die Medizin?« Bingo. Von diesem Tag an hatte George weniger Attacken, und wenn sie kamen, waren die Schmerzen geringer. Warum? Er behandelte die prädisponierte Energiestörung – übermäßige Hitze und Stau –, bevor sie eine Chance hatte, sich in Schmerzen zu verwandeln. Diese geschickte Intervention unterbrach den Schmerzzyklus, bevor das tatsächliche Symptom auftrat.

Die erste Phase der Prävention besteht darin, zurückzugehen zu den Energieursprüngen Ihrer Krankheit. Die zweite Phase ist die, zu entdecken, welche Aktionen vorgenommen werden müssen, um die Unausgewogenheit zu korrigieren. Das kann eine Veränderung Ihrer Lebens- oder Ernährungsweise bedeuten oder mehr Meditation; sich auf eine Therapie einzulassen, um sich schwierigen Emotionen zu stellen; »Energiearbeit« vorzunehmen (das vierte Kapitel wird Ihnen bestimmte Energietechniken zeigen, die Sie selbst anwenden können); sich eine Erholungspause zu gönnen; das Rauchen einzustellen; frühzeitig die richtigen Medikamente zu nehmen. Vielleicht wissen Sie von selbst genau, was zu tun ist. Wenn nicht, suchen Sie sich einen erfahrenen Heiler, der Ihnen helfen kann, die richtige Lösung zu finden.

Ein Schriftstellerfreund von mir hat jedes Mal, unmittelbar bevor er Rückenschmerzen bekommt, das Gefühl, als ob jeder Nerv in seinem Körper bloßliegt. Jedes

Geräusch, jeder Geruch, selbst zufällig auf der Straße angerempelt zu werden, erscheint ihm wie ein persönlicher Angriff. Von einem erfahrenen Körpertherapeuten hat er gelernt, diese Signale zu erkennen, die ihm mitteilen: »Du solltest dich jetzt von deinem Computer lösen und lieber Yoga machen.« Wenn er darauf hört und sich beeilt, das Energieungleichgewicht zu korrigieren, findet er ganz schnell sein Zentrum wieder, und ihm bleiben wochenlange grässliche Rückenschmerzen erspart.

Manchmal ist es jedoch nicht so einfach. Ich möchte Ihnen von Diane erzählen. Über zwei Jahre lang lebte sie mit dem nagenden Gefühl, dass in ihrem Körper »irgendwas nicht stimmte«. Sie war nicht eigentlich krank. Wenn sie zu ihrem Arzt ging, versicherte er ihr jedes Mal, dass sie gesund war. Trotzdem fühlte sie sich irgendwie aus dem Gleichgewicht, so als hätte sie eine leichte Grippe, die sie einfach nicht loswurde. Diane war Sekretärin in einer Schule und träumte davon, Grundstücksmaklerin zu werden. Sie liebte schöne Häuser und wollte sich ihre Arbeit selbst einteilen. Doch wann immer sie ernsthaft daran dachte, ihren Job aufzugeben, stoppte sie sich selbst. Die Vergünstigungen, die sie im Laufe ihrer 15-jährigen Tätigkeit im Schulsystem gewonnen hatte – Krankenversicherung, Rentenversicherung, ein ausgezeichnetes Gehalt –, waren einfach zu verlockend.

Also behielt sie aus diesen sehr logischen Gründen einen Beruf bei, der nicht ihrer Leidenschaft entsprach. In unseren Sitzungen sprachen wir über die potenziellen Risiken. »Es ist keine ideale Wahl«, gab Diane zu, doch war sie entschlossen, damit zu leben. Natürlich ging es um *ihr* Leben. Ich musste ihren Beschluss akzeptieren. Mehrere Jahre vergingen wie gehabt. Eines Tages bemerkte sie eine Geschwulst über ihrer Kehle: Sie stellte sich als eine schnell wachsende Form von Schilddrüsenkrebs heraus, dieselbe Krankheit, unter der ihre Mutter Jahrzehnte vorher gelitten hatte. Diane wurde operiert und setzte sich anschließend einer aufreibenden Chemotherapie aus, die ihr tagelang Übelkeit verursachte und ihr Haar ausfallen ließ. Gegen Ende dieser Behandlung sagte sie völlig entspannt zu mir: »Ich werde es tun. Ich werde meinen Job aufgeben.«

Heute ist Diane Grundstücksmaklerin in Malibu. Seit über sieben Jahren ist ihr Krebs zurückgegangen. Heute freut sie sich jeden Tag auf ihre Arbeit und fühlt sich körperlich gut. Jedes Jahr im Frühling, zum Jahrestag ihrer Diagnose, geht sie bei Sonnenaufgang am Strand spazieren und dankt Gott für das Leben, das ihr gegeben wurde. Dianes neue Karriere ist nicht perfekt – zuweilen ist ihre finanzielle Situation zermürbend unbeständig –, doch sie lässt sich nicht unterkriegen. »Alles hat seinen Sinn«, sagt sie. Obwohl es nicht immer leicht gewesen ist, hat sie die Lektionen ihres Körpers gut gelernt.

Ich erzähle Ihnen von Diane deshalb, weil ihre Geschichte ein Happy End gefunden hat und um deutlich zu machen, wie lebenswichtig es ist, die Unzufriedenheit Ihres Körpers ernst zu nehmen. Es ist nicht meine Absicht, die Ursachen für Dianes Erkrankung zu vereinfachen. Ich gehe davon aus, dass außer ihrer Arbeit verschiedene andere Faktoren ins Spiel kamen, einschließlich genetischer Voraussetzungen, wie es bei allen Krankheiten der Fall ist. Ich will auch nicht behaupten, dass Sie unweigerlich an Krebs erkranken, wenn Sie nicht auf Ihren Körper hören. Wir alle haben von extremen Beispielen gehört: die kettenrauchende Großmutter mit jedem Problem und Schmerz, die man sich vorstellen kann, die gerade ihren 100. Geburtstag gefeiert hat und krebsfrei ist; Freunde, die nicht auf die Signale ihres Körpers achten und trotzdem gesund zu sein scheinen. Das gibt es. Doch ist eine solche Lebensweise vorzuziehen? Das müssen Sie selbst entscheiden. Wer krank wird und wer nicht, kann nicht auf eine hieb- und stichfeste Formel reduziert werden. Es gibt keine Garantie, dass Sie gesund bleiben, wenn Sie alles richtig machen. Dennoch behaupte ich, dass Sie oft vor kommenden Schmerzen oder Erkrankungen gewarnt werden und es nicht erkennen. Wenn Sie sich entscheiden, auf die Energieveränderungen zu reagieren, die Ihr Körper Ihnen mitteilt, wird sich das auszahlen. Ich weiß um die Art von genauem Hinhören, die dazu erforderlich ist, und wie unbequem die Veränderung der Lebensweise aufgrund solch subtiler Empfindungen sein kann. Im Wirbel unseres hektischen Lebens ist es nur allzu verführerisch, sie einfach vom Tisch zu wischen. Doch um welchen Preis?

Was ich Ihnen anbiete, ist eine neue Art, auf sich selbst zu achten – die Chance, eine aktive Rolle bei der Vermeidung vieler Krankheiten einzunehmen. Das bedeutet nicht, dass Sie ein Besessener werden müssen. Achten Sie auf die Energie in Ihrem Körper, ohne sich übermäßig darauf zu versteifen. Ihre Sensibilität wird aufblühen. Betrachten Sie das Ganze als die angenehme Seite der Lektion von der Prinzessin auf der Erbse. Sie erinnern sich: In jener stürmischen Nacht, als die Prinzessin durchnässt und verschmutzt an die Tore des Palasts klopfte, zweifelte der Prinz daran, dass sie wirklich eine Prinzessin war. Ihre Empfindsamkeit gegenüber einer winzigen Erbse, die er unter einen Stapel von Matratzen gelegt hatte, bewies, dass sie königlichen Blutes war und wert, ein Königreich zu regieren. Eins kann ich Ihnen versprechen: Wenn Sie sich die subtile Energie Ihres Körpers bewusst machen und die Verantwortung dafür übernehmen, wird sich Ihr Gesundheitszustand verbessern. Ich habe gesehen, wie sehr dies bei meinen Patienten, bei meinen Freunden und bei mir selbst der Fall war. Sie haben die Wahl.

Vierter Schritt.
Bitten Sie um innere Führung!

Ich glaube, dass wir vom Augenblick unserer Geburt an bis zu unserem Tod immer Schutz und Führung genießen. Nennen Sie es Ihren Schutzengel, Ihre Vorfahren, eine höhere Macht oder einfach Liebe – fest steht, wir sind nicht so alleine, wie wir oft denken. Die Schwierigkeit ist die, dass die meisten von uns geboren wurden ohne die Erinnerung daran, dass sie »sehen« können; wir gehen davon aus, dass es nichts gibt außer dem, was wir mit unseren physischen Augen sehen können.

Wann immer mich irgendein Ereignis in meinem Leben verwirrt und ich Anleitung brauche, bitte ich um intuitive Führung. Vielleicht weiß ich nicht, wie ich einem Patienten helfen oder die Gesundheit eines Menschen beziehungsweise meine eigene erhalten kann. Ich habe das Für und Wider analysiert und entsprechende Statistiken ausgewertet; ich habe den Rat von Personen eingeholt, die ich respektiere, doch eine Antwort finde ich nicht. Keine der Möglichkeiten, die ich in Augenschein genommen habe, fühlt sich richtig an. Was nun? Bin ich in einer Sackgasse gelandet? Ja – doch nur intellektuell. Wenn wir diesen Punkt erreichen, ist es an der Zeit, nach einer anderen Art von Wahrheit Ausschau zu halten, einer, die sich nur dann enthüllt, wenn wir unseren Blick nach innen wenden.

Manchmal wird Ihnen einfach so Führung zuteil, ohne dass Sie darum gebeten haben. Vielleicht gehen Sie gerade spazieren, und plötzlich wissen Sie die Antwort. Oder Sie stehen unter der Dusche, die – wenn Sie ähnlich veranlagt sind wie ich – eine übersinnliche Telefonzelle ist. Das heiße Wasser, das mir über den Körper läuft, und die damit verbundene Entspannung haben einen magischen Effekt. Plötzlich werden mir die Antworten klar. Selbst wenn Sie nicht offiziell um Hilfe gebeten haben, klingelt zu bestimmten Zeiten ein innerer Wecker. Einer meiner Patienten, ein Mann Mitte zwanzig und passionierter Marathonläufer, schleppte sich tagelang erschöpft durch die Gegend. Niemand wusste, warum. Er schwor, dass er nicht depressiv war. Er aß gut. Seine Bluttests und die ärztliche Untersuchung brachten keinerlei negative Befunde. Eines Nachmittags, als er gerade aus einem Restaurant in der Nachbarschaft kam, fiel sein Blick auf eine homöopathische Apotheke, die sich im Souterrain des Nebenhauses befand. Er war schon mindestens eine Million Mal daran vorbeigegangen, hatte sie jedoch nie bemerkt. Doch an diesem Tag schien ihn ein eigenartig zwingendes Gefühl – regelrecht unwiderstehlich – dorthin zu ziehen. Es war egal, dass er nichts über Homöopathie wusste. In dieser Apotheke wurde ihm ein Mittel für seine Genesung gegeben.

Sich auf innere Führung im Hinblick auf Ihren Körper einzustimmen, kann dafür sorgen, dass Sie sich immer bestens fühlen. Ob sich diese Führung ungefragt einstellt oder ob Sie darum bitten, in jedem Fall wird Ihre Intuition Sie davon in Kenntnis setzen. Für mich ist diese innere Verbindung mit einer derart kreativen Intelligenz immer aufregend. Seien Sie sensibel gegenüber Ihren physischen Reaktionen – ein Schauer, der Ihnen über den Rücken läuft, wenn Ihnen kleine Härchen auf dem Nacken zu Berge stehen; wenn Ihr Gesicht errötet; oder wenn sich Ihr Atem beschleunigt. Ihr Körper sagt Ihnen, dass Sie auf dem richtigen Weg sind. Manchmal empfinden Sie ein sofortiges »Aha!«, so als wäre eine Sekunde lang ein helles Licht eingeschaltet worden. Andere Lösungen – in Form von Bildern, Empfindungen, Vorahnungen – sind äußerst energiegeladen. Bei mir kommen sie oft in schnappschussartigen Blitzen. Stellen Sie fest, wie es bei Ihnen ist. Wann immer Sie sich auf unerklärliche Weise zu einem Ort der Heilung hingezogen fühlen, so wie es bei meinem Patienten der Fall war, sei es eine Apotheke, ein Seminar, ein Tai-Chi-Kurs, eine Klinik, vertrauen Sie darauf. Oder stellen Sie fest, ob Sie sich genötigt fühlen, mit einem bestimmten Arzt oder Heiler zusammenzuarbeiten. Lassen Sie diese Gelegenheiten nicht ungenutzt vorbeigehen.

Wie bitten Sie um Hilfe? Die wirkungsvollste Methode ist Meditation – eine Rettungsleine zu dem Teil von Ihnen, der intuitiv weiß, was richtig ist, wenn Sie nur lange genug innehalten würden, um ihn zu hören. Meditation umgeht den logischen Verstand. Wenn Sie die starke innere Verbindung haben wollen, von der ich spreche, müssen Sie beginnen, sich zu beruhigen. Dies ist eine völlig andere Haltung als die des Denkens, das genaue Gegenteil von »arbeiten«, um die Lösung für ein Problem zu finden, es ist reine Empfänglichkeit. Es sind keinerlei Anstrengungen nötig. Sagen wir, Sie leiden unter schmerzhaften, immer wiederkehrenden Migräneanfällen. Zu Beginn Ihrer Meditation könnten Sie fragen: »Wie kann ich dafür sorgen, dass meine Kopfschmerzen nie mehr wiederkommen?« Bitten Sie um eine Antwort. Schließen Sie die Augen. Werden Sie ganz still. Warten Sie. Konzentrieren Sie sich nur auf Ihren Atem. Der Druck ist weg. Keine Erwartungen. Bleiben Sie offen. Gestatten Sie sich, überrascht zu werden. Wenn sich eine Lösung meldet, während Sie so still dasitzen – gut. Wenn nicht, meditieren Sie später noch einmal. Mit der Zeit werden Sie die Antwort finden.

Ich weiß von einer Frau, der aufgrund von Krebs die rechte Brust radikal entfernt wurde. Zwei Jahre später, nach der Geburt ihrer Tochter, entdeckte sie eine große Schwellung in ihrer linken Brust. Ihre Familie geriet ebenso wie sie in Panik. Doch bevor sie vollends in Panik verfiel, bat sie in ihrer Meditation um Führung, um herauszufinden, ob der Krebs zurückgekommen war. Ohne zu versuchen, Lösungen herbeizudenken, stellte sie einfach eine Frage und wartete. Innerhalb von wenigen Minuten erhielt sie ein deutliches Bild: Milchdrüsen im Bereich der Schwellung waren blockiert und wurden dadurch beim Stillen ihres Kindes nicht geleert. *Das* war der Grund für ihr Problem. Jede Zelle ihres Körpers stimmte dem zu. Ein Schauer der Erkenntnis überlief sie. Aufgrund der Klarheit ihrer Vision wusste sie, dass alles in Ordnung war. Kurz danach wurde ihre Diagnose mithilfe einer Ultraschalluntersuchung bestätigt.

Wir sind auf intuitive Führung angelegt. Doch wie funktioniert diese? Die Synapsen der Wahrnehmung sind reine elektrochemische Übertragungen von Zelle zu Zelle. Oder spielen noch andere Dinge eine Rolle dabei? Wer wir sind und wie wir gemacht sind, ist ein Mysterium. Ich bin tief bewegt von der komplizierten Feinheit unserer physischen Form. Sehen Sie es nicht? *Wir sind das Wunder.* Ich glaube, dass diese Wahrheit jeden von uns mehr als qualifiziert, die Weisheit seines Körpers zu erkennen, die unendliche Liebe zu spüren, in der jegliche Führung ihren Ursprung hat.

Fünfter Schritt. Hören Sie auf Ihre Träume!

Letztes Jahr Weihnachten musste ich eine wichtige Entscheidung treffen. Mein 77-jähriger Vater, der an der Parkinsonkrankheit litt, lag mit einer Lungenentzündung und hohem Fieber im Krankenhaus. Er sah aus wie der Tod. Ich war völlig verzweifelt. Er erkannte mich kaum. War seine Zeit abgelaufen?, fragte ich mich ebenso wie sein Arzt.

Er kam zu dem Schluss, dass man außer der Verabreichung von Antibiotika nur noch eins tun konnte: »Wir müssen Ihrem Vater eine permanente Infusionsröhre in den Magen legen.« Ich erstarrte. Das würde bedeuten, dass er nie wieder richtiges Essen zu sich nehmen könnte. Keine Pastrami-Sandwiches mehr auf Roggenbrot, seiner Lieblingsspeise. Er würde mit einer zwölf Zentimeter langen Plastikröhre leben müssen, die durch die Haut in seinen Magen eingeführt und dort festgenäht werden würde. *Ensure,* dieses schreckliche, konservierte Nahrungsergänzungsmittel, würde ihm durch diese Röhre verabreicht werden und seine einzige Nahrung sein. Keine schöne Vorstellung. Doch wenn ihn das am Leben erhalten würde? Ich verstand die Denkweise hinter dieser Entscheidung. Die Theorie besagte, dass die Parkinsonsche Krankheit die Ursache dafür war, dass die Schluckmuskeln meines Vaters nicht mehr richtig funktionierten. Das Ergebnis war, dass Nahrung für seinen Magen in seine Lungen geriet. Dadurch war er in Gefahr, immer wieder eine Lungenentzündung zu bekommen.

Doch irgendwie fühlte sich das alles nicht »richtig« an. Also tat ich, was ich immer tue, wenn ich zu sehr in einer Situation drinstecke, um klar sehen zu können: Ich schickte einen Hilferuf für einen Traum. In der gleichen Nacht träumte ich Folgendes:

Mein Vater und ich essen zu Abend. Wir sitzen an einem Tisch mit einer einfachen weißen Tischdecke. Er sieht glücklich und körperlich fit aus. Ich sehe zu, wie er isst; er genießt jeden Bissen. Er sagt nichts. Plötzlich sieht er mich an. Seine Augen verwandeln sich in ein leuchtendes Smaragdgrün. Sie strahlen mich liebevoll an. Ich falle in sie hinein. Und plötzlich weiß ich: Es ist okay, die Entscheidung hinsichtlich der Infusionsröhre aufzuschieben.

Ich wachte auf und war mir dessen vollkommen sicher.

Sobald die Infektion meines Vaters abgeheilt war, holte ich ihn nach Hause. Ein paar Wochen später lernte er Janice kennen, eine reizende 89-jährige Witwe (»eine ältere Frau«, wie er sich ausdrückte!). Sie verliebten sich ineinander. Sie gab ihm neuen Lebensmut. Sie gingen chinesisch essen, saßen händchenhaltend im Kino und gingen mit ihren Gehhilfen im Park spazieren. Ohne den geringsten Zweifel war mir diese Entwicklung die offensichtliche Frustration des Arztes wert, sein Blick, mit dem er mich ansah und der zu sagen schien, dass ich versuchte, meinen Vater umzubringen. Ich erzählte dem Arzt nichts von meinem Traum. Ich fürchtete, das würde die Situation nur noch schlimmer machen. Einige Wochen später lächelte mein Vater mich an und sagte: »Ich stehe unter deinem Schutz.« Ich verstand, was er meinte. Indem ich meinem Traum entsprechend handelte, ersparte ich ihm das Problem, eine voreilige Entscheidung zu treffen. Ich hatte ihm kostbare Zeit geschenkt.

Sie haben einen heilenden Instinkt in Ihrem Innern, der sich in Träumen manifestieren kann. Sie würden erstaunt sein über die einfachen, freimütigen Gesundheitsratschläge, die Träume Ihnen geben können, entweder spontan oder aufgrund Ihrer Bitte. Ständig erhalten wir Tipps hinsichtlich der besten Ernährungsweise, vorbeugende Therapien, Behandlungsmöglichkeiten – doch wir nehmen sie nicht wahr. Und selbst wenn wir uns erinnern, geht uns die Essenz unserer Träume oft verloren, weil wir oder unsere Therapeuten und Ärzte sie falsch interpretieren. Einer meiner Patienten erzählte mir von einem immer wiederkehrenden Brokkoli-Traum. »Das können Sie nicht ernst meinen«, sagte er kichernd. »Versucht der Traum mir tatsächlich zu sagen, was ich essen soll? Ein Gemüse?« Ja – genauso war es. Oftmals wischen wir derlei praktische Empfehlungen als bedeutungslos beiseite. Doch manchmal ist eine Zigarre einfach eine Zigarre.

Halten Sie die Dinge einfach. Versuchen Sie etwas Neues. Wenn Sie davon träumen, eine saftige Mango zu essen, kaufen Sie sich eine und genießen Sie sie. Oder wenn Sie in einem Traum in einer natürlichen heißen Quelle baden, nehmen Sie sich die Zeit und tun Sie es auch wirklich. Ich habe eine Freundin, die alle paar Jahre, wenn sie zu viel Stress hat, von einem Kurort in Mexiko träumt. Sie betrachtet diesen Traum als ein Zeichen dafür, sich dort ein Zimmer zu reservieren. Wie können Sie wissen, dass der Rat, den Sie erhalten, richtig ist? Was ist, wenn Sie sich in Ihrem Traum an einem unglaublich leckeren, gigantischen Schokoladenkuchen gütlich tun und ihn ganz allein aufessen? Heißt das, Sie sollten losrennen, sich einen solchen Kuchen kaufen und ihn essen? Natürlich nicht. Wer braucht schon die Kalorien oder die Bauchschmerzen? Verlassen Sie sich auf Ihren gesunden Menschenverstand. Obwohl einige intuitive Erkenntnisse unpraktisch oder unerwartet scheinen mögen, werden die authentischen Tipps nie irgendetwas empfehlen, was Ihre Gesundheit oder die eines anderen gefährden könnte. Wenn Sie zum Beispiel eine Herzerkrankung haben und ein Traum Ihnen sagt: »Es ist okay, Zigaretten zu rauchen«, dann folgen Sie diesem Rat nicht. Stellen Sie alle Botschaften infrage, die ein Risiko für Ihre Gesundheit darstellen. Gleichzeitig mit diesem Leitfaden sollten Sie anfangen, sich mit traditioneller Trauminterpretation vertraut zu machen. Ich empfehle Ihnen C. G. Jungs klassisches Werk *Der Mensch und seine Symbole,* oder schauen Sie sich das Buch *Creative Dreaming* von Dr. Patricia Garfield an. Dies sind zwei gute Bücher, um anzufangen, bis wir uns im vierten Kapitel näher mit der Traumanalyse beschäftigen.

Darüber hinaus gibt es eine intuitive Ebene, um Träume zu verstehen, auf die ich Sie gerne hinweisen möchte. Zuverlässige intuitive Information macht sich auf sehr spezifische Weise deutlich. Achten Sie auf diese Anhaltspunkte:

- Aussagen, die eine simple Information übermitteln
- neutrale Segmente, die weder eine Emotion hevorrufen noch vermitteln
- ein losgelöstes Gefühl, als ob Sie ein Geschehen beobachten
- eine Stimme oder eine Person, die Sie berät – als ob Sie ein von außen kommendes Diktat aufnehmen
- Gespräche mit Menschen, die Sie nie zuvor getroffen haben und die Ihnen Instruktionen in Bezug auf Ihre Gesundheit geben.

Ich habe festgestellt, dass die meisten meiner hundertprozentig richtigen Intuitionen entweder von Mitgefühl getragen sind oder überhaupt kein Gefühl hervorrufen. Ich habe einmal richtigerweise geträumt, dass einer meiner Patienten einen Schlaganfall erleiden würde. Natürlich hat mich das alarmiert. Doch war die Information selbst in dem Moment, wo ich sie erhielt, ohne jedes Gefühl. Entwickeln Sie einen vorsichtigen Blick, während Sie üben, den Inhalt Ihrer Träume von Ihren Reaktionen darauf zu trennen. Bald werden Sie in der Lage sein zu sagen, was eine zuverlässige Aussage über Ihre Gesundheit ist und was nicht. Dann werden Sie genau wissen, was Sie mit dem Schokoladenkuchen tun müssen.

Vergessen Sie nicht, dass Ihre Träume anderen Gesetzen folgen als Ihr Leben im Wachzustand. Seien Sie bereit für eine Geisteswandlung. Physische Gesetze sind außer Kraft gesetzt. Die Schwerkraft verändert sich. Im Traum können Sie fliegen! Erinnern Sie sich, wie Sie sich als Kind (oder auch Erwachsener) flügellos in die Lüfte erheben und über Berge und Täler fliegen konnten? Bezüglich der Gesundheit ist dies ein Hinweis auf die Lebenskraft und Freiheit, die Sie in sich tragen. Die Stille ist vielsagend. Der Ton eines Traumes kann ebenso stärkend sein wie sein Inhalt; eine Offenbarung hinsichtlich Ihrer Gesundheit kann genauso gut durch die Augen vermittelt werden wie durch Worte, so wie es beim Traum von meinem Vater der Fall war.

Sie befinden sich in einer Partnerschaft mit Ihren Träumen. Beginnen Sie einen fortlaufenden Dialog mit ihnen. Das ist so, als wenn Sie den weisesten Hausarzt früherer Zeiten konsultieren, den Sie sich vorstellen können, und der Sie in- und auswendig kennt. Sie können Ihre Träume alles fragen – selbst Dinge, die völlig unmöglich erscheinen. Wie kann ich meinen Blutdruck niedrig halten? Was hat es mit den Schmerzen in meiner Hüfte oder meinen Allergien auf sich? Gibt es Möglichkeiten, die häufigen Erkältungen zu stoppen? Keine Frage ist trivial, die für Sie von Bedeutung ist. Erwarten Sie Antworten. Einige werden direkt sein. Andere werden Interpretationen erfordern; im Verlaufe des Buches werde ich Ihnen zeigen, wie das funktioniert.

Träume können Sie gesund erhalten. Träume bieten Ihnen Antworten an. Doch zunächst müssen Sie sie ins Bewusstsein holen. Wie oft sind Sie schon des Nachts aus dem erstaunlichsten Traum aufgewacht und waren sicher, Sie würden sich später daran erinnern können? Am nächsten Morgen war alles weg. Unsere Erinnerung täuscht uns. Während des Schlafes erleben wir eine Art Gedächtnisverlust. Träume haben nichts mit dem rationalen Verstand zu tun. Was Sie brauchen, ist Ihre intuitive Erinnerung. Hier ist eine Methode, die ich Ihnen zur Erinnerung Ihrer Träume ans Herz lege. Es hilft, wenn Sie sie jeden Tag praktizieren. Bald wird sie Ihnen zur zweiten Natur werden.

Vier Strategien, mit denen Sie sich an Ihre Träume erinnern können

1. Legen Sie einen Block und einen Stift neben Ihrem Bett bereit.
2. Schreiben Sie eine Frage auf ein Stück Papier, bevor Sie schlafen gehen. Formalisieren Sie Ihre Bitte. Legen Sie

den Zettel auf Ihren Nachttisch oder unter Ihr Kopfkissen (wie Sie es als Kind getan haben, wenn Sie einen Wunsch für die Zahnfee hatten).

3. Lassen Sie sich am Morgen etwas Zeit beim Aufwachen. Bleiben Sie wenigstens ein paar Minuten zugedeckt liegen und erinnern Sie sich an Ihren Traum. Genießen Sie das friedliche Gefühl zwischen Schlaf und Wachsein, das die Wissenschaftler den »hypnagogischen Zustand« nennen. Diese ersten Momente bieten Ihnen einen Zugang zu Ihrem Traum.
4. Öffnen Sie die Augen. Schreiben Sie Ihren Traum sofort auf, sonst wird er sich verflüchtigen. Vielleicht erinnern Sie sich an ein Gesicht, ein Objekt, eine Farbe, ein Szenario, oder Sie fühlen eine Emotion. Es ist unwichtig, ob das Ganze Sinn macht – oder ob Sie nur ein einziges Bild oder viele zurückrufen können. Schreiben Sie alles auf, woran Sie sich erinnern.

Wenn Sie damit fertig sind, konzentrieren Sie sich wieder auf die Gesundheitsfrage, die Sie am Abend vorher gestellt haben. Prüfen Sie, in welcher Weise Ihr Traum darauf eingeht. Vielleicht sind einer, zwei oder auch mehr Eindrücke über das Wer/Was/Wo Ihrer Lösung aufgetaucht. Meine eigene Antwort zur Vorbeugung wiederkehrender Nebenhöhlenentzündungen kam in einem Traum: Ein kurzer Blick auf eine Akupunkturpraxis. Ein Aufzug. Ein alter Chinese. Ein plötzliches Gefühl von Vitalität. Dies waren meine Wegweiser. Achten Sie auf Ihre eigenen. Machen Sie es sich zur Gewohnheit, Ihre Träume regelmäßig aufzuschreiben. Glauben Sie mir, ich habe noch nie jemanden getroffen, der nicht lernen kann, sich zu erinnern. Bleiben Sie dran. Wenn Sie in der ersten Nacht keine Antwort erhalten, versuchen Sie es wieder. Es werden mehr und mehr Details auftauchen und das Bild abrunden. Dann schauen Sie in Ihrem täglichen Leben nach Beweisen für das, was Ihr Traum Ihnen sagt. Das Gesicht der Frau, das Sie eine Sekunde lang sahen, könnte das Gesicht der Heilerin sein, die Sie gesucht haben.

Ich verrate Ihnen ein Geheimnis. Eine meiner Lieblingsarten, Träume heraufzubeschwören, besteht darin, im abendlichen Zwielicht, wenn der Mond aufgeht, Musik aufzulegen und zu tanzen. Sie sollten es auch einmal versuchen. Sobald ich zu tanzen anfange, gehe ich aus meinem Kopf heraus und befinde mich ganz in meinem Körper (eine wesentliche Formel für intuitives Erwachen, die Sie sich merken sollten!). In meinem Wohnzimmer, den Blick auf das endlose purpurfarbene Meer und den pastellfarbenen Himmel gerichtet, ohne irgendjemandem gefallen zu wollen, drehe ich mich wie wild zur Heavy-Metal-Explosion von Nirvana, bewege mich zu Miles Davis' Saxophon oder schwebe wie ein Rabe auf den Wellen des Windes zu den schwermütigen Klängen gregorianischer Choräle. Spannung löst sich auf. Energie schießt mir die Wirbelsäule hoch. Ich springe, drehe mich und wirble schneller als das Licht. Ich leuchte gelb am Horizont auf – und werde dann unsichtbar. Der Verstand ist ausgeschaltet. Die Erinnerung kehrt zurück. Träume fliegen durch mich hindurch. Ich werde zu diesen Träumen. Ich bin ganz offen. Ich kann sehen.

Ich kann sehen. Ich werde jeden Tag von den fünf intuitiven Schritten geführt, die ich Ihnen präsentiert habe. Sie sind zu meinen Augen geworden. Das Gleiche ist Ihnen möglich. Die Intuitionen bezüglich Ihrer Gesundheit, von denen ich spreche und nach denen ich lebe, sind normalerweise grenzenlos und unsichtbar. Während Sie diese Schritte absolvieren, heben die Intuitionen die Wahrheit über Ihren Körper hervor und stellen Ihnen ein Rahmenwerk zur Verfügung, um diese Wahrheit zu erkennen. Ordnung ermöglicht ein einfaches Verständnis. Ich habe großen Respekt vor Strukturen, solange sie unserer Freiheit dienen. Absolvieren Sie die einzelnen Schritte in diesem Sinne. In späteren Kapiteln werden Sie lesen, wie sie außerdem auf Ihre Emotionen und Ihre Sexualität zutreffen. Seien Sie bei jeder Gesundheitsfrage, die Sie stellen, bereit, sich in Erwiderung darauf auszudehnen oder zusammenzuziehen – entsprechend der fließenden Bewegung, die verlangt wird. Geben Sie alle vorgefassten Meinungen über Ihre Heilung auf. Dieser Bereich, den ich zu beschreiben versuche, entzieht sich letztendlich jeglicher Erklärung. Der Geist, der hinter allen intuitiven Dingen steht, die Intelligenz hinter den Kulissen, kommt aus einer Quelle in der Unendlichkeit.

Um zu beginnen, dies zu verstehen, stellen Sie sich selbst einen Moment als eine »Tabula rasa« vor – ein unbeschriebenes Blatt, offen für neue Möglichkeiten. Mit diesem »Anfängergeist« möchte ich, dass Sie sich überlegen – vielleicht zum ersten Mal –, was Spiritualität für Sie bedeutet. Ich beziehe mich dabei nicht unbedingt auf irgendeine bestimmte Religion oder Erziehung, obwohl Sie darauf zurückgreifen können, wenn Sie wollen. Vielmehr spiele ich auf ein beständiges Gefühl von Kommunikation mit einer mitfühlenden, weisen Essenz an, die sich sowohl in Ihrem Innern befindet als auch außen. Sie ist deutlich spürbar – eine Kraft, deren Liebe keine Grenzen kennt. Jeden Tag wende ich mich ihr in meinem Herzen zu, um die Intuitionen zu erhalten, mit denen ich gesegnet bin. Sie ist meine wichtigste Beziehung. Streben Sie diese Beziehung für sich an, bevor Sie eine Gesundheitskrise erleben. Dann werden Sie in guten wie in schlechten Zeiten mehr Klarheit haben. In den Jahren als Ärztin habe ich gesehen, dass Heilung bei Menschen, die keinen Glauben haben, schwierig sein kann – sie glauben an nichts, nicht einmal an sich selbst. Unabhängig davon, ob Sie Spiritualität als universale Intelligenz, Gott, Lebenskraft oder einfach

Liebe bezeichnen, vergrößert sich unser intuitives Bewusstsein und unsere Kapazität für Wohlbefinden und Gesundheit durch unsere Verbindung mit dieser sublimen Präsenz.

Albert Einstein hat das Mysterium auf diese schöne Weise beschrieben: »Menschen, Pflanzen oder kosmischer Staub – wir alle tanzen zu einer geheimnisvollen Melodie, in der Ferne von einem unsichtbaren Musiker gespielt.« Mehr und mehr Menschen sind in der Lage zu hören. Selbst in der modernen Schulmedizin rückt die Frage der Spiritualität immer näher. Mehr als 20 medizinische Fakultäten bieten einen Kurs über Spiritualität, Glauben und Medizin als Teil der regulären Ausbildung an. Das Ziel ist es, Studenten schon frühzeitig in ihrer Ausbildung mit den Zwischenbeziehungen von Spiritualität, Vorbeugung und Gesundheit vertraut zu machen. Eine wahrhaft revolutionäre Entwicklung! Während meines Studiums wurde das »S«-Wort nie erwähnt.

Unerschütterlicher wahrer Glaube ist nicht immer leicht zu erringen. Meine Patientin Lynn hat mich gelehrt, dass wir ihn alle auf unsere eigene Weise finden müssen. Sie wollte glauben, konnte es aber nicht. Als Collegeprofessorin, frech, respektlos und klug, zuckte sie bei allem zusammen, was mit New Age zu tun hatte (sie nannte es »woo-woo«), und weigerte sich, eine esoterische Buchhandlung zu betreten. Dennoch fragte sie mich alle paar Jahre, wenn es ihr wieder mal schlecht ging: »Wie kann ich mit meiner Spiritualität in Kontakt kommen?« Aus Erfahrung wusste ich, dass wir mit Reden nichts erreichen würden. Ein Wort würde das andere geben; ihre Ambivalenz war einfach zu groß. »Ich brauche Beweise«, erklärte sie vor einem Monat. »Okay«, sagte ich. »Geh nach Hause und bitte das Universum um ein Zeichen.« Sie schaute mich entgeistert an. »Mach dich nicht lächerlich. Was ich brauche, ist praktischer Rat.« Das hatte ich schon früher gehört. Ich beharrte auf meinem Standpunkt. »Na gut … Es wird mir schon nicht schaden, wenn ich es mal versuche.« Sie gab also nach.

Eine Woche später rief Lynn mich in meiner Praxis an und platzte heraus: »Judith, das wird dir gefallen!« Dann erzählte sie mir, was passiert war: Ein paar Tage vorher hatte sie eines Nachmittags, nachdem sie ihre beiden Hühner Zsa Zsa und Ava gefüttert hatte, beschlossen, reiten zu gehen. Während sie einen ihr vertrauten Feldweg durch den Canyon in der Nähe ihres Hauses entlangreitet, kommt sie an einem duftenden Eukalyptushain vorbei. Sie hält ihr Pferd an und wartet. Leise sagt sie zu sich selbst: »Bitte schick mir ein Zeichen.« Eine sanfte Brise beginnt zu wehen. Lynn hat ein friedliches Gefühl … und innerhalb weniger Minuten hört sie ein lautes *Whoosh*. Plötzlich steigen aus den Bäumen um sie herum Tausende von Königsschmetterlingen in die Luft. Orange und schwarz gestreifte Flügel schwirren vom Boden in den Himmel. Sie weiß, dass dieses Gebiet während der kälteren Monate ein Schutzgebiet für diese Schmetterlinge ist, doch was sie jetzt erlebt, ist einfach unglaublich. Und genau in diesem Augenblick rattert ein verbeulter VW-Bus heran, von einem jungen Rastafari mit schulterlangen Dreadlocks gefahren. Er hält neben ihr an und kurbelt die Fensterscheibe herunter. Marihuanawolken quellen aus dem Inneren des Wagens. »Sehen Sie sich das an!«, ruft er aus und schaut erstaunt dem Schmetterlingsschwarm nach. Mit einem breiten Grinsen und strahlenden dunklen Augen sagt er zu Lynn: »Sehen Sie, Gott gibt Ihnen seinen Segen.« Dann fährt er weiter.

Stellen Sie sich das Genie vor, das nötig gewesen wäre, um diese Szene zu arrangieren! Sie war perfekt auf Lynn zugeschnitten. Wie konnte das sein? Was geschah wirklich? Ob nun die Botschaft, die Lynn erhalten hatte, voll in ihr Bewusstsein gedrungen ist oder nicht, sie wird diesen

Tag jedenfalls nie vergessen. Es ist so eine Sache mit der Spiritualität. Es kann sein, dass wir höchst wunderbare Ereignisse mit unseren eigenen Augen sehen, und doch müssen wir darüber nachdenken, müssen uns fragen, ob das, was wir gesehen haben, auch so ist, müssen es von allen Seiten betrachten und bewerten. So ist die Natur unseres Verstandes. Was wäre, wenn Sie ausnahmsweise das Geschenk einfach annehmen würden, ohne es zu hinterfragen? Trauen Sie sich. Was haben Sie zu verlieren? Und was zu gewinnen? Erwecken Sie zum Leben, was in Ihnen schlummert: Ihre Intuition über einen gesunden Körper; Ihr Gespür für die Kraft der Spiritualität, der Quelle Ihrer Intuitionen. Lassen Sie diese Verbindungen zu. Sie werden ein Leben lang anhalten. Öffnen Sie sich dem Wissen, das Ihnen zu Heilung verhilft. Lassen Sie sich von dem Mysterium berühren. Es gibt nichts Besseres.

3

Segensreiche heilende Partnerschaften

Ich schwöre bei Apollo dem Arzt und allen Göttern und Göttinnen, zum Wohle meiner Patienten tätig zu sein. Ich will in Reinheit und Ehrlichkeit leben und mein Können praktizieren.

HIPPOKRATISCHER EID

Als ich noch ein kleines Mädchen war, nahm mich meine Mutter – eine praktische Ärztin – oft in ihrem weißen Cadillac-Cabriolet zu Hausbesuchen mit. Wir befinden uns in den frühen 60er-Jahren des vergangenen Jahrhunderts in Beverly Hills. Ich – furchtbar scheu, mit meinem Pferdeschwanz und flachen Schuhen – und meine Mutter, ein Energiebündel, von Kopf bis Fuß in Chanel gekleidet. Wir fuhren den palmengesäumten Rodeo Drive hinunter zu den großen Anwesen in Bel Air. Ihre Patientin, eine ältere Dame mit Namen Hormel, war zu krank, um das Haus verlassen zu können. Also besuchte Mutter sie, wie sie es auch bei anderen Patienten tat. Ihre abgenutzte schwarze Arzttasche, angefüllt mit Instrumenten – Stethoskop, Bluxdruckmessgerät, Reflexhammer, Stimmgabel, Bandagen, Verbandsmull –, hatte einen unwiderstehlichen, geheimnisvollen Nimbus für mich. Wenn ich mich unbeobachtet fühlte, spielte ich mit diesen Dingen und stellte mir ihre Macht vor. Ich stellte mir vor, wie meine Mutter ihre Augen fest zumachte, ihre Stirn in Falten legte und sich konzentrierte, während sie das Herz und die Lungen von Mrs. Hormel untersuchte. In absoluter Stille hörte sie einfach zu. Wie könnte ich jemals eine solch mitfühlende Zuwendung vergessen? Oder die Geburtstagsfeste, die ich mit Mrs. Hormel und ihrer Familie verbrachte (wir hatten beide am 25. Juni Geburtstag). Dies war meine Initiation in segensreiche heilende Partnerschaften; in den Kreis von Menschen, die von ihr berührt werden, und in die Erkenntnis, wie tief sie gehen. An kalten Winterabenden, wenn ich den ganzen Tag mit Patienten verbracht habe, kuschele ich mich auch heute noch unter die dicke rote Wolldecke, die Mrs. Hormel für mich gestrickt hat. Meine Mutter war mein Vorbild. Sie lehrte mich viel darüber, was einen guten Arzt ausmacht.

Als einziges Kind wuchs ich in einem Haushalt auf, in dem die Beziehungen zwischen Familie und Medizin untrennbar vermischt waren. Mein Vater, ein Röntgenologe, und meine Mutter diskutierten oft über ihre Patienten, wenn wir gemeinsam beim Abendessen saßen. Ich hörte von Operationen am offenen Herzen, der Geburt von Drillingen, von Durchfall und Tod; kein Detail war tabu – nicht unbedingt meine Vorstellung von einer entspannten Mahlzeit, doch so war es eben. Also nahm ich auf, was sie sagten, und war teils fasziniert, teils abgestoßen und stets mehr als erleichtert über die kurzen Atempausen, wenn sich das Gespräch um Einkaufen oder Golf drehte.

Später als Teenager war ich eine Rebellin: Ärztin zu werden wie meine Eltern, war das Letzte, was mir vorschwebte. Doch unabhängig von meinen Gefühlen stellte sich schließlich heraus, dass die Medizin mein Schicksal war. Zunächst einmal kam ich aus einer Familie, die seit Generationen Ärzte hervorgebracht hatte, insgesamt 25 sowohl von Mutters als auch Vaters Seite her. Krebsforscher, Gynäkologen, Internisten, orthopädische Chirurgen, Spezialisten für infektiöse Krankheiten. Darüber hinaus wurde mir das Erbe intuitiven Heilens zuteil, obwohl es den größten Teil meines Lebens wie ein verderbliches Geheimnis behandelt und unterdrückt wurde. Erst als meine Mutter im Sterben lag, erfuhr ich von ihr, dass sie selber, meine Großmutter, meine Tante, meine Kusine und deren

Tochter alle die gleichen intuitiven Fähigkeiten hatten, mit denen ich gesegnet war. (Von diesen fünf Frauen waren drei Ärztinnen!)

Ich erhielt also als Kind eine außergewöhnliche Vorbereitung auf meinen späteren Beruf als Ärztin, ohne es zu wissen. Ich kannte fast alle Patienten meiner Mutter, und sie kannten mich. Das hatte seine Vorteile. Der Höhepunkt war der Tag, als meine Mutter mich ins Krankenhaus mitnahm, um Mick Jagger hausgemachte Hühnersuppe zu bringen! Das war unvergesslich. Die Patienten meiner Mutter waren meine Großfamilie. Nach dem Tod meiner Mutter fanden es viele unmöglich, sie zu ersetzen. Sie sagten mir, ihre Art von medizinischer Betreuung und Fürsorge sei im Aussterben begriffen.

In letzter Zeit hat sich die Geografie der medizinischen Praxis drastisch verändert. Die Zugehörigkeit zu einer bestimmten Krankenkasse bestimmt die Entscheidung für bestimmte Spezialisten, Krankenhäuser und Behandlungsformen. Zudem ist der Bereich der Medizin komplexer geworden; horrend teure Maschinen haben die vertraute schwarze Tasche des Arztes ersetzt. Die meisten Ärzte sind mittlerweile Spezialisten für bestimmte Teile des Körpers. Die Tage des typischen Hausarztes sind leider vorbei.

Bei einem Vortrag über Intuition, den ich kürzlich vor 40 Psychiatern und Assistenzärzten hielt, fragte ich: »Wer von Ihnen wird eine Praxis eröffnen?« Niemand meldete sich. Ich war entsetzt. »Was hält Sie davon ab?«, wollte ich wissen. Sie alle hatten finanzielle Bedenken – was verständlich ist. Würden sie Erfolg haben? Würden Patienten kommen? Ist der Markt überversorgt? Und dann der wirkliche Grund: Würden sie als Ärzte mit eigener Praxis den endlosen Papierkrieg mit den Krankenkassen auf sich nehmen wollen, der nötig ist, damit sie ihr Honorar bekommen? Oder das ungeheure Maß an Kontrolle und Vorschriften, die die Krankenkassen ausüben? Alles sehr praktische Bedenken, für die ich volles Verständnis habe. Mir wurde jedoch auch klar, dass das Problem noch woanders lag. Ein entscheidender Faktor fehlte. Ich glaube, dass der Grund, warum ein Arzt oder Heilpraktiker sich entscheidet, diesen Beruf zu wählen, eine mystische Bedeutung hat. Es ist nicht nur eine Sache der Logik, sondern ein Ruf des Herzens. Diese angehenden Psychiater und Ärzte waren offensichtlich intelligent, hingebungsvoll und arbeiteten hart, doch es war ernüchternd deutlich, dass man ihnen nicht beigebracht hatte, auf diesen Ruf des Herzens zu hören.

Ich möchte Sie jetzt durch den Prozess begleiten, wie Sie am besten einen Arzt oder Heilpraktiker finden können, der Ihren Anforderungen entspricht. Ich werde Sie auf Eigenschaften hinweisen, nach denen Sie Ausschau halten beziehungsweise die Sie vermeiden sollten. Zunächst einmal möchte ich Ihnen grundsätzliche Richtlinien anbieten, die Sie mithilfe der fünf intuitiven Schritte ausbauen können. Von wem Sie Ihren Körper berühren, sich Ihre Medizin verschreiben und über lebenswichtige Gesundheitsstrategien beraten lassen, ist eine der wichtigsten Entscheidungen, die Sie in Ihrem Leben treffen können.

Ich möchte von Anfang an betonen, dass alle therapeutischen Beziehungen Partnerschaften sind; Heilung bedingt sich immer gegenseitig. Ich habe noch nie mit einem Patienten gearbeitet, der nicht auch auf irgendeine Weise zu meiner eigenen Heilung beigetragen hat. Ich bin dankbar für das, was die einzelnen Patienten im Laufe der Jahre mit mir geteilt haben. Gleichzeitig muss ich zugeben, dass es in dieser Partnerschaft, trotz unserer identischen Ausgangsposition als menschliche Wesen, Ungleichheiten gibt, die sich einfach aus der Situation heraus ergeben. Ich blicke auf 14 Jahre medizinischer Ausbildung zurück; ich kann mich auf ein spezielles Wissen und klinische Erfahrung berufen, Dinge, die meinen Patienten einfach nicht zur Verfügung stehen. Darum kommen sie ja zu mir. Trotzdem unterstütze ich nicht die überholte, dem Patienten keinerlei Mitspracherecht einräumende patriarchalische Sichtweise, die in der Schulmedizin noch immer vorherrschend ist und die besagt: »Ich bin der Arzt. *Ich* kümmere mich um *dich.* Wage es nicht, meine Fähigkeiten infrage zu stellen.« Vielmehr schlage ich eine Beziehung vor, die auf gegenseitigem Respekt beruht und in der Sie und Ihr Arzt zusammenarbeiten. Es steht Ihnen zu, ein Mitspracherecht zu haben bei Ihrer medizinischen Versorgung. Wenn nötig, müssen Sie bereit sein, dafür zu kämpfen.

Die Last der Verantwortung für eine gute Beziehung kann nicht nur auf den Schultern Ihres Arztes liegen. Ich bin immer wieder schockiert darüber, wie viele intelligente, fähige Menschen es versäumen, ihren Ärzten die Wahrheit zu sagen. Eine meiner Patientinnen war in der Vergangenheit schwanger gewesen und hatte sich zu einem Schwangerschaftsabbruch entschlossen. Sie ging zu diesem Zweck in ein öffentliches Krankenhaus. Absichtlich teilte sie ihrem Gynäkologen nie etwas von diesem Eingriff mit. Ich sagte ihr, wie wichtig es für ihn ist, einen vollständigen und akkuraten Gesundheitsbericht zu haben, doch sie weigerte sich noch immer. Sie schämte sich. Natürlich konnte ich das nachvollziehen. Doch wusste ich auch, dass dieses Verschweigen zwischen Patient und Arzt gefährlich ist. Die Verantwortung für eine klare Kommunikation liegt bei beiden.

Nach welchen Fähigkeiten sollten Sie bei einem Arzt oder Heilpraktiker nun vernünftigerweise Ausschau halten? Ich führte hierzu eine inoffizielle Studie bei meinen Kollegen und Freunden durch. Fast alle stimmten mit folgenden Aussagen überein: »Ich muss Vertrauen in ihn oder sie haben. Ich muss mich ihm oder ihr verbunden fühlen. Er oder sie muss technisch versiert sein.« Und genau hier liegt das Dilemma. Nehmen wir an, Sie finden einen Chirurgen, der ein Meister im Operationssaal ist, doch im Wesen arrogant und unverschämt. Heißt das, er soll Sie nicht operieren? Oder was ist andererseits, wenn Sie die reizendste Ärztin der Welt kennen lernen, deren Behandlungsmethoden jedoch nicht zu helfen scheinen? Wo liegt die Lösung? Wann immer es möglich ist, sollten Sie einen ausgewogenen Mittelweg finden. Und suchen Sie in ungünstigen Situationen nach einem intelligenten Kompromiss.

Ich werde Ihnen nun zeigen, welche Gebote und Verbote bei der Auswahl berücksichtigt werden sollten. Viele von uns sind viel zu lange bei einem Arzt geblieben, obwohl unsere Intuition uns signalisiert hat, dass er nicht unseren Bedürfnissen entspricht. Ich fordere Sie auf, einen bestimmteren Standpunkt einzunehmen: intelligent und ohne Angst davor, nachzufragen, dabei aber immer respektvoll. Es geht nicht darum, jemanden schlecht zu machen, sondern Informationen zu erhalten und abzuwägen, ob man zusammenpasst oder nicht. Im gleichen Atemzug sollten Sie keine Angst haben, Fragen zu stellen. Ich schlage vor, dass Sie mit Ihren Ärzten sprechen, bevor Sie ihnen gestatten, sich Ihrer anzunehmen. Verschaffen Sie sich ein Gefühl für ihre Vorgehensweise. Entscheiden Sie sich für jemanden, der intuitive und technische Fähigkeiten miteinander verbindet, und beachten Sie dabei so viele der folgenden Richtlinien wie möglich.

Eigenschaften, die ein Arzt oder Heilpraktiker haben sollte

- **Ihr Arzt nimmt sich Zeit, Ihnen zuzuhören.**
  Hört er Ihnen aufmerksam und so lange zu, bis Sie ihm genau erklärt haben, warum Sie zu ihm gekommen

sind? Haben Sie einen guten Augenkontakt mit ihm, oder sieht der Arzt seine Akten und Unterlagen durch beziehungsweise schaut er auf seinen Computerbildschirm, während Sie mit ihm reden?

- **Ihr Arzt ist technisch qualifiziert.**
  Kann Ihr Arzt solide Referenzen vorweisen, etwa einen Doktortitel? Hat er eine Lizenz? Hat Ihr Heilpraktiker ein Zertifikat und gute Erfahrungen mit Patienten vorzuweisen? Kennen Sie jemanden, der sich für seine erstklassigen Fähigkeiten verbürgt?

- **Ihr Arzt ist nicht beleidigt, wenn Sie einen zweiten Arzt zurate ziehen wollen.**
  Wenn Sie das Bedürfnis haben, zusätzlich die Meinung eines anderen Mediziners einzuholen, ist Ihr Arzt offen dafür, oder fühlt er sich angegriffen? Wird er Ihnen einen vertrauenswürdigen Kollegen empfehlen?

- **Ihr Arzt bietet Ihnen verschiedene Möglichkeiten an und weiß über alternative Heilweisen Bescheid oder ist zumindest offen dafür.**
  Sagt er Ihnen das Für und Wider der möglichen Behandlungsformen? Wenn Sie zum Beispiel nach Akupunktur fragen – wird Ihr Arzt offen darauf reagieren? Wie verhält er sich, wenn Sie sagen: »Hier ist ein Artikel über meinen Zustand. Wären Sie bereit, ihn zu lesen und mit mir zu besprechen?«

- **Ihr Arzt respektiert Ihre Intuitionen und Ihre Vorlieben für Ihren Körper.**
  Wenn Sie sagen: »Ich habe kein gutes Gefühl bei diesen geplanten Eingriffen«, berücksichtigt Ihr Arzt dies bei seinem Entschluss? Oder wird er Sie zurechtweisen, indem er etwa sagt: »Ich bitte Sie, das ist aber nicht sehr wissenschaftlich fundiert.« Ermuntert Ihr Arzt Sie dazu, die Bedürfnisse Ihres Körpers zu erkennen?

Eigenschaften, die ein Arzt oder Heilpraktiker nicht haben sollte

- **Ihr Arzt bringt die Konsultation so schnell wie möglich hinter sich.**
  Nimmt er während der Konsultation Telefongespräche entgegen und lässt es zu, dass Sie unterbrochen werden? Trifft er dabei Verabredungen zum Essen oder zum Golfspielen? Sorgt Ihr Arzt wirklich dafür, dass die Ihnen zur Verfügung stehende Zeit voll ausgeschöpft wird, oder ist er schroff und kurz angebunden? Ist er abgelenkt? Unterbricht er Sie wiederholt beziehungsweise bevor Sie erklären konnten, warum Sie gekommen sind?

- **Er verhält sich wie ein »Halbgott in Weiß«.**
  Sagt er Ihnen: »Ich bin der Arzt. Ich weiß, was für Sie am besten ist«? Besteht er darauf, schwierige medizinische Begriffe zu benutzen, obwohl Sie ihm gesagt haben, dass Sie das irritiert? Weigert sich Ihr Arzt, Ihnen die Dinge auf einfache Art zu erklären?

- **Ihr Arzt ist schlecht oder unzureichend ausgebildet.**
  Sind Ihnen von Patienten irgendwelche Beschwerden bekannt über eine mangelhafte Praxis?

- **Er behandelt Sie herablassend und nimmt Ihre Fragen nicht ernst.**
  Ignoriert Ihr Arzt Ihre Bedenken oder bezeichnet Sie gar als überempfindlich? Behauptet er gar, Sie hätten sich Ihre Krankheit selbst zuzuschreiben? Behandelt er Sie herablassend, indem er sagt: »Das können Sie nicht begreifen. Ich kann Ihnen Ihren Zustand nicht so erklären, dass Sie es verstehen würden«?

- **Er ruft Sie nicht innerhalb einer angemessenen Frist zurück, wenn Sie ihm eine Nachricht hinterlassen haben.**
  Wird Ihnen bei Ihrem Anruf gesagt: »Der Doktor hat jetzt keine Zeit und wird sich später bei Ihnen melden«? Ruft er Sie erst nach Tagen zurück? Ist er im Notfall schwer zu erreichen? Haben Sie das Gefühl, Ihr Arzt ist ständig mit irgendetwas beschäftigt, das ihm wichtiger ist als Sie?

Wie können Sie unter Berücksichtigung dieser Kriterien den Arzt mit den besten Referenzen finden? Fragen Sie vertrauenswürdige Freunde und Bekannte nach ihren Erfahrungen. Sie wissen genau, welche Verhaltensweisen Ihnen liegen, und kennen Ihre Kriterien für Professionalität. Darüber hinaus können Sie ein gutes Krankenhaus in Ihrer Nähe anrufen und um Namen von Ärzten bitten, die dort arbeiten. Bei der Ärztekammer können Sie sich nach dem Leumund des Arztes erkundigen. Bei Heilpraktikern gibt Ihnen die Deutsche Gesellschaft für Heilpraktiker Auskunft. Generell sollten Sie bei der Wahl eines Arztes nicht die Gelben Seiten des Telefonbuchs zurate ziehen. Zudem sollten Sie »selbst ernannte« Therapeuten ohne fundierte Ausbildung meiden und solche, die unangemessen hohe Honorare fordern.

Fragen Sie Ihren Arzt oder Heilpraktiker nach seiner Ausbildung. Sie können ruhig fragen: Wo haben Sie studiert? In welchem Krankenhaus haben Sie gearbeitet? Sind Sie von der Ärztekammer als Spezialist anerkannt? Wie lange haben Sie Ihre Praxis schon? Falls diese Referenzen hieb- und stichfest sind, haben Sie schon einen guten Anfang gemacht. Ein weiterer Pluspunkt kann die Zugehörigkeit zu einer medizinischen Fakultät oder Universität oder die Mitgliedschaft in professionellen Organisationen sein. Jeder seriöse Arzt wird nichts dagegen haben, diese Themen mit Ihnen zu besprechen.

Eine echte und dauerhafte Heilung hängt von der Beziehung zu Ihrem Arzt ab und von dem Respekt, den Sie füreinander haben. Wenn die Qualitäten, die Ihnen bei einem Arzt wichtig sind, fehlen, ist es Ihre Pflicht und Ihr Recht, jemand anderen zu finden. Doch falls Sie sich mit einem Arzt begnügen müssen, mit dem Sie nicht so gut zurechtkommen, kann ich Ihnen versichern, dass es noch Hoffnung gibt. Ich werde Ihnen verschiedene Wege zeigen, wie Sie die Situation zu Ihren Gunsten ändern können.

Jetzt wollen wir sehen, wie wertvoll die fünf Schritte in Ihrem Entscheidungsprozess sind. Ich werde dabei vor allem das *Remote-Viewing* hervorheben – ein außersinnliches Hilfsmittel, auf das ich mich persönlich seit langem verlasse, wenn es darum geht zu entscheiden, welchen Arzt Sie konsultieren sollen. Um ein intuitives Gefühl für die Wahl eines Arztes oder Heilkundigen zu bekommen, wenden Sie jeden einzelnen der fünf Schritte an und stellen Sie fest, wie er dazu passt.

Erster Schritt. Achten Sie auf Ihre Glaubenssätze!

Ihr Immunsystem hat Augen und Ohren. Es nimmt alles auf. Die Glaubenssätze, die Ihnen Ärzte und Heiler über Ihren Gesundheitszustand vermitteln, können sich direkt auf Ihren Körper auswirken. Wenn ein Arzt aufgeschlossen ist und Hoffnung ausstrahlt, wird Ihnen damit eine laute und klare Information gegeben. Suchen Sie nach einem Arzt, dessen Glaubenssätze nicht von Statistiken diktiert werden. Und gehen Sie jenen aus dem Weg, die Heilung ausschließlich in Form von Zahlen definieren. Wenn Ihnen zum Beispiel Ihr Arzt sagt: »Bei Ihrem Krebs besteht nur eine Heilungschance von 30 Prozent«, dann stellt er damit eine niederschmetternde, sich selbst erfüllende Prophezeiung in den Raum und ignoriert den hartnäckigen Überlebenstrieb Ihrer Seele. Zu oft berufen sich Ärzte nur auf Statistiken und ignorieren unsere wunderbaren Selbstheilungskräfte. Heilung ist voller Geheimnisse, für jeden von uns einzigartig, und nicht reduzierbar auf die Fruchtlosigkeit begrenzter Chancen. Natürlich bieten Statistiken Hinweise für die Wahl einer bestimmten Behandlungsform. Wenn Chemotherapie einen 90-prozentigen Erfolg bei der Beseitigung eines Tumors verspricht und ein operativer Eingriff nur 25 Prozent, dann wird Ihnen das bei Ihrer Entscheidung helfen. Doch sobald Sie die Entscheidung getroffen haben und Ihr Arzt glaubt, dass Sie gesund werden können – trotz anders lautender Statistiken –, kann Ihr eigener Überlebenswille von der Macht dieser Überzeugung angefacht werden, vor allem in Momenten der Verzweiflung.

Wir Ärzte halten den Glauben für unsere Patienten aufrecht; er ist für sie wie ein Licht in der Dunkelheit. Suchen Sie in den Augen Ihres Arztes oder Heilers nach diesem Licht, im Ton seiner Stimme, seinen Worten, seinen Berührungen. Vor allen Dingen bei Ihrer ersten Begegnung sollte dieser Glaube Ihres Arztes spürbar sein. Jahrelange Erfahrungen haben mich zu der Überzeugung gebracht, dass der gemeinsame Glaube an Ihre Fähigkeit, gesund zu werden, mehr als alles andere zu einer Heilung beiträgt.

Meine kluge Freundin Helen, Herausgeberin eines Gesundheitsmagazins, hat einen Arzt gefunden, von dem sie ganz begeistert ist. »Was hat dich am meisten beeindruckt?«, wollte ich wissen. Helen lächelte. »Vielleicht hältst du es nicht für wichtig«, sagte sie, »in dem Fragebogen, den ich vor unserer ersten Begegnung ausfüllte, fragte er, wie ich am liebsten angesprochen werden möchte. Von Anfang an hatte ich das Gefühl, dass ihm meine Meinung wichtig war. Das bedeutete mir sehr viel.« – »Und weiter?«, fragte ich. »Wie hast du dich gefühlt, als du mit ihm gesprochen hast?« Helen zögerte nicht mit ihrer Antwort. »Er schaute mir voll in die Augen«, sagte sie. »Er wandte seinen Blick nicht anderen Dingen zu, wie so viele Ärzte, sondern schaute mich direkt an. Sein Wartezimmer war voller Patienten, doch gab er mir das Gefühl, als sei ich der einzige Mensch auf der Welt.« Das war ihre erste Begegnung gewesen. Der Mann tat nichts anderes, als sich schriftliche Notizen über den medizinischen Hintergrund zu machen. Dennoch fühlte Helen sich schon sehr viel besser, als sie seine Praxis verließ. Ich war von ihrem Erlebnis tief beeindruckt. Das Potenzial segensreicher Partnerschaften besteht darin, dass Sie sich wertgeschätzt fühlen, so wie Helen, dass Sie als die Person gesehen werden, die Sie wirklich sind, und nicht so, wie ein anderer Sie gern sehen möchte. Der Arzt, den Helen gefunden hatte, wusste genau, wie er die Bühne für eine Heilung vorbereiten konnte.

Die Einstellung, mit der Ihnen jemand gegenübertritt, hat immer physiologische Folgen. Ihre Heilung besteht nicht nur darin, dass Sie Ihrem Arzt Ihre Symptome erzählen. Genau wie bei Helen sind dazu Bausteine erforderlich. In dem Moment, wo Sie sich für einen Arzt entscheiden, beginnt bereits Ihre Heilung. In segensreichen Partnerschaften werden intuitive Strömungen geschaffen, die im Laufe der Zeit immer ausgeprägter werden. Erkundigen Sie sich nach den Glaubenssätzen und Überzeugungen Ihres Arztes. Prüfen Sie, ob Sie sich davon belebt und inspiriert fühlen. Studieren Sie sein Umfeld: Wenn Sie wirklich genau wissen wollen, was es mit Ihrem Arzt auf sich hat, setzen Sie sich ins Wartezimmer und hören sich an, wie andere Patienten über ihn reden – oder fragen Sie sie direkt nach ihrer Meinung. Nichts ist zuverlässiger als eine gute Empfehlung. Achten Sie außerdem darauf, wie der Arzt seine Mitarbeiter behandelt. Sie können sicher sein, dass er Sie genauso behandeln wird.

Hüten Sie sich vor negativen Botschaften. Wie viele von Ihnen haben schon einmal gehört: »Sie werden immer chronische Schmerzen haben«, »Wir können Sie nicht heilen; wir können nur versuchen, dass es nicht schlimmer wird« oder »Damit es Ihnen besser geht, müssen Sie diese Tabletten nehmen. Eine andere Möglichkeit gibt es nicht«! Schenken Sie diesen Äußerungen keinen Glauben. Seien Sie misstrauisch, wenn Ihr Arzt »immer« oder »nie« sagt. Hüten Sie sich vor Ärzten, die keine Alternativen anbieten oder die erklären: »Es wird immer schlimmer werden«, »Es besteht keine Hoffnung« oder »Damit müssen Sie leben«. Solche Aussagen sind nicht nur unverantwortlich und sorgen dafür, dass Sie sich schlecht fühlen, sie können darüber hinaus echten Schaden anrichten. In seinem Buch *Be Careful What You Pay For* bezeichnet Dr. Larry Dossey solche Aussagen als eine Form medizinischer Verhexung. Erklärungen wie »Sie sind wie eine tickende Zeitbombe«, »Sie müssten eigentlich schon tot sein« oder »Sie können jeden Moment einen Herzinfarkt bekommen« können laut Dr. Dossey wie »tödliche Flüche« wirken. Wenn ein Patient diese Aussagen verinnerlicht, können sie ihn darauf programmieren zu sterben und sogar einen unerwarteten Tod herbeiführen.

Achten Sie darauf, ob Ihr Arzt Sie »verhext«. Zu diesem Zeitpunkt sollten Sie reagieren, indem Sie etwa sagen: »Ihre negative Einstellung gibt mir das Gefühl, dass wir uns in einer Sackgasse befinden. Sehen Sie konstruktivere Möglichkeiten, über meinen Zustand zu diskutieren?« Eine akzeptable Antwort würde lauten: »Mir war nicht bewusst, wie meine Worte auf Sie wirkten. Danke, dass Sie mich darauf hingewiesen haben.« Eine unakzeptable Antwort wäre: »Ich habe Ihnen nur die Wahrheit gesagt. Ich werde nicht um den heißen Brei herumreden.« Im Grunde genommen hat ein solcher Arzt Sie schon aufgegeben. Doch Verhexungen haben nur dann Macht, wenn Sie es zulassen. Geben Sie der Angst keine Nahrung. Vielleicht ist es an der Zeit, sich einen anderen Arzt zu suchen.

Ich weiß, wie schwierig es ist, Ihre Bedürfnisse klarzumachen, wenn Sie sich nicht wohl fühlen, vor allem, wenn Sie es mit einer Autoritätsfigur zu tun haben. Sie sind verletzbar. Sie haben es verdient, dass man sich um Sie kümmert und Sie unterstützt. Das gilt für uns alle. Doch die Realität der Gesundheitsfürsorge verlangt, dass Sie wachsam bleiben: Sie müssen – mit Respekt und ohne Feindseligkeit – jeden Plan und jede Botschaft über Ihre Gesundheit hinterfragen, bei der Sie ein schlechtes Gefühl haben.

An einem Sommertag während meines Urlaubs auf einer Pferderanch in der Wildnis von Idahos Bergen wurde ich auf einer Koppel von einem wütenden Maulesel getreten. In der Sekunde, als mich der Tritt traf, sah diese spitzohrige Kreatur für mich wie der Teufel aus. Was die ganze Sache noch schlimmer machte, war die Tatsache, dass sie bestenfalls eine peinliche Metapher für meine *eigene* Sturheit darstellte. Die Verletzung war ziemlich schwer. Jedes Mal, wenn ich es wagte, auf meinen Knöchel zu schauen, wurde mir schlecht. Alles, was ich sehen konnte, war eine grässliche Mischung von Muskeln und Knochen.

Als mein Orthopäde in Los Angeles nach meiner Rückkehr die Wunde sah, verzog er das Gesicht. »Sieht ziemlich schlimm aus«, sagte er. »Sie werden wahrscheinlich von jetzt an Ihr Leben lang chronische Schmerzen in Ihrem Knöchel haben«: ein schlimmes Urteil – der Gedanke daran lässt einen einfach nicht mehr los. Er war der Experte; ich hatte seinen Rat gesucht. Hätte ich der Aussage meines Doktors geglaubt, wäre sie leicht zu einem lebenslangen Urteil geworden.

Glücklicherweise rettete mich meine Intuition. Irgendetwas in mir sagte, dass mein Knöchel heilen würde. Ich vertraute darauf. Heute ist mein Knöchel völlig in

Ordnung, abgesehen vielleicht von einem leichten Knacken, bevor es zum Regnen kommt. Mein Arzt ist einer der besten auf seinem Gebiet. Sein Kommentar war weder böse gemeint, noch beruhte er auf einer medizinischen Fehlinformation. Das Wohlwollendste, was ich dazu sagen kann, ist, dass er es in dem Moment an Takt fehlen ließ. Was schlimmer war: Seine Prognose richtete sich ausschließlich nach dem Lehrbuch; er nahm sich nicht die Zeit, seine Intuition hinzuzuziehen.

Aus diesem Grund müssen Sie in der Zusammenarbeit mit Ihrem Arzt Ihre Intuition spielen lassen. Machen Sie sie zu dem Filter, durch den alle medizinischen Informationen laufen müssen. Wägen und messen Sie Tatsachen und Instinkt gegeneinander ab. Vergessen Sie nicht, dass Sie eine Wahl haben. Es liegt an Ihnen, Ihre Glaubenssätze sowohl über Ihre Gesundheit als auch über die Einstellung, mit der Sie gemeinsam mit Ihrem Doktor an Ihre Heilung herangehen, zu bestimmen. Ihr Verhalten ist, vor allem bei schwierigen Ärzten, entscheidend. In diesen Situationen habe ich zu oft erlebt, wie viele intelligente, wohlmeinende Menschen, die getrieben sind von ihren Frustrationen, die Angelegenheit nur noch schlimmer machten.

Kim ist Psychoanalytikerin und Feministin, ohne Angst davor, ihren Standpunkt zu vertreten. Vor einiger Zeit erlitt ihr Vater einen massiven Schlaganfall. Im Krankenhaus nahm er an einem Rehabilitationsprogramm teil. Nach drei Wochen ging es ihm jedoch noch schlechter als vorher. Sein Arzt sagte zu Kim: »Das Krankenhaus kann nichts mehr für ihn tun.« Er empfahl ihr dringend, ihren Vater in ein Pflegeheim zu bringen, wo es ihm aber nach kurzer Zeit zusehends schlechter ging. Natürlich war Kim entsetzt, und verzweifelt rief sie immer wieder den Arzt an, der ihren Vater im Krankenhaus behandelt hatte. Es wurde von Tag zu Tag schwieriger, diesen telefonisch zu erreichen, was Kim sehr belastete. Die Dynamik spitzte sich zu: Je weniger der Arzt reagierte, desto fordernder wurde sie, wenn sie ihn endlich am Telefon hatte. »Warum geht es meinem Vater nicht besser? Können Sie nicht mehr tun?«, bohrte sie.

Schließlich bekam sie einen Termin. Der Doktor, in einem gestärkten weißen Kittel, forderte sie auf, Platz zu nehmen. Er schloss die Tür. Mit eisiger, monotoner Stimme teilte er ihr mit: »Ich will Ihnen sagen, wie es enden wird. Ihr Vater wird für den Rest seines Lebens in einem Pflegeheim bleiben müssen. Es wird ihm zusehends schlechter gehen, daran kann man nichts ändern. Er wird schließlich eine Infektion bekommen, wahrscheinlich eine Lungenentzündung, an der er sterben wird. Es kann sechs Wochen oder sechs Monate dauern. Doch genau das wird passieren.« Das waren also die kalten, harten »Fakten«. Kim war sprachlos. Sie hatte ein Gefühl, als wäre sie von einem Lastwagen überfahren worden. Ob mit oder ohne Absicht, die rückhaltlosen Fakten wirkten auf jeden Fall zerstörerisch.

Kim hatte ein Recht, sich frustriert und abgewiesen zu fühlen. Vielleicht hatte sie mit ihrer fordernden Art den Arzt zu diesen harschen Worten getrieben. Zu sehr damit beschäftigt zu reagieren, gefangen in einem unsinnigen Kampf mit dem Arzt, schenkte sie ihrer Intuition keinerlei Beachtung. Das Ergebnis war, dass sich Kims beste Absichten ins Gegenteil verkehrten. Dasselbe kann für Sie zutreffen. Um dieses Muster zu durchbrechen, sollten Sie Ihre Intuition nach klügeren Methoden fragen, wie Sie mit der jeweiligen Situation umgehen können.

Wenn Sie es mit schwierigen Ärzten zu tun haben, sollten Sie wissen, wie »knallhart« diese in ihrer Art sein können. Es hat keinen Sinn, sich etwas vorzumachen. Die meisten Ärzte haben ihre jahrelange Ausbildung und intensive Arbeitswochen von 100 Stunden nicht überstanden, ohne bis an ihre Grenzen getrieben worden zu sein. Es sollte nicht überraschen, dass einige Ärzte nach diesen Erfahrungen zynisch geworden sind, Ärzte sind also nicht unfehlbar! Doch selbst einem arroganten, launischen Arzt gegenüber sind Sie nicht machtlos.

Verhalten Sie sich zenmäßig. Bleiben Sie in Ihrem Zentrum. Denken Sie an Aikido: Je aggressiver Ihr Gegner ist, desto mehr geben Sie nach. Benutzen Sie seine Kraft zu Ihrem Vorteil. Begegnen Sie Widerstand nicht mit geballter Faust. Das hat nichts mit »nachgeben« zu tun, mit aufgeben, kapitulieren, sich unterwerfen. Entwaffnen Sie Ihren Gegner überraschend. Zuerst zollen Sie ihm Anerkennung. Sagen Sie einfache Dinge, wie zum Beispiel: »Danke für die Behandlung. Sie hat wirklich geholfen«, oder: »Es war sehr freundlich von Ihnen, mir so schnell einen Termin zu geben.« Betonen Sie das Positive. Höchstwahrscheinlich erfahren solche Ärzte, da sie so schwierig im Umgang sind, nicht sehr häufig Anerkennung. Sie sind an Machtkämpfe gewöhnt, nicht an Lob. Oft sind sie, trotz ihrer Ausbildung und zuweilen hart verdienten Erfahrung, verwundete Menschen. Wenn Sie mit solchen Ärzten zu tun haben, beginnen Sie mit Klarheit – indem Sie sie als das sehen, was sie sind, und sich gleichzeitig an Ihr Ziel erinnern. Dies sind Taktiken, um negative Energie abzuleiten. Was den Ausdruck von Frustration oder Wut betrifft, so ist dies nicht der Zeitpunkt, sie Ihrem Doktor mitzuteilen. Doch müssen Sie Ihre Gefühle auch nicht unterdrücken. Bekennen Sie sich selbst dazu oder sprechen Sie mit einem Freund darüber.

Ich sage nicht, dass das einfach ist, doch es ist ein Anfang. Noch besser ist es jedoch, wenn Sie sich darauf konzentrieren, wer Sie in dieser Situation sind; auf den bewussten Weg, den Sie gehen wollen – das heißt den Weg der Liebe. Das Ziel hierbei ist, in Kontakt zu kommen mit der besseren Seite Ihres Arztes (alle Ärzte haben eine, ob

Sie es glauben oder nicht); ein in sich ruhendes Selbst anzubieten, das seinem Gegenüber eine zentrierte Reaktion entlocken kann. Machen Sie den Arzt zu Ihrem Verbündeten. Ohne Hinterhalt. Ohne schlaue Attacken. Ohne massive Vergeltung. Schauen Sie ihm direkt in die Augen und sagen Sie: »Ihre Meinung ist mir wichtig. Ich achte Ihre Fähigkeiten«, oder: »Ich bin Ihnen dankbar für das, was Sie für mich getan haben.« Körpersprache und Tonfall sind entscheidend. Bringen Sie so viel Humor auf, wie Sie können. Ihre Worte werden keine Wirkung haben, wenn Sie sie zwischen den Zähnen hervorpressen, dabei einen stechenden Blick haben oder Ihre Arme in Verteidigungshaltung vor der Brust verschränken. Dies ist eine Übung des Mitgefühls: Das Gute in Ihnen findet das Gute im anderen.

Nachdem jetzt ein bestimmter Ton zwischen Ihnen herrscht, teilen Sie dem Arzt Ihre Bedürfnisse mit. Formulieren Sie Ihre Fragen immer konstruktiv und schließen Sie Ihren Arzt mit ein, indem Sie zum Beispiel sagen: »Was können *wir* in dieser Situation tun?«, anstatt: »Warum haben *Sie* nicht mehr getan?« Beginnen Sie einen Satz mit: »Ich habe das Gefühl, es würde wirklich helfen, wenn … Was denken Sie darüber?«, anstatt ihn anzuklagen: »Sie vernachlässigen meinen Vater!«, wie Kim es getan hat. Wählen Sie den klügeren Weg. Lassen Sie eine Liebesbombe explodieren. Und halten Sie während der ganzen Zeit unerschütterlich an Ihren Bedürfnissen fest. Ob Sie nun eine dramatische Wendung erleben werden oder nur eine teilweise Verbesserung – Sie werden zufrieden sein.

Wenn Sie sich am offenen Herzen operieren lassen müssen, sollten Sie sich einen Chirurgen suchen, der ein meisterhafter Techniker ist. Vielleicht wird es ihm an guten Manieren mangeln – doch wären Sie ein Narr, würden Sie sich deswegen nicht von ihm operieren lassen. Zu wissen, wie man innerhalb von Beschränkungen funktionieren kann, hat einen gewissen Charme. Unter Umständen wird Ihr Chirurg nicht Ihr bester Freund werden, doch Sie können die Kommunikation mit ihm verbessern. Wenn er beispielsweise medizinische Ausdrücke benutzt, die Sie nicht verstehen, dann bitten Sie ihn um eine Erklärung. »Ich wäre Ihnen wirklich sehr dankbar, wenn Sie mir meine Situation etwas einfacher erklären könnten«, wird wirkungsvoller sein als: »Hat man Ihnen auf der Universität nicht beigebracht, wie man mit Patienten spricht?« Seien Sie diplomatisch. Wählen Sie Ihre Kämpfe. Nehmen wir an, Ihr Arzt hat nichts mit den spirituellen Aspekten von Heilung im Sinn, lässt Ihnen jedoch eine vorzügliche medizinische Fürsorge angedeihen. In diesem Fall mag es klüger sein, wenn Sie Ihre Glaubenssätze für sich behalten. Machen Sie das Beste aus einer Situation, die nicht ideal ist. Akzeptieren Sie das, was positiv ist, und verwerfen Sie den Rest. Achten Sie darauf, dass Ihre Erwartungen realistisch sind.

Trotz allem glaube ich, dass die Natur der Beziehung zwischen Arzt und Patient langsam in eine positivere Richtung geht. Das ist inzwischen überall zu sehen. Eine kürzlich in der *Los Angeles Times* veröffentlichte Untersuchung zeigte, dass von 300 befragten Krankenkassen-Geschäftsführern 90 Prozent davon überzeugt waren, dass Gebet, Meditation oder spirituelle Praxis die medizinische Behandlung unterstützen und den Heilungsprozess beschleunigen können. Die meisten glaubten jedoch, dass es noch eine Zeit lang dauern würde, bis solche Interventionen von den Krankenkassen übernommen werden. Diese ignorieren nach wie vor die Verbindung zwischen Spiritualität und Wohlbefinden. Nach typischer Krankenkassenmanier behalten sich die Geschäftsführer das Recht vor, in der Zukunft die Bezahlung solcher Methoden zu übernehmen, wenn bewiesen ist, dass sie Geld sparen und die Zufriedenheit der Patienten sichergestellt ist. Da wird noch einiges passieren. Achten Sie auf die Entwicklung in diesem Bereich.

Als Gegenpol zu dieser einschränkenden Mentalität greift zusehends eine Renaissance in der modernen Medizin um sich, und ich fühle mich privilegiert dazuzugehören. Homöopathie, Kräuterheilkunde, traditionelle chinesische Medizin – diese alternativen Heilmethoden haben die USA und auch Europa im Sturm erobert. Eine groß angelegte Untersuchung im San Francisco General Hospital hat eindeutig bewiesen, dass durch Beten die Genesung bei Herzpatienten schneller voranschreitet. Therapeutische Berührung (Therapeutic Touch) ist eine Form von Energieheilung, die weltweit praktiziert wird. Viele bekannte Medizinfakultäten, einschließlich Harvard, Stanford, UCLA und Beth Israel in New York, bieten Programme an, die sich ausschließlich mit alternativen Behandlungsmethoden beschäftigen.

Ganzheitliche Medizin hat sich allgemein durchgesetzt. In einer kürzlich durchgeführten Harvard-Studie, die im *Journal of the American Medical Association* veröffentlicht wurde, heißt es: »Patienten wünschen sich immer öfter einen Arzt, der eine solide konventionelle Ausbildung hat und gleichzeitig über den Wert und die Grenzen alternativer Behandlungsformen Bescheid weiß.«

Meine persönliche Leidenschaft besteht darin, Spiritualität und Intuition in die traditionelle Medizin zu integrieren. Dann werden wir in der Lage sein, uns das Beste aus beiden Welten auszusuchen. Als »Intuitive« und Ärztin arbeite ich daran, eine Brücke zum gegenwärtigen Gesundheitssystem zu schlagen. Am liebsten würde ich sehen, dass Medizinstudenten bereits im ersten Semester lernen, als Teil der physischen Untersuchung intuitive Informationen von ihren Patienten zu erhalten, die ebenso wichtig sind wie deren Nierenfunktion oder Blutdruck. Ihre Art, wie Sie generell Energie verarbeiten, und Ihre intuitive Beziehung mit Ihrem Körper sind für Ihre Gesundheit von größter Wichtigkeit. Wenn Ihr Arzt diese Tatsache respektiert, dann haben Sie die besten Chancen auf eine Heilung.

Fragen zum Nachdenken

- Sehen Sie bei Ihrem Arzt oder Heilpraktiker ein Potenzial für eine Partnerschaft? Wie kann Ihre Intuition die Kommunikation zwischen Ihnen verbessern?
- Sind Sie Ihrem Arzt gegenüber ehrlich im Hinblick auf die Art der Behandlung, die für Sie richtig ist? Bevorzugen Sie traditionelle oder alternative Medizin? Oder beides?
- Fühlen Sie sich frei, offen und direkt über die Bedürfnisse Ihres Körpers zu sprechen? Halten Sie Informationen oder Gefühle zurück? Wenn ja, welche?

Zweiter Schritt: Nehmen Sie Ihren Körper bewusst wahr!

Ich ging einmal auf Empfehlung zu einem Arzt, der liebend gerne Zigarren rauchte. Nicht in meiner Gegenwart – doch in seinem Privatbüro sah ich Berge von ausgedrückten braunen Zigarrenstummeln in mehreren Aschenbechern auf seinem Schreibtisch. Der Geruch von Zigarrenrauch schien sogar aus dem Holz der Möbel und aus dem Teppich zu strömen. Schlimmer noch, als er sich zu mir herabbeugte, um mein Herz abzuhören, stanken sein Kittel und seine Haare ebenfalls nach Zigarren. Mein ganzer Körper zog sich zusammen. Es war unerträglich, doch ich hatte nicht den Mut, es ihm zu sagen. Ich war sicher, dass es umsonst wäre. Wahrscheinlich würde er deswegen in seiner Praxis nicht mit dem Rauchen aufhören. Stattdessen ging ich einfach nicht mehr zu ihm.

Achten Sie darauf, wie Ihr Körper auf Ihren Arzt reagiert. Die Chemie zwischen Ihnen muss stimmen. Befragen Sie Ihre Sinne. Wie fühle ich mich in seiner Gegenwart? Bin ich entspannt? Angespannt? Ist mir übel? Ziehen sich meine Schultern zusammen? Fühle ich mich sicher? Ihr Körper registriert einen Vertrauensgrad, ein Zeichen für Kompatibilität. Wie bei jeder intimen Beziehung, so haben Sie auch hier ein solides Fundament geschaffen, wenn sich ein grundsätzliches Wohlbefinden und Vertrauen etabliert hat. Sollten Sie dann krank werden oder ärztliche Hilfe brauchen, kann Ihr Arzt einen beruhigenden Einfluss ausüben. Sie werden alles, was passiert, als Team angehen.

Vergewissern Sie sich, dass der Stil Ihres Arztes zu Ihrem passt. Dies ist eine Sache der Präferenz, nicht des »Richtig« oder »Falsch«. Selbst wenn Sie noch nie darüber nachgedacht haben, haben Sie das Recht, ein paar ehrliche Fragen zu untersuchen: Fällt Ihnen der Umgang mit einem zurückhaltenden Arzt, der hinter einem Schreibtisch sitzt, leichter, wenn er mit Ihnen spricht? Vielleicht entspannt sich Ihr Körper angesichts dieser Distanz. Oder ist Ihnen eine mütterliche Ärztin lieber, die mehr einen heimeligen Eindruck macht? Sie spüren Wärme und Mitgefühl, wenn sie Sie umarmt. Wenn Sie jedoch lieber nicht von Ihrem Arzt umarmt werden wollen, ist diese Frau vielleicht nicht richtig für Sie.

Achten Sie darauf, wie Ihr Arzt Sie berührt. Das spricht Bände. Ist er sanft? Ruppig? Wärmt er das Stethoskop an, bevor er Ihre Lungen abhört, oder ist es eiskalt? Bringt er Sie mit seinem Zungenspatel zum Würgen, wenn er Ihren entzündeten Hals untersucht? Ist er so empfindsam, dass er Ihre Schmerzschwelle nicht überschreitet? Doch leider kann die Berührung eines Arztes – ein Kuss auf die Lippen, ein Klaps auf den Po – auch verführerisch oder aufdringlich erscheinen. Verbitten Sie sich solche Überschreitungen sofort, damit sie sich nicht wiederholen. Mit einem Ton, der ihn wissen lässt, dass Sie es ernst meinen, ohne aggressiv zu sein, sagen Sie: »Das ist mir unangenehm. Hören Sie bitte damit auf.« Wenn Ihr Arzt sich weiterhin unangemessen verhält, sollten Sie ihn nicht mehr aufsuchen und vielleicht sogar die Ärztekammer informieren.

Wenn es um Ihren Körper geht, ist es unbedingt notwendig, dass Sie Ihrem Arzt ein deutliches, aber respektvolles Feedback geben. Lassen Sie ihn wissen, wie Sie sich fühlen. Es bringt mehr, wenn Sie zum Beispiel sagen: »Könnten Sie bitte nicht so fest drücken«, wenn er Ihren Bauch untersucht, anstatt zu fragen: »Was ist los mit Ihnen? Haben Sie die Absicht, mir wehzutun?« Selbst wenn der Arzt einen gewissen Druck ausüben muss, wie bei der Untersuchung der Prostata, müssen Sie dennoch sagen können: »Halt. Das tut weh.« Ein guter Arzt wird sofort darauf reagieren und versuchen, sanfter zu sein. Ich weiß, dass Sie unter Umständen Ihre Reaktionen mäßigen müssen, um die Kommunikation zu verbessern, doch je weniger anklagend Sie sind, desto besser ist es. Ihren Arzt in die Defensive zu drängen, wird keine Verhaltensänderung bei ihm herbeiführen.

Wie wissen Sie, ob Sie sich von einem Arzt trennen sollten? Benutzen Sie Ihren Körper als Barometer. Idealerweise sollten Sie jemanden aussuchen, bei dem Sie sich physisch, emotional und spirituell sicher fühlen. Sollte das nicht möglich sein, so gibt es eine riesige Grauzone von Möglichkeiten. Vielleicht ist Ihre Beziehung zu dem Arzt etwas lau, doch gibt er Ihnen gute Ratschläge in Bezug auf Ihre Gesundheitsvorsorge. Oder er ist ein wenig gleichgültig, aber wohlmeinend; mehr Bücherwurm als kommunikationsfreudig; irgendwie brüsk, doch freundlich; oder vielleicht ist er etwas zu enthusiastisch und sollte sich ein wenig zurückhalten. Diese unvollkommenen Beziehungen sind es unter Umständen wert, gepflegt zu werden. Doch wann immer Ihr Körper sich von einem Arzt abgestoßen fühlt – wenn Ihnen zum Beispiel übel wird, Sie Kopfschmerzen bekommen oder sich ausgelaugt fühlen –, oder wenn Sie sich verbal erniedrigt fühlen und sich – *egal aus welchem Grund* – nicht sicher fühlen, dann ist der betreffende Arzt nicht der richtige für Sie.

Alle Heilkundigen müssen in Wort und Tat Respekt vor Ihrem Körper zeigen. Wenn Ihr Arzt Sie mit den Worten begrüßt: »Es ist schön, Sie heute zu sehen«, ist das eine völlig andere Botschaft als: »Hmm. Wie wäre es, wenn Sie ein paar Pfund abnehmen würden?«, begleitet von einem aufreizenden Augenzwinkern. Die Aufgabe Ihres Arztes ist es, in mitfühlender Weise auf Gesundheitsprobleme hinzuweisen, denen Sie Aufmerksamkeit schenken sollten, und nicht, Sie zu kritisieren. Um gesund zu werden, brauchen Sie ein schützendes Umfeld. Eine Patientin erzählte mir, dass sie jedes Mal, wenn sie zu ihrem Gynäkologen ging, von seiner jungen Sprechstundenhilfe aufgefordert wurde, sich auszuziehen. Dann verließ sie einfach den Raum und gab ihr nicht einmal ein Laken, um sich zuzudecken. Meine Patientin saß dann also nackt da, wenn der Arzt ins Sprechzimmer kam. Eine unakzeptable Situation – doch bevor wir darüber sprachen, hatte es ihr stets widerstrebt, sowohl dem Arzt als auch der Sprechstundenhilfe etwas darüber zu sagen. Vergessen Sie nicht, dass Sie Rechte haben. Bringen Sie Ihre Bedürfnisse klar zum Ausdruck.

Vor ein paar Jahren konsultierte ich einen Therapeuten, der auf einem Regal ein gerahmtes Foto seiner Freundin stehen hatte, das jeder sehen konnte. Sie posierte am Strand, und ihre großen Brüste platzten beinahe aus ihrem winzigen Bikinioberteil. Es fiel mir schwer, es einzugestehen, doch das Foto war mir peinlich. Ich fragte mich, was für eine Frau ich bin, dass ich eine so negative Reaktion auf den Körper einer anderen Frau hatte? War ich vielleicht prüde? So oder so, ihre offensichtlichen Attribute machten mich kritisch gegenüber meinen eigenen. Warum musste dieser Therapeut solche Fotos aufstellen? Was sagte es darüber aus, wie er die Frauen sah? War er ein Sexist? Da ich ihn nie mehr aufsuchte, weiß ich es bis heute nicht. Für mich – und für die Mehrheit der Frauen, die ich gefragt habe – war dieses Foto zu provokativ, unangemessen für die Praxis eines Therapeuten. Doch alles deutete darauf hin, dass er ein sehr begehrter Arzt war. Menschen reagieren unterschiedlich. Zögern Sie nicht, Ihre Meinung zu äußern. Sie müssen bestimmen, ob das Verhalten Ihres Arztes Sie stolz auf Ihren Körper macht oder nicht.

Manche Ärzte haben eine große Ehrfurcht davor, wie der Körper funktioniert. Sie lieben es, dieses Staunen mit Ihnen zu teilen. Lassen Sie sich mitreißen. Im Verlauf der Behandlung wird Ihr Arzt Ihnen vielleicht Gelegenheiten geben, einen Einblick in das Innere Ihres Körpers zu erhalten. Ich ermutige Sie, diese Gelegenheiten wahrzunehmen. Lernen Sie von Ihrem Arzt, wenn er Ihnen etwas zeigt und dabei Bilder benutzt, Röntgenaufnahmen oder die sichtbaren Resultate bestimmter Tests. Achten Sie darauf, ob Ihr Körper sich widersetzt; versuchen Sie herauszufinden, warum. Vergessen Sie nicht, Ihre Fähigkeit zu heilen wird verstärkt, wenn Sie durch die Fenster Ihres Körpers schauen und erkennen, wie Sie beschaffen sind. Selbst wenn sich Ihr Magen in dieser Situation verkrampft, ist dies nicht der Zeitpunkt, sich zurückzuziehen. Ein freundlicher Anstoß Ihres Arztes kann Ihnen über diese Hürde hinweghelfen.

Mein Patient Budd, der zum ersten Mal Vater wurde, fiel beinahe an der Seite seiner Frau in Ohnmacht, als die Geburtshelferin einen Ultraschall von ihrem schwangeren Bauch machte, eine völlig unspektakuläre Angelegenheit, bei der ein Sensor mithilfe einer Gleitcreme auf der Haut unterhalb des Bauchnabels hin und her geschoben wird und ein Bild der Gebärmutter auf einen Videomonitor projiziert. Budd, ein großer, kräftiger Mann, wurde weiß wie ein Laken, als er das dumpfe Klopfen des Herzschlags seines Babys hörte und die Umrisse der Anatomie seines Kindes sah, von den Genitalien bis zur Lunge. Doch dann verwandelte sich seine Zimperlichkeit in Entzücken – er staunte über das neue Leben, das er auf dem Monitor sehen konnte. Budd hätte diesen Augenblick nicht um alles in der Welt missen wollen.

Eine segensreiche Partnerschaft, die auf der Liebe zum Körper beruht, kann Ihre Scham, Angst oder Ihr Zögern in eine echte Würdigung des Wunders verwandeln. Sie wird Ihre Gesundheit fördern. Lassen Sie Ihren Arzt oder Heilpraktiker Katalysator sein: Betrachten Sie ihn als Vorbild und Berater. Verlassen Sie sich während des Auswahlprozesses auf Ihre physische Intuition, die Ihnen helfen wird, die richtige Entscheidung zu treffen. Heilung korreliert mit dem Verhältnis, das Sie mit den Personen haben, die Sie behandeln. Vertrauen Sie Ihrem Körper, dass er Ihnen den Weg zeigt.

Dritter Schritt. Erspüren Sie das energetische Potenzial Ihres Körpers!

Ihr Arzt mag aufgrund seines Wissens und seiner Freundlichkeit extrem kompetent sein. Doch manche Ärzte besitzen eine zusätzliche Qualität, die sie von den anderen unterscheidet: Sie können durch ihre Gegenwart und Berührung heilende Energie übertragen. Versuchen Sie sich zu erinnern – sind Sie schon einmal von jemandem behandelt worden, bei dem es Ihnen schon besser ging, wenn Sie nur sein Zimmer betraten? Oder wo die Spannung in Ihrem Körper wegging, wenn er Sie untersuchte?

Oder wo der Schmerz gleich nicht mehr so schlimm war? Einige Heiler sind mit diesem Geschenk geboren worden, andere entwickeln es im Laufe der Zeit. Diese Menschen geben den Worten des Hippokrates eine besondere Bedeutung: »Alle gesegneten Dinge sollen nur an gesegnete Menschen verliehen werden.« Wann immer es möglich ist, entscheiden Sie sich für einen solchen Menschen, damit er sich um Sie kümmert.

Ich habe viel über Energie von einem Heiler namens Hadi gelernt. Ich hatte ihn wegen einer immer wiederkehrenden Entzündung der Nasennebenhöhlen konsultiert. Osted »Hadi« Parvarandeh kam aus Teheran und sprach nur sehr gebrochen Englisch. Doch bei unserer ersten Begegnung hielt ihn das nicht davon ab, in einer verwirrenden Mischung von Englisch und Farsi auf mich einzureden. Er deutete immer wieder auf eine wild zusammengestellte Sammlung bunter Fotos an den Wänden seiner Praxis, die die »Auren« seiner Patienten darstellten. Oh, oh. Das war ein schlechter Anfang. Dieser Typ sollte mir helfen können? Er legte mir seine Hände auf die Stirn. Er setzte sich fünf Minuten neben mich und »sandte Energie«, während sein Magen die ganze Zeit knurrte. Ich fand das Ganze lächerlich; sein offensichtlicher Hunger war sehr irritierend. Als ich seine Praxis verließ, war ich bereit, ihn als Quacksalber abzutun.

»Wo möchtest du essen gehen?«, fragte mich meine Freundin, die mich abholte. Völlig uncharakteristisch verspürte ich ein großes Verlangen nach etwas Orientalischem. Und erst als ich mein Falafel verschlang, merkte ich, was passiert war. Während Hadi mir Energie sandte, hatte er gleichzeitig seinen Hunger und seine Vorliebe für die orientalische Küche an mich übermittelt. Er war derjenige, der Hunger auf Falafel hatte – nicht ich! Meine Freundin und ich mussten laut lachen. Worum es hier geht, ist die Tatsache, dass der Mann – trotz meines schnell gefassten Vorurteils – bestimmte Fähigkeiten besaß. Ich erkannte, dass er mir ganz offensichtlich Energie schicken konnte, für die ich empfänglich war. Auf dieser Basis – ungeachtet seiner Persönlichkeit – beschloss ich, zu ihm zurückzugehen. Durch seine Berührung wurde ich schließlich meine Entzündungen los. Im Laufe der Zeit wurde mir klar, dass ich ihn aufgrund kultureller Unterschiede falsch beurteilt und unterschätzt hatte. Die Sprachbarriere zwischen uns führte dazu, dass ich seinen Stolz auf seine Arbeit als Arroganz falsch interpretierte. Letzten Endes spielte es keine Rolle, dass wir kaum je ein Wort in Englisch wechselten. Energie transzendiert Sprache. Dadurch, dass ich Hadi bei vielen Anlässen immer wieder aufgesucht habe, gewöhnte ich mich an seine Art. Ich liebte ihn. Er hatte die Fähigkeit, mich gesund zu machen.

Wie finden Sie jemanden wie Hadi? Zunächst einmal gibt es in den USA mehr als 30 000 Krankenschwestern und Pfleger, die therapeutische Berührung praktizieren, eine Form energetischer Heilung (vgl. Literaturverzeichnis). Unter idealen Umständen werden Sie auch Ärzte und sogar Zahnärzte finden, die mit Energie arbeiten. Einige Ärzte sind »medizinische Intuitive« und können eine physische Diagnose sowohl in Gegenwart des Patienten als auch auf Entfernung vornehmen, wobei sie ausschließlich ihre Intuition benutzen, um den Zustand eines Patienten einzuschätzen. Immer mehr Ärzte, die selbst kein Talent in diesem Bereich haben, stellen Mitarbeiter ein, die diese Fähigkeit besitzen. Natürlich gibt es hier, wie bei allen Berufen, unterschiedliche Qualitätsgrade. Was können Sie erwarten? Fragen Sie sich selbst, ob die Diagnose zutreffend war! Oder wenn es um Energiearbeit geht, können Sie während der ersten Behandlungswochen eine Verbesserung feststellen? Nicht alle Ärzte und Heilkundigen sind in der Lage, so wie Hadi spezifische Symptome zu heilen – es gibt nicht viele, die diese besondere Begabung haben, und diese Menschen sind nicht leicht zu finden. Doch jeder erfahrene Heilkundige kann Ihre Energie ins Gleichgewicht bringen, sie ankurbeln und dafür sorgen, dass Sie schneller gesund werden. Auch hier ist es in der Regel klüger, sich an Praktizierende zu halten, die Referenzen aufweisen können. Energiearbeit kann Hand in Hand mit traditionellen Behandlungsmethoden geschehen oder sogar als alleinige Therapie ausreichen.

Praktizierende, die die Dynamik von Energie anerkennen, werden Ihnen eine sehr sensible Fürsorge angedeihen lassen. Die Praxis der Medizin beinhaltet subtile Dinge, die den angehenden Ärzten auf den Universitäten nicht beigebracht werden. Ich habe eine Freundin, deren Internist jedes Mal, wenn er ihr Blut abnimmt, von seinen Krebspatienten erzählt. Obwohl ich sicher bin, dass er es nicht absichtlich tut, verbreitet er damit eine negative Stimmung. Er ist sich einfach der Energie nicht bewusst. Besonders wenn die Haut durchstochen oder eine Operation durchgeführt wird, sollten die Worte desjenigen, der diese Eingriffe vornimmt, und die Atmosphäre im Raum liebevoll sein. In diesen Momenten sind wir so verletzbar wie sonst nie. Was die Betreffenden sagen und tun, wirkt sich auf vielen Ebenen auf uns aus. Wenn Sie im Zahnarztstuhl nach hinten gekippt sind, den Mund weit geöffnet, zitternd der Wurzelbehandlung entgegensehen, kann ein wenig heilende Energie von den Händen Ihres Zahnarztes oder seiner Assistentin eine große Erleichterung sein. Meine Mutter gab ihren Patienten während der Untersuchung durch ihre Berührung positive Energie. Sie zeigte mir, dass Heilung in jedem Moment der Behandlung stattfindet. Die Reise ist genauso wichtig wie das Ziel. Jeder Augenblick, jede gegenseitige Beeinflussung zählt.

Vierter Schritt. Bitten Sie um innere Führung!

Jetzt ist es an der Zeit, sich nach innen zu wenden. Ich möchte Ihnen eine praktische Technik zeigen, auf die ich schwöre, »Remote-Viewing« genannt. Sie ist eine Form der Einschätzung eines möglichen Arztes oder Heilkundigen, bevor Sie ihn persönlich kennen lernen. Indem Sie sich intuitiv auf seinen Namen konzentrieren und alle Bilder, Eindrücke oder Einsichten notieren, die Ihnen auffallen, bekommen Sie eine gute Vorstellung von Ihrer Kompatibilität. Zusammen mit den vorausgegangenen Schritten wird Remote-Viewing dafür sorgen, dass die von Ihnen getroffene Wahl gut fundiert ist. Wenden Sie es an, und Sie werden ein machtvolles Vergrößerungsglas haben, das ein Universum von Informationen bereithält, die der Logik alleine nicht zugänglich sind. Unmöglich, sagen Sie? Bevor Sie sich festlegen, hören Sie sich dies an.

Mehr als 20 Jahre lang investierten CIA, DIA (Defense Intelligence Agency) und NASA 20 Millionen Dollar in streng geheime Militärforschungen, über die zu sprechen den Wissenschaftlern am Forschungsinstitut der Stanford University in Kalifornien bis 1995 verboten war. Die Ergebnisse dieser Forschungen wurden erstmals in der Fernsehsendung *Nightline* publik gemacht. Was war der Grund für dieses mysteriöse Verhalten? Sie setzten Remote-Viewing ein, um geheime Informationen zu erhalten. Das Ziel der Regierung war es, diese Form der Intuition zu benutzen, um ausländische Waffenarsenale zu lokalisieren, den Stellenwert überseeischer Atomtests zu bestimmen und während des Kalten Krieges rechtzeitig vor militärischen Strategien des sowjetischen Militärs gewarnt zu werden. Bei uns friedlichen Kriegern kann Remote-Viewing den Heilungsprozess positiv beeinflussen, angefangen bei der Wahl des Arztes oder Heilkundigen bis zur

Diagnose von Krankheiten und Erhaltung unserer Gesundheit. Alle diese Dinge werden wir im Verlauf dieses Buches ausprobieren. Selbst wenn Ihnen diese Techniken bisher unbekannt waren, können Sie sie jetzt lernen. Im kontrollierten Laborumfeld haben Universitätsstudenten ohne vorherige Erfahrung auf diesem Gebiet die Grundlagen in nur wenigen Sitzungen gelernt.

Wann immer ich mich für einen neuen Arzt entscheide, um mich, meine Patienten oder meine Familie und Freunde von ihm behandeln zu lassen, nehme ich zuerst ein Remote-Viewing vor, um ihn mir näher anzuschauen. Es spart Zeit und Geld und gibt meiner Intuition ein Mitspracherecht bei der Entscheidung, mit wem ich eine segensreiche Partnerschaft eingehen soll. Bei »Verkupplungen« spielt der Instinkt eine große Rolle. Mit Remote-Viewing jedoch müssen wir jemandem nicht von Angesicht zu Angesicht gegenüberstehen, um zu wissen, ob wir zusammenpassen. Vergessen Sie nicht, Intuition unterliegt nicht den Begrenzungen von Zeit und Raum. Einstein selbst hat gesagt: »Der Unterschied zwischen Vergangenheit, Gegenwart und Zukunft ist lediglich eine hartnäckige Illusion.« Darum schaue ich mir routinemäßig auf diese Weise potenzielle Ärzte an – ebenso Patienten –, um ein Gefühl dafür zu bekommen, wer sie sind, bevor ich ihnen zum ersten Mal begegne. In meinem persönlichen Leben und in meiner medizinischen Praxis gibt mir Remote-Viewing einen Vorsprung bei der Entscheidung, welchen Weg ich am besten einschlagen sollte.

Lassen Sie sich von mir zu Beginn durch eine einfache Übung führen. Sie können sie entweder vornehmen, bevor Sie jemanden treffen oder auch danach. Sie möchten also einen passenden Heilkundigen finden. Wie sollte Ihre geistige Haltung sein? Vertrauen Sie darauf, dass Sie dies erreichen können. Legen Sie alle Zweifel beiseite. Spüren Sie das Wunder, während Sie auf Erkundungen gehen.

Hier sind ein paar logistische Tipps. Nehmen Sie sich zirka zehn Minuten Zeit. Stellen Sie das Telefon ab. Schließen Sie die Tür. Sorgen Sie dafür, dass Sie nicht gestört werden. Um sich einzustimmen, ist der Vorname des Heilkundigen alles, was Sie brauchen. Es macht nichts, dass viele Menschen denselben Namen haben. Vielleicht gibt es eine Million Bobs auf der Welt, aber sorgen Sie sich nicht. Machen Sie sich Ihre Intention klar. Konzentrieren Sie sich auf Ihren Bob. Namen sind heilig. Die spezifische intuitive Vibration, die diesem bestimmten Menschen eigen ist, wird spürbar werden. Achten Sie auf die Nuancen in Ihrer Reaktion. Hüten Sie sich davor, das, was Sie sehen, zu interpretieren. Analyse bedeutet das Ende spontanen Fließens. Bleiben Sie neutral. Werden Sie zu einer leeren Schüssel, die darauf wartet, gefüllt zu werden. Stellen Sie einfach nur fest, was Ihnen auffällt. Betrachten Sie es später genauer. Dieser Vorgang ist wie Tagträumen. Eindrücke kommen, die sich einfach richtig anfühlen, selbst wenn sie rational keinen Sinn zu machen scheinen.

Einstimmung auf Namen: Eine Übung in »Remote-Viewing«

1. Begeben Sie sich in eine bequeme Position und setzen Sie sich mit geradem Rücken auf ein Kissen oder einen Stuhl. Nehmen Sie ein paar tiefe Atemzüge. Atmen Sie langsam ein und aus. Lassen Sie Ihre Gedanken zur Ruhe kommen. Meditieren Sie für ein paar Minuten. Entspannen Sie sich. Lassen Sie zu, dass sich jegliche Anspannung löst.
2. Wenn Sie bereit sind, sagen Sie laut den Namen des Arztes oder Heilers, über den Sie Näheres wissen wollen. Halten Sie sich seinen Namen vor Augen, ohne sich anzustrengen. Versuchen Sie, an nichts anderes zu denken. Während Sie sich auf den Namen konzentrieren, bleiben

Sie offen für alle auftretenden Empfindungen. Registrieren Sie sie. Es ist wichtig, dass Sie nicht auf das reagieren, was Sie wahrnehmen. Tasten Sie innerlich Ihren ganzen Körper ab. Fühlen Sie sich wohl? Energetisiert? Ängstlich? Plötzlich müde? Erleichtert? Abgestoßen? Spüren Sie ein Gefühl von Vertrauen, oder haben Sie das Bedürfnis, sich zu schützen? Halten Sie nichts zurück. Nehmen Sie Bilder, Farben oder Eindrücke wahr? Lebhafte Farben können auf eine starke Lebenskraft hinweisen, gedämpfte Farbtöne auf Energiemangel. Gefällt Ihnen, was Sie sehen? Oder stört es Sie? Vielleicht sehen Sie eine komplette Szene vor Ihrem inneren Auge. Erlauben Sie ihr, sich zu entfalten. Dazu bedarf es keinerlei Anstrengung. Wenn Sie wollen, können Sie jetzt dazu übergehen, bestimmte Fragen zu stellen. Sollte ich mit diesem Menschen zusammenarbeiten? Wird er mir helfen? Achten Sie auf Ihre Gefühle. Notieren Sie einfach Ihre Reaktionen, ohne sie zu beurteilen.
3. Wenn Sie fertig sind, schreiben Sie die Einzelheiten auf. Später können Sie dann vergleichen, inwieweit diese mit Ihrer tatsächlichen Erfahrung mit dem betreffenden Arzt übereinstimmen. Fügen Sie Ihre Intuitionen aus dem Remote-Viewing den Erkenntnissen hinzu, die Sie aus den anderen Schritten gewonnen haben. Betrachten Sie das Gesamtbild, bevor Sie sich entscheiden.

Der Vorgang, den ich hier beschreibe – Ihren Eindrücken zu erlauben, Form anzunehmen –, ist die grundlegende Formel für das Remote-Viewing in Bezug auf den Namen eines Arztes. Was die Privatsphäre betrifft, habe ich festgestellt, dass ich dann, wenn jemand nicht gelesen werden möchte, entweder nichts spüre oder das Gefühl habe, gegen eine Wand zu laufen. Aus Respekt vor dem anderen versuche ich in diesem Fall nicht, Eindrücke zu erzwingen. Benutzen Sie diese Kriterien als Richtlinien. Wenn Sie spüren, dass eine Öffnung da ist, können Sie mit dem Prozess fortfahren. Einige Ihrer Eindrücke mögen konkret sein, andere metaphorischer Natur. Konzentrieren Sie sich auf solche, die besonders viel Energie haben. Hüten Sie sich vor denen, die eher flach sind. Vergleichen Sie sie miteinander. Unter Umständen erhalten Sie ein umgehendes »Wissen« – in Sekundenschnelle schießt Ihnen das vollständige Porträt einer Person durch den Kopf. Indikatoren dieser Art werden Ihnen zeigen, ob Sie auf dem richtigen Weg sind oder nicht. Bald werden Ihnen solche Unterscheidungen zur zweiten Natur werden – genau wie die kosmische Stimmung, von der die intuitive Ebene erfüllt ist.

Sie glauben also, dass Menschen so aussehen wie ihre Hunde? Dann hören Sie sich Folgendes an. Vor einiger Zeit habe ich mich auf einen hoch angesehenen Internisten, den ich konsultieren wollte, eingestimmt, um einen intuitiven Eindruck von ihm zu bekommen. Blitzartig erhielt ich die Vorstellung von einem lebhaften Chihuahua-Hündchen mit wild blickenden Augen, das mich ohne Unterlass ankläffte, an mir hochsprang und sich mit seinen winzigen Zähnen in den Saum meiner Jeans verbiss. Was würde mir mit diesem Arzt bevorstehen? Ich stellte meine Eindrücke zurück, bis wir uns zum ersten Mal trafen. Auf den ersten Blick sah er sehr freundlich aus. Dann öffnete er den Mund – und das war's! Unmöglich. Wie er da so schnell und wild auf mich einredete, war es nicht schwer zu verstehen, warum ich ihn als einen übergeschnappten Chihuahua gelesen hatte. Er hätte der beste Arzt der Welt sein können – doch ich konnte ihn nicht ertragen. Seine Art war nichts für mich.

Im Gegensatz dazu sagte mir einmal ein Teilnehmer an einem meiner Seminare, er habe Remote-Viewing über seine Therapeutin vorgenommen, bevor sie sich zum ersten Mal sahen, ohne irgendeine Vorstellung zu erhalten. Wenn er sich jedoch auf sie konzentrierte, empfand er ein

Gefühl absoluten Friedens. Ein viel versprechender Anfang für eine Beziehung, die sein Leben auf positive Weise verändert hat.

Erlauben Sie sich die nötige Zeit, um Vertrauen in Ihre Fähigkeiten zum Remote-Viewing zu gewinnen. Die gute Nachricht ist, dass keiner der intuitiven Schritte, die ich hier vorstelle, alleine dasteht. Arbeiten Sie mit allen auf einmal. Wenn Ihnen das Resultat Ihres Remote-Viewing über den Namen eines Arztes unzuverlässig erscheint, vergleichen Sie es mit den Informationen über ihn, die Sie aus den anderen Schritten erhalten haben. Schaffen Sie ein einheitliches Profil. So wie bei jeder Fähigkeit, wird auch hier Übung den Meister machen.

Vor allem in den ersten Stadien ist es von entscheidender Bedeutung, Ihren inneren Zensor zu neutralisieren. Als ich im Alter von 18 Jahren anfing, mit Remote-Viewing zu experimentieren, wollte ich in erster Linie die Forscher an der Universität beeindrucken, mit denen ich zusammenarbeitete. Sie waren wesentlich erfahrener auf diesem Gebiet als ich; ich hatte das Gefühl, einen guten Eindruck machen zu müssen. Doch alles, was ich tat, war, mir selbst im Weg zu stehen, indem ich Intuitionen unterdrückte, von denen ich glaubte, sie seien seltsam oder ungewöhnlich. Nur langsam kam ich dahinter, dass – wie im Traum – die Dinge, die am seltsamsten oder irritierendsten erschienen, meisten am zutreffendsten waren, der Weg zur Erkenntnis. Auf diese Weise lernte ich durch Zensieren, lieber nicht zu zensieren. Anfänglich fiel mir das schwer. Glücklicherweise erhielt ich viel Unterstützung und Entgegenkommen von meinen Kollegen. Ich biete Ihnen das Gleiche an.

Intuition macht Beziehungen bewusst. Remote-Viewing bietet eine Struktur, durch die Intuition intakt bleibt. Es wird Ihnen helfen, Personen und Beziehungen klarer einzuschätzen. Lassen Sie zu, sich von Remote-Viewing bei der Wahl eines Arztes oder Heilpraktikers beraten zu lassen. Ich verspreche Ihnen, dass es helfen wird.

Fünfter Schritt. Hören Sie auf Ihre Träume!

Wenn ich an Träume denke, sehe ich eine lichtdurchflutete Bibliothek mit Reihen von Büchern, so weit das Auge reicht. Gold geränderte Bände mit all unseren Biografien, einschließlich unserer Gesundheitsgeschichte, fein säuberlich aufgeschrieben. Während wir leben, werden sie geschrieben, jedoch einige der Informationen sind schon immer da gewesen: uraltes Wissen, das auch dem heutigen Geist zugänglich ist. Es kann uns führen. Wenn Sie einen Heiler finden wollen, der Ihnen wirklich helfen kann, dann konsultieren Sie Ihre Träume. Bevor Sie schlafen gehen, stellen Sie Ihre Frage; am nächsten Morgen schreiben Sie die Antwort auf. Stellen Sie eine dauerhafte Beziehung zu Ihren Träumen her. Interagieren Sie. Sie können alles fragen, ohne Ausnahme.

Benutzen Sie Ihre Träume, um den richtigen Arzt zu finden

Wenden Sie sich an Ihre Träume, um

- ein Gespür für einen Arzt zu bekommen, bevor Sie ihm zum ersten Mal begegnen.
- das Bild des Heilkundigen zu vervollständigen, mit dem Sie arbeiten.
- um zwischen verschiedenen möglichen Kandidaten zu wählen.
- Klarheit über bestimmte Punkte zu erhalten.
- ein klareres Bild von jemandem zu bekommen, wenn Ihre Intuition undeutlich ist.
- Ihre Entscheidung zu bestätigen.

Ich empfehle Ihnen, sich die Angewohnheit zu eigen zu machen, Ihre Träume um Rat zu fragen, so wie Sie sich an einen Therapeuten oder guten Freund wenden würden. Stellen Sie sich Ihre Träume wie das Festplattenlaufwerk im Computer vor. Wenn Sie erst einmal gelernt haben, es zu öffnen, haben Sie Zugang zu der darin enthaltenen Information. Die Suche nach einem Arzt ist ein idealer Umstand, um dies auszuprobieren. Wenn Sie Ihrem Traum eine Frage zu ihm stellen und die bewusste Absicht treffen, eine Antwort zu bekommen, programmieren Sie Ihr Unterbewusstsein darauf zu reagieren. Sie aktivieren Erinnerung. Die Lösung wird sich offenbaren. Ihre Frage kann lauten: »Ist dieser Arzt der richtige für mich?« Wie könnte die Antwort aussehen? Eine Möglichkeit: Der Traum ist verschwommen, doch Sie wachen mit einem Gefühl im Bauch auf, das deutlich Ihre Wahl bestätigt. Oder jemand klopft Ihnen im Traum auf die Schulter und sagt Ihnen direkt: »Bleiben Sie bei diesem Arzt. Er ist der richtige.« Normalerweise liegen die Lösungen irgendwo dazwischen. Wenn Sie eine schnelle Antwort brauchen, die nicht in Metaphern versteckt ist, so bitten Sie ausdrücklich darum. Spezifizieren Sie Ihre Bedürfnisse. Träume sind etwas Lebendiges. Sie hören Sie. Fangen Sie an, sich darauf zu verlassen.

In ganz besonderen Situationen stellen Sie vielleicht fest, dass Sie von einem Heilkundigen träumen, lange bevor Sie ihm zum ersten Mal begegnen. Auf einer anderen Ebene besteht Ihre Beziehung bereits. Vor vielen Jahren, bevor ich meinen spirituellen Lehrer kennen lernte und bevor er überhaupt von Malaysia in die Vereinigten Staaten kam, träumte ich bereits von ihm. Nicht von seinem Gesicht, sondern von seinem Wesen. Als ich ihn dann zum ersten Mal persönlich sah, erkannte ich ihn auf Anhieb. Sein Wesen, eine Mischung aus Liebe und Verschmitztheit, war unverwechselbar. Unsere Begegnung war ohne Frage eine Wiedervereinigung. Es war nicht so, dass er mich an irgendjemand anderen erinnerte. In meinen Träumen war ich viele Male mit *ihm persönlich* zusammen gewesen.

Wenn Ihnen so etwas widerfährt, halten Sie inne. Merken Sie sich das Geschehen. Seien Sie intuitiv wachsam. Eine Gelegenheit wird sich bieten; Ihr Traum wird Ihnen den Weg zeigen. Wenn Sie das Gefühl haben, der Betreffende übt einen positiven Einfluss auf Sie aus, kann der Traum ein Glücksbote für Ihre Gesundheit sein. Wenn Ihre Träume diese Person als negativ darstellen, nehmen Sie dies als ein Zeichen dafür, sich von ihr fern zu halten. Oder vielleicht hat Ihre medizinische Behandlung bereits begonnen. Eines Tages fällt Ihnen plötzlich ein: O Gott, ich habe sein Gesicht schon einmal irgendwo gesehen! Plötzlich erinnern Sie sich, wo das war. In Ihren Träumen haben Sie mit ihm interagiert. Doch hier ein Wort der Vorsicht: In Träumen kann Ihr Heiler viele Formen annehmen. Seien Sie nicht enttäuscht, wenn Ihrer nicht allwissend zu sein scheint, in fließender weißer Seidenrobe auf einer windumtosten Düne in der Wüste. Vielleicht zeigt er sich als ein alter Mann in zerlumpten Kleidern, der Ihnen auf den Fersen ist. Wie auch immer, halten Sie sich an das, was Ihnen Ihre Intuition über diesen Menschen sagt. Handeln Sie entsprechend. Sie werden wissen, was zu tun ist.

In segensreichen, heilenden Partnerschaften können Träume über Ihren Arzt oder Heiler Ihr höchstes Selbst widerspiegeln – der Aspekt Ihres Selbst, der mutig ist und die Mittel hat, damit Sie gesund werden. Wenn Ihr Arzt im Traum voller Mitgefühl und weise ist, machen Sie sich bewusst, dass es sich hierbei nicht nur um ein Bild von ihm handelt, sondern auch um eines von Ihnen selbst. Wenn Sie mit einem begnadeten Arzt oder Heiler zusammenarbeiten, der zudem ein nachahmenswertes Vorbild verkörpert – ein doppelter Glücksfall –, macht es Ihre Heilung erforderlich, dass Sie seine Qualitäten übernehmen, genau wie ein Küken instinktiv die Eigenschaften seiner Mutter nachahmt. In einer solch vertrauensvollen Beziehung ist der Heiler Ihr Lehrer. Also achten Sie bei Ihrer Suche nach dem richtigen Heiler auf das, was Ihre Träume Ihnen sagen. Und achten Sie besonders auf die Eigenschaften, die ich hier beschrieben habe.

Unsere Kultur sehnt sich nach einer Rückkehr zu qualitativ hochwertiger, persönlicher Gesundheits- beziehungsweise Krankenfürsorge. Der mit mehreren Oscars ausgezeichnete Film *As Good As It Gets* gibt diesem kollektiven Schrei einen machtvollen Ausdruck. In ihm ist eine um ihr finanzielles Überleben kämpfende Kellnerin mit einem schwer an Asthma erkrankten Sohn in den bürokratischen Fängen einer Krankenkasse gefangen. Allein die Genehmigung zu bekommen, einen Lungenspezialisten konsultieren zu dürfen, ist eine Herkulesarbeit. Jack Nicholson, ihr wohlhabender Verehrer, entpuppt sich als Retter. Wie gewinnt er ihr Herz? Mit Reichtum oder Liebesliedern? Nicht in unserer Gesellschaft mit ihrem speziellen Gesundheitsklima. Nicholson gewinnt das Herz der Kellnerin, indem er einen mitfühlenden, kompetenten Arzt veranlasst, einen Hausbesuch bei ihrem kranken Sohn zu machen. Dadurch wird er ihr Held. Endlich ist sie frei von der unpersönlichen Gesundheitsorganisation. Ein weiterer Sieg des Menschen über die Maschine. Doch wie sieht es mit anderen Lösungen aus? Ist eine Reform innerhalb des Systems möglich? Früher oder später, mit oder ohne Krankenkassen, indem unsere Ärzte und Heiler immer offener werden für wahre Heilung, wenn Spiritualität und Intuition Teil der normalen medizinischen Praxis geworden sind, wird sich die Art und Weise, wie Patienten behandelt werden, positiv verändern.

Wir brauchen eine neue Art von Helden in der Medizin.

Nicht den allwissenden Retter von Seelen, dessen Aufgabe es ist, uns von allen Krankheiten zu heilen – ein Archetypus, dessen dunkle Seite darin besteht, sich wie ein Versager zu fühlen, wenn er mit seinen Bemühungen nicht erfolgreich ist. Krankheit, Schmerz und Tod bedeuten für ihn eine Niederlage. Welche Art von Held ist das? Es ist schon lange an der Zeit, diesen Mythos fallen zu lassen. Wir müssen unseren Helden in einem neuen Licht sehen, als ein menschliches Wesen, eine Person mit Mut, Intuition und Herz – erfahren auf seinem Gebiet, jedoch manchmal (wie wir alle) begrenzt durch Mängel. Das Wichtigste ist, dass er sich Ihrer Schmerzen annimmt und nicht vor ihnen davonläuft. Und er sollte in der Lage sein, im Falle einer Krankheit gemeinsam mit uns mitten im Feuer zu stehen, anstatt sich zurückzuziehen.

Immer mehr Ärzte, denen ich begegne, sehnen sich danach, diese veränderten Bedürfnisse zu erfüllen. Sie haben es satt, sich auf Kosten ihrer Menschlichkeit vor der Technologie zu verbeugen, und lehnen es ab, die Art von Arzt zu sein, die Samuel Taylor Coleridge »Schattentiere« genannt hat, die »sich nicht vorstellen können, dass es noch etwas anderes gibt als Körper und Innereien«. In vieler Hinsicht ist die westliche Medizin zu einem Gefängnis ihres eigenen Erfolgs geworden, eine Geisel der wissenschaftlichen Exaktheit und Strenge, die ihren Fortschritt vorangetrieben hat.

Ich habe unzählige Briefe von angehenden Ärzten bekommen, die sich über ihre Misere beklagen. Sie sehnen sich danach, ihre Intuition und Spiritualität zu nähren und sie in ihre medizinische Arbeit zu integrieren, jedoch sind zu viele Programme noch nicht darauf eingerichtet, dieses Bedürfnis zu erfüllen. Verunsichert fragen mich diese Studenten: »Soll ich das Studium aufgeben? Soll ich mir einen anderen Beruf suchen?« Meine Antwort ist immer dieselbe: »Wir brauchen Sie. Machen Sie Ihre Ausbildung zu

Ende.« Ich berate sie, wie sie gleich gesinnte Studenten finden und ein Hilfssystem außerhalb ihres Studiums bilden können. Das kann ihnen helfen, nicht aufzugeben. Zeugnisse und Papiere bieten ein wichtiges Fundament für ihre spätere Arbeit und steigern die Glaubwürdigkeit eines Arztes. Ich bin stolz, sagen zu können, dass ich viele Praktikanten und Assistenzärzte überall in den USA erfolgreich davon überzeugen konnte, ihre Ausbildung durchzuhalten.

In einer Zeit, in der der Bereich alternativer Gesundheitsfürsorge sowohl Turban tragende Edelstein-Heiler als auch von der Ärztekammer anerkannte Spezialisten umfasst, können Zeugnisse dafür sorgen, dass die Spreu vom Weizen getrennt wird. Ich freue mich auf den Tag, wenn es in der alternativen Medizin ein Gremium gibt, in dem sich die einzelnen Praktizierenden zusammentun können, wie es bereits einige Ansätze gibt.

Seien Sie ein informierter Kunde. Woran erkennen Sie einen Quacksalber? Seien Sie misstrauisch gegenüber großartigen Behauptungen in Bezug auf Heilungen, die nicht wissenschaftlich fundiert sind (obwohl sie oft in pseudowissenschaftlichem Jargon vorgetragen werden). Lassen Sie sich von niemandem austricksen, der darauf besteht, dass sein Weg der einzig wahre ist oder dass Sie sich von anderen medizinischen Behandlungsformen trennen sollen. Manche Scharlatane behaupten, dass ihre Methode höher entwickelt, besser, weiser ist als jede andere; dass sie eine direkte Verbindung zu Gott haben. Oder noch schlimmer, dass sie göttliche Weisheit auf nur wenige Auserwählte herunterstrahlen. Achten Sie auf subtilen Rassismus oder eine Vorliebe für eines der Geschlechter, wobei sie auf die »Auserwählten« hindeuten. Hierbei handelt es sich um wirklich gefährliche Ansichten. Hüten Sie sich vor Personen, die exorbitante Honorare verlangen oder die versuchen, Sie emotional oder finanziell abhängig zu machen mit dem Ziel, Sie zu kontrollieren. Gehen Sie zu denen, die bescheiden sind. Folgen Sie Ihrer Intuition; benutzen Sie Ihren gesunden Menschenverstand.

Meine Patientin Jan, eine an der Harvard-Universität ausgebildete Urologin Anfang vierzig, ist ein gelungenes Beispiel dafür, wie Technologie, Intuition und Spiritualität zusammenfließen können. Wie Sie vielleicht wissen, ist die Gruppe der Urologen (und zum großen Teil der Chirurgen) ein berüchtigter Männerclub. Der männliche und weibliche Uro-Genitaltrakt ist traditionell immer eine Domäne gewesen, die ausschließlich männlichen Ärzten vorbehalten war. Jan, eine äußerst attraktive, brillante Blondine, widersetzte sich dieser Tradition. Sie arbeitete als Chirurgin in einer Männerwelt, und zwar nicht, indem sie vermännlicht wurde – ein spontanes Übereinkommen, dem viele weibliche Ärzte folgen –, sondern indem sie ihre Weiblichkeit und Intuition intakt hielt. Ein wirklich mutiges Vorbild!

Stellen Sie sich das Ambiente eines typischen Operationssaales vor: Chirurgen und Krankenschwestern in weiten grünen Kitteln und Papierschuhen, die gebürsteten Hände in hautengen Latex-Handschuhen versiegelt, mit Masken vor den Gesichtern, die nur die Augen freilassen. Der Patient, bewusstlos auf dem Edelstahltisch, hängt an einer intravenösen Infusionsflasche. Womöglich wurde ein Plastikschlauch durch seinen Mund in die Luftröhre geführt, um ihm beim Atmen zu helfen. Monitore zeigen Blutdruck, Puls und Atmung an. Skalpelle. Klammern. Nähte. Alles mechanisch, steril, kühl. Eine Umgebung, der ein wenig mehr menschliche Wärme gut tun würde, wie Sie sicher bestätigen werden.

Ich erwähne hier nicht die offen erzählten Sexwitze, Berichte über aufgemotzte Ferraris oder leichte Mädchen, die ich mir von all den »Superärzten« während meines Studiums als Praktikantin in der Chirurgie anhören musste. Ich meine damit das, was Jan tut. Für sie ist die Operationsbühne ein geweihter Ort. Bevor die Prozedur beginnt, sagt sie leise ein Gebet und bittet darum, dass ihre Hände geführt werden, damit die Operation erfolgreich verläuft. Ihr Ziel ist es, eine liebevolle, positive Präsenz auszustrahlen, in dem Wissen, dass ein entsprechendes Verhalten und subtile Energie den Heilungsprozess fördern können. Vom ersten Einschnitt bis hin zur letzten Naht unterstützt sie ihre technische Expertise, indem sie Energie von ihren Händen in den Körper des Patienten leitet. Im Verlauf der Operation hat sie Respekt vor dem Patienten, der bewusstlos vor ihr liegt, und sie ist sich völlig im Klaren darüber, wie intuitiv empfänglich jeder von uns in diesem Narkosezustand ist.

Es gibt also zwei Herangehensweisen, zwei Empfindsamkeiten, vergleichbare Fähigkeiten. Sie haben das Recht, einen Arzt zu finden, in dessen Gegenwart Sie sich wohl fühlen und der eine Philosophie hat, die mit der Ihren übereinstimmt. Denken Sie immer daran, dass Sie bei jedem Aspekt der Gesundheitsfürsorge Mitsprachemöglichkeiten haben. Es liegt an Ihnen. Für welche Art von Heiler werden Sie sich entscheiden?

4

Wenn Sie krank werden: Wie Sie Ihre Intuition benutzen können, um sich selbst zu heilen

Krankheit ist so alt wie das Leben,
doch die Wissenschaft der Medizin ist noch immer jung.

JEAN STAROBINSKI, MEDIZINHISTORIKERIN

Am Anfang war Krankheit etwas völlig anderes als heute. Stellen Sie sich Afrika vor fünf Millionen Jahren vor. Üppige grüne Graslandschaften, wogende fruchtbare Erde, süßes, frisches Wasser. Unsere männlichen und weiblichen Vorfahren wanderten von Ort zu Ort, auf der Suche nach Nahrung. Die Datierung mithilfe von Kohlenstoff klärt uns über die Gesundheitsverhältnisse unserer Ahnen auf. Sie erlitten Verletzungen und kannten Arthritis; ihre Lebensspanne war aufgrund der harten Umweltbedingungen kurz – doch gab es die meisten uns bekannten Infektionskrankheiten damals nicht. Die kleinen, wandernden Gruppen unserer Vorfahren hielten sich nicht lange genug an einem Ort auf, um die Wasserquellen verunreinigen oder Abfall anhäufen zu können, der Krankheit verbreitende Insekten anzog.

Diese frühen Menschen waren praktisch frei von vielen der Gesundheitsprobleme, die unsere »zivilisierte« Kultur plagen. Als immer mehr Menschen den Globus überschwemmten, siedelten sich Parasiten, Viren und Bakterien in ihnen an. Die kräftigsten unserer Vorfahren entwickelten zum Ausgleich Immunität und überlebten dadurch Darwins uralten evolutionären Daseinskampf.

Der Beginn unserer Muster wurde bereits in unserem ursprünglichen Wesen festgelegt.

Was kann uns die Vergangenheit unserer Spezies über Krankheit sagen? Welche Archetypen sind im Laufe der Zeitalter aufgetaucht? Die »Rolle des Kranken« hat viele Gesichter bekommen. Der Leprakranke ist stigmatisiert, weil die Krankheit so entstellend war; der Epileptiker wurde für heilig gehalten; der Schizophrene galt als der heilige Narr; Kinderkrankheiten begleiteten den Übergang ins Erwachsenenalter. Die Geschichte lehrt uns außerdem, dass die meisten Kulturen und Heilungssysteme die intuitive Beziehung der kranken Person zum Kosmos anerkannt haben: zu den Planeten, Sternen, Meeren, Flüssen, Ahnen, dem Zusammenspiel von Himmel und Erde. Woher kommt Heilung, wenn nicht von unserer Resonanz auf natürliche Kräfte, die auf unseren Körper einwirken?

Nehmen wir zum Beispiel die griechische Insel Kos im 5. Jahrhundert v. Chr.: Es war ein Heiligtum, von Hippokrates geschaffen, dem legendären Vater der Medizin, wo die Kranken von sanften Brisen und den Gezeiten des Meeres umschmeichelt wurden. Der Mensch erholte sich, indem der Integrität der Natur gestattet wurde, sich zu behaupten. Wie verschieden von der westlichen Medizintradition, die Krankheiten auf die Mikromechanismen des Körpers, des Gewebes, der Zellen und der komplizierten doppelten Helix der DNA reduziert. Unsere physische Form befindet sich heute auf einer Umlaufbahn in ihrem eigenen, sich selbst begrenzenden Kosmos. Heilung kommt nicht länger mehr vom Schein des Mondes, vom Himmel oder von den Bäumen.

Ich präsentiere Ihnen dieses Kapitel über Krankheit als einen Aufruf zur Integration. Ich möchte dem widersprechen, was der Dichter William Blake als »alleinige Vision« verdammt hat: die Besessenheit des 19. Jahrhunderts von der wissenschaftlichen Methode. Ich biete Ihnen eine organischere Herangehensweise an. *Psst* … werden Sie ganz still. Horchen Sie aufmerksam nach innen. Besteht wirklich eine Trennung zwischen den zwei Dritteln von Ihnen, die Wasser sind, und dem Sog des Meeres? Zwischen der Rotation der Erde, die den Tag in die Nacht dreht, und Ihrem ständig wiederkehrenden Kreislauf des Schlafes? Wie kann das Erspüren dieser intuitiven Zusammenhänge Ihre Gesundheit fördern? Genau das möchte ich Ihnen zeigen. Sich um Ihren Körper zu kümmern und um alles, was mit ihm harmonisiert, wird Sie vor Krankheit schützen. Ihre Aufgabe ist es, sich mit den positiven Kräften in Ihrem Innern und außerhalb von Ihnen neu zu verbinden.

Auf diesem Weg werden Sie viele Entscheidungen treffen müssen. Operation am offenen Herzen? Medikation? Meditation? Sollte ich noch abwarten? Mir meine Träume näher anschauen? Sogar Ihre Kosmetikerin hat eine Meinung dazu. Wie können Sie wissen, was zu tun ist? Halten Sie lange genug inne, um Ihre Aufmerksamkeit nach innen zu richten. Dort wartet unfehlbar Ihre Intuition auf Sie. Ob Sie sich für den schulmedizinischen Weg entscheiden, nackt mit wehenden Haaren Schlag Mitternacht bei Vollmond tanzen, beides tun oder sich für etwas entscheiden, was irgendwo dazwischenliegt – Ihre Wahl sollte auf einer unvoreingenommenen, inneren Autorität beruhen. Sie will das, was für Sie am besten ist. Sie wird Ihnen sagen, wann und wie Sie vorgehen sollen. Sie hat nicht das geringste Interesse an Statistiken, sofern sie nicht intuitiv auf Ihre bestimmte Gesundheitssituation zutreffen. Selbst wenn eine Chemotherapie empfohlen wird, muss sie sich richtig anfühlen. Das Schwergewicht bei diesem Kapitel liegt darauf, Sie dieses Wissen zu lehren. Angesichts einer Krankheit ist es wesentlich, dass Sie zentriert bleiben und bei den vielfältigen Informationen, mit denen man Sie unter Umständen überhäuft, das Falsche vom Wahren unterscheiden können.

Krankheit ist für viele Menschen eine Initiation durch Feuer. Nehmen Sie den Standpunkt des Kriegers ein: stark und sicher in Zeiten von Widrigkeit. Eine Haltung, die man anstreben sollte. Intuition ist der Motor, der uns antreibt. Es gibt viel zu lernen – ungeheure Möglichkeiten. Ich möchte noch einmal zusammenfassen: Unsere Heilung kann die Form einer Genesung annehmen. Sie kann aber auch in Form einer akuten oder chronischen Krankheit eintreten. Großes Mitgefühl ist erforderlich. Kein Urteil. Kein Versagen. Keine Schuldzuweisung. Mein spiritueller Lehrer sagt: »Wenn es sich um wahres Gold handelt, musst du keine Angst vor dem Schmelzofen haben.« Wenn Sie krank werden, übernehmen Sie diese Strategie: Suchen Sie nach dem weißen Licht in jedem, der Sie behandelt; in den Interventionen, für die Sie sich entscheiden; und in allem, was Sie tun.

Erster Schritt. Achten Sie auf Ihre Glaubenssätze!

Wer wird krank? Wie können wir gesund werden? Ist Krankheit einfach ein Resultat von Erbinformation und anderen physischen Faktoren oder spielt noch etwas anderes eine Rolle? Intuition? Spiritualität? Ihre geistige Verfassung ist die Bühne, auf der sich die Geschichte Ihrer Gesundheit abspielt. Was Sie glauben, ist nicht nur rein intellektuell von Interesse. Die von Ihnen vertretenen Meinungen und Überzeugungen müssen in der Lage sein, Sie wie ein Gutenachtlied zu trösten, wenn es wirklich darauf ankommt. Es ist gut, Bücher zu lesen, Vorträge und Seminare über Heilung zu besuchen – doch letzten Endes müssen Ihre Überzeugungen Sie weiterbringen. Fangen Sie gleich damit an. Entwerfen Sie schon jetzt eine hieb- und stichfeste Vision darüber, was Gesundheit und Krankheit für Sie bedeuten.

Ich möchte Ihnen dazu eine Geschichte erzählen.

Es war einmal ein kleiner alter Mann, der in einem Pinienwald lebte. Er war überall als der große Heiler bekannt. Seine Hütte war vom Fußboden bis zur Decke mit Büchern über magische Zaubersprüche, Hexerei und Wissenschaft voll gestopft, wobei eine ganze Abteilung Witzen gewidmet war, über die er sich immer wieder halb tot lachte. Tiere besuchten ihn. Im Schein des Kaminfeuers lehrte er sie die Kunst des Heilens. Sie kuschelten sich zusammen und lasen bis spät in die Nacht. Sie blätterten jede Seite um und lernten die großen Geheimnisse: wie man mit Energie und Träumen heilen kann, über die Liebe zum Körper, die Macht des Herzens, Kommunion mit der Natur, Einfachheit, Sanftmut gegenüber dem eigenen Selbst und allen anderen Wesen, und natürlich die Wohltat echten Lachens, das aus tiefster Seele kommt. Sie glaubten an diese Geheimnisse und lebten entsprechend.

In unserer Gesellschaft leben wir zu oft getrennt von solcher Harmonie mit der Natur und unserem wahren Wesen. Heilung ist etwas, das wir tun, wenn wir krank sind, und nicht eine Lebensart, wie in meiner Geschichte beschrieben. Es ist wichtig, sich klarzumachen: Welche Glaubenssätze bestimmen Ihr Leben? Sind sie gut für Sie? Können Sie sich in Zeiten von Not und Verzweiflung auf sie verlassen? Es ist von vorrangiger Bedeutung, dass Sie Ihren Standpunkt im Hinblick auf Krankheit bestimmen, egal, ob Sie jemals krank werden oder nicht. Warum? Weil sich dadurch Ihre Prioritäten herauskristallisieren – nicht nur über gesundheitliche Themen, sondern darüber, wie Sie den Dingen des Lebens allgemein gegenüberstehen. Vertrauen, Mut, Mitgefühl, Humor, Intuition, Hoffnung – warten Sie nicht bis zur letzten Minute, um sie zu finden. Wie Sie mit einer eventuellen Erkrankung fertig werden, zeigt, wie Sie generell mit Stress umgehen. Der Unterschied liegt lediglich darin, dass die Situation akuter und

Ihre Beschränkungen deutlicher werden, wenn Ihr Gesundheitszustand schlecht ist.

Ist Krise eine Gelegenheit, wie die Komponenten des chinesischen Schriftzeichens andeuten? Oder ist dies nur eine Rationalisierung für eine Situation, die in Wahrheit unlösbar ist? Um dies zu klären, lassen Sie uns von der Intuition lernen. Sie sagt uns, dass alles nicht so ist, wie es aussieht. Es gibt verschiedene Schichten der Wahrnehmung, mit den unterschiedlichsten Bedeutungen. Wenn *das* nichts mit Magie und Mysterium zu tun hat! Zweifellos sind Krankheiten eine Herausforderung, so wie jeder Pfad des Kriegers. Was wird dabei von uns gefordert? Alle heroischen Herausforderungen, physisch oder nicht, haben eines gemeinsam: Sie müssen mit dem Herzen gemeistert werden. Meiner Meinung nach ist dieser Ruf wichtiger als alles, was wir je tun werden, der eigentliche Grund, warum wir hier sind. Besonders im Falle von Krankheit oder Schmerzen sind die Lektionen der Liebe nicht immer leicht zu lernen. Wir müssen um Mitgefühl für uns selbst kämpfen und um die intuitive Verbindung mit einer liebevollen, heilenden Kraft. Natürlich möchte niemand von uns krank sein oder unter Schmerzen leiden. Doch wenn Krankheit oder Schmerz eintreten, wird uns liebevolle Güte mit all ihren Konsequenzen die Kraft geben, die wir brauchen.

Fragen zum Nachdenken

- Geben Ihnen Ihre Überzeugungen in Zeiten von Krankheit Kraft? Wenn nicht, sind Sie bereit, sie gegen andere einzutauschen, die besser für Sie sind?
- Welche Rolle spielt Ihre Intuition im Falle einer Gesundheitskrise? Wie weit vertrauen Sie ihr?
- Wie behandeln Sie sich selbst, wenn Sie krank sind oder Schmerzen haben? Falls Sie selbstkritisch sind, wie kön-

nen Sie dieses Gefühl in Mitgefühl für sich selbst umwandeln?

- Glauben Sie, dass Liebe heilen kann? Und was ist mit Humor? Sind Sie bereit, es auszuprobieren?

Ein heilsames Leben erfordert sowohl in Zeiten von Krankheit als auch bei bester Gesundheit die Entwicklung eines positiven Glaubenssystems. Doch bevor Sie dies tun, müssen Sie in den sauren Apfel beißen: Kümmern Sie sich als Erstes um all die negativen, verinnerlichten Stimmen, die Ihre Heilung sabotieren. Hören Sie zu, was sie Ihnen zu sagen haben. Erlauben Sie der ganzen ungebührlichen Gruppe von Charakteren, die wir alle so gut kennen, an die Oberfläche zu treten: der Märtyrer, das Opfer, der Ankläger, das verwundete Kind, der kritisierende Elternteil, der Ungläubige. Sie müssen Ihre Gegner erkennen, um sie besiegen zu können. Sollte ich irgendeinen Charakter vergessen haben, so fügen Sie ihn bitte der Liste hinzu. Hört sich irgendetwas davon vertraut an?

Was habe ich bloß falsch gemacht? Warum ich? Es ist hoffnungslos. Es ist nicht fair. Ich bin nichts wert. Ich bin ein schlechter Mensch. Armes Ich. Ich bin ein Opfer. Ich werde bestraft. Ich werde nie wieder gesund werden. Ich werde mein ganzes Leben lang chronische Schmerzen haben. Ich bin dazu verurteilt, dieselbe Krankheit zu bekommen wie meine Mutter. Ich bin nicht gut genug. Ich habe keine Kraft. Ich bin schwach. Ich verdiene es, krank zu sein. Ich kann mich nicht selbst heilen. Ich habe die Krankheit selbst verursacht. Ein Fluch lastet auf mir. Ich bin nicht spirituell genug. Ich hasse mich dafür, krank geworden zu sein. Ich habe keine Möglichkeiten. Kein Gott würde zulassen, dass ich solche Schmerzen habe. Gott hat mich vergessen. Gott ist böse auf mich. Was soll das Ganze überhaupt noch? Ich kann genauso gut aufgeben.

Viele von uns verbringen ihr ganzes Leben damit, negative Stimmen zuzulassen und auf sie zu hören. Woher kommen diese Stimmen? Warum sind sie so unerbittlich hartnäckig? Zunächst einmal sind sie ein Echo der Worte sowohl unserer Eltern, Lehrer und anderer Autoritäten als auch normale, individuelle Unsicherheiten. Als Nächstes spielt die Körperchemie eine Rolle: Wenn der Serotoningehalt niedrig ist, kann Depression die Folge sein. Zudem hat uns die Geschichte unserer Spezies darauf gedrillt, Gefahr vorauszusehen, um überleben zu können. Darüber hinaus benutzen wir Angst, um uns selbst zu motivieren oder um uns dagegen zu wappnen, verlassen zu werden. Wenn wir das Schlimmste erwarten, ist es schwieriger, enttäuscht zu werden. Das Problem ist, dass wir von Negativität getrieben werden und süchtig nach ihr sind. Schauen Sie sich nur das endlose Chaos in den Abendnachrichten an. Und vergessen Sie schließlich nicht, dass Negativität in intuitiver Hinsicht eine eigene lautere, frenetischere und stärkere Intensität hat als die gleichmäßigeren, subtilen Signale des Positiven. Als Neuling auf diesem Gebiet spüren Sie in der Regel traumatische Ereignisse und emotionale Unruhen schneller als irgendetwas anderes. Selbst im täglichen Leben erregt eher ein Zugunglück unsere Aufmerksamkeit als das Eisenbahnsystem, das fast immer einwandfrei funktioniert.

Wie Sie sehen können, haben negative Stimmen viele Quellen und große Macht. Sie auszutreiben, erfordert eine Umkonditionierung Ihrer Sichtweise, in der Sie Angst durch Vertrauen ersetzen sollten. Zunächst einmal müssen Sie die Schimpfkanonade bloßlegen. Halten Sie nichts zurück. Gehen Sie sofort aufs Ganze. Greifen Sie an wie ein Samurai; vernichten Sie sie mit einem schnellen Schlag. Als Nächstes rufen Sie jedes Quäntchen Mitgefühl, das Sie aufbringen können, zu Hilfe, um diese verlogenen, lieblosen Glaubenssätze zu besiegen. Lassen Sie sich nicht von der Angst überwältigen. Und drittens sagen Sie diesen unerträglichen Stimmen: »Danke für eure Informationen«, und gehen Sie Ihren Weg weiter.

Ich weiß leider aus meiner eigenen Erfahrung, wie hartnäckig negative Stimmen sein können. Sie nähren sich an unseren Befürchtungen und an dem Teil von uns, der sich davor fürchtet, stark zu sein. Nichtsdestotrotz kommt irgendwann der Punkt, wo Sie entscheiden müssen, ob Sie ein angstgetriebenes Dasein führen wollen oder eines, das auf Liebe und Hoffnung basiert. Erst diese Voraussetzung ermöglicht es Ihnen, die nächste Ebene der Heilung zu erreichen. Vergessen Sie nicht, jeder Gewinn bedeutet eine Steigerung Ihrer Kraft. Sie werden die negativen Stimmen leichter entlarven und schneller loslassen können. Eine bedeutende Verbesserung, doch um der Wahrheit willen muss gesagt werden, dass der Prozess damit noch nicht abgeschlossen ist. Hier ist eine Perspektive, die Ihnen helfen kann, die negativen Stimmen zum Schweigen zu bringen.

Vier Möglichkeiten, ein positives Glaubenssystem zu entwickeln

1. Der Körper ist heilig.

Ihr Körper ist ein Tempel. Er beherbergt Geist und Blut, Licht und das Gewebe des physischen Teils Ihres Wesens. *Alles,* was Ihren Körper betrifft, jede Ausscheidung, jede Öffnung, jede physiologische Funktion, trägt zu Ihrem Überleben und Ihrem Wohlergehen bei. Warum sind in unserer Kultur Teile des Körpers tabu? Was glauben Sie, wer der angesehenste Arzt im alten Ägypten war? Iri, der Hüter des königlichen Rektums, der Einlaufexperte des Pharaos! Einläufe – von denen man annahm, dass sie göttlichen Ursprungs seien – waren eine weit verbreitete ägyptische Praxis, um den Magen-Darm-Trakt zu reinigen. Welche Teile Ihres Körpers achten Sie und nehmen sich unter

Umständen stundenlang Zeit, sie zu pflegen, damit Sie attraktiv aussehen? Ihre Haut? Ihre Haare? Ihre Augen? Das ist nicht anders zu erwarten, gemessen an der engen Definition in unserer Kultur von Glamour und Schönheit. Um gesund zu werden, müssen wir unsere Meinung davon, was schön ist, erweitern. Senden Sie Liebe überallhin. Stellen Sie fest, wo Sie sich zurückhalten. Was an Ihrem Körper weckt Schamgefühle und Selbstverachtung in Ihnen? Ihre inneren Organe? Ihre Ausscheidungen? Schweiß? Tränen? Speichel? Und was ist mit Exkrementen? Urin? Kot? Menstruationsblut? Überdenken Sie das neu, was in Ihren Augen abgewertet oder sogar unaussprechlich ist. Nehmen Sie eine ehrliche Inventur vor.

Für strahlende Gesundheit (nicht nur einigermaßen Wohlbefinden) müssen Sie langsam, aber sicher Ihre Vorurteile abbauen. Wenn erforderlich, »erfinden Sie das Rad neu«. Rebellieren Sie gegen die beschränkte Sicht des Körpers in unserer Kultur. Wehren Sie sich gegen Konformität. Vergessen Sie von Fall zu Fall, was man Sie gelehrt hat. Ist Menstruationsblut eine Quelle der Scham? Nein. Es ist Teil des Kreislaufs der Vorbereitung darauf, Leben zu schaffen. Sind Tränen etwas, das man verstecken muss? Nein. Sie sind eine Form des Loslassens und haben eine heilende Funktion. Und so weiter. Bei jeder körperlichen Funktion sollten wir ein ähnliches Wunder anerkennen. Meditieren Sie darüber. Betrachten Sie sich das Ganze genauer. Beten Sie darum, in der Lage zu sein, diese Wahrheit voll anzunehmen. Schönheit kommt von innen – im wahrsten Sinne des Wortes! Wann immer Ihnen ein Aspekt Ihrer Anatomie zuwider ist, selbst auf einer unbewussten Ebene, halten Sie ihm Energie und Liebe vor, den wesentlichen Brennstoff für Heilung. Schaffen Sie sich eine positivere Vision Ihres physischen Selbst. Und sollten Sie dann krank werden, müssen Sie nicht versuchen, einen Körper zu heilen, den Sie vielleicht hassen.

2. **Es ist gut, dass Sie Ihren Gefühlen über Krankheit Ausdruck geben.**

Wenn Sie krank werden, bringen Sie Ihre Gefühle darüber zum Ausdruck; Gefühle von Bestürzung, Wut, Depression oder Angst über Ihre Krankheit oder die einer anderen Person können das Sprungbrett für Mitgefühl sein. Geben Sie sich die Erlaubnis, der zu sein, der Sie sind. Die Patienten, die mir am meisten Sorgen machen, sind diejenigen, die gefühllos werden, im Stillen leiden oder stoisch bis zur Selbstaufgabe sind. Jeder von uns hat das Recht auf seine eigene Art, mit der Krankheit fertig zu werden, doch wir sollten uns fragen: Gibt sie uns Frieden? Wird sie uns Heilung bringen oder Kraft geben? Wie immer Sie damit umgehen, seien Sie echt. Das Ziel ist es, Licht in die Dunkelheit zu bringen, anstatt sich in ihr zu verlieren. Sie haben das Recht, alles auszudrücken, auch das, was verboten zu sein scheint.

Zum Beispiel überkam mich eine große, hilflose Wut, als die Parkinsonkrankheit meines Vaters immer schlimmer wurde. Es quälte mich zu sehen, wie er zusehends verfiel. Ich wollte eine gute Tochter sein, liebevoll und Herr der Lage, wollte ihn hundertprozentig unterstützen – doch der Druck wurde immer schlimmer. Mein Leben war von Anforderungen überlastet: Krankenschwestern, Krankenhäuser, Körpertherapeuten; er konnte nicht alleine gehen; er konnte nicht schlafen; sein Geist war verwirrt; er brauchte Hilfe rund um die Uhr. Dazu kam, dass er leicht erregbar wurde und mich ständig anfuhr. Eines Abends konnte ich es nicht mehr ertragen. Am Telefon mit einer Freundin aus Kindertagen, die mich durch dick und dünn begleitet hat – und deren Mutter ebenfalls chronisch krank war –, platzte ich plötzlich los: »Ich wünschte, er würde einfach sterben!« Stille. Hatte meine Freundin aufgelegt? Schließlich sagte sie: »Judith! Das ist furchtbar! Wie kannst du so etwas über deinen eigenen Vater sagen?« Dann machte es *klick*. Sie hatte aufgelegt.

Was hatte ich getan? War es falsch, so etwas zu sagen? War ich ein Monster? Nun, das war ich nicht. Meine Freundin hatte nicht verstanden, dass ich nicht *wirklich* wollte, dass mein Vater starb. Aber ich musste meinem Zorn und meiner Frustration Luft machen. Natürlich nicht gegenüber meinem Vater. Ich brauchte ein anderes Ventil. Indem ich dieses Gefühl hochkommen ließ, war ich in der Lage, es loszulassen und mein Mitgefühl wieder zu finden. Das war ein sich oft wiederholender Vorgang für mich, keine einmalige Angelegenheit. Ich kam nur langsam voran. Ich machte Fehler. Ich versuchte es von neuem. Um Liebe empfinden zu können, müssen alle Hindernisse beseitigt werden. Was wäre passiert, wenn ich meine Gefühle verneint und unterdrückt hätte? Wo und wie hätten sie sich Ausdruck verschafft? Denn selbst für den besten Freund kann das Reden über tabuisierte Emotionen ein neuer Bereich sein. Dies wird bei einigen Menschen leichter möglich sein als bei anderen, doch lohnt es sich, es herauszufinden. Vergessen Sie nicht, dass Sie sich immer dann, wenn Zorn, Angst, Ablehnung in Zusammenhang mit Krankheit unterdrückt werden, von Ihrem Herzen entfernen. Wir sind menschliche Wesen, keine Heiligen. Seien Sie nachsichtig mit sich selbst. Gefühle sind keine Tatsachen, sie sind Energie. Wenn Ihr Ziel das Erreichen von Mitgefühl ist, kann das Freilassen dieser Energie Ihnen wunderbar helfen, dorthin zu gelangen. So sehr sollten Sie an die Liebe glauben!

3. Spiritualität wird Ihnen helfen, gesund zu werden.
Wissenschaft und Spiritualität passen gut zusammen. Ein eigenartiges Paar? Ganz und gar nicht. Mehr als 200 wissenschaftliche Untersuchungen haben ergeben, dass Spiritualität gut für Ihre Gesundheit ist und im Falle von Krankheit die Genesung unterstützt. Nehmen wir zum Beispiel Herzerkrankungen. 1995 hat eine Forschungs-

gruppe herausgefunden, dass bei Herzpatienten religiöser Glaube eine Hauptvoraussetzung für Heilung war. Bei Personen ohne spirituelle Orientierung war die Sterblichkeitsrate dreimal höher. Was den Blutdruck betrifft, bewies eine andere Untersuchung, dass Menschen, die regelmäßig in die Kirche gehen, einen niedrigeren Blutdruck haben als Nichtkirchgänger, selbst unter Berücksichtigung von Rauchen und anderen Risikofaktoren. Oder nehmen wir zum Beispiel ältere Menschen. Eine Studie des National Institute on Aging besagt, dass Geriatriepatienten physisch gesünder und weniger depressiv waren, wenn sie regelmäßig an Gottesdiensten oder ähnlichen spirituellen Unternehmungen teilnahmen. Im Großen und Ganzen hat die Forschung die Notwendigkeit bewiesen, nicht zu warten, bis Krankheit oder Schmerzen kommen, bevor man sich Spiritualität als einer Quelle für Heilung und Gesundheit zuwendet.

Gibt es in unserem Gehirn ein Zentrum für spirituelle Erfahrungen? Unser vorderer Gehirnrindenbereich, von dem Evolutionsbiologen behaupten, dass er uns die Fähigkeit verleiht, komplexe Glaubenssätze zu formen – wie zum Beispiel bei Religionen –, ist um 200 Prozent größer, als bei einem Primaten unserer Größe zu erwarten ist. Um es einfach auszudrücken: Wir sind auf Spiritualität angelegt. Aber kann die transzendente Erfahrung selbst genau festgelegt werden? Momentan assoziieren die Wissenschaftler sie mit einem Teil des Gehirns, dem limbischen System. Wenn dieser Bereich während eines operativen Eingriffs elektrisch stimuliert wird, berichten einige Patienten über Visionen von Engeln oder Teufeln. Und Gehirntumore, die das limbische System übermäßig stark erregen, können ein intensiveres, manchmal an Besessenheit grenzendes spirituelles Bewusstsein hervorrufen. Was kam zuerst? Gott oder das Gehirn? Von Intuition abgesehen, hat Detektiv Joe Friday in dem Buch *Dragnet* stets gesagt: »Bitte nur die Fakten, gnädige Frau.« Die Schlussfolgerung, zu der die Wissenschaftler heute *bereit* sind, besagt, dass Gehirn und Spiritualität miteinander in Beziehung stehen; wenn Sie den Glauben an etwas Größeres als Sie selbst kultivieren – traditionell religiös oder nicht –, dann haben Sie eine bessere Chance, länger gesund zu bleiben und schneller Heilung zu finden, falls Sie krank werden sollten.

4. **Sie brauchen die Traumata des Lebens nicht in Ihrem Körper auszuagieren.**

Es ist nicht nötig, ein emotionales Trauma zu lösen, indem Sie krank werden. Was passiert, ist Folgendes: Ein Trauma – enttäuschte Liebe, Tod oder Verlust – tritt ein, und Ihr Körper kodiert es sofort als Energie. Wenn Sie Ihr Bestes tun, mit dem Problem fertig zu werden, können Sie es schnell lösen. Wenn nicht, wird der Konflikt an Ihnen nagen und sich unter Umständen durch physische Symptome oder emotionales Leid bemerkbar machen. Ohne es zu merken, warten viele von uns auf eine Gesundheitskrise, um eine klarere Perspektive ihres Lebens zu bekommen, seit langem notwendige Änderungen vorzunehmen oder motiviert zu werden, Traumata aus der Vergangenheit zu verarbeiten. Wir benutzen die Energie der Krise, um Veränderung herbeizuführen. Ich bitte Sie, diese Strategie neu zu beurteilen. Dadurch werden Sie Ihrem Körper vielleicht viel Leid und Schmerzen ersparen.

Bei einem Seminar, das ich kürzlich gab, erzählte eine Frau der Gruppe eine rührende Geschichte. Ihre Mutter war eine Überlebende des Holocaust, bei der 30 Jahre nach Kriegsende Gebärmutterkrebs diagnostiziert wurde. Nachdem die bösartige Geschwulst operativ entfernt worden war, sagte die Mutter weinend zu ihrer Tochter: »Gott sei Dank! Endlich sind die Nazis aus meinem Körper verschwunden.«

Denken Sie einmal darüber nach. Die Bedeutung, die diese Frau ihrer Krebserkrankung zuschrieb, zeigt uns auf ergreifende Weise die Auswirkungen, die unsere Überzeugungen haben können. Müssen wir tatsächlich Tumore entwickeln, um die Dämonen in unserem Leben zu exorzieren? Ich möchte betonen, dass diese Frau sich nie hinsetzte und zu sich selbst sagte: »Also gut. Um gesund zu werden, muss ich Krebs bekommen.« Wer von uns würde so etwas schon tun? Der Vorgang ist heimtückisch, da er unbewusst abläuft. Ihr Körper nimmt Ihre Glaubenssätze – die bewussten und die unbewussten – ernst. Ob Sie krank sind oder nicht, untersuchen Sie Ihre Glaubenssätze und behalten Sie nur diejenigen bei, die Ihnen dienlich sind. Benutzen Sie, ohne es zu wissen, Krankheit oder Schmerz als ein Instrument zur Konfliktlösung vergangener Traumata? Wenn ja, schauen Sie noch einmal genau hin. Welche anderen Möglichkeiten haben Sie? Psychotherapie? Energiearbeit? Meditation? Ihre Träume um Rat zu fragen? Einen spirituellen Berater zu konsultieren? Beten? Mit einem guten Freund zu reden? Tun Sie alles, was nötig ist. Formulieren Sie ein lebensbejahendes Glaubenssystem für die Vorbeugung von Krankheit und für Heilung. Es ist die Grundlage, auf der eine anhaltende Genesung basiert.

Welche anderen Faktoren tragen zu Krankheit bei? Nehmen wir zum Beispiel den klassischen, leistungsorientierten Mann. Als er eines Nachts wieder mal spät in seinem Büro arbeitet, verliert er plötzlich das Bewusstsein und wird mit einem durchgebrochenen Magengeschwür ins Krankenhaus eingeliefert. Sie könnten ohne weiteres zu dem Schluss kommen, dass diese Situation durch eine Kombination von Stress und seiner Magensäure zustande gekommen ist, die aufgrund von vielem scharfen Essen in die Höhe geschnellt war. Oder dass er unbewusst krank geworden war, um die bitter notwendige Pflege zu bekommen, die ihm durch die Fürsorge eines guten Arztes zuteil werden würde. Welche anderen »sekundären Gewinne« wurden ihm dadurch, dass er krank wurde, zuteil? Liebe? Zuwendung? Urlaub von der Arbeit? Urlaub von einer Beziehung? Ruhe und Frieden? Eine erholsame Pause? Wann immer wir krank werden, sind daran zahlreiche physische und emotionale Komponenten beteiligt.

Eingedenk dieser Tatsache möchte ich Sie vor einer zu vereinfachten Erklärung für Krankheit warnen. Sie hat auch noch andere Bedeutungen. Das Ökosystem der Menschheit und der Natur ist intuitiv miteinander verbunden. Keine Lebensform, menschlich oder anderweitig, existiert alleine. Wir alle schwimmen im selben Wasser, können unseren kollektiven Widerhall fühlen. Wie ist es möglich, über die Gesundheit irgendeines Menschen zu reden, ohne gleichzeitig den gesamten Gesundheitszustand des Planeten zu bedenken? Könnte Krankheit, zumindest teilweise, der verzweifelte Versuch des Körpers sein, sich wieder mit einem Planeten ins Gleichgewicht zu bringen, der um sein Überleben kämpft? Depression, chronische Schmerzen, Erkrankungen des Autoimmunsystems, bei denen der Körper sich sprichwörtlich selbst attackiert, nehmen mit apokalyptischer Geschwindigkeit zu. Es gibt eine Parallele zwischen unserem Leiden und dem erbarmungslosen Angriff auf die Erde, der Zerstörung der Regenwälder, unterirdischen Atomtests, der Verschmutzung von Luft und Meeren. Können wir emphatisch den Hilfeschrei unseres Planeten spüren? Ahmen unsere Körper die Krankheiten nach, die wir der Erde zufügen? Wie können wir diese Verletzung wieder gutmachen?

Wie immer Sie Krankheit verstehen, sie hat stets ein Element des Geheimnisses. Es gibt so vieles, das wir noch immer nicht wissen. In den letzten Jahren war es populär, Krankheitssymptomen alle möglichen Bedeutungen zuzuschreiben, doch ist dies nicht immer möglich. Als

Ärztin habe ich gelernt, tiefe Ehrfurcht vor dem zu haben, was durch die übliche Denkweise nicht erfasst werden kann. Es ist gut, eine rationale Erklärung dafür zu suchen, warum jemand, der Ihnen am Herzen liegt, krank wird. Doch manchmal scheint es einfach keine zu geben. Ihre vierjährige Tochter bekommt einen Gehirntumor. Welchen guten Grund könnte es jemals dafür geben? Doch müssen Sie die Situation akzeptieren und dürfen Ihren Glauben an Gott, sich selbst oder Ihr Kind nicht aufgeben. Ist das zu viel von Ihnen verlangt? Oder ist dieser singuläre Akt alleine, den Glauben angesichts der größten Verlustmöglichkeit nicht zu verlieren, bedeutungsvoller im kosmischen Schema der Dinge als irgendein Leben selbst, egal, wie sehr wir es lieben? Eine extrem harte Herausforderung. Jeder von uns muss sich diesen das eigene Selbst und das Universum bestimmenden spirituellen Themen stellen.

Bei jeder Art von Krankheit, vom Krebs bis zur Erkältung, sollten Sie nie die Heilungsfähigkeit des Geistes vergessen, selbst bei Krankheiten, die als unheilbar gelten. Indem Sie liebevoll lernen, Ihre Intuition zu bündeln, können Sie sich darum bemühen, jede Krankheit zu heilen oder zumindest eine Besserung herbeizuführen. Das erste Mal lernte ich dies auf Umwegen zu verstehen.

Im Jahre 1970 arbeitete ich als Forschungsassistentin in einem parapsychologischen Labor der Universität von Kalifornien in Los Angeles. Zu meinem Job gehörte, dass ich Leute aufsuchte, die uns anriefen und sagten, sie hätten einen »Geist« im Haus. Es hat mich immer amüsiert, wie viele Menschen in Los Angeles glauben, dass es in ihrem Haus spukt. Sie beschrieben, wie elektrische Geräte sich unkontrollierbar von alleine ein- und ausschalteten, Gegenstände durchs Zimmer flogen, Schritte zu hören waren und Erscheinungen auftauchten. Wilde Sachen! In der Regel stellten wir Ermittler fest, dass die Manifestationen selbst dann, wenn sie authentisch waren, falsch interpretiert wurden. Im Allgemeinen schienen sie eher die Auswirkungen von Wut und Frustration in einer Familie zu sein und nichts mit einem bestimmten Haus zu tun zu haben. Wenn die Familie umzog, folgte ihnen das Phänomen. Wenn die Fetzen flogen, vermehrten sich die Episoden. Es waren keine Geister, die durch die Hallen spukten; vielmehr sahen wir psychokinetische Energie in Aktion, ein lebendiges Beispiel dafür, wie die Macht des Geistes wortwörtlich das ihn umgebende Umfeld verändert. Die wahre Erleuchtung für mich war Folgendes: Wenn der Geist dafür sorgen kann, dass sich eine Küchenschranktür öffnet und schließt, kann er auch – wenn er richtig dirigiert wird – den Körper heilen.

Dies bringt uns zur Wertschätzung einer Welt, in der positive Glaubenssätze, Emotionen und Handlungen wesentliche Faktoren bei der Genesung sind und sogar unsere Immunreaktion stimulieren können. Eine Welt, in der unsere Verteidigung gegen Krankheit verbunden ist mit einem den ganzen Körper umfassenden Kommunikationsnetzwerk, das wir aktiv mitprogrammieren können. Eine Mischung aus Wissenschaft, Instinkt und Mysterium – auf diese Weise kann intuitive Heilung für Sie von Nutzen sein.

Zweiter Schritt. Nehmen Sie Ihren Körper bewusst wahr!

Sie können Ihren Körper nicht heilen, wenn Sie nicht in ihm sind. Einleuchtend, nicht wahr? Wie kommt es aber, dass die meisten von uns in dem Moment, wo sie krank werden, aus dem Körper herausgehen, und zwar je schneller, je lieber? Wir empfinden Schmerzen oder Unwohlsein, wir bekommen es mit der Angst zu tun, wir ziehen uns zurück. Wir befinden uns so schnell außerhalb unseres Körpers, dass wir keine Zeit haben, unsere ganze Aufmerksamkeit und Energie zu den Bereichen unseres Körpers zu schicken, die sie am meisten brauchen. Vielleicht fragen Sie sich, was das schon helfen könnte. Ich will es Ihnen erklären.

Intuitive Wahrheit Nr. 1: Je mehr Liebe und Bewusstsein Sie Ihrem Körper entgegenbringen, wenn er krank ist, desto größer ist Ihre Chance, ihn gesund zu machen.

Intuitive Wahrheit Nr. 2: Wenn Sie sich Unwohlsein widersetzen, wird es bestehen bleiben. Wenn Sie Ihren Widerstand aufgeben, wird es Ihnen schon allein deswegen bald besser gehen.

Lassen Sie uns die Sache genauer anschauen. Sie haben plötzlich Schmerzen, die sich später als Blinddarmentzündung herausstellen werden. Die ersten Anzeichen? Sie haben furchtbare Schmerzen und liegen zusammengerollt in Embryonalhaltung auf Ihrem Bett. Ihr Körper sendet ein verzweifeltes SOS aus. Irgendetwas läuft ernstlich falsch. Sie haben keine andere Wahl, als hinzuhören. Sie fahren in die Notaufnahme des nächsten Krankenhauses. Sie müssen operiert werden. Anders geht es nicht. Sie wissen erst wieder, was los ist, wenn Sie in Ihrem Krankenhausbett aufwachen, ohne Blinddarm. Sie haben es geschafft. Ihr akuter Schmerz hatte offensichtlich einen Sinn. Er sorgte dafür, dass Sie schnell ins Krankenhaus kamen. Manche Schmerzen währen nur kurz. Sie spüren sie. Sie lassen sich behandeln. Die Schmerzen sind weg. Jedoch selbst bei dieser Art Schmerz ist es keine Frage, dass informierte Wachsamkeit von Vorteil ist. Vom Beginn einer Gesundheitskrise an kann das Zentrieren Ihrer Intuition Sie an allzu menschlichen Widerständen vorbeimanövrieren. Beispielsweise sterben Menschen oft an einem Herzinfarkt, weil sie nicht auf die Warnzeichen ihrer Angina gehört haben. Intuition bekämpft Verdrängung. Indem Sie sich auf die Schmerzen einstimmen, bekommen Sie ein sichereres Gefühl dafür, was Sie tun müssen. Hier ist eine Strategie, die im Allgemeinen nie versagt: Herzensgüte. Bewusstes Aufmachen. Widerstand und Angst loslassen. Den Körper nicht im Stich lassen. Damit fangen Sie an.

Was ist, wenn Schmerzen chronisch werden? Bei meiner Patientin Meg, einer Firmenanwältin, die gewohnt war, das Sagen zu haben, wurde ein gewölbter Lendenwirbel diagnostiziert. Wenn Druck auf den Ischiasnerv ausgeübt wurde, verursachte dieser Wirbel fürchterliche Schmerzen im unteren Teil ihres Rückens bis hinunter ins Bein. Schmerz wurde Megs Feind Nummer eins. Mithilfe von Techniken, die sie in vielen Jahren legaler Kriegführung verfeinert hatte, begab sie sich auf einen Kreuzzug mit dem Ziel, diesen Feind auszumerzen: entzündungshemmende Medikamente, Eispackungen, Akupunktur, Physiotherapie, allmählich gesteigertes Training. Sie tat alles, was ihr Arzt ihr sagte. Doch der Schmerz blieb. Je mehr sie sich davor fürchtete, desto schlimmer wurde er. Eines Tages humpelte sie in meine Praxis, in der einen Hand einen Stock, in der anderen ihr Handy. Ein unmöglicher Jonglierakt, herzzerreißend anzusehen. Mit Tränen in den Augen sagte sie: »Ich kann nicht mehr. Ich hasse diese Schmerzen. Ich will sie einfach loswerden.« Natürlich wollte sie das. Jeder von uns würde das wollen. Doch Meg arbeitete gegen ihre eigenen Interessen.

Ich musste ihr eine Lebensweise zeigen, die der ihren genau entgegengesetzt war. Sie würde einfach nicht in der Lage sein, ihren Schmerz zu besiegen. Sie musste eine harmonische Beziehung mit ihm herstellen. Für einen kühnen Geist wie Meg würde das keine einfache Aufgabe sein. Und damit steht sie nicht allein da. In der Medizin zäumen wir das Pferd viel zu oft von hinten auf. Wir versuchen, den Körper zu reparieren, ohne ihn zu konsultieren. Schmerzen haben ihren eigenen Geist, ihre eigene Sprache, ihre eigene Intelligenz, ihren eigenen Rhythmus.

Schmerz ist hundertprozentig lebendig. Er wird mit Ihnen reden, nicht im wörtlichen Sinne, sondern auf einer intuitiven Ebene. Zunächst müssen Sie die Kommunikationslinien frei machen. So absonderlich es Ihnen erscheinen mag, bitten Sie Ihren Schmerz – oder jede Krankheit – um Hilfe. Heilung ist eine Kollaboration, eine Gelegenheit, von einem zuweilen sehr fordernden, jedoch überaus erleuchteten Meister zu lernen. Gehen Sie mit tiefem Respekt an Ihren Schmerz heran. Dann wird er reagieren und Ihnen den Weg weisen, wie Sie gesund werden können.

All dies versuchte ich Meg mitzuteilen. Es überraschte mich nicht, dass sie mir mit sichtbarem Skeptizismus zuhörte. Vielleicht haben Sie auch Zweifel. Um die Sache näher zu erklären, möchte ich Ihnen von der alten buddhistischen Praxis des Tonglen erzählen. Tonglen sagt, um von einer Krankheit zu genesen, müssen Sie sie erst einmal bekommen. Das Paradox ist, dass Sie dann, wenn Sie eine Krankheit voller Mitgefühl annehmen, von ihr befreit werden können. Aversion macht Ihr Leiden nur noch schlimmer. Im *Totenbuch der Tibeter* erzählt der Autor Sogyal Rinpoche folgende Geschichte: »Es gab viele außergewöhnliche Fälle von Personen, die dann, als sie erfuhren, dass sie an einer tödlichen Krankheit litten, ihr ganzes Hab und Gut weggaben und zum Friedhof gingen, um zu sterben. Dort praktizierten sie das Übernehmen der Leiden anderer; und was das Erstaunliche ist, anstatt zu sterben, kehrten sie vollkommen geheilt nach Hause zurück.« Rinpoche berichtet außerdem von Leprakranken, die sich selbst heilten, indem sie ihre schrecklichen Verstümmelungen und Schmerzen einatmeten und tatsächlich eins mit ihnen wurden, um sie dann mit Erbarmen zu transformieren. Wir im Westen müssen verstehen lernen, dass Mitgefühl und Erbarmen mächtiger sind als Schmerzen, und einen starken Schutz davor bieten.

Als Ärztin war es nicht meine Aufgabe, Meg aufzufordern, nach Tibet zu gehen oder das Elend der ganzen Welt auf sich zu nehmen. Ich wollte jedoch, dass sie einige Aspekte des Tonglen anwendete, um ihre Schmerzen in den Griff zu kriegen. Der Gebrauch des Atems zur Schmerzerleichterung ist auch in unserer Kultur durchaus bekannt. Lamaze, eine Atemtechnik für natürliche Geburt, hat vielen Müttern die Wehen erleichtert und eine Menge Babys schmerzfreier in die Welt gebracht. Auf diesem Prinzip aufbauend, arbeitete ich mit Meg erstens, damit sie ein Mitgefühl für ihren Körper entwickelte, und zweitens, damit sie ihre Schmerzen annehmen konnte, sie einatmete und nicht verdrängte. Drittens sollte sie ihr Mitgefühl benutzten, damit die Schmerzen nachließen. Unter Zuhilfenahme von Tonglen und meiner eigenen intuitiven Praxis gab ich Meg diese Richtlinien. Zur Erleichterung von Schmerzen oder als eine Möglichkeit, Krankheit rückgängig zu machen, können auch Sie sie anwenden.

Den Meister treffen: Eine Meditation für den Umgang mit Schmerz und Krankheit

1. Entspannen Sie sich. Nehmen Sie Ihre Beschwerden an. Versuchen Sie nicht, sie zu ändern oder loszuwerden. Lassen Sie den Schmerz einfach zu. Lockern Sie Ihren Griff. Lernen Sie die Geografie Ihres Schmerzes kennen. Vermessen Sie ihn. Werden Sie mit ihm vertraut.
2. Stimmen Sie sich intuitiv auf Ihre Beschwerde ein. Hat sie eine Farbe? Beschaffenheit? Emotion? Ist sie heiß? Kalt? Bewegt sie sich oder bleibt sie an einer Stelle? Sehen Sie irgendwelche Bilder vor Ihrem inneren Auge? Vernehmen Sie Laute? Gerüche? Tauchen Erinnerungen auf? Fragen Sie die Beschwerde: Was kann ich von dir lernen? Wie kann ich meine Schmerzen erleichtern?
3. Konzentrieren Sie sich auf die Beschwerde. Fühlen Sie sie in ihrer Gänze. Wenn Sie einatmen, atmen Sie all

Ihre Schmerzen ein. Visualisieren Sie sie als eine Rauchwolke. Lassen Sie sie durch Ihren ganzen Körper fließen bis in das Zentrum Ihres Mitgefühls. Jetzt stellen Sie sich den schwarzen Rauch vor, wie er sich auflöst, von der Liebe gereinigt, bis nichts mehr von ihm übrig ist. Wenn Sie ausatmen, stellen Sie sich diese Liebe als ein reines, weißes Licht vor. Schicken Sie es dahin, wo Sie Beschwerden haben. Atmen Sie den Schmerz ein. Atmen Sie Mitgefühl aus. Erfüllen Sie den Schmerz mit dem heilenden Atem des Mitgefühls.

Zunächst hatte Meg es nicht leicht mit dieser Meditation. Doch trotz ihrer energischen Natur begann sie bald, einen Fortschritt zu sehen. Ihre Schmerzen wurden allmählich weniger. Für Meg – und das gilt für die meisten von uns – ist die Prämisse dieser Meditation radikal. Sie besagt, dass wir durch die aktive Beschäftigung mit unseren Beschwerden diese umwandeln können, eine Form mystischer Alchemie, die nie als ein Sichergeben an die Schwäche oder als Niederlage missverstanden werden sollte. *Eine Harmonisierung mit Schmerz und Krankheit wird diese erleichtern, nicht schlimmer machen.* Ich weiß, dass diese Einstellung vielem von dem, was man uns beigebracht hat, widerspricht. Doch die Tatsache bleibt bestehen, dass Meg – und alle meine Patienten, die genug Vertrauen hatten, diese Methode auszuprobieren – erhebliche Schmerzminderung beziehungsweise eine Besserung ihres Zustands erfahren haben, selbst wenn alles andere versagt hatte.

In der Arbeit mit Meg wurde mir außerdem der Unterschied zwischen Schmerz und Leiden deutlicher. Unter dem Risiko grober Vereinfachung kann man sagen, dass Schmerz eine physiologische Empfindung ist oder, wie in der chinesischen Medizin, eine Blockierung von Chi, unserer Lebensenergie. Im Gegensatz dazu ist Leiden unsere

Reaktion auf Schmerz und nicht unbedingt nur auf die gegenwärtige Situation bezogen. Schmerz, sowohl physisch als auch emotional, vermehrt sich. Nicht aufgelöste Schmerzen schwären vor sich hin. Jeder Schmerz kann unbewusst durch eine neue Erkrankung oder Verletzung reaktiviert werden. Meg sah sich in ihrer Meditation mit ihrer Vergangenheit konfrontiert, sie hatte das Bild einer Kinderdecke vor Augen, in die sie sich eingewickelt hatte, um sich sicher zu fühlen. Erinnerungsblitze von Eltern, die sie ignorierten. Niemals jemanden zu haben, an den sie sich wenden konnte, um getröstet zu werden. Ein Schmerz sprang über zum nächsten, und zum nächsten. Ihr Lendenwirbel war lediglich der Brennpunkt einer Konstellation von Schmerzen. Obwohl es Meg nicht klar war, wurde ihr Leiden dadurch schlimmer. Hier konnte ich helfen.

Das Praktizieren von Tonglen gab Meg den Mut, vergangene Wunden zu heilen und bestehende Verhaltensweisen zu ändern. Es gab ihr die Möglichkeit, viele Bereiche ihres Lebens mit Mitgefühl zu betrachten. Sie hatte nie erwartet, dass ein Teil ihrer Heilung darin bestand, anderen Menschen zu erlauben, ihr zu helfen, damit einverstanden zu sein, wenn die Freundin das Auto fuhr, auf Reisen einen Fremden zu bitten, ihre Koffer zu tragen. Megs Erfolg bestand nicht nur darin, dass ihre Rückenschmerzen aufhörten. Vieles in ihrem Wesen begann, weicher zu werden: ihre Strenge; ihre Tendenz, sich selbst zu bestrafen, wann immer sie einen Fehler machte; ihr Impuls, anderen Dinge zu geben, anstatt sich zu gestatten, Dinge zu genießen oder anzunehmen. Heute hat sie ein ausgeprägteres Gefühl für Schönheit. Die üppigen, im Sonnenlicht strahlenden purpurfarbenen Äste der Bougainvillea auf ihrer Veranda bleiben nicht mehr unbeachtet. Natürlich erreichte Meg diese Veränderungen nicht über Nacht, doch hatte ein außergewöhnliches neues Muster begonnen. Mitgefühl für das eigene Selbst ist das sicherste Gegenmittel für Schmerz oder Krankheit, das ich kenne; eine Art Sauerstoff, der uns revitalisieren kann. Sich darauf hinzubewegen ist ein lebenslanger Weg.

Ich verliere nie die Tatsache aus den Augen, wie unnachgiebig chronische Beschwerden sein können. Versuchen Sie, sie als einen Zen-Koan zu betrachten, ein spirituelles Rätsel mit vielen Bedeutungsschichten. Wenden Sie sich an Ihren Körper, um die Antwort zu finden. Spüren Sie sich in den Schmerz oder die Krankheit hinein. Hören Sie hin. Lernen Sie von ihr. Es gibt keine Garantie, dass sich Ihr Leiden auf wunderbare Weise auflösen wird, obwohl diese Möglichkeit besteht. Doch werden Sie eine Verbindung mit einer Kraft eingehen, die Ihnen Hinweise darauf gibt, wie Sie gesund werden können. Dies ist eine Philosophie, die sich sehr von der des Pillenschluckens unterscheidet, wo man sich zurücklehnt und darauf wartet, dass der Schmerz weggeht.

Ihr Körper gibt Ihnen außerdem durch seine inneren Bilder Hinweise darauf, wie Sie von Schmerz oder Krankheit genesen können. Wenn Sie krank werden, müssen Sie sich unter Umständen bestimmten Tests unterziehen – Röntgenuntersuchungen, Ultraschall, Computer- und Kernspintomographie, Endoskopie –, einer strapaziöser als der andere, doch alle mit einem intuitiven Pluspunkt. Ich schlage Ihnen vor, diese Tests als ein Training zu betrachten, durch das Sie lernen können, sich intuitiv auf das Vorgehen einzustimmen. Ich kann nicht genug betonen, wie wichtig es ist, ein deutliches geistiges Bild des Körperteils von Ihnen zu haben, der geheilt werden muss. Diese Tests bieten Ihnen die Möglichkeit dazu. Ihr Anschauungsmaterial sind strukturelle Bezugspunkte, die Sie stärker in Ihrem Körper verankern.

Erst im frühen 19. Jahrhundert wurde es möglich, in den Körper hineinzuschauen, als Dr. René Laennec das erste Stethoskop erfand. Anstatt die traditionelle Ohr-zu-Brust-Methode zu benutzen, rollte er ein Papier zu einer Röhre zusammen, um zwischen den üppigen Brüsten einer Patientin und seinem Ohr eine propere Distanz zu halten. Diese pingelige Improvisation, die den Herzschlag der Patientin deutlicher hörbar machte, war in Wahrheit ein entscheidender Durchbruch zum Hören der Geräusche unseres Körpers. Später wurde die erste Gastroskopie durchgeführt (ein Test, bei dem eine Art Teleskop benutzt wird, um in den Magen zu schauen), indem ein professioneller Schwertschlucker auf die Bitte eines Arztes eine 30 Zentimeter lange Röhre verschluckte, die eine kleine Lampe und eine optische Linse enthielt. Zu Zeiten der Jahrhundertwende wurden bereits Röntgenuntersuchungen durchgeführt, und zu Beginn der 50er-Jahre des vergangenen Jahrhunderts gab es dann den Ultraschall: Tonwellen, die zu hoch sind, als dass das menschliche Ohr sie hören kann. Die Ära der dreidimensionalen Bilder begann 1976. Zunächst wurden Computertomographien mit Röntgenstrahlen durchgeführt; später konnte durch die Kernspintomographie auf Strahlung verzichtet werden.

Solche hoch entwickelten Technologien, die unsere Körper transparent machen, öffnen Türen zu mystischer Wahrnehmung. Natürlich sehen es die meisten von uns nicht so. Mit gutem Grund verabscheuen wir Tests (von denen einige wirklich sehr unangenehm sind). Unsere Ärzte denken selten daran, uns die Ergebnisse zu zeigen, und erst recht nicht, uns anhand der Resultate zu unterweisen. Und, seien Sie ehrlich, bitten Sie darum, die Untersuchungsergebnisse sehen zu dürfen? Wahrscheinlich nicht. Wir haben eine konditionierte Empfindlichkeit und betrachten die Vorgänge im Innern unseres Körpers als verboten, abstoßend, befremdlich. Ich schlage Ihnen vor, diese Denkweise zu überprüfen und die strahlende Essenz zu entdecken, die die Struktur unseres Körpers darstellt.

Mein Patient Ralph unterzog sich vor einiger Zeit einer Koloskopie. Er hatte sich davor gefürchtet und den Termin monatelang aufgeschoben. Schließlich fuhr ihn seine Frau ins Krankenhaus. Dort führte der Arzt ein bewegliches Teleskop in seinen Darm ein. Ein Videomonitor vergrößerte alles, um eine mögliche Erkrankung zu entdecken. Sein Arzt war einer von der lustigen Sorte. Während der Prozedur fragte er Ralph: »Möchten Sie Ihren Darm sehen? Schauen Sie einfach auf den Monitor.« Ralph erschauderte, und der kalte Schweiß brach ihm aus. »Ich war zu Tode erschrocken«, gab er zu. »Ekelhaft. Das Letzte, was ich sehen wollte, war das Innere meines eigenen Darms. Und außerdem, was wäre, wenn irgendwas nicht stimmte?« Ralph hielt seine Augen während der ganzen Zeit fest geschlossen.

Während unserer nächsten Sitzung schaute ich mir mit ihm gemeinsam eine Kopie seiner Untersuchung an. Die Diagnose lautete Darmspasmen, wahrscheinlich verursacht durch Stress. »Wie wäre es, wenn wir uns das Bild gemeinsam anschauen?«, schlug ich freundlich vor, mit vollem Respekt vor seinem Recht, Nein zu sagen. »Benutzen Sie diesen Test als eine Landkarte. Intuition ist wie ein Laserstrahl. Schießen Sie sich auf Ihren Fokus ein. Dann wissen Sie genau, wohin Sie Ihre Intuition dirigieren müssen, um gesund zu werden.« Ralph verdrehte die Augen. »Ich habe Angst hinzuschauen. Warum sollte ich? Ich bin kein Arzt. Ich würde nicht verstehen, was ich sehe. Außerdem würde mir sowieso nicht gefallen, was ich sehe.« Mit Achtung vor Ralphs nicht unbegründeten Ängsten über die Unantastbarkeit seines Darms begleitete ich ihn behutsam durch seine Widerstände. Obwohl das Betrachten von Tests in der Regel ausschließlich als Sache der Ärzte gilt, erklärte ich Ralph, dass man kein Topwissenschaftler sein muss, um ein generelles Verständnis über diese Tests zu bekommen. Die Filme von seinem Darm lieferten ein klares Bild des vorliegenden

Problems. Damit gaben sie Ralph einen Brennpunkt, mit dessen Hilfe er sich intuitiv einstimmen, Information sammeln und gezielt Energie schicken konnte.

Intuitive Heilung geschieht immer körperinteraktiv. Warum benutzen Sie Ihre medizinischen Prozeduren nicht für einen guten Zweck? Warum versagen Sie sich selbst diese Möglichkeit? Wenn Sie in einem fremden Land reisen, benutzen Sie doch auch einen Reiseführer und Karten. Ich weiß, Tests können furchterregend sein, vor allem dann, wenn irgendwas nicht stimmt. Doch selbst dann sollten Sie nicht auf das Wunder verzichten, in Ihren Körper hineinsehen zu können, der Verbindung zwischen Ihnen und der Substanz, aus der Sie geschaffen sind. Aus der Einheit von Körper und Geist fließt alle Kraft. Unser physisches Selbst, unsere Emotionen, ein gesunder Körper oder ein erkranktes Organ – unsere Kapazität zu heilen wird stärker, indem wir eins mit allem werden, was ist.

Dritter Schritt. Erspüren Sie das energetische Potenzial Ihres Körpers!

Als meine Mutter im Endstadium ihrer Krebserkrankung war, hielt ich sie im Krankenhaus oft in meinen Armen. Von Schlaflosigkeit geplagt, wälzte sie sich die ganze Nacht im Bett herum. Beruhigungs- und Schmerzmittel brachten keine Linderung. Doch half es ihr, wenn ich ihren Kopf in meinen Schoß bettete und ihr Energie schickte. Dann sagte sie den Krankenschwestern am nächsten Tag stolz: »Ich brauche keine Schlaftabletten, wenn meine Tochter mich besuchen kommt. Sie versetzt mich mit ihren Händen in Trance.« Oft nickte sie ein und hielt dabei eine winzige geschnitzte Statue in der Hand, die ich ihr geschenkt hatte und die Langlebigkeit in Form eines alten, bärtigen Chinesen symbolisierte, dessen Augen gen Himmel gerichtet waren. Meine Mutter schwand langsam dahin. Mein Herz, meine Energie waren das Geschenk, das ich ihr geben konnte.

Unterschätzen Sie nie die Fähigkeit Ihrer Energie, Leiden zu verringern, Heilung zu beschleunigen, sogar Krankheiten zu kurieren. Aufgrund der Diskussion im zweiten Kapitel wissen wir, dass unsere Körper aus Energiezentren bestehen, die als Chakras bekannt sind. Im Sanskrit bedeutet *chakra* Rad oder Kreis. In der Sakralkunst werden Chakras oft als Lotusblüten oder ein sich drehendes Rad dargestellt. Menschen mit der Fähigkeit medizinischer Intuition sind darauf trainiert, Unausgeglichenheiten in den Chakras zu spüren und Diagnosen aufzustellen.

An dieser Stelle wollen wir uns näher mit dem Herzchakra beschäftigen. Wenn Sie oder jemand, der Ihnen am Herzen liegt, krank wird, ist Ihr Herz eine unbezahlbare Ressource. Das meine ich nicht im übertragenen Sinne. Ich meine damit ein bestimmtes Energiezentrum in Ihrem Körper, das direkt auf Ihre Gesundheit einwirkt. Das Herzchakra hat einen Durchmesser von ungefähr zwei bis acht Zentimetern. Es befindet sich mitten in Ihrer Brust, ein paar Zentimeter über dem Sonnengeflecht. Sie können es fühlen, wenn Sie Ihre Handfläche über diesen Bereich halten. Wann immer ich bei einem Patienten oder bei mir selbst mit Energie arbeite, zentriere ich mich auf mein Herz und erlaube seiner Kraft, durch mich auf die andere Person überzugehen. Das Herzchakra ist der Hauptgenerator, der unser Heilungssystem antreibt. Wie fühlt es sich an? Wie können Sie es aktivieren? Lesen Sie hier, was Sie tun können.

Meditation: Das Öffnen des Herzens

1. Werden Sie ganz still. Entspannen Sie Ihren Körper. Atmen Sie ein … Atmen Sie aus … Ihr Atem bietet Ihnen einen Brennpunkt, um immer wieder zu Ihrem

Zentrum zurückzukehren. Legen Sie Ihre Hand leicht über Ihr Herzchakra und halten Sie sie dort. Jetzt bereiten Sie sich darauf vor zu visualisieren.

2. Konzentrieren Sie sich auf einen Menschen, einen Ort oder ein Tier, etwas, das Sie wirklich lieben. Für Anfänger mag es einfacher sein, sich vorzustellen, ihr Haustier zu streicheln oder einen herrlichen Sonnenuntergang zu sehen, anstatt sich auf eine Person zu fokussieren. Was immer Ihnen am liebsten ist, es gibt kein richtig oder falsch. Sinn dieser Übung ist es, Liebe zu empfinden und generell festzustellen, wie sich ihr Energieäquivalent auf Ihre Brustmitte begrenzt.
3. Achten Sie auf Empfindungen in Ihrem Herzchakra, egal, wie subtil sie sein mögen. Wärme. Kälte. Kribbeln. Vibration. Druck. Einengung. Ausdehnung. Mitgefühl. Freude. Lassen Sie alles zu. Halten Sie nichts zurück. Selbst ein Gefühl des Unbehagens … lassen Sie es an die Oberfläche kommen. Es wird sich verändern. Wenn Sie diese Meditation praktizieren, wird sich ein Wirbel positiver Energie in Ihrem Herzchakra bilden. Dies ist das Zentrum Ihrer Heilung. Wenn Sie krank sind oder Schmerzen haben, holen Sie sich hier Erleichterung.

Zunächst gewöhnen Sie sich daran, Ihre Herzensenergie zu spüren. Dann, wenn Sie wissen, wie sie sich anfühlt, lernen Sie sie anzuwenden. Das Geheimnis? Seien Sie ein Gefäß, durch das Liebe fließt. Es ist nicht nötig, sich anzustrengen. *Sie* sind es nicht, der hier etwas tut. In dem Augenblick, wo Sie den Vorgang übermäßig personalisieren oder sich selbst zuschreiben, werden Sie sich ausgelaugt und leer fühlen; das Fließen wird aufhören. Üben Sie das gegenseitige Übermitteln von Energie mit einem Freund. Halten Sie Ihre Hände über seine Brust. Konzentrieren Sie sich auf das Öffnen Ihres Herzchakras. Lassen Sie ein paar Minuten lang Liebe frei von Ihrem Herzen durch Ihren

Arm und Ihre Handfläche in Ihren Freund fließen. Dann kehren Sie die Rollen um. Lassen Sie den anderen Energie an Sie schicken. Diese Technik kann benutzt werden, um jedem zu helfen, der Hilfe braucht, nicht nur bei Freunden. Die Qualität von Liebe, um die es hier geht, ist selbstlos, bedingungslos, ohne Beteiligung des Egos.

Ich brauchte eine Weile, um dieses Konzept zu verstehen. Patienten, die krank waren oder Schmerzen hatten, kamen in meine Praxis. *Ich* wollte, dass sie sich besser fühlten. *Ich.* Nicht irgendeine ungreifbare, universale Kraft. Ganz im Sinne meines medizinischen Trainings versuchte ich mein Bestes. Doch zu welchem Preis? Abends schleppte ich mich nach Hause und fiel in mein Bett, völlig erschöpft. Ich musste lernen, mich hinzugeben, leer zu werden, damit ich gefüllt werden konnte. Sie wissen, dass Sie etwas richtig machen, wenn Sie sich erfrischt fühlen, nachdem Sie jemandem Energie geschickt haben. Liebe nährt Sie selbst ebenso sehr wie die Person, die Sie heilen.

Sie wissen nie, wann sich diese Technik als nützlich erweisen wird. Einmal, während ich in einem örtlichen Buchclub einen Vortrag hielt, brach Jane, meine Gastgeberin, plötzlich in Tränen aus. »Ich habe furchtbare Schmerzen«, entschuldigte sie sich. »Ich glaube, ich habe eine Gallenkolik. Können Sie mir helfen?« Im Raum wurde es still. Alle Augen richteten sich auf mich. Die 20 anwesenden Frauen – die meisten von ihnen Hausfrauen aus dem reichen Palos Verdes in der Nähe von Los Angeles – hatten keinerlei Erfahrung im Senden von Energie. Mein Buch *Jenseits der Angst,* das sie gerade gelesen hatten, war ihr einziger Bezugspunkt. Doch hier waren wir also und hatten jemanden in unserer Mitte, der Schmerzen litt. Ich bat Jane, sich neben mich zu stellen. Ich hielt meine Hand über ihre Gallenblase. Ich nahm einen tiefen Atemzug. Ich konzentrierte mich auf mein Herz. Ich bat darum, dass Energie durch mich und aus meinen Händen fließen möge. Ich wies die Frauen an, dasselbe zu tun. Wir alle formten einen Kreis um Jane. Als würden sie ihrem Instinkt folgen, trat eine Frau nach der anderen auf Jane zu und schickte ihr Energie. Ein Meer von Händen legte sich auf Jane, in einem Wohnzimmer, das mit den Figuren strahlender Engel bereits weihnachtlich geschmückt war.

Die Kraft dieses Augenblicks war so groß, dass Janes Schmerzen weniger wurden und schließlich ganz aufhörten. Dies war untypisch – normalerweise hielten ihre Attacken stundenlang an. Erleichtert, fühlte sie sich stark genug, ihren Doktor anzurufen. Am nächsten Tag wurde ihr die Gallenblase entfernt. Jane schwört, die Frauen ihres Buchclubs hätten sie gerettet. Die Energie, die wir ihr gesandt hatten, half ihr durch die Nacht, bis sie am nächsten Tag operiert werden konnte. Dieser Abend war bemerkenswert: Die anwesenden Frauen hatten zum ersten Mal erlebt, wie es sich anfühlte, an einer Heilung teilzunehmen. Eine praktische Demonstration darüber, wie effektiv das Arbeiten mit subtiler Energie sein kann.

Übung macht den Meister. Energieübertragung ist eine Fertigkeit, die jeder lernen kann. Je mehr Sie es tun, desto besser werden Sie. Wenn Sie verletzt oder krank sind, schicken Sie Energie dorthin, wo sie gebraucht wird. Seien Sie klar und bestimmt. Wenn Sie eine Sehnenscheidenentzündung in Ihrem Ellbogen haben, halten Sie Ihre Hand über diesen Bereich – schicken Sie Energie direkt an diese Stelle. Und was ist mit Krebs? Auch hier visualisieren Sie auf dieselbe Weise, dass Sie Ihren Tumor bis auf den letzten Millimeter mit Liebe durchtränken. Verfahren Sie ebenso bei einem gebrochenen Arm, Migräne oder anderen Beschwerden und Schmerzen. Welche Resultate können Sie erwarten? In den meisten Fällen werden Sie sich zumindest erfrischt fühlen. Das Senden von Energie gibt Ihrem Körper neues Durchhaltevermögen, wenn er zum Stillstand gekommen ist. Des Öfteren habe ich auch schon die dramatische Umkehr von Symptomen gesehen: Das Asthma eines Kindes verschwindet, Arthritisschmerzen lösen sich auf, Myome in der Gebärmutter schrumpfen. Ich glaube, dass viele so genannte spontane Remissionen bei Krankheiten auftreten, weil das Energiesystem des Körpers wieder ins Gleichgewicht gebracht wird. Das sind Tatsachen, für deren Auftreten die Schulmedizin keine logische Erklärung hat. Subtile Energie hat ihre eigene Redlichkeit und geht zum richtigen Zeitpunkt dahin, wo sie gebraucht wird. Versuchen Sie, Erwartungen loszulassen. Agieren Sie aus Ihrem Herzen heraus – das ist das Wichtigste; Sie können das Ergebnis nicht bestimmen. Und dann vertrauen Sie der Reaktion Ihres Körpers – ob es sich dabei um eine Rückkehr der Vitalität handelt oder eine völlige Heilung von Ihrer Krankheit.

Ich empfehle Ihnen dringend – vor allem, wenn Sie krank sind –, sich damit vertraut zu machen, mit Ihrer eigenen Energie zu arbeiten. Vielleicht möchten Sie zusätzlich einen Doktor der chinesischen Medizin konsultieren, der mit der Harmonisierung von Körperenergie Erfahrung hat, oder einen Heiler, der mit Energie arbeitet. Beide Herangehensweisen ergänzen eine konventionelle Therapie und stehen nicht im Widerspruch dazu. (Ich empfehle stets, dass Sie Ihren konventionellen Arzt über alle alternativen Therapien informieren, die Sie ausprobieren.) Die meisten Ärzte diagnostizieren und behandeln Krankheiten auf der grobstofflichen Ebene, beruhend auf dem, was sie bei Untersuchungen und Tests gesehen und gemessen haben. Auf dieser Basis kann ohne Frage viel Gutes erreicht werden. Manchmal ist jedoch wesentlich mehr erforderlich. Vor allem wenn Sie keine positive Reaktion fühlen, möchte ich Sie dringend bitten, alle verfügbaren Möglichkeiten auszuprobieren.

Vielen westlichen Ärzten fehlt das Training, subtile Energiestörungen zu identifizieren, die Symptome hervorrufen können. Zu oft werden Menschen mit echten physischen Problemen als hysterisch, als Hypochonder oder Simulierer abgeschrieben. Wo führt das hin? Man sagt Ihnen, dass mit Ihrem Körper alles stimmt, doch Sie fühlen sich nicht wohl. Das ist zum Verrücktwerden. Falls sich Ihre Symptome medizinischer Erklärung entziehen, geben Sie nicht auf. Müdigkeit, Schmerzen, Übelkeit, Schlaflosigkeit, Kopfschmerzen, vermehrtes Wasserlassen, Muskelkrämpfe – dies sind nur einige Beschwerden, für die oft keine Erklärung gefunden werden kann. Vielleicht weiß Ihr Arzt über Energie Bescheid. Wenn nicht, schlage ich vor, dass Sie sich auf die Fertigkeiten berufen, die ich im 3. Kapitel präsentiert habe, und einen Heilkundigen finden, der sich mit Energien auskennt. Wenn Ihre Energiebedürfnisse erfüllt werden, können sich »unerklärliche« Beschwerden auflösen. Ihre Fähigkeit, gesund zu werden, wird ihren Höhepunkt erreichen und den Verteidigungskräften Ihres Körpers neuen Mut machen, um Krankheit bekämpfen zu können.

Wenn Sie die Verantwortung für die subtile Energie Ihres Körpers übernehmen, können Sie Krankheiten entgegenwirken und Ihre Gesundheit schützen. Nehmen wir zum Beispiel Ansteckung. Bakterien gibt es überall. Warum fallen ihnen manche Menschen zum Opfer und andere nicht? Haben Sie eine Erkältung bekommen, nur weil der Mann in der U-Bahn Sie ständig annieste? Wenn dem so ist, warum ist dann Ihre Freundin, die neben Ihnen saß, nicht auch krank geworden? Woraus besteht Immunität? Lassen Sie uns die Extreme anschauen. Der Sänger Michael Jackson ist bei zahlreichen Gelegenheiten fotografiert worden, wo er in aller Öffentlichkeit seine berüchtigte Chirurgenmaske getragen hat. Müssen wir so weit gehen, um infektiöse Erkrankungen zu verhindern? Unsere Gesellschaft legt verstärkten Wert auf Hygiene, wie Nancy Thomas es in ihrem Buch *The Gospel of Germs* beschrieben hat: beim Husten die Hände vor den Mund halten; die weiße Toilette, die so konstruiert wurde, dass sie problemlos von Mikroben sauber gescheuert werden kann; Staubsauger, die Haushalte von Krankheiten verbreitendem Staub befreien. Selbst die Säume von Kleidern wurden im 19. Jahrhundert absichtlich angehoben, um das Ansammeln von Bakterien zu vermeiden.

Sind Infektionen lediglich auf die Übertragung von Bakterien zurückzuführen? Immunität hängt von der Funktion der weißen Blutkörperchen ab, von Erbanlagen, Schadstoffen in der Umwelt, unseren Gedanken, Emotionen, Belastungen und von unserer persönlichen Lebensweise. Psycho-Neuro-Immunologie, ein bahnbrechendes Feld, in dem Immunität mit der Seele in Zusammenhang gebracht wird, korreliert lebensbejahende Affirmationen und Verhaltensformen mit Gesundheit. In Anbetracht dieser Tatsache sollten Sie sich noch einmal den buddhistischen Glaubenssatz vor Augen halten, wonach Mitgefühl (der Ausdruck Ihres Herzens von subtiler Energie) unsere beste Verteidigung gegen Krankheit ist. Wie können alle diese Faktoren zusammenarbeiten? Indem Sie Ihr Herz aufmachen, werden Sie in Ihrem Körper ein System erschaffen, das Ihre Immunkraft unterstützt. Positive Gedanken, eine liebevolle Einstellung gegenüber Ihrer Krankheit und sich selbst wie auch die Fähigkeit, Energie bewusst zu dirigieren, geben uns die notwendige Kraft, Krankheiten erfolgreich zu bekämpfen.

Stärkung des Herzens bedeutet Stärkung der Immunität. Krankheiten haben die verschiedensten Ursachen. Doch glauben Sie mir, Sie haben wesentlich mehr Möglichkeiten, sie zu besiegen, als Ihnen die Schulmedizin zugesteht. Eine dieser Möglichkeiten ist die Arbeit mit subtiler Energie. Das Spüren von Energie harmonisiert die Funktionen Ihres Körpers und wird Ihnen den Weg zur Heilung zeigen.

Vierter Schritt. Bitten Sie um innere Führung!

Krankheit kann verwirrend sein. Sie befinden sich auf einer emotionalen Achterbahn. Statistiken, Wahrscheinlichkeiten, therapeutische Möglichkeiten, voraussichtliche Überlebensraten werden in Ihrem Kopf durcheinander wirbeln. Es ist nur natürlich, wenn Sie sich davon überwältigt fühlen. Wie können Sie eine fundierte Entscheidung über die Behandlung bei einer Krankheit treffen? Eine Entscheidung, zu der Sie auch 20 Jahre später noch stehen können, wenn Sie auf diese Zeit zurückblicken. Was sollten Sie tun? Zunächst einmal die Fakten sammeln, doch das ist nicht alles. Nehmen Sie sich ausreichend Zeit, um auf Ihre Intuition zu lauschen. Egal, wie beeindruckend die wissenschaftlichen Beweise sein mögen, Ihre Entscheidung muss für Sie stimmig sein. Gehen Sie langsam voran. Geraten Sie nicht in Panik. Von meinen Patienten waren diejenigen am glücklichsten über ihre Therapieentscheidung, die in jedem Stadium der Krankheit ihre Intuition befragt haben.

Wenn Sie nach der optimalen Behandlungsmethode für Ihre Krankheit suchen, stellen Sie sich selbst die folgenden Fragen:

- Was sagt mein Bauch dazu? Ist er verkrampft oder entspannt? Fühlt sich eine Möglichkeit »richtig« oder »falsch« an?
- Schlafe ich nachts besser oder schlechter, wenn ich über eine bestimmte Herangehensweise nachdenke? Fühle ich mich ruhiger und zuversichtlicher, wenn ich sie in Angriff nehme?
- Wenn ich mich ruhig darauf einstimme, welche Bilder, Eindrücke oder welches innere Wissen stellt sich ein?

Sagen sie mir, ich soll den nächsten Schritt tun? Warten? Mich nach einer anderen Alternative umsehen?

Stellen Sie Ihrer Intuition spezifische Fragen. Werten Sie die Antworten aus.

Treffend formulierte Fragen und das Bitten um Führung durch intuitive Problemlösung ist eine Form des Remote-Viewing. Probieren Sie diese Frage-Antwort-Strategie aus. Sie werden ein genaueres Bild gewinnen, wie Sie sowohl im Hier und Jetzt als auch in der Zukunft vorgehen sollen. Erinnern Sie sich, dass Remote-Viewing nicht von den Begrenzungen durch Zeit und Raum beschränkt ist. Es handelt sich dabei um eine Technik, mit der Sie Ihre Intuition anzapfen können, um Informationen über Personen, Orte und gesundheitsbezogene Interventionen erhalten können. Sie müssen sich nur zentrieren und das tägliche Auf und Ab beiseite legen. Stellen Sie Ihre Frage. Achten Sie darauf, welche Eingebungen kommen. Berücksichtigen Sie diese bei Ihrer Entscheidung, etwa bei der Frage, ob eine bestimmte Behandlung erfolgreich sein wird. Stellen Sie sich vor, wie Sie diese Behandlung erleben. Sehen Sie ein positives Ergebnis? Wenn ja, wie sehen die Einzelheiten aus? Sind Sie gesünder? Kraftvoller? Frei von Schmerzen? Wenn nicht, ist diese Behandlungsform vielleicht nicht die richtige für Sie. Entwickeln Sie ein klares Gespür für die Resultate, wann immer es Ihnen möglich ist.

Wie können Sie wissen, dass Ihre Eingebungen zutreffend sind? Können Sie sie von Ihren Hoffnungen und Ängsten unterscheiden? Wenn Ihnen Ihr Arzt zum Beispiel dringend zu einer Chemotherapie bei Ihrer Krebserkrankung rät, wie können Sie sicher sein, dass Ihre Angst vor den berüchtigten Nebenwirkungen dieser Behandlungsform Ihr Urteil nicht überschattet? Um sicherzugehen, dass Sie wirklich richtig vorgehen, sollten Sie Folgendes tun: Seien Sie ein offener Kanal. Versuchen Sie nicht,

Ihre Intuition zu beeinflussen. Wie ich schon an anderer Stelle betont habe, sollten Sie besonders auf solche Eingebungen achten, die entweder völlig neutral sind, ohne emotionales Gewicht, oder von Mitgefühl erfüllt sind. Ich habe gelernt, mich auf diese Faktoren zu berufen, um den Grad von Zuverlässigkeit zu messen.

Vor einiger Zeit kam eine meiner Patientinnen, die ich schon seit Jahren kannte, zu einem Termin in meine Praxis. Während sie über ihren Berufsstress sprach, hatte ich plötzlich die deutliche Eingebung, dass sie an Diabetes litt, obwohl nichts von dem, was sie erzählte, auch nur im Geringsten darauf hindeutete. Meine erste Reaktion war natürlich Bestürzung. Doch wusste ich aus Erfahrung, dass ich den Fluss von hereinkommenden Informationen verlangsamen musste, um die Gültigkeit meiner Intuition bestimmen zu können. Sobald das geschehen war, erkannte ich, dass mein intuitiver Eindruck neutral gewesen war. Instinktiv beschloss ich, ihr zunächst nichts darüber zu sagen. Ich schlug ihr lediglich aufgrund ihrer Stresssymptome vor, sich untersuchen zu lassen. Sie war einverstanden. Ihr Arzt nahm eine Routine-Blutuntersuchung vor, bei der ein erhöhter Glukoseanteil im Blut festgestellt wurde, und seine Diagnose lautete »Diabetes im Anfangsstadium«. Genau wie ich, können auch Sie üben, Ihre emotionale Reaktion auf das, was Sie fühlen, von der ursprünglichen Intuition zu trennen. Dann wissen Sie genauer, ob Ihre Intuition authentisch ist.

Ich kenne auch noch eine andere Art von Intuition bei meiner Arbeit. Als sie zum ersten Mal auftrat, war ich völlig überrascht. Mitten in einer Sitzung mit Larry, einem Teenager, sah ich plötzlich ein anderes männliches Gesicht, das seines überlagerte. Ich dachte, meine Augen würden mir einen Streich spielen. Ich blinzelte – doch es war noch immer da. Darüber hatte ich während meines

Studiums nie etwas gelernt. War ich vollkommen verrückt geworden? Glücklicherweise dachte ich nicht weiter darüber nach. Stattdessen beschloss ich, mich auf das Gesicht zu konzentrieren und es direkt zu fragen, auf welche Weise es Larry helfen konnte. Zu meiner Begeisterung empfing ich die extrem passende Information: »Frag ihn, ob er oft Kopfschmerzen hat.« Ich fragte ihn, und er bejahte. Offenbar war ich auf der richtigen Spur. Indem er seine Kopfschmerzen näher untersuchte – sowohl ihre psychologischen als auch physischen Ursachen –, stellte Larry fest, dass seine Symptome allmählich besser wurden. Bei einer anderen Patientin erschien plötzlich das Gesicht einer bekannten Komikerin, die an Eierstockkrebs gestorben war. Traurigerweise warnte es mich davor, dass meine Patientin das gleiche Schicksal ereilen würde.

In meinen Seminaren begann ich herauszufinden, ob andere Therapeuten ähnliche Dinge erlebten. Und richtig! Viele wussten aus eigener Erfahrung, wovon ich sprach – doch fürchteten sie sich vor den hochgezogenen Augenbrauen, wenn sie es wagen würden, diese Dinge zu erwähnen. Der Zauber des Auftauchens solcher »Tabu«-Intuitionen ist die Erleichterung, die sie bringen. Jetzt, wo wir offiziell darüber sprachen, konnte ein professioneller Austausch beginnen. Ob diese Gesichtsüberlagerung nun eine visuelle Vorahnung darstellt, ein wohlwollender geistiger Führer oder die Spiegelung einer vergangenen Inkarnation ist – in jedem Fall ist dieses Phänomen sehr wertvoll für Therapeuten. Wann immer es auftaucht, nehme ich es zur Kenntnis und mache mir dieses wertvolle intuitive Hilfsmittel zunutze.

Die Bitte um Führung ist sehr praktisch, wenn es um Ihre Gesundheit geht, vor allem während einer gesundheitlichen Krise. Für mich ist sie oft ein Lebensretter gewesen. Ich möchte Ihnen zeigen, wie es funktionieren kann.

Innerhalb weniger Monate wurde ich Zeuge, wie die Parkinsonkrankheit meinem Vater allmählich sein Leben unmöglich machte. Mein geliebter Vater war plötzlich völlig abhängig von anderen Menschen. Ich, sein einziges Kind, sah machtlos, mit gebrochenem Herzen zu. »Wir können ihn nicht mehr länger hier behalten«, sagte mir die freundliche Leiterin des Altersheims, in dem er sich befand. »Sie müssen einen Platz finden, wo er medizinisch besser versorgt werden kann.« O Gott, ein Pflegeheim! Ich hatte es eigentlich schon lange kommen sehen, doch ich konnte es nicht ertragen, darüber nachzudenken.

Also begann meine Reise in die »Unterwelt der Pflegeheime«. Stellen Sie sich vor, wie es ist, wenn Sie sich nicht mehr selbst versorgen oder klar denken können. Wenn Sie permanente Überwachung brauchen. Wenn Sie sich auf die Freundlichkeit des Pflegepersonals verlassen müssen, das Sie gerade zum ersten Mal getroffen haben. Ich stürzte mich in diesen sehr realen und schmerzhaften Aspekt der Altenfürsorge in unserer Gesellschaft. Ich bat darum, geführt zu werden. Ich klammerte mich an meine Intuition, um Klarheit zu gewinnen. Ich betete darum, mein Herz nicht zu verschließen. Manchmal ist das alles, was Sie tun können. Ich war der einzige Fürsprecher meines Vaters. Ich konnte es mir nicht leisten, der Angst zu erliegen. Meine Intuition sagte mir, dass es irgendwo eine Lösung für ihn gab, einen Ort, wo er gut versorgt und glücklich sein würde. Es war eine barmherzige Wahrheit, das fühlte ich ganz tief in meinem Innern. Außerdem sah ich immer wieder ein bestimmtes Bild von der Sonne, das keinerlei emotionales Gewicht hatte. Auf irgendeine Weise stand es in Verbindung mit der Lösung für meinen Vater, doch ich wusste nicht, wie. Machte ich mir nur einfach etwas vor, was ich unbedingt glauben wollte? Meine Intuition – eine Mischung aus Mitgefühl und Neutralität – sagte mir jedoch etwas anderes.

Ich suchte weiter. Im schlimmsten aller Pflegeheime, die ich sah, herrschten unbeschreibliche Bedingungen: Schlafsäle voller wahnsinniger Patienten, in Reihen von Betten, die nur wenige Zentimeter auseinander standen. Ich kämpfte darum, nicht in diesen Strudel von Verzweiflung hineingerissen zu werden. Nicht mein Vater. Nicht dort. Selbst die »besseren Plätze« fühlten sich nicht richtig an. Es hatte den Anschein, als würde ich nicht weiterkommen. Trotzdem bemühte ich mich immer wieder, mich zu zentrieren.

Ganz unten auf meiner Liste, außerhalb der Gegend, die ich ursprünglich in Erwägung gezogen hatte, stand ein Heim mit Namen »Vista del Sol«. Als ich ihm einen Besuch abstattete, atmete ich sofort vor Erleichterung auf. Der Ort war perfekt: Gartenappartements, verbunden mit einem Pflegeheim, in das mein Vater übersiedeln konnte, wenn es nötig war. Erst in diesem Augenblick verstand ich die Bedeutung meiner immer wiederkehrenden intuitiven Vision. Ein Schauer durchfuhr mich. Im Spanischen bedeutet *Vista del Sol* »Sonnenblick«. Im verzweifelten Durcheinander meiner Suche hatte ich einfach nicht die Verbindung erkannt.

Der Zweck dieser Geschichte besteht darin, Ihnen eine realistische Einschätzung darüber zu geben, was die Bitte um Führung bringen kann. Warten Sie nicht auf eine Vision, die auf magische Weise die Sorgen um Ihre Gesundheit beenden wird. Das kann zwar passieren, doch in der Regel wird Ihre Intuition ein Kompass sein, der Ihnen den Weg zur Genesung zeigt. Am Anfang werden Sie vielleicht nicht die leiseste Ahnung haben, was eine bestimmte Eingebung bedeuten könnte. Tun Sie sie nicht ab, nur weil Ihnen der Sinn nicht sofort klar ist. Die Ereignisse in Ihrem Leben werden früher oder später den Stellenwert Ihrer Intuition erklären. Halten Sie Ihre Augen offen. Entdecken Sie Ihre Antwort. Wenn Zweifel aufkommen (und das werden sie, selbst bei denen von uns, die großes Vertrauen in ihre Intuition haben), bringen Sie sich zurück in Ihr Zentrum. Die Klarheit wird zurückkommen. Wenn es um Ihre Gesundheit oder die eines Ihnen nahe stehenden Menschen geht, vertrauen Sie Ihrer Intuition, und Sie werden auf dem richtigen Weg sein. Ihre Herausforderung besteht – genau wie bei mir – darin, dem zu vertrauen, was Ihre innere Führung Ihnen sagt.

Für mich ist Führung wie eine Art von Beten, die Möglichkeit, eine innere Richtung zu finden und mit einer spirituellen Kraft Verbindung aufzunehmen, die heilen kann. Wir müssen nicht alleine mit unserer Krankheit fertig werden. Es gibt Menschen, die wir noch nie getroffen haben, die darauf warten, uns zu helfen. Während der Krankheit meines Vaters entdeckte ich Gebetsgruppen – Zusammenschlüsse hingebungsvoller Menschen überall auf der Welt, die mit verschiedenen Kirchen und humanitären Organisationen in Beziehung stehen, die für Sie oder Ihre Lieben beten werden, wenn es notwendig ist. Buchstäblich Tausende von Freiwilligen wechseln sich 24 Stunden am Tag in Schichten ab, um Ihnen positive Gedanken und heilende Energie zu senden. Die bahnbrechende Studie, die der Kardiologe Randolph Byrd an Herzpatienten im San Francisco General Hospital vorgenommen hat, bewies die Macht des Betens bei der Heilung. Diejenigen Patienten, für die gebetet wurde, hatten eine größere Überlebensrate, brauchten in der Regel weniger Antibiotika und hatten weniger Komplikationen als die Gruppe, für die nicht gebetet wurde. Dies sind beeindruckende statistische Ergebnisse. Ich gab allen Gebetsgruppen, die ich finden konnte, den Namen meines Vaters. Auch Sie können sich dieser Einrichtung bedienen. Selbst in Krankheitsfällen, in denen es keine offensichtliche Antwort zu geben scheint, ist Beten eine weitere Quelle, aus der Sie Klarheit und Hilfe schöpfen können.

Fünfter Schritt. Hören Sie auf Ihre Träume!

Vor mehr als 2000 Jahren, im Griechenland der Antike, waren Träume heilig. Schreine zu ihren Ehren ragten über das kobaltblaue Mittelmeer hinaus. Kranke Pilger kamen zu Fuß – oder auf Sänften getragen – aus allen Teilen der Welt, um die berühmten Tempel des Äskulap zu besuchen. Äskulap, der göttliche Arzt, war kein Mensch, sondern ein Gott: Der Sohn des begnadeten Jägers Apollo war der Spender von Träumen, die heilen konnten. Spezielle Inkubationskammern waren für die Kranken eingerichtet worden, die in den »Tempelschlaf« versetzt wurden und um einen heilenden Traum baten. Zur Vorbereitung wurden sie in Rosenwasser gebadet, dessen süßer Duft die Luft erfüllte. Nach einer Nacht in diesem Heiligtum interpretierten Priester, nicht Ärzte, ihre Träume. Die Tempelwände waren mit dramatischen Zeugnissen von Heilungen beschrieben: »Der Körper von Hermodikes von Lampsakos war gelähmt. Er wurde im Schlaf geheilt.« Die griechische Kultur verehrte die therapeutischen Eigenschaften der Träume auf eine Weise, die wir vergessen haben.

Auch in unserer heutigen Welt könnten die frenetischen Bemühungen unserer Wissenschaft, Krankheit in Zahlen auszudrücken, von der Zusammenarbeit mit Träumen profitieren. Das Verbannen harter wissenschaftlicher Fakten in ein Lager und visionärer Träume in ein anderes ist für niemanden von Vorteil. Die beiden Seiten könnten wunderbar zusammenarbeiten. Im Schlaf verlieren wir unsere Hemmungen. Träumen hängt mit der Kapitulation unseres denkenden Verstandes zusammen. Mehr Heilung ist möglich, wenn unsere üblichen Mauern nicht vorhanden sind und Kreativität ihren Höhepunkt erreicht. Heilung ist dasselbe wie Kreativität. Was unseren Körper betrifft, so bieten Träume brillante Lösungen bei Gesundheitsproblemen an, die Ihnen ansonsten nie in den Sinn gekommen wären: das Diagnostizieren und Behandeln von Symptomen, Erleichterung bei Beschwerden, sogar frühzeitige Warnungen bei bevorstehender Krankheit. Wenn ich krank werde, sind meine Träume die erste Instanz, an die ich mich wende. Unabhängig davon, wie viel Sorgen ich mir über meine Situation mache; die Vernunft und die Weisheit von Träumen geben mir Halt.

Welche Dinge können Träume über Ihren Körper enthüllen, die nicht einmal Ihr Arzt weiß? Können Träume Krankheiten diagnostizieren? Lesen Sie, was der Autor Marc Barasch erlebt hat. Während er sich als Chefredakteur des *New Age Journal* abrackerte, hatte er einen ungewöhnlich lebhaften Traum, aus dem er mit der Angst aufwachte, an Krebs erkrankt zu sein, obwohl er keinerlei Symptome hatte. Doch der Traum verfolgte ihn. In seinem Buch *The Healing Path: A Soul Approach to Illness* schreibt er:

> *Ein eiserner Topf voll rot glühender Kohlen hängt unter meinem Kinn … Ich spüre, wie die Hitze meine Kehle verbrennt, und ich schreie, meine Stimme wird immer heiserer, eine nackte tierische Verzweiflung packt mich, während die Kohlen an meinem Keblkopf fressen. »Bitte, Gott, bring mich hier weg!« … Ich fühle eine schwarze, ausweglose Hoffnungslosigkeit.*

Als Marc am nächsten Morgen aufwachte, fühlte er sich am Boden zerstört. Die Klarheit des Traumes – bezüglich seiner absoluten Dringlichkeit – zwang ihn dazu, medizinischen Rat einzuholen. Können Sie sich vorstellen, dass Sie ohne irgendwelche Symptome zu Ihrem Doktor gehen, mit nichts als einem Traum in der Hand, und um eine Untersuchung bitten? Im antiken Griechenland war so etwas kein Problem. Aber heutzutage? Marc hatte Schwierigkeiten, jemanden zu überzeugen, ihn ernst zu nehmen. Die Leute versicherten ihm: »Das war nur ein Traum«, »Du stehst zu sehr unter Stress«, »Dein Traum ist ein Symbol für deine Ängste«. Alles einleuchtend, doch zu wenig für Marc. Gesegnet mit Mut und einem festen Glauben an Intuition, blieb er hartnäckig. Schließlich überredete er einen Arzt dazu, ihn zu untersuchen. In seinem Hals wurde ein Tumor gefunden, der sich als Schilddrüsenkrebs herausstellte. Das war mit Sicherheit kein Ergebnis, das er sich gewünscht hatte. Dennoch wurde, angeregt durch die Dringlichkeit des Traumes, eine rechtzeitige Behandlung eingeleitet, die es verhinderte, dass der Krebs sich ausbreiten konnte.

Wenn Sie einen Traum über Ihren Körper haben, bedenken Sie, dass er eine Botschaft beinhalten könnte. Wie in Marcs Fall, wird sie Ihnen vielleicht ungefragt angeboten. Oder Sie können eine Frage in Bezug auf Ihre Gesundheit stellen. Wie ich schon vorgeschlagen habe, bitten Sie vor dem Schlafengehen um einen einfachen Traum, der die Angelegenheit verdeutlicht. Je spezifischer Ihre Bitte ist, desto besser. Schreiben Sie die Antwort in Ihr Traumtagebuch. Sollte die Antwort nicht klar sein, fahren Sie fort, um einen Traum zu bitten, einen Tag, eine Woche, so lange, bis Sie die Antwort haben. Vielleicht fühlen Sie sich erschöpft, wissen aber nicht, warum. Vielleicht sind Sie hin und her gerissen, ob Sie sich operieren lassen sollen. Was immer es ist – schauen Sie nach, was Ihr Traum Ihnen zu sagen hat. Bei behandlungsresistenten Krankheiten – wie Ermüdungssyndrom, Muskelschmerzen im Nacken und der Schulter, auch Computerkrankheit genannt, oder anderen hartnäckigen Schmerzen – können Traumlösungen von echtem Nutzen sein. Sie sind gleichbedeutend mit einer zweiten Meinung. Vermeiden Sie es, in linearen, medizinisch erklärbaren Eingriffen gefangen zu sein. Machen Sie sich klar, dass intuitive Traumweisheit eine Realität ist – ob sie nun direkt vom Geist des Äskulap kommt, einer höheren Macht oder Ihrem eigenen höheren Selbst. Sie hat Ihnen nützliche Dinge zu sagen über Ihre Heilung.

Es gibt Hinweise darauf, ob ein Heilungstraum intuitiv zutreffend ist. Vergessen Sie nicht, nach diesen bewährten Prüfsteinen Ausschau zu halten:

- ungewöhnlich lebhafte Bilder, Farben oder Geräusche
- ein eigenartig unpersönlicher Ton, der neutral Informationen gibt
- ein Gefühl unbestreitbaren »Wissens« in Ihrem Körper
- die Frische und Klarheit bestimmter Traumsegmente

Ihre Beziehung zum Träumen ist dynamisch: Sie bitten um einen Traum, Sie bekommen ihn, Sie interpretieren ihn. Es mag eine Weile dauern, sich darauf einzustellen, doch bald wird es Ihnen vollkommen natürlich erscheinen. Sie werden lernen, mit Ihren eigenen Symbolen zu arbeiten, um Ihr Geschick bei der intuitiven Traumdeutung zu entwickeln. Traumbücher, in denen die Bedeutung bestimmter Traumbilder beschrieben wird, können ein guter Anfang für Sie sein, doch letzten Endes ist ihr Nutzen begrenzt. Ich würde Ihnen empfehlen, C. G. Jungs *Der Mensch und seine Symbole* zu lesen. Dort lernen Sie zum Beispiel, dass Meer (lateinisch *mare*) oder Mutter mit Emotionen assoziiert wird, mit weiblicher Energie, dem kollektiven Unbewussten; Feuer mit Leidenschaft; Geburt mit Kreativität, neuen Anfängen. Machen Sie sich mit diesen traditionellen Interpretationen vertraut. Wenden Sie sie auf Ihren Traum an, doch lassen Sie es dabei nicht bewenden. Bauen Sie auf ihnen auf, indem Sie erkennen, welche einzigartigen Wahrheiten Ihre Symbole für Sie bereithalten. Der Talmud sagt, dass ein nicht analysierter Traum wie ein ungeöffneter Brief ist. Hier ist eine einfache Technik, die ich bei der intuitiven Deutung meiner Träume benutze:

Vier Tipps für intuitive Traumdeutung

1. Schreiben Sie nach dem Aufwachen Ihren Traum sofort in ein Tagebuch; wenn Sie das nicht tun, werden Sie ihn vergessen.
2. Achten Sie auf jene Bilder und Traumsymbole, zu denen Sie sich besonders hingezogen fühlen, oder solche, die Sie bewegen. Unterstreichen Sie diese in Ihrem Tagebuch.
3. Meditieren Sie, sobald Sie die Zeit dazu haben. Begeben Sie sich in einen neutralen, aufnahmefähigen Zustand. Behalten Sie das Traumsymbol sanft in Ihren Gedanken, ohne es zu analysieren, lassen Sie es nur einfach da sein. Bitten Sie ausdrücklich darum, dass Ihnen seine Bedeutung gezeigt wird.
4. Achten Sie besonders auf alle Bilder, Szenarios, Erinnerungen oder körperliche Empfindungen, die auftauchen. Diese Intuitionen kommen aus Ihrem tiefsten Wesen. Sie werden Ihr Symbol erklären.

Ich möchte Sie jetzt durch ein paar Beispiele der Trauminterpretation führen. In seiner psychoanalytischen Praxis hat Freud festgestellt, dass Träume physiologische Vorhersagen auf Erkrankung sein können. Dennoch können zwei Träumer identische Traumbilder über Ihre Gesundheit mit völlig unterschiedlichen Bezügen zeigen. Was ist zu tun? Achten Sie sorgfältig auf die kultivierte Rolle, die Ihre Intuition spielt.

Vor einigen Jahren träumte ich, dass ich Aids hatte. Zu dem Zeitpunkt schien alles in meinem Leben – Projekte, Beziehungen, Ferien – zum Scheitern verurteilt. Selbst der Klempner schien nicht in der Lage zu sein, meine Toilette zu reparieren. Ich begann, griesgrämig zu werden, mich zu beklagen und allem und jedem gegenüber undankbar zu sein. Dann hatte ich den Traum. Er war so realistisch, dass ich, von Panik erfüllt, mit wild klopfendem Herzen aufwachte. Gott sei Dank war es nur ein Traum, dachte ich in der Zehntelsekunde, als ich meine Augen öffnete. Der Traum hatte mich wachgerüttelt. Von diesem Tag an war ich froh, überhaupt am Leben zu sein. Nichts veranlasst Sie so schnell zu einer prompten Änderung Ihres Verhaltens wie die Drohung, Ihre Gesundheit zu verlieren! Doch wie konnte ich wissen, dass mein Traum keine Vorahnung war?

Um dies festzustellen, musste ich versuchen, meine Angst loszulassen – nicht einfach, aber von entscheidender Bedeutung –, damit ich klar sehen konnte. Als Nächstes wurde ich ganz ruhig und stellte in meinem Innern die knallharte Frage: »Sagt mein Traum mir, dass ich Aids bekommen werde?«

Ich blieb hellhörig. Während ich mit meiner Intuition auf die Antwort lauschte, hörte es sich nicht wahr an. Ich bekam keine Gänsehaut. Keine blitzartige Erkenntnis. Kein bestätigendes Bild oder Wellen der Erkenntnis. Ich vertraute mir. In meinem Traum ging es nicht um Krankheit, sondern um mein Leben: Er war ein Appell, der meine Aufmerksamkeit wachrüttelte und dazu führte, dass ich neue Dankbarkeit dafür empfand zu leben.

Nun schalten Sie bitte in den nächsten Gang. Nehmen Sie dasselbe Thema mit einer anderen Interpretation. Mein Patient Ben träumte ebenfalls, dass er Aids hatte. Hier ist ein Teil seines Berichts:

Ich sieche in einem Krankenhausbett vor mich hin. Mein Sohn versucht mich zu ermorden. Er injiziert mir das Aids-Virus durch meinen intravenösen Schlauch. Ich fühle mich eigenartig unbeteiligt, wie ein Zeuge dieses Geschehens. Ich beobachte mich, wie ich darum kämpfe, ihn von seinem Vorhaben abzuhalten, doch ich bin wie gelähmt und kann mich nicht bewegen.

Eine äußert beunruhigende Vision. Welche Botschaft schreit dieser Traum heraus? Bens Sohn, ein 21-jähriger Spieler, der sich weigerte, einen Job anzunehmen, saugte ihn emotional und finanziell bis aufs Blut aus. Ben hatte enorme Schwierigkeiten, ihm Grenzen zu setzen. Dieses Verhalten, wie der Traum deutlich ankündigte, brachte Ben um. War die Bedrohung durch Aids wörtlich zu nehmen? Oder war Bens Traum ein deutlicher Ausdruck von Qual und Angst? Wie fand er es heraus?

Ich half ihm, sich zu konzentrieren. Dann bat ich Ben, intuitiv in die Zukunft zu projizieren. Sah er sich, wie er an Aids litt? Wie sah die Beziehung zu seinem Sohn aus? Es war schmerzhaft für ihn, sich diesen Themen zu stellen. »Es war, als wenn ein Gong in meinem Solarplexus ertönen würde«, berichtete Ben über seine Meditation. »Ich fühlte mich krank in jeder Zelle meines Körpers. Wenn ich nicht etwas unternahm ... wenn ich nicht irgendetwas mit meinem Sohn anders machte ... ich hatte das schreckliche Gefühl, dass der Traum wahr werden würde. Eine Schwere überkam mich, als würde ich in einem Meer von Treibsand versinken.«

Bens Traum war ein harter Stoß in die Wirklichkeit, den er klugerweise ernst nahm. Es war ein Kampf – doch um seine Gesundheit zu bewahren (und seinen Sohn nicht weiterhin in seinem Gebaren zu unterstützen), änderte er sein Verhalten. Was wäre passierte, hätte er das nicht getan? Was wäre passiert, wenn er seinen Traum ignoriert hätte? Hätten Sie dieses Risiko auf sich genommen? Was sagt *Ihre* Intuition?

Manche Träume zeichnen ein kompromissloses Bild dessen, was auf dem Spiel steht. Die Zeichen, von denen Ben erzählte – der Zustand des unbeteiligten Zeugen, den er erlebt hatte, und die totale Bestätigung durch seinen Körper –, gaben dem intuitiven Inhalt seines Traumes Glaubwürdigkeit. Achten Sie auf diese Eigenschaften.

Wenn sie auftreten, sollten Sie den Traum vielleicht wörtlich nehmen, ein radikaler Schritt, der weit reichende Implikationen für die Besserung Ihres Wohlbefindens oder das eines anderen hat.

Außerdem gibt es Träume, die eine Vorschau auf das bieten, was geschehen wird, wenn Sie es auch möglicherweise nicht verhindern können. Zum Beispiel am Abend vor Ihrem Campingausflug in die Berge. Sie träumen, dass Sie einen Beinbruch haben. Sie sind nicht glücklich darüber, doch Sie hören auf die Warnung. Während des Wanderns sind Sie besonders vorsichtig – dennoch passiert ein Unfall. Warum hatten Sie den Traum? Wie kann er von Nutzen für Sie sein?

Mein Freund Pater James ist ein Benediktinermönch und Heiler. In seinem ersten Brief an mich schrieb er: »Mitten in meinem Leben als Mönch kommen die Menschen zu mir und wollen Antworten. Manchmal habe ich Träume, in denen ich die Erkrankungen anderer voraussehe, ohne sie verhindern zu können. Das bringt mich völlig aus der Fassung.« Dann beschrieb er den folgenden Traum:

> *Ich sehe einen Mann, den ich von der Kirche her kenne. Aus der Entfernung sehe ich, wie ein Bolzen aus einer Armbrust sein Herz durchbohrt. Ich stehe einfach da. Es gibt keinen Zweifel. Niemand wird in der Lage sein, das Geschehen zu stoppen.*

Am nächsten Tag führte Pater James ein paar hektische Telefongespräche. Leider musste er entdecken, dass der Mann, von dem er geträumt hatte, soeben einen Herzinfarkt erlitten hatte. Verwirrung machte sich breit. Hier lag Pater James' Dilemma: Er lebte in einer spirituellen Tradition, die bis ins 5. Jahrhundert n. Chr. zurückreicht und in der Gebete heilen können, und ihm wurde nicht einmal die Chance gegeben, sie anzuwenden. Welchen Zweck erfüllte die Vorwarnung über den Herzinfarkt seines Gemeindemitglieds?

Ich sehe das so. Vorahnung, ob in Träumen oder im Wachzustand, ist erhellend. Es hat etwas Heiliges, Zeugnis abzulegen oder Zeuge von Geschehnissen zu sein, während sie sich entfalten. Alles, was ich sehe, sei es die Krankheit eines Patienten oder ein freudiges Fest, reflektiert die Fülle des Lebens, die Ebbe und Flut, von der Teil zu sein ich privilegiert bin. Ich muss hier ganz deutlich werden: Intuitiv empfänglich zu sein garantiert nicht, dass Sie die Macht haben, alles, was Sie sehen, ändern zu können. Wenn Sie von Krankheiten träumen, die Sie nicht verhindern können, so ist das nicht sinnlos oder eine Ahnung bevorstehenden Untergangs. Betrachten Sie den Traum als ein heilendes Licht, ein gutes Omen. Er zeigt die profunde Tiefe der intuitiven Ressourcen, die Ihnen zur Verfügung stehen, um die vor Ihnen liegenden Herausforderungen zu meistern. Ob sie nun Mönch, Therapeut oder Hausfrau sind – im intuitiven Bereich müssen Sie sich davor hüten, der Gefahr der Abhängigkeit anheim zu fallen und zu viel Verantwortung für Dinge auf sich zu nehmen, die gar nichts mit Ihnen zu tun haben. Der weise und notwendige Imperativ ist der, zu wissen, was Sie vernünftigerweise auf sich nehmen können.

Zuweilen ist es jedoch angebracht und möglich, in Gesundheitsangelegenheiten einzugreifen. Wenn Sie wissen möchten, ob, wann und wie Sie jemandem von einem Traum erzählen sollen, stellen Sie sich selbst bitte folgende Fragen:

Wird diese Information dem Betreffenden von Nutzen sein?
Ein »Ja« kann sich als angenehmes Gefühl im Bauch ausdrücken, als plötzlicher Energieschub, wie ein Licht, das eingeschaltet wird, ein Gefühl, auf dem richtigen Weg zu

sein. Ein »Nein« kann sich anfühlen, als wenn Sie vor einer Mauer stehen, oder wie ein dumpfer Schlag, eine Hand, die Sie wegstößt, ein Wissen, das Ihnen sagt: »Geh nicht dahin.« Mit etwas Übung werden Sie lernen, wie sich »Ja« und »Nein« für Sie anfühlen. Wenn Sie unsicher sind, unternehmen Sie nichts. Stimmen Sie sich weiterhin auf den Betreffenden ein, bis Sie eine klare Botschaft erhalten.

Wie kann ich die Information am behutsamsten weitergeben?
Bevor Sie etwas sagen, versetzen Sie sich in die Lage des anderen. Wie würden Sie am liebsten diese Nachricht hören? Seien Sie liebevoll und präsentieren Sie sich nie als die einzige Autorität (selbst erfahrene Intuitive können sich irren). Während zum Beispiel ein Freund sein Studio anstreicht, träumen Sie, dass er von der Leiter fällt und sich ein Bein bricht. Sie könnten ihm Ihren Traum erzählen und sagen: »Falls es wahr ist, wäre es vielleicht sinnvoll, besonders vorsichtig zu sein.« Das warnt den Betreffenden, ohne Panik zu verursachen. Hier ist eine Vorgehensweise, die Sie besser vermeiden: »Pass auf. Ich habe geträumt, dass du dir ein Bein brichst!« Damit schaffen Sie unter Umständen die Voraussetzung für eine sich selbst erfüllende Prophezeiung. Gewöhnen Sie sich daran, Ihre Intuition um die rechte Wortwahl zu bitten; manchmal ist es besser, weniger zu sagen. Irren Sie sich lieber durch Untertreibung anstatt durch Übertreibung. Wenn Sie träumen, dass ein Verwandter Krebs hat, sollten Sie vielleicht nur sagen: »Ich habe geträumt, dass du ein Problem mit deiner Gesundheit hast. Um ehrlich zu sein, ich weiß nicht, ob es stimmt. Wärest du bereit, mir einen Gefallen zu tun und zum Arzt zu gehen?« Die ideale Strategie besteht darin, sanft und gleichzeitig überzeugend zu sein.

Träume bieten Einsichten, und manchmal können sie heilen. Oftmals ist die Veränderung ganz leise und unspektakulär: Ein Schmerz in Ihrem Nacken ist weg, Erkältungssymptome gehen zurück, Kopfschmerzen verschwinden. Im Laufe der Jahre habe ich öfter geträumt, dass mein spiritueller Lehrer Energiearbeit an meinem Körper vornimmt. Dann wache ich jedes Mal erfrischt und gestärkt auf. Vielleicht erinnern Sie sich gar nicht an die Einzelheiten Ihres Traumes, doch am nächsten Morgen fühlen Sie sich unbestreitbar besser. Seltener, aber dennoch möglich, sind dramatische Beispiele wie das Folgende von meiner Freundin Linda.

Als Linda am Anfang ihres Psychologiestudiums stand, bekam sie ein Lipom, eine gutartige Fettgeschwulst am unteren Teil ihrer Wirbelsäule. Innerhalb eines Monats war es auf die Größe einer Billardkugel angewachsen und verursachte ihr beträchtliche Schmerzen. Sie konsultierte einen Arzt, der ihr empfahl, die Geschwulst operativ entfernen zu lassen. Doch Linda wollte weder eine sie belastende Operation noch die toxischen Nebenwirkungen der Vollnarkose über sich ergehen lassen. Am Abend betete sie vor dem Schlafengehen: »Bitte zeig mir, was ich tun soll.« In der Nacht träumte sie, dass neben ihrem Bett eine riesige Spritze lag. Scheinbar von allein durchstach die Spritze eine Seite ihres Halses, reiste ihre Wirbelsäule hinab und sog eine milchige Flüssigkeit aus dem Tumor. Als sie aufwachte, erinnerte sie sich an alles und lief sofort zum Spiegel. Das Lipom war verschwunden.

Wir sind zu Träumen fähig, die den Körper gesund machen können. Wir können sie einladen zu kommen, oder sie können uns als Geschenke überreicht werden. Die meisten von uns werden eher mildere Versionen von Heilung erfahren als Linda, doch ihr Erlebnis macht deutlich, was geschehen kann. Wenn wir mit unseren Träumen zusammenarbeiten und ihr heilendes Potenzial anzapfen, betreten wir einen Bereich, den viele Menschen für Science-Fiction halten. Ich bin hier, um Ihnen zu sagen, das dem nicht so ist.

Als Ärztin habe ich die reale, therapeutische Wirkung gesehen, die Träume auf das Wohlbefinden meiner Patienten sowie auf meine eigene Gesundheit hatten. Ich hoffe, dass ich Ihnen die gesundheitsverbessernden Einsichten der intuitiven Botschaften vermitteln konnte, die Ihre Träume beinhalten. Die Tatsache, dass ich als Ärztin über Jahre hinweg solch positive Veränderungen immer wieder beobachten konnte, hält mich aufrecht, bevor die wissenschaftlichen Fakten dahinter völlig dokumentiert sind.

Heilung unseres Körpers. Wie weit geht das Mysterium? Neurochemikalien, Truppen verteidigungsbereiter weißer Blutkörperchen, der goldene Mittelweg zwischen Medikation und Meditation, intuitive Führung, Träume, unsere subtile Energie und positiven Glaubenssätze. Aus diesen Elementen setzt sich der Kern unseres Heilungssystems zusammen. Die Intelligenz unseres Körpers ist darauf programmiert, uns zu helfen, gesund zu bleiben. Doch bis zu welchem Ausmaß? Es gibt mittlerweile sensationelle Beweise dafür, dass unsere Organe selbst intuitive Blaupausen für unsere Heilung beinhalten. Dass sie wortwörtlich »zelluläre Erinnerungen« für alles besitzen, was uns widerfährt, einschließlich unserer gesundheitlichen Probleme und deren Lösungen. Könnte es möglich sein, intuitiv mit unseren Organen zu kommunizieren? Wenn ja, was würde dies für unsere Gesundheit bedeuten?

In ihrem Buch *A Change of Heart* gibt uns Claire Sylvia, Lehrerin an einer Highschool, einen faszinierenden Bericht über ihre Herz-Lungen-Transplantation. Entsprechend der Krankenhauspraktik musste die Anonymität des Spenders gewahrt bleiben – doch sie begann von ihm zu träumen. Sie konnte ihn deutlich sehen, erfuhr seinen Namen und lernte ihn kennen. Nie hatte sie etwas Ähnliches erlebt. Nach ihrer Transplantation entwickelte sie sowohl eigenartige Gelüste nach Hähnchen, grünen Paprikaschoten und Bier als auch ganz neuartige Persönlichkeitsmerkmale, Erinnerungen, Verhaltensweisen. Da sie unbedingt wissen wollte, was diese Veränderungen bedeuten, benutzte sie die ihr von dem Spender in Träumen mitgeteilten Hinweise, um seine Eltern ausfindig zu machen. Zu ihrem Erstaunen fand sie sie tatsächlich. Sie bestätigten, dass ihre ungewöhnlichen Essensgelüste und Verhaltensweisen Eigenschaften ihres Sohnes gewesen waren; es waren sein Name und seine Erscheinung, die immer wieder in ihren Träumen auftauchten!

Das Konzept zellularer Erinnerung ist nicht neu. Zum ersten Mal wurde es bei der Beschreibung des Immunsystems erwähnt. Jahrzehnte nach der Impfung mit dem Impfstoff gegen Kinderlähmung hat unser Körper noch immer eine aktive Erinnerung an dieses Virusantigen. Daraus lässt sich die Möglichkeit ableiten, dass auch unsere Organe, Gewebe und unser Blut konkrete Erinnerungen enthalten. Claire Sylvia ist ein lebendiger Beweis dafür. Viele andere Transplantationspatienten berichten von ähnlichen Erfahrungen. Wenn wir dies mit den fünf Schritten in Verbindung bringen, die ich hier vorstelle, erkennen wir, dass Krankheit verstanden und schneller überwunden werden kann, wenn wir nicht nur unseren Verstand benutzen, sondern darüber hinausgehen – auf eine Intuition hin, die nahtlos mit dem atomaren Kern unseres Körpers verbunden ist. Dieser Standpunkt spiegelt eine gewisse Demut wider, eine gerechtere Verteilung instinktiven Wissens. Aus diesem Grund sollten Sie während einer Krankheit die intuitive Information kontaktieren, die Ihr Körper gespeichert hat, und sie für sich arbeiten lassen.

Es gibt Möglichkeiten innerhalb einer Krankheit, die Sie vielleicht nicht erwarten. Wer von uns würde sich je freiwillig dafür entscheiden, krank zu werden? Doch falls eine Krankheit Sie ereilt, sollten Sie beginnen, sie als eine

Form von Heilung und nicht als Bestrafung anzusehen. Die schamanische Prämisse, dass Krankheit eine tief greifende spirituelle Initiation ist, trifft durchaus zu. Betrachten Sie alle gesundheitlichen Herausforderungen mit diesen Augen, und der Nachthimmel wird mit dem Licht von Millionen Sternen erfüllt sein. Tun Sie es nicht, werden Sie nur Dunkelheit erleben. Es ist Ihre Entscheidung. Krankheit bedeutet nicht Versagen. Gehen Sie wie ein Schüler an sie heran; akzeptieren Sie, was Sie von ihr lernen können. Reiten Sie den Drachen. Lassen Sie Ihren Geist stark werden. *Vocatus atque non vocatus deus aderit.* Angerufen oder nicht angerufen, Gott ist gegenwärtig.

ZWEITER TEIL

Emotionen und Beziehungen

5

Der emotionale Weg des Kriegers

Wir fragen uns: »Wer bin ich, dass ich brillant sein kann, hinreißend, fabelhaft« Die wahre Frage lautet: »Wieso sind Sie es nicht?«

MARIANNE WILLIAMSON

Zwei Teufel sitzen in einer Nische im Restaurant und reden über ihre Arbeit. Es sind geflügelte Kreaturen mit dumpfen gelben Augen, bleicher Gesichtsfarbe, stacheligen roten Schwänzen. Ein Schrecken erregender Anblick. Ein Teufel weist den anderen zurecht: »Du lässt die Menschen viel zu schnell laufen. Es gibt nur einen Weg, der funktioniert: Hölle und Verdammung. Ich schwöre darauf.« Der andere Teufel schüttelt seinen Kopf. »Warum sich umsonst solche Mühe geben?« Er kichert. »Lass sie einfach nur machen. Sie werden schon alleine dafür sorgen, in die Hölle zu kommen. Wir müssen uns da gar nicht einmischen.«

Eine schlimme Anklage, die wir nicht hinnehmen müssen. Als emotionale Krieger besteht unsere Herausforderung darin, eine andere Form des Lebens zu führen als die, von der diese Dämonen ausgehen. Das heißt, uns selbst mit den Augen der Barmherzigkeit zu sehen – einschließlich unserer Schwächen – und uns nicht bei jeder Gelegenheit selbst niederzumachen. Dazu gehört eine radikale Änderung unserer Selbstwahrnehmung, eine tief greifende Erforschung mit dem Ziel, unser wirkliches Wesen zu erkennen. Kein Verstecken. Nichts auslassen. Das ist der Moment, in dem viele von uns mit dem Kopf gegen die Wand laufen. Wir schämen uns, dass wir depressiv sind, unzulänglich, ängstlich, als ob dies bedeuten würde, dass wir versagt oder etwas falsch gemacht haben. Unsinn! Ein Patient entschuldigte sich einmal: »Ich wünschte, ich könnte Sie wegen etwas Spirituellerem aufsuchen. Doch leider habe ich Panikattacken. Ich kann kaum das Haus verlassen.« Ich fühlte für ihn, doch er sah seine Situation völlig falsch. Sich der Panik auszusetzen *ist* ein mutiger spiritueller Akt. Dies war seine Chance für einen Durchbruch!

Es gibt in unserer Gesellschaft eine fehlgeleitete Erwartung, nach der wir alle ständig glücklich sein müsen. Lassen Sie uns diese Erwartung korrigieren. Niemand von uns ist immun gegen das Auf und Ab des Menschseins. Emotionen – und zwar das ganze Spektrum – sind die kostbaren Grundbestandteile der spirituellen Reise. Werden Sie von innen her gesund, und Sie werden frei sein. Ich arbeite oft mit Patienten, die alles zu haben scheinen, was man sich wünschen kann. Doch viele von ihnen sind verloren, unglücklich. Mehr ist nicht immer besser. Egal, wie viele Häuser Sie besitzen oder wie üppig Ihr Bankkonto ist, wenn Sie voller Selbstverachtung sind, kann selbst der Duft der kostbarsten Rose Sie nicht erreichen. Wir betrachten die Welt entsprechend den Gefühlen, die wir über uns selbst haben.

Ich möchte hier eine häufig anzutreffende, irrtümliche Annahme korrigieren: Wenn Sie Spiritualität entwickelt haben, haben Sie keine emotionalen Konflikte mehr. Nun, vielleicht, wenn Sie den Zustand der Erleuchtung erreichen – aber nicht in dieser Welt. Die Erde ist kein unerleuchteter Planet. Überrascht? Sie ist ein Ort, wo wir lernen: Es gibt hier sowohl Licht als auch Schatten. Der indische Weise Ramana Maharishi hat gesagt: »Wir haben Himmel und Hölle in uns.« Versuchen Sie, dies zu akzeptieren. Es ist unsere Natur. Der wirkliche Vorteil jedoch, den Sie durch die Verbannung Ihrer Dämonen erlangen, besteht darin, dass Ihre Last leichter wird. Sie werden lockerer. Das Leben wird fröhlicher. Sie beginnen, überall kosmische Stimmung zu fühlen. Welche Erleichterung! Das Lernen hört nie auf. Selbst auf meinem Totenbett werde ich wahrscheinlich noch irgendein Problem haben, das ich klären möchte. Das Universum ist liebevoll; es würde ihm niemals einfallen, mir – oder Ihnen – die letzte Chance nehmen, wachsen zu können.

Betrachten Sie die Angelegenheit folgendermaßen: Sie haben sich für den Lehrgang »Spiritualität« eingeschrieben. Das Ziel ist, Mitgefühl zu entwickeln. Bühne frei für Ihre umstrittensten Emotionen: Angst, Einsamkeit, Entfremdung. Wenn Sie offen bleiben, *werden* Sie sie fühlen. Ich habe Jahre gebraucht, um zu begreifen, dass alle Erfahrungen den Sinn haben, uns aufzuwecken, und nicht, uns sinnlos zu quälen. Bleiben Sie dran. Sehen Sie, was Sie daraus gewinnen können. Nicht leicht, aber wesentlich. Eines der großen Geschenke, die ich bekommen habe, ist ein glühendes Vertrauen, dass jeder von uns die Fähigkeit hat, über Krisen zu triumphieren und gestärkt daraus hervorzugehen. Das ist von außerordentlichem Wert. Darüber hinaus ist Heilung für mich nie ausschließlich persönlicher Natur. Wir müssen tun, was wir können, um anderen zu helfen. Die Heilkundigen – und Menschen im Allgemeinen –, denen ich am meisten vertraue, sind diejenigen, die sich auf einem lebenslangen Weg der Selbsterkenntnis befinden (und nicht diejenigen, die behaupten, »angekommen« zu sein). Sobald unsere Dämonen uns nicht länger einschüchtern, können wir Mut an andere weitergeben.

Hier ist ein Rezept, mit dem Sie alles heilen können, von Angst bis Missbrauch: *Dunkelheit wird durch Liebe in Licht verwandelt.* Eine praktische Alchemie. Geben Sie sich selbst genug Freiraum, um Selbstliebe auszudrücken, keine Regeln, nur Ihre persönliche Wahrheit in jedem Moment. Nehmen wir an, Sie sind depressiv. Vielleicht beschließen Sie, eine Psychotherapie anzufangen, Antidepressiva zu nehmen oder auch nicht, sich für einen Meditationskurs anzumelden, eine Zeit lang nicht mit Ihrer Mutter zu reden oder am Strand Sandburgen zu bauen. Folgen Sie Ihrer Intuition. Wenn Sie den Kontakt mit ihr verloren haben – halten Sie inne. Finden Sie jemanden, der Ihnen helfen kann, die Verbindung wieder herzustellen. Eine grundlegende Arbeit, die ich mit allen meinen Patienten vornehme. Teil der Heilung ist es, nach außen zu gehen. Wenn Sie sich nicht selbst lieben können (solche Zeiten gibt es), müssen Sie anderen erlauben, Sie zu lieben, bis Sie selbst wieder dazu fähig sind. Wann immer mein Selbstwertgefühl am tiefsten Punkt angelangt war, haben mich stets und unweigerlich die Augen meiner Freunde gerettet, die mich angestrahlt haben.

Wenn Ihnen Emotionen zu schaffen machen, versuchen Sie Folgendes: Zunächst seien Sie ehrlich mit sich selbst in Bezug auf Ihre Gefühle. Mit einem Freund oder Therapeuten darüber zu reden, kann wahre Wunder bewirken. Manchmal ist jeder mitfühlende Zuhörer recht. Während meines Medizinstudiums habe ich oft meinem Hund gegenüber mein Herz ausgeschüttet. Mit aufgestellten Ohren, die Augen fest auf mich gerichtet, hörte er sich bedingungslos jedes meiner Worte an. Am wichtigsten ist es, einen sicheren »Abfluss« zu finden, um Ihre Gefühle an die Oberfläche kommen zu lassen. Beschönigen Sie nichts. Nehmen Sie sich alle Zeit, die Sie brauchen, um Ihre Emotionen anzunehmen. Dann – und das ist wichtig – gehen Sie weiter. Immer ohne Erfolg dieselben Themen wiederzukäuen (manchmal jahrelang!), ist sinnlos und destruktiv. Vielleicht gibt es noch ein paar unerledigte Dinge. Das macht nichts. Sie können darauf zurückkommen, wenn der richtige Moment gekommen ist. Viele von uns, die sich in Therapie befinden, bleiben im Bereich von Kindheitstraumata stecken, anstatt das Wissen, das sie daraus gewonnen haben, zu benutzen, um nach vorne zu gehen.

Die Menschen schreien geradezu nach einer neuen Form der Psychotherapie. Wo immer ich hinkomme, stellen sie mir dieselbe Frage: »Ich bin in herkömmlicher Behandlung. Jetzt möchte ich in spiritueller und intuitiver Hinsicht wachsen, doch ein Arzt kann mich nicht dorthin begleiten. Er denkt, dass einige meiner Erfahrungen verrückt sind!« Fassen Sie Mut. Der intuitive Therapeut ist die nächste Welle in der Gesundheitsfürsorge: jemand, der Ihre Träume und inneren Visionen nicht abtut, sondern sie mit psychologischer Erfahrung und Wissen über den Körper in das Gesamtbild Ihrer Person, so wie Sie wirklich sind, einfügt. In diesem Abschnitt des Buches werde ich Ihnen genau zeigen, wie ich mit Patienten unter Zuhilfenahme der fünf Schritte arbeite – eine Richtung, die sich sehr von den traditionellen Therapien unterscheidet.

Als intuitive Therapeutin sehe ich meine Patienten in ihrer Ganzheit. Wenn sie mir gegenübersitzen, spüre ich sowohl ihre Freude als auch ihr Leiden, das ganze Spektrum. Jeder Mensch leidet. Jeder. Es überrascht und erschreckt mich nicht mehr. Ich betrachte den Aspekt des Menschen, der geheilt werden will, als etwas Schönes. Wir sind voller Polaritäten – Liebe/Hass, Hoffnung/Verzweiflung, Stärke/Schwäche –, alles, was das Universum beinhaltet. Sobald wir diese Tatsache annehmen, haben unsere Lebenserfahrungen die Möglichkeit, uns zu transformieren. Das jiddische Sprichwort »Kein Herz ist so ganz wie das gebrochene Herz« berührt mich immer wieder zutiefst. Wenn wir selbst unseren größten Schmerz als eine Gelegenheit sehen zu heilen, können wir den Fluch der Dunkelheit aufheben.

Erster Schritt. Achten Sie auf Ihre Glaubenssätze!

Meine Mutter wollte immer, dass ich Mitglied in ihrem Club in Beverly Hills werde. Dort herrschte eine, wie sie sich ausdrückte, »propere« Atmosphäre, wo ich den Mann meiner Träume treffen könnte (ihrer Meinung nach natürlich ein jüdischer Arzt!). Ich hatte damit ein Problem. Ich wollte meiner Mutter gefallen. Ich wollte dazugehören. Doch ein Teil von mir fantasierte darüber, das ganze Gebäude in die Luft zu sprengen. Meine Mutter arrangierte köstliche Mittagessen und lud einen infrage kommenden Mann für mich ein sowie dessen Eltern. Sie war ganz in ihrem Element und hörte gar nicht mehr auf zu reden. Ich saß da, brachte keinen Ton heraus und wäre am liebsten im Boden versunken. Ich dachte: Was ist bloß los mit mir? Natürlich war nichts verkehrt mit den Absichten meiner Mutter, jedenfalls für sie nicht. Doch ich musste meinem eigenen Charakter treu bleiben. *Heute* schätze ich das an mir und würde es nicht anders haben wollen. Doch ich musste wirklich lernen, meiner Intuition zu vertrauen, um den Wert meiner eigenen Überzeugungen zu erkennen, und ihnen dann treu zu bleiben.

Ihre Glaubenssätze sind wichtig, denn sie bestimmen, wie Sie Ihr emotionales Leben in den Griff kriegen. Was immer andere darüber sagen, was richtig für Sie sei, ist irrelevant, wenn Sie es nicht selbst fühlen. Oft vergehen Jahre, in denen wir wie gebannt von Illusionen darüber leben, wer wir sind. Sie werden von den Medien oder unseren Eltern aufgebaut, und wir müssen sie wieder verlernen. Um diesen Illusionen entgegenzuwirken, möchte ich mit Ihnen über vier Glaubenssätze sprechen, die ich als kraftspendend erlebt habe. Basierend auf Mitgefühl, und nicht auf Konvention, bieten sie einen idealen Ausgangspunkt. Ich praktiziere sie, und viele meiner Patienten auch.

Ihr Weg ist perfekt. Vergleichen Sie sich mit niemand anderem. Jeder von uns verfolgt einen einzigartigen Zweck und Weg. Die Einzelheiten unseres Lebens mögen variieren, doch unsere Aufgabe bleibt stets die gleiche, nämlich der Liebe näher zu kommen. Halten Sie diesen Gedanken fest. Machen Sie ihn zu Ihrem Mantra. Vermeiden Sie Vergleiche, denn sie sind eine Falle: Es gibt immer jemanden, der klüger, reicher, lustiger, erotischer, spirituell weiter entwickelt ist oder zu sein scheint – die Liste ist schier endlos. Wenn Sie einer solchen Person gegenüberstehen, wie reagieren Sie? Freuen Sie sich für den Betreffenden? Möchten Sie sich am liebsten in die nächste Ecke verkriechen? Fühlen Sie sich überrumpelt? Schlechter? Aufgebracht? Willkommen im spirituellen Trainingslager, das wir alle durchlaufen müssen.

Meine Patientin Robin ist eine Hollywoodproduzentin. Ihre Welt verehrt Jugend und Berühmtheit. Sie geht auf Partys mit Filmstars und Supermodels und vergleicht sich unaufhörlich mit ihnen. Robin ist mit 40 Jahren eine hinreißende Frau, innerlich wie äußerlich, doch hat sie Schwierigkeiten, dies zu erkennen. »Vergleichen Sie sich nicht mit anderen Menschen?«, fragte sie mich ungläubig. »Natürlich«, erwiderte ich, »ich habe auch damit zu kämpfen. Niemand ist immun dagegen. Doch in meinen besten Momenten kann ich auch darüber lachen, dass ich auf dieses Verhalten reinfalle.« Ich betonte: »Wichtig ist, dass Sie versuchen, sich selbst mehr zu lieben. Sie haben die Wahl. Sie können sich selbst als besser oder schlechter als andere bewerten. Oder Sie können die Illusion durchschauen und sich über die Segnungen freuen, die Ihnen mitgegeben wurden.«

Sie zog die Augenbrauen hoch. »Das kann man leicht sagen. Doch was ist mit XY? Er ist verschlagen, hinterhältig, verlogen. Jedes Jahr bekommt er mehr Geld und hat mehr Erfolg.« Ein immer wiederkehrender Refrain von Patienten und Freunden, speziell im Show-Business. Hier vertrete ich eine harte Linie: Echter Erfolg hat nichts damit zu tun, Ihre Menschlichkeit gegen Macht einzutauschen und Ihre Seele zu verkaufen. Diejenigen, die es dennoch tun, zahlen einen schlimmen Preis dafür, ob es so aussieht oder nicht, ob sie es wissen oder nicht. Wenn jemand ein authentisches Leben führt, wird dies deutlich. Sehr deutlich. Wir bekommen ein phänomenales Gespür für Integrität und Ganzheit. Doch hier ist das Problem: Belohnungen aus der externen Welt können folgen – oder auch nicht. Das Ringen mit diesem Thema trifft mitten ins Herz dessen, was es bedeutet, ein Mensch zu sein.

Spüren Sie Ihre Kraft und Schönheit.
Ich mag Marianne Williamsons Worte: »Unsere größte Angst ist, dass wir unendlich machtvoll sind ... Sich klein zu machen, nur damit sich andere Menschen in Ihrer Gegenwart nicht verunsichert fühlen, hat nichts Erleuchtetes.« Dies soll unser Modell sein. Wie oft kommt es vor, dass wir uns klein machen, unsichtbar werden. Die Macht, von der ich spreche, hat nichts mit Egoismus zu tun. Sie bedeutet vielmehr, stolz darauf zu sein, wer Sie sind, verantwortlich für Ihre Fähigkeiten. Ich weiß aus eigener Erfahrung, wie schwierig das sein kann. Am schwersten ist für mich lange Zeit gewesen, mich selbst als schön zu betrachten. Es ist nicht so, dass meine Eltern, Freunde oder Liebhaber mir in dieser Hinsicht einen Komplex gegeben hätten – noch war es einfach nur ein Selbstachtungsproblem. Ich sehe heute, dass ich furchtbare Angst davor hatte, Verantwortung für meine Kraft zu übernehmen. Eine aufblühende Blume ist verletzbarer als eine versteckte Blüte. Und unsere Schönheit – wenn

sie wirklich gesehen wird – hat unvorstellbare Dimensionen, physisch und weit darüber hinaus. Bei jedem von uns sollte die Verneinung unserer Schönheit nie als Bescheidenheit missverstanden werden. Liebevoll müssen wir die Wagschalen so verschieben, dass wir das, was gut in uns ist, wertschätzen und anderen dringend nahe legen, das Gleiche zu tun.

Und was ist, wenn ich in den Spiegel schaue und mich auf meine Falten fixiere anstatt auf meine funkelnden, haselnussbraunen Augen? Oder wenn ich über einen Fehler nachgrüble, anstatt mich über einen Erfolg zu freuen? Ist unsere eigene Kraft und Schönheit eine Drohung für uns? Warum? Als ich begann, vor großen Zuhörerscharen Vorträge zu halten, hatte ich die »irrationale« Furcht, dass ich ermordert werden würde. Ich verstehe, dass dies wenig mit dem Moment selbst zu tun hatte – vielleicht war es eine Kindheitserinnerung daran, wie meine Intuition missbilligt oder zum Stillschweigen gezwungen wurde, oder vielleicht sogar eine Verfolgungserinnerung aus einer noch früheren Zeit. Wie auch immer, ich musste diese Furcht anerkennen, um sie auflösen zu können. Es gab noch eine zweite Angst, mit der ich mich auseinander setzen musste, eine, die in mir den Mythos des Ikarus weckt. Sie erinnern sich – er konnte fliegen und kam zu nahe an die Sonne heran. So viel Macht, und dann … der Tod. Es kann sein, dass wir alle fliegen wollen, aber Angst davor haben, uns dabei zu verbrennen. Vielleicht sprach Marianne Williamson genau davon. Um zu strahlen, um voller Freude zu sein, ist dies ein Weg zur Kraft, den wir alle gehen müssen.

Jeder von uns hat seinen eigenen Fahrplan für Heilung.
Als Psychiaterin habe ich gelernt, dass es Entwicklungsstadien gibt, durch die Menschen gehen müssen: abgestillt werden, Erziehung zur Sauberkeit, Pubertät und die

Trennung von den Eltern, um nur einige zu nennen. Diese Kategorien implizieren einen geregelten Fortschritt. Der gesunde Mensch bewegt sich in die vorgeschriebene Richtung; der »neurotische« ist irgendwo dazwischen stecken geblieben. Es zeigt sich jedoch, dass das Leben wesentlich komplexer ist. Kürzlich kam einer meiner Patienten, Geschäftsführer einer internationalen Bank, in meine Sprechstunde. Er schämte sich: Erst jetzt, mit 50 Jahren, war er bereit, sich mit seiner dominanten Mutter auseinander zu setzen. »Eigentlich bin ich viel zu alt, mich jetzt noch damit zu beschäftigen«, protestierte er lachend, wobei ihm die Tränen in den Augen standen. Ich freute mich, ihm sagen zu können, dass es weder zu früh noch zu spät war. Wir alle haben einen intuitiven und spirituellen Zeitplan, der nicht erzwungen werden kann. Nehmen Sie zum Beispiel das, was eine brutale Wahrheit zu sein scheint: Manchmal, offensichtlich vorzeitig, müssen kleine Kinder mit dem Tod eines Elternteils fertig werden. Doch jeder von uns hat einen einzigartigen Weg; wir gewinnen nichts, wenn wir uns etwas anderes wünschen. Wir müssen das, was uns gegeben wird, voll annehmen und seine Bedeutung finden. Darüber hinaus gibt es verschiedene Schichten des Lernens. Sie glauben, dass Sie die Probleme mit Ihrer Mutter erledigt haben, doch *bumm!*, schon sind sie wieder da. Das muss nicht bedeuten, dass Sie versagt haben, weder in der Vergangenheit noch jetzt. Es gibt eben einfach noch mehr zu verarbeiten! Für mich ist es lebenswichtig, mich nicht zu schämen. Intuition lehrt uns, einfach zu akzeptieren, was sich als zwingend präsentiert – wenn die Zeit dafür gekommen ist.

Folgen Sie Ihren Emotionen – Hingabe bedeutet nicht Niederlage. Als kleines Mädchen lebte ich für jene Samstage, wenn meine Freundinnen und ich in den Pacific Ocean Park gingen, einem Vergnügungspark in Venice Beach, um mit dem »Gravitron« zu fahren, einer runden, mit Gummi ausgepolsterten, fensterlosen Kapsel, die sich so schnell drehte, dass wir laut schrien, während wir durch die Zentrifugalkraft an die Seiten gepresst wurden. Dann kam der beste Teil: Der Boden unter unseren Füßen öffnete sich etwa sieben Meter tief. Aus Erfahrung wussten meine Freundinnen und ich, dass wir uns entspannen und es einfach akzeptieren mussten. Und diejenigen, die es nicht taten? Nun, sie grapschten und griffen und versuchten sich irgendwo festzuklammern und rutschten in einem beschämenden Kampf an den Seiten hinunter, bis sie schließlich in irgendwelchen verdrehten, kompromittierenden Positionen gegen die Wand geklatscht wurden – oberpeinlich für jedes Kind, das versuchte, möglichst imposant auszusehen. Es war das »Gravitron«, das mich zuerst die Tugend der Hingabe lehrte.

Sich Emotionen hinzugeben, sie zu akzeptieren, bedeutet nicht, von ihnen besiegt worden zu sein. Es ist der Unterschied zwischen dem Reiten der Welle und dem Kampf gegen sie. Freunden Sie sich mit Ihren Emotionen an. Lauschen Sie intuitiv auf ihre Stimmen; sie werden Ihnen sagen, wie Sie heilen können. Verschmelzen Sie mit Ihren Gefühlen, anstatt sich ihnen zu widersetzen. Verschmelzung reduziert Spannung. Kürzlich sagte mir ein Patient über seine Wut: »Ich habe Angst, sie vernichtet mich, wenn ich nur darüber spreche, dass ich die Kontrolle verlieren werde« – eine nicht ungewöhnliche Sorge. Doch als Psychiaterin möchte ich hier eines klarstellen: Jene ach so freundlichen, kirchentreuen Hausfrauen, die sich in brutale Mörderinnen verwandelten, drehten durch, weil sie ihre Wut so lange unterdrückt hatten, nicht weil sie sich bewusst mit ihr beschäftigten. Fließen mit Emotionen ist ein Tanz. Seien Sie liebevoll mit sich. Gehen Sie immer mit der Ihnen angenehmen Geschwindigkeit vor.

Fragen zur näheren Betrachtung

- Was können Sie von Ihren Emotionen lernen? Sind Sie bereit, die schwierigeren als Lehrer zu sehen, nicht als Peiniger? Wie kann diese Sichtweise Sie stärker machen?
- Glauben Sie, dass Sie heil werden können, egal, wie stark Sie verletzt wurden? Sind Sie darauf vorbereitet, sich erneut Bereichen zuzuwenden, bei denen Sie unter Zuhilfenahme traditioneller Techniken nicht weiterkamen? Streben Sie einen intuitiven Durchbruch an?
- Sind Sie bereit, Ihre Kraft und Schönheit voll anzuerkennen und in die Welt hinauszustrahlen? Was steht Ihnen im Weg? Durch welche alten Ideen und Vorstellungen fühlen Sie sich gehemmt?

Ein solides emotionales Glaubenssystem zu besitzen – eine Strategie für den Umgang mit dem Auf und Ab des Lebens – ist mehr als nur eine Lektion im Überleben. Für mich ist ein emotionales Glaubenssystem das Verständnis dafür, dass alle Erfahrungen dazu da sind, Wissen zu vermitteln.

Solche Glaubenssätze bieten uns eine Möglichkeit zu gedeihen, unabhängig von den Umständen, in denen wir uns befinden. Die Güte dieser Herangehensweise und Ihr bedingungsloses Mitgefühl für sich selbst werden Sie in die Lage versetzen, mit allem fertig zu werden. Wenn das Öffnen des Herzens das Zentrum Ihrer Philosophie ist, werden Sie nie scheitern. Es ist das Alpha und Omega des Heilens.

Nehmen Sie sich die Zeit, ein gut durchdachtes, intuitiv zuverlässiges Fundament zu formulieren, das für Sie richtig ist. Und sollte sich der Himmel dann irgendwann einmal verdunkeln, haben Sie bereits einen Kreis von Kerzen angezündet.

Zweiter Schritt.
Nehmen Sie Ihren Körper bewusst wahr!

Zu Beginn des Frühjahrs, wenn in den Hügeln von Malibu der wilde gelbe Senf blüht, klettere ich hoch zu meinem Lieblingsplatz, von wo aus mir der Pazifik zu Füßen liegt. Während ich mit gekreuzten Beinen auf einem warmen Felsen sitze, der mich schon lange kennt, bewerte ich mein Leben neu, entsprechend der Wahrheit meines Körpers. Wenn meine Energie stark ist, fühle ich mich sicher und glücklich und vertraue darauf, dass ich auf dem richtigen Weg bin. Bin ich beunruhigt, gereizt oder irgendwie »daneben« – mit Knoten im Bauch, zusammengezogenen Schultern, ruheloser Seele –, dann sind das Warnzeichen, mit denen ich mich beschäftigen muss. Ich bin ein großer Fan eines regelmäßigen »emotionalen Hausputzes«. Wenn Sie Ihren Emotionen kontinuierlich Beachtung schenken, werden diese nicht verkümmern. Ich habe mir geschworen, dass ich nie eine Lebensweise aufrechterhalten werde, die sich nicht richtig anfühlt. In dieser Hinsicht bin ich unnachgiebig. Sollte ich jemals keine Freude mehr bei meiner Arbeit empfinden (meiner größten Leidenschaft), bin ich darauf vorbereitet, beispielsweise ein chinesisches Restaurant zu eröffnen!

Um im Kontakt mit sich selbst zu bleiben, müssen Sie fühlen. Erinnern Sie sich an den Film *The Stepford Wives* aus den 70er-Jahren? Jene düstere Kleinstadtgeschichte über amerikanische Ehemänner, die auf teuflische Weise ihre Frauen in Automaten verwandelten, um sicherzugehen, dass sie willfährig sind? Diese armen Frauen, alle so perfekt gekleidet, beim Einkaufengehen, immer lächelnd wie Plastikpuppen. Seien Sie gewarnt. Das Gegenmittel für ein solches Schicksal besteht darin, Ihre Emotionen in Ihrem Körper lebendig werden zu lassen und von ihnen zu lernen. Hier ist das Rezept: Kämpfen Sie dagegen, abgeschnitten zu sein, betäubt, nur vor sich hin existierend. Sie haben etwas Besseres verdient.

Sie mögen denken, dem stimme ich zu, doch Emotionen können schmerzhaft sein, erschöpfend, lästig. Das ist oft die erste Phase der Arbeit. Doch ich verspreche Ihnen, wenn Sie dranbleiben, werden sich die Dinge verändern. Oder vielleicht glauben Sie, es ist einfach zu viel, um sich damit zu beschäftigen. Sie haben nicht die Kraft dazu. Das ist nicht wahr. Machen Sie einfach einen Schritt nach dem anderen. Sie werden es schaffen. Hier können Sie von den Botschaften Ihres Körpers getäuscht werden. Zum Beispiel sind Sie bereit, sich mit Ihrer Wut auseinander zu setzen. Plötzlich fühlen Sie sich so ungeheuer schwer, als wenn Sie sich durch einen zähen Brei kämpfen müssten, ein Gewicht wie Blei hinter sich her schleppend. Seien Sie nicht entmutigt. Dies sind keine schlechten Zeichen. Ihre innere Truppe von Kobolden, die sich vor Veränderung fürchten, tritt mit aller Kraft auf die Bremsen. Sie würden lieber wütend bleiben, weil sie mit diesem Gefühl vertraut sind. Das Unbekannte kann erschreckend sein; geben Sie den Kobolden Zeit, sich darauf einzustellen.

Was ist, wenn die Lautstärke aufgedreht wird? Sie haben sich den ganzen Tag unter der Decke versteckt, gelähmt von Depression. Oder Sie atmen mitten in einer akuten Panikattacke in eine braune Papiertüte. Warum im Körper bleiben, wenn er sich so elend fühlt? Was können Sie gewinnen, wenn Sie hinhören? Jedes Symptom hat einen intuitiven Untertitel. Die Empfindung selbst enthält den Schlüssel für ihre Heilung.

Meine Patientin Debra bekam immer Panikzustände, sobald ihr Vater sie besuchen kam. Er erschien – und zuverlässig wie ein Uhrwerk erhielt ich einen Anruf. Typischerweise kam sie händeringend in meine Praxis, im Zimmer auf und ab gehend, völlig außer sich. Ich unterstützte sie, was etwas half, doch hatte sie Angst, sich die

Panik selbst näher anzuschauen. Schließlich war Debra einverstanden, dabeizubleiben. »Ihr Körper gibt Ihnen Signale«, sagte ich. »Lassen Sie sie von Ihrer Intuition interpretieren.« Ich forderte sie auf, ihre Augen zu schließen und so ruhig wie möglich zu bleiben. Dann, während Debra sich auf das Unbehagen ihres Körpers konzentrierte (vergleichbar damit, einen Ton zu halten), untersuchten wir vorsichtig gemeinsam ihre Panik. »Achten Sie auf jedes Bild, jede Empfindung oder Gefühl des Wissens«, riet ich ihr. »Kümmern Sie sich nicht darum, was sie bedeuten könnten. Lassen Sie sie einfach an die Oberfläche kommen.« Nach ein paar Sitzungen kam eine Erinnerung hoch. Sekundenlang sah sie eine Schlafzimmertür. Sie öffnet sich. Eine Anzugjacke, Hosen, Socken liegen verstreut auf dem Boden. Ein dürftiges violettes Negligé hängt über einem Bettpfosten. Der nackte Körper ihres Vaters. Eine fremde Frau an seiner Seite. Eine *Frau.* Wer? Warum? Sendeschluss. Das war es, was Debra verdrängte. Ihr Vater hatte eine Affäre. Mit acht Jahren ertappte sie ihn dabei. Jetzt hatten wir einen Ausgangspunkt. Ihr Körper enthielt den Schlüssel.

Unser Körper ist empfänglich für sinnliche Hinweise aus unserer Umwelt. Nehmen Sie zum Beispiel die »November«-Depression, die jedes Jahr Millionen von Menschen der nördlichen Breiten befällt. Man nimmt an, dass in den relativ lichtlosen Wintermonaten der Gehalt an Serotonin, einem im Gehirn produzierten Hormon, abnimmt, was zu Depressionen führen kann. Zusätzliche Faktoren sind Wetterbedingungen, dicke Wolkendecken und die geografische Lage. Eine wirksame Behandlung dagegen ist die Lichttherapie. Ihr Arzt könnte Ihnen zugunsten eines Serotoninanstiegs vielleicht empfehlen, sich in den Strahlen einer fluoreszierenden »Lichtkammer« zu sonnen oder in die Berge zu fahren und sich in die Sonne zu legen, anstatt Ihnen ein Antidepressivum zu verschreiben. Vielleicht kommen Sie sich komisch vor, aber Ihre Stimmung wird sich verbessern. Natürlich wirken auch andere äußere Kräfte jeden Tag auf uns ein: elektrische Ströme, die Gezeiten und besonders stark der Mond. In den Notaufnahmen der Krankenhäuser ist seit langem bekannt, dass der Vollmond verstärktes Chaos bringt – Selbstmordversuche, Autounfälle, Herzinfarkte, psychotische Schübe, Verbrechen aus Leidenschaft, Werwolferscheinungen! Alles, was Sie sich vorstellen können, passiert. Wie ist es mit Ihnen? Sind Sie Stimmungsschwankungen unterworfen? Wie reagiert Ihr Körper darauf?

Selbst im Säuglingsalter offenbart der Körper vieles. Ich hatte das Privileg, bei vielen Geburten anwesend zu sein, sowohl als Medizinstudentin, die lernte, Babys auf die Welt zu bringen, als auch an der Seite meiner Patientinnen, wenn ihre Kinder geboren wurden. Es ist unbestreitbar, dass das Gesicht eines Babys vom ersten Tag an ungeheuer ausdrucksvoll ist. Manche Babys sehen aus wie weise, alte Seelen; anderen scheint alles neu zu sein, und sie machen einen sorglosen Eindruck. Manche strahlen offensichtlich Freude aus, andere tragen eine schwere Last. Nicht dass das eine besser ist als das andere, obwohl es nicht überrascht, dass die meisten Eltern glückliche Babys bevorzugen. Ein solches Vorurteil ist verständlich, doch hilft es niemandem auf seinem Weg. In seinem Buch *The Soul's Code* schreibt der Psychologe Janies Hillman: »Jeder Mensch wird mit einer ihn bestimmenden Vorstellung geboren, die mit der Zeit vor seiner Geburt zusammenhängt.« Diese Eigenschaft ist bei jedem von uns anders und bestimmt den Ton unseres geistigen Wachstums. Dies zu erkennen, gibt uns mitfühlende Einsicht in unsere eigenen Herzen und damit in die Herzen anderer. Um am besten zu verstehen, worüber ich hier spreche, schauen Sie sich einige Ihrer eigenen Babyfotos an. Versuchen Sie so neutral wie möglich, den wesentlichen Ausdruck auf dem

Gesicht dieses Babys zu lesen: die unaussprechliche Essenz des Charakters.

Im Laufe unseres Lebens verändert sich unser Körper, unser Wesen entwickelt sich weiter. Es ist eine Wonne, den Alterungsprozess mit intuitiven Augen zu sehen. Das normale Denken sagt uns, dass wir vom Baby zum älteren Menschen heranreifen und die Vergangenheit hinter uns lassen. Stimmt nicht, sagt die Intuition. Alle Erfahrungen sind gleichzeitig lebendig, gleichzeitig zugänglich. Es entzückt mich, noch einmal fünf Jahre alt zu sein, genauso wie ich es genieße, noch mal 30 zu sein. »Timeshifting« bedeutet, gleichzeitig alles verkörpern, was wir sind und wann immer es uns gefällt. Auf einer inneren Ebene opfern Sie nichts. Sie werden einfach mehr. Man geht zu früheren Augenblicken zurück, egal wie weit, mit der gleichen Unmittelbarkeit, doch mit der inzwischen gewonnenen Reife. Stellen Sie sich vor, zehn Jahre alt zu sein, einen Hügel hoch zu rennen und Ihren Drachen in die Lüfte steigen zu lassen. Oder Sie erinnern sich an die letzte Umarmung Ihrer Großmutter. Diese Tage gehören Ihnen für immer. Erkennen Sie, wie zeitlos Sie sind, trotz der Chronologie Ihres Körpers. Erinnern Sie sich an alles, an Höhen und Tiefen. Die Dinge des Herzens gehen nie verloren.

Dritter Schritt. Erspüren Sie das energetische Potenzial Ihres Körpers!

Ein Moment in meiner Arbeit als Psychotherapeutin ist für mich von besonderer Wichtigkeit: der Augenblick, wo ich zum ersten Mal einem neuen Patienten in die Augen schaue. Es gibt einen Moment erhabener Stille zwischen dem Öffnen meiner Sprechzimmertür und den Worten, die folgen. Keine intellektuellen Erklärungen. Keine gesellschaftlichen Formalitäten. Eine Zeit, in der unsichtbare Energie ausgetauscht wird und ich intuitiv das fühle, was nicht ausgesprochen wird. Diese wenigen Sekunden sagen mir oft mehr über einen Patienten als eine wochenlange Analyse.

Ich habe immer die Stille geliebt, wenn Krach und Lärm verschwinden. Ein Ort des Windes, des Atems, des Lichts, wo wir nicht mit Vokalen und Konsonanten kommunizieren, sondern mit Energie. Ich möchte Ihnen zeigen, wie ich Energie in der Arbeit mit meinen Patienten einsetze, damit Sie lernen können, das Gleiche zu tun. Energie lesen zu können wird Ihnen erlauben, empfindsamer für Ihre eigenen Gefühle zu werden und zu erkennen, wie die Stimmungen anderer Sie beeinflussen.

Stellen Sie sich Alexanders ersten Termin mit mir vor. Da saß er also auf meiner Sprechzimmercouch, im Armani-Anzug, mit perfekt geföhntem blondem Haar – der sonnengebräunte Geschäftsführer einer Werbeagentur, ungefähr 40 Jahre alt. An der Oberfläche sind Dinge sichtbar, die sofort unsere Aufmerksamkeit auf sich ziehen, äußere Schichten, die leicht abblättern. Ich habe gelernt, mich nicht zu sehr davon beeindrucken zu lassen. Alexanders Erscheinung und Körpersprache wurden registriert. Dann richtete ich meine Fühler jenseits dieser Äußerlichkeiten auf seine Energie, eine fein vibrierende Welle ging von ihm zu mir über. In meinem Sonnengeflecht (meinem dritten Chakra) spürte ich eine Traurigkeit, die mich durchdrang, eine Sehnsucht nach etwas, das verloren schien. Ein Gedanke ging damit einher: Warum kann ich nicht das Leben führen, das ich mir vorgestellt habe? Alles dies geschah im Bruchteil einer Sekunde. Bevor wir einander die Hand schüttelten, bevor wir sagten: »Es ist schön, Sie kennen zu lernen«, hatte mir Alexanders Energie bereits Wichtiges über ihn mitgeteilt.

Meine Aufgabe war es, Alexander zu helfen, echter zu

werden. Es war unwichtig, dass er in seinem Beruf zu den Besten zählte. Es spielte keine Rolle, dass er wegen »eines Problems mit seiner Freundin« zu mir gekommen war. Es erstaunt mich immer wieder, wie deutlich Energie die Sehnsüchte unseres Herzens übermittelt, wenn wir selbst vielleicht die Letzten sind, die um diese Sehnsüchte wissen. Doch selbst mit diesen Informationen über Alexander ging ich nur langsam voran. Es ist nicht meine Art, Dinge zu erzwingen. Während der nächsten Sitzungen hörte ich Alexander zu. Ich wartete. Mein intuitiver Prozess läuft folgendermaßen ab: Zunächst stimme ich mich auf die Energie des anderen ein. Dann stimme ich mich darauf ein, wann es angebracht ist, darüber zu sprechen. Timing ist alles. Ich fühle mich wie ein Fuchs, herumschnüffelnd, darauf wartend, zum Sprung anzusetzen.

Eines Tages heftete Alexander seine Augen auf mich. »Haben Sie jemals Rilkes *Briefe an einen jungen Dichter* gelesen?«, fragte er mich. »Ja«, erwiderte ich, »ein fantastisches Buch.« Nun, mehr brauchte es nicht. Alexander begann mir sein früheres Leben zu schildern. College in Berkeley, 1978. Alles verschlingend, was Rilke je geschrieben hatte. Spätnachts das fieberhafte Schreiben von Gedichten in seinem Appartement über der Garage. Dann die Wirtschaftsfachschule, der Druck, sich anzupassen. Als Nächstes Jobangebote. So viele Vergünstigungen. Zwei Jahrzehnte vergingen wie im Flug. Hier waren wir also. Ich spürte, dass der richtige Moment gekommen war, und teilte ihm meine Intuitionen mit. Alexander war bereit, sie zu hören. Wir stimmten überein: Um glücklich sein zu können, musste seine Leidenschaft für Poesie neu angefacht werden. Gab Alexander seinen Beruf auf und wählte stattdessen das Künstlerleben? Nein. Doch er begann wieder zu lesen, Verse zu schreiben und zu träumen. Das veränderte seine Situation völlig. Es ist nicht überraschend, dass während unserer nächsten Sitzungen die quälenden Stiche, die ich in meinem Solarplexus gespürt hatte, verschwunden waren. Alexanders Energie hatte sich verwandelt. Ich spürte es. Er spürte es auch. Das Wahrnehmen von Energie hat nichts mit dem Verstand zu tun, sondern ist reine Intuition.

Ich empfehle Ihnen, es sich zur Angewohnheit zu machen, die Energie anderer Menschen zu »lesen«. Das wird Ihnen ein feineres Gespür für subtile Einflüsse in Ihrer Umgebung vermitteln. Obwohl sie oft nicht wahrgenommen wird, ist Energie ein Gewebe von Licht, das den Körper umgibt. Sie beinhaltet Eindrücke, die als Emotion, Gedanke, körperliche Empfindung, Vorstellung oder unmittelbares Wissen intuitiv erfasst werden können – alles Dinge, die Ihr Mitgefühl verstärken. Sie können das Spüren von Energie überall praktizieren. In der Warteschlange vor dem Bankschalter, im Kino, an der Kasse im Supermarkt – alles wunderbare Gelegenheiten dafür. Sie können diese Übung alleine vornehmen oder gemeinsam mit einem Freund Ihre jeweiligen Eindrücke vergleichen, um Ihre Resultate sofort überprüfen zu können. Das Spüren von Energie ist aufregend, immer neu. Experimentieren Sie. Diese Übung wird Ihnen gestatten, eine Skala emotionaler Variationen zu entdecken.

Das Spüren von Energie im täglichen Leben

1. Wählen Sie einen Ort, zum Beispiel ein Restaurant, und setzen Sie sich hin. Atmen Sie ein paarmal tief durch. Zentrieren Sie sich. Werden Sie still. Dann schauen Sie sich die Szenerie an; wählen Sie jemanden, den Sie »lesen« wollen. Denken Sie nicht zu viel darüber nach. Seien Sie spontan. Es kann jeder sein, eine kleine alte Frau, ein Rapper, ein Vater mit seinem Sohn. Lassen Sie alle Vorurteile los; das Aussehen kann täuschen.

2. Wenn Sie so weit sind, gehen Sie näher an den Betreffenden heran. In einer Entfernung von etwa einem halben Meter oder weniger ist Energie leichter zu spüren. Versuchen Sie, keinen Verdacht zu erregen. Bleiben Sie cool. Nun hören Sie ungefähr 30 Sekunden lang auf das, was Ihre Intuition Ihnen sagt. Ihr Körper ist dabei von ausschlaggebender Bedeutung. Achten Sie auf Veränderungen. Empfinden Sie plötzlich Wellen von Emotion? Fühlen Sie sich glücklich? Depressiv? Überreizt? Friedlich? Energiegeladen? Erschöpft? Verringern sich diese Empfindungen, wenn Sie sich von dem Betreffenden wegbewegen? Typischerweise ist die Energie anderer Menschen desto schwieriger zu erspüren, je weiter sie von Ihnen weg sind. Achten Sie auf Ihre Reaktion. Sie könnten eine Überraschung erleben.

Führen Sie diese Übung mit so vielen verschiedenen Menschen durch, wie Sie wollen.

Anfangs ist es wichtig, sich damit vertraut zu machen, Energie in anderen zu spüren. Mit dieser Grundlage können Sie sogar kleinste Veränderungen in sich selbst wahrnehmen. Emotionen haben Schichten. Sie können genauso wie physische Symptome in einzelne Bestandteile zerlegt werden. Das Geheimnis, einen völligen Aufruhr zu verhindern, liegt im Identifizieren der Zeichen, die ihm vorausgehen. Dazu gehört, dass Sie die leiseren Töne hören, die Sie in Ihrem eigenen Inneren spielen. Nehmen Sie etwa die Depression. Lassen Sie uns einige potenzielle Warnzeichen festhalten und zurückverfolgen, Unausgewogenheiten, die viel aussagen. Vergessen Sie nicht, dass die Essenz von Energie reine Vibration ist, die der Verstand interpretiert. Das macht es leichter für uns, sie zu verstehen. Ich bitte Sie, sich jenseits des Offensichtlichen zu begeben bei der Suche nach dem, was schwer zu fassen ist: Gefühle jenseits der Gefühle, kodierte Botschaften. Sie können fortlaufend auftreten oder als einmaliges Zeichen. Achten Sie zum Beispiel auf

- ein quälendes Gefühl der Leere im Inneren,
- vage Melancholie,
- Nervosität oder Gereiztheit, die Sie nicht abschütteln können,
- ein Gefühl des Abgetrenntsein von anderen Menschen,
- ein nagendes Gefühl des Nichtweiterkommens, so als müssten Sie etwas tun oder sagen, wissen aber nicht, was.

Am Anfang werden Ihnen solche Nuancen vielleicht entgehen, doch mit einer gewissen Übung werden Sie bald in der Lage sein zu erkennen, auf welche Weise Energie sich ausdrückt. Hier ist Ihr Vorteil: Wenn Sie aufpassen und den Ursprung dieser Zeichen aufdecken, können Sie sie auflösen. Wie oft werden wir tolerant gegenüber andauernden unbewussten Zuständen, die unsere Energie auslaugen! Lassen Sie dies nicht länger zu. Intuition kann Ihr emotionales Leben radikal verändern. Warum sollten Sie warten, bis Depressionen und Ängste Sie bedrohen? Bevor sich eine Krise einstellt, werden Sie merken, dass irgendetwas nicht stimmt, und entsprechende Änderungen vornehmen. Die Kunst des intuitiven Hinhörens besteht darin, Ihren Körper so aufmerksam zu sehen und zu fühlen, wie es ein Liebhaber tun würde, und die Kompliziertheit seiner Stimmungen und physischen Variationen zu spüren. Keine Veränderung ist zu gering, kein Unbehagen ohne Wert. Es macht nichts, wenn es »keinen guten Grund« dafür gibt. Vertrauen Sie selbst dem, was sich zwar geringfügig, jedoch authentisch anfühlt. Sowohl bei sich selbst als auch beim Lesen der Energie eines anderen sind dies die Intuitionen, denen Sie folgen sollten.

Ich bin mir der Wirkung bewusst, die die Energie eines

Patienten auf mich und den ganzen Raum ausübt. Sie kann sich ansammeln. Wenn Patienten persönlich intensiv dabei sind, bleiben unvermeidlich Reste von Energie zurück, was zu einer sehr realen Verdichtung von Spannungen im Raum führt, die gründlich beseitigt werden muss, denn meinen Patienten steht es zu, sich in einem ernergieneutralen und klaren Raum aufzuhalten. Sie spüren, wenn dies nicht der Fall ist – viele haben mich schon gebeten, etwas dagegen zu unternehmen. Aus diesem Grund meditiere ich jedes Mal ein paar Minuten, bevor ich den nächsten Patienten sehe. Indem ich positive Energie erzeuge, zentriere ich mich selbst und reinige gleichzeitig meine Praxis. Dann ist die Verbindung meiner Patienten mit sich selbst und mit mir optimal.

Energie wirkt sich auf alle Interaktionen aus. Zudem funktioniert sie als Beziehungsradar und zieht Personen an, mit denen Sie am meisten übereinstimmen. Worauf sollten Sie zum Beispiel bei einem Therapeuten realistischerweise schauen? Achten Sie vor allem darauf, ob zwischen Ihnen eine Anziehung besteht; ob die »Chemie« zwischen Ihnen stimmt. Sie können dies fühlen als Elektrizität, als ein Gefühl von Erregtheit, Bewegung, ein Gefühl wie »Ja, hier bin ich am richtigen Ort«. Diese Art der Anziehung ist mehr als intellektuelle Kompatibilität; sie hat etwas damit zu tun, auf welche Weise Ihre subtilen Energien miteinander harmonieren. Das Wunder von zwei Menschen, bei denen es »klickt«, sorgt dafür, dass die Therapie optimal verläuft. Ich verlasse mich darauf. Im Idealfall stimmt die Chemie mit Ihrem Therapeuten von Anfang an. Doch kann es vorkommen, dass Sie zunächst nicht sicher sind oder den Zugang zu Ihren Gefühlen verloren haben. In solchen Fällen rate ich Ihnen, ein paar Wochen zu warten. Sollten Sie dann immer noch das Gefühl haben, dass nicht viel passiert, wäre zu überlegen, ob Sie und Ihr Therapeut vielleicht nicht zusammenpassen.

Ohne gegenseitige Anziehung kann eine Therapie für Sie beide eine äußerst anstrengende Sache sein, so als ob man versuchte, einen Felsblock den Berg hinaufzuschieben. Ich habe es versucht. Ich weiß es. Ich will damit nicht sagen, dass Sie immer mit Ihrem Therapeuten übereinstimmen müssen oder nie in eine Sackgasse geraten. Doch wenn dieses stille Übereinkommen von Energie da ist, können Sie Blockierungen leichter überwinden und das Beste aus Ihnen hervorholen.

Berenice hat dies am eigenen Leib erfahren. Als Grundschullehrerin in East Harlem, New York, wurde ihr eine Klasse zugeteilt, die sehr ungebärdig war, sodass bereits etliche Lehrer den Unterricht nach ein paar Wochen aufgegeben hatten. 17 Schüler und alle völlig außer Rand und Band, der Albtraum eines jeden Lehrers. In den ersten Tagen fiel Berenice ein Muster auf. Es gab jeden Morgen ungefähr zehn Minuten nach Unterrichtsbeginn einen entscheidenden Moment, wo die Kinder plötzlich völlig ausrasteten. Alle auf einmal fingen sie an, so laut sie konnten zu brüllen, mit Spielzeug und Fingerfarben um sich zu werfen und sich wie kleine Verrückte aufzuführen. »Beruhigt euch!«, sagte Berenice dann in dem Versuch, ihnen mit Vernunft beizukommen. »Jeder geht wieder an seinen Platz zurück.« Doch niemand kam ihrer Aufforderung nach. Berenice erkannte, dass etwas anderes nötig war, um diese Kinder zu erreichen.

Sie begann mit Manuel, einem hoch gewachsenen, linkischen Jungen, der eine Hornbrille trug und von dem man annahm, er sei geistig zurückgeblieben. Berenice stimmte sich auf seine subtile Energie ein. Ihre Intuition sagte ihr, dass Manuel intelligent war, sich jedoch zurückhielt. Wie konnte sie das wissen? »Es ging weit über Mitgefühl hinaus«, erklärte Berenice. »Ich spürte einen Teil von ihm. Ich fühlte in meinem Körper, welche Bedürfnisse er hatte. Ich reagierte auf etwas Unsichtbares – sowohl in Manuel als auch um ihn herum.« Zwischen ihm und ihr hatte eine nonverbale Kommunikation stattgefunden: Er brauchte Anerkennung. Anstatt ihn also dafür zu bestrafen, dass er in der Klasse rumrannte (die erwartete Reaktion), klopfte sie ihm auf die Schulter, wenn er an ihr vorbeiraste und sagte: »Manuel, du bist so ein guter Läufer.« Das tat sie eine Woche lang. Unter anderen Umständen wäre dieses Verhalten vielleicht unangebracht gewesen. Doch sie war sicher, dass Manuel reagieren würde. Ihre Intuition beruhte nicht auf dem, was er sagte, sondern auf seiner Energie. Darüber hinaus verbesserte ihre Aufmerksamkeit Manuels Prestige bei den anderen Kindern. Sie begannen, ihn an ihren Aktivitäten teilnehmen zu lassen. Das markierte den Beginn seiner Verwandlung.

Berenice fuhr fort, nach und nach auf die Energie jedes einzelnen Kindes zu hören und so diese Klasse in Harlem zu transformieren. Am Schluss des Schuljahres machten sie gemeinsam Ausflüge in den Central Park und zu Museen in Manhattan, und alle kamen wunderbar miteinander aus. Es ist nicht so, dass die Lehrer, die vor Berenice die Klasse unterrichtet hatten, nicht emphatisch genug gewesen waren. Doch die Empfindsamkeit von Berenice dem Unausgesprochenen gegenüber veränderte die Situation von Grund auf.

Das bringt uns zurück zu der Frage, welche Wirkung Energie auf uns hat. Unsere emotionalen Schwankungen sind mehr als Produkte durcheinander geratener Chemikalien im Gehirn oder umweltbedingten Stresses. Wenn Sie nicht herausfinden können, was mit Ihnen passiert oder warum, schauen Sie sich an, was Ihre subtile Energie Ihnen mitteilt. Sie könnte genau die Information bereithalten, die Sie brauchen. Oder wenn Sie sich bereits mit Ihren Emotionen befassen, kann subtile Energie Ihrer Selbsterkenntnis eine größere Tiefe verleihen. Heilung hat wesentlich mehr Aspekte, als die Schulmedizin wahrhaben will.

Vierter Schritt.
Bitten Sie um innere Führung!

Während einer Lesereise durch Deutschland hatte ich die Ehre, Mutter Meerha zu begegnen, einer bekannten indischen Meisterin, die das Heilig-Weibliche verkörpert. Es war Abenddämmerung. Als die Glocke im örtlichen Kirchturm läutete, versammelten sich Hunderte von Menschen aus der ganzen Welt auf dem mittelalterlichen Dorfplatz. Wir wurden eine Kopfsteinpflasterstraße hinuntergeführt zu ihrem schlichten Haus. Dort wurde uns allen, einem nach dem anderen, *Darshan* gewährt, ein stiller Segen, eine Übertragung der Führung des Lehrers auf den Schüler, die das Bewusstsein weckt. Es ging ohne Worte vor sich und war reines Wissen.

Jeder von uns war mit seinen individuellen Sorgen und Fragen hierher gekommen. Manchmal allgemein, manchmal spezifisch, war die Führung, die sie anbot, auf unsere individuellen Bedürfnisse abgestimmt. Als die Reihe an mir war, saß ich vor ihr. Meerha wirkt sehr jugendlich, ist aber wahrscheinlich ungefähr Mitte dreißig – eine Inderin in goldenem Sari, mit hüftlangem schwarzem Haar und glänzenden braunen Augen. Ich schaute direkt in ihre Augen. Sie waren unbeschreiblich sanft und strahlten Liebe aus. Ich saß so nahe vor ihr, dass ich ihren Atem spüren konnte. Mir gegenüber strahlte Meerha Licht aus und die stille Übereinkunft, dass mein Körper stark war, mein Weg der richtige. Ich nahm all das – und Glückseligkeit dazu – in Sekundenschnelle auf.

Ich möchte Ihnen die Macht der Stille deutlich machen. Sie ist ein grenzenloser Raum, der Inbegriff der intuitiven Ebene. Gönnen Sie sich diesen Raum. Eine Reihe von Segnungen befinden sich dort – Anleitungen der verschiedensten Art, wenn Sie einfach nur innehalten und darum bitten. Nehmen Sie sich die Zeit, still zu sein. Schauen Sie nach innen. Nicht mit Erwartungen, sondern mit Ihren formulierten, tief empfundenen Fragen und dem Vertrauen, diesen stillen Raum bis zu dem Moment unausgefüllt zu lassen, wo die Antworten kommen. Die richtige Haltung? Fragen, dann warten. Fragen, dann warten. Sich nicht anstrengen, Antworten zu finden.

Meine Patientin Tamara praktizierte diese Art des Loslassens. Die Hingabe, die dazu erforderlich ist, das Mysterium der Antworten, die sich scheinbar aus dem Nichts materialisieren, gefielen ihr. Dieses Mal geschah es, während sie im Sommergarten ihrer Großmutter in Maine Gladiolen pflückte. Lange Zeit – die ganzen zehn Jahre ihrer Ehe – hatte sie darum gekämpft, nicht ständig von ihrer Schwiegermutter gemaßregelt zu werden. Diese war eine spröde Matriarchin aus der blaublütigen Gesellschaft und erwartete, dass Tamara ihr stets zu Diensten war. Tamara tat ihr Bestes in dieser schwierigen Situation. Doch ihre Geduld näherte sich dem Ende. Es musste eine Veränderung eintreten. Aber wie?

Während sie im Garten saß, stellte Tamara diese Frage und meditierte. Langsam erschien ein Bild vor ihrem inneren Auge – die Villa ihrer Schwiegermutter, die Eingangstür stand offen. Tamara schaute hinein. Das Haus war leer – keine Möbel, kein Licht, alle Räume muffig und trostlos. Dann erklang eine Stimme: »So fühlt sich deine Schwiegermutter in ihrem Inneren.« Hier war Tamaras Botschaft. Nie hatte sie ihre Gegnerin auf diese Art gesehen, nie diese Einsamkeit vermutet. Dies war eine Intuition, die ihr einen Stich versetzte, ihren Zorn besänftigte und Raum für Mitgefühl machte. »Plötzlich sah ich sie völlig anders«, sagte Tamara, berührt von der Wahrheit ihrer Erkenntnis. »Ich plane nach wie vor deutlichere Grenzen zu setzen und öfter Nein zu sagen. Doch jetzt kann ich liebevoller mit ihr umgehen, anstatt einzuschnappen und Streit anzufangen.« Manchmal geht es nicht so sehr um das, was Sie tun, sondern wie Sie es tun. Die Freundlichkeit, die Tamara an den Tag legte – und die aus ihrer intuitiven Anleitung rührte –, trug langsam, aber sicher dazu bei, dass die Beziehung zu ihrer Schwiegermutter besser wurde.

Im Laufe des Tages führe ich fortwährend innere Dialoge, in denen ich um Führung bitte. Sie können es genauso machen. Vielleicht befinden Sie sich in einer verwirrenden Situation. Während Sie mittendrin sind, fragen Sie Ihre Intuition danach, was zu tun ist. Was kann ich tun, um diese Person zu erreichen? Wie kann ich diese Interaktion besser gestalten? Dann warten Sie auf die Antwort. Nehmen wir an, Sie sind wütend auf Ihren Mann oder Ihre Frau und stehen kurz davor, mit etwas herauszuplatzen, das Ihnen später Leid tun würde. Machen Sie ein paar Sekunden Pause. Atmen Sie tief ein und aus. Beruhigen Sie sich. Stimmen Sie sich auf die größere Vorstellung ein. Lauschen Sie auf das, was Ihre innere Stimme sagt. Dann folgen Sie dem und achten auf die Resultate. Vergessen Sie nicht, besonders auf mitleidvolle Führung zu achten, wie Tamara es tat, oder auf Einsichten, die sich neutral anfühlen, ohne emotionalen Inhalt – dies sind zuverlässige intuitive Zeichen.

Als Ärztin bitte ich häufig um innere Führung. Sie artikuliert das, was der Verstand nicht ausdrücken kann: wie Widerstand aufgelöst werden kann, wie neue Strategien entworfen werden können, wenn die Therapie in eine Sackgasse geraten ist, wie ich meine Arbeit mit Humor und Liebe bereichern oder Kontakt zu einem Patienten herstellen kann, der verschlossen ist. Unlösbar erscheinende Probleme, Personen, zu denen kein Zugang hergestellt werden kann, können dann in einem neuen Licht gesehen werden.

Vor nicht allzu langer Zeit erhielt ich einen dringenden Anruf von einer völlig aufgelösten Mutter: »Mein Sohn, er ist erst acht, hat Visionen und will sich umbringen.« So jung – und schon Selbstmordgedanken. »Unser Doktor hat ihm Valium verschrieben und Antidepressiva. Oh, all diese problematischen Medikamente!«, rief sie aus. »Es geht ihm momentan ein wenig besser. Ich weiß, dass Sie über diese Dinge Bescheid wissen. Können Sie ihn bitte untersuchen?«

Am nächsten Tag kam sie mit Uri in meine Praxis. Finster, mit den Augen eines uralten Mannes, starrte er mich einfach an und weigerte sich zu reden. Er kam aus einer orthodoxen jüdischen Familie und trug eine *yarmulke,* eine kleine schwarze Kappe, die von den Männern getragen wird, und seine Koteletten waren auf traditionelle Weise zu Seitenlocken gedreht. Eine Woche vorher, an *Yom Kippur,* einem der höchsten jüdischen Feiertage, deutete er vor allen Verwandten mit seinem Finger auf eine Tante und verkündete todernst: »Du wirst einen schlimmen Autounfall haben.« Nostradamus hätte es nicht besser machen können. Jeder war entsetzt. Kurz danach hatte die Frau einen Auffahrunfall und erlitt eine Rückenverletzung. Als Uri dies erfuhr, wurde er suizidgefährdet. Und jetzt war er also hier.

Es war klar, dass Uri nicht mit mir reden konnte oder wollte. Ich betrachtete ihn eingehend. Er war so klein und trug die Last der Welt auf seinen Schultern. Es musste einfach einen Weg für mich geben, ihn zu erreichen. Ich bat mein Inneres, mir einen Weg zu zeigen. Ich wartete. Sekunden vergingen, vielleicht eine Minute. Dann kam eine Anleitung. Ich wusste, was ich zu tun hatte. Ich schaute ihm direkt in die Augen. Dann erzählte ich ihm den Rest der Stunde meine eigene Geschichte: wie ich als Kind Voraussagen gemacht und geglaubt hatte, ich hätte sie verursacht, was aber gar nicht der Fall war; wie es, wenn man intuitiv ist, zu Beginn einfacher ist, »negative Ereignisse« zu erspüren, weil sie lautere Signale von sich geben. Uris braune Augen wurden immer größer. Ich sah, dass er alles in sich aufnahm. Doch es gab immer noch keine Anzeichen dafür, dass er begriff, worum es ging. Auch als die Sitzung vorbei war, sagte er nichts; seine Mutter, wahrscheinlich noch verwirrter als je zuvor, dankte mir. Und dann gingen sie.

Drei Monate später bekam ich einen Anruf. »Nachdem Uri Ihre Praxis verlassen hatte, weigerte er sich, seine Medizin zu nehmen«, berichtete seine Mutter. »Also haben wir sie ihm nicht mehr gegeben.« Ich schluckte und bereitete mich innerlich auf das Schlimmste vor. Uris Situation war offenbar wirklich ernst. Das hätte ich nie erwartet. Seine Mutter fuhr fort: »Langsam ging es Uri besser. Seitdem hat sich viel verändert.« Ich atmete erleichtert auf und konnte es kaum erwarten, mehr zu hören. »Ich beschloss, ihn zu einem kabbalistischen Rabbiner zu bringen, der jüdischen Mystizismus lehrt«, sagte sie. »Er verstand Uris Vision und sagte ihm, dass er ein Talent hätte. Jetzt hat der Rabbi Uri als seinen Schüler angenommen. Dank Ihnen und dem Rabbi glaubt Uri heute nicht mehr, dass er verrückt ist. Und seine Depression ist verschwunden!«

Heilung ist ein Rätsel. In Uris Fall hatte ich keine Ahnung, was das Ergebnis sein würde. Ich wusste nur, was meine innere Führung mir in dem Moment sagte, und folgte ihr. Ich brach die Regeln. Im Gegensatz zu Freuds »Sagen-Sie-mir-was-Sie-fühlen-Herangehensweise«, redete ich während der ganzen Sitzung in der Absicht, Uris Angst anzusprechen und sie ihm zu nehmen. Ein Samenkorn war gepflanzt worden. Ich tat, was ich konnte. Es tröstet mich sehr zu wissen, dass ich dazu beitragen konnte, ein Kind vor Übermedikation oder Stigmatisierung durch ein System zu schützen, das ihn als psychotisch gebrandmarkt hätte. Hätte ich nicht interveniert und hätte seine Mutter nicht jenen Rabbi gefunden, würde Uris Leben unter Umständen völlig anders verlaufen.

Ich suche die Führung in meiner Arbeit als Therapeutin oft bewusst. Bevor ich Patienten sehe, stimme ich mich routinemäßig auf ihre Namen ein. Ich benutze dazu die Technik des Remote-Viewing, von der ich im 3. Kapitel gesprochen und Ihnen empfohlen habe, sie bei der Wahl Ihres Arztes anzuwenden. Es spielt keine Rolle, ob ich jemals zuvor ein Wort mit dem Betreffenden gewechselt habe oder nicht. Intuition erlaubt uns, einander ohne äußere Stichworte zu spüren.
Ich gehe folgendermaßen vor:

1. Ich verlagere mein Bewusstsein von den Ansichten, Gerüchen und Geräuschen meiner Umgebung nach innen und mache meinen Kopf leer.
2. Ich konzentriere mich passiv auf den Namen eines Patienten und bleibe offen für intuitive Eindrücke: Bilder, Körperempfindungen, Emotionen, unmittelbares Wissen, eine innere Stimme oder ein spontan auftretendes Gedicht, Buch oder Lied. Ich merke mir alles.
3. Wenn ich meinen Patienten zum ersten Mal sehe, verbinde ich das, was ich intuitiv erfahren habe, mit den Informationen, die er oder sie mir mitteilt.

Mein Patient John ist dafür ein gutes Beispiel. Bevor ich seine Geschichte, seine Vorlieben, Abneigungen oder seinen Beruf kannte, nahm ich ein Remote-Viewing über ihn vor. Überall war das Meer. Ich roch Salzwasser. Ich spürte die leicht wiegende Bewegung eines Bootes. Er saß auf einem Holzdeck, ein markig aussehender Mann Mitte sechzig. Mir fielen Sätze aus Coleridges Gedicht »Rime of the Ancient Mariner« ein: »Allein, allein, ganz allein, allein auf einem weiten, weiten Meer.« Ich spürte Johns Sehnsucht nach Einsamkeit. Für ihn war sie etwas Wunderbares, nicht Verlassensein, sondern Erfüllung und Kontemplation. Das war die Information, die ich erhielt.

John kam mit einem Dilemma zu mir. Er war beinahe 70 Jahre alt und hatte seit 40 Jahren sein eigenes Gemüsegeschäft. Er hatte es alleine aufgebaut und war stolz auf das, was er erreicht hatte. Er ernährte seine Familie und finanzierte das Jurastudium seines Sohnes. Jetzt dachte er an den Ruhestand. »Aber was werde ich dann tun?«, fragte er sich. Jahr um Jahr, sechs Tage in der Woche, war er vor Sonnenaufgang aufgestanden und hatte bis zum Einbruch der Nacht seinen Gemüsestand auf dem großen Gemüsemarkt in Downtown Los Angeles geführt. Jetzt setzten John verschiedene Ängste zu: zu viel Zeit zu haben, sich nutzlos zu fühlen, seine Identität zu verlieren.

»Haben Sie jemals davon geträumt, etwas völlig anderes zu tun?«, fragte ich vorsichtig und folgte damit der Führung aus meinem Remote-Viewing. Zögernd sagte John: »Wissen Sie, ich habe immer davon geträumt, auf einem Hausboot zu leben. Aber heute, in meinem Alter?« Aha. Da war es. Mir wurde klar, dass meine Rolle darin bestand, John durch den Übergang in den Ruhestand zu leiten, ihm dabei zu helfen, diese Veränderung mit seiner Frau zu besprechen (es stellte sich heraus, dass sie begeistert davon war) und seinen Traum zu realisieren. Einfache Dinge. Von unschätzbarem Wert, sich einen Wunsch zu erfüllen, so wie John es tat. Ich bin dankbar, dass ich durch das Hören auf meine Intuition in der Lage war, ihm dabei helfen zu können.

Auch Sie können Remote-Viewing anwenden, um Anleitung und Rat zu erhalten. Wenn Sie vorhaben, eine neue Stelle anzunehmen, versuchen Sie sich auf den Namen Ihres potenziellen Chefs einzustimmen, bevor Sie ihn zum ersten Mal treffen. Stellen Sie innerlich eine Frage: Wie wird die Zusammenarbeit mit ihm aussehen? Achten Sie darauf, was kommt. Fühlen Sie sich aufgeregt oder lustlos? Beschleunigt sich irgendetwas in Ihnen, oder verschließt es sich? Fühlen Sie sich zu dieser Person hingezogen oder von ihr abgestoßen? Schreiben Sie Ihre Eindrücke auf. Dann integrieren Sie sie in die Eindrücke, die Sie bei Ihrer persönlichen Begegnung mit dem Betreffenden haben. In gleicher Weise können Sie sich auf einen Freund, einen Kollegen oder Verwandten einstimmen, mit dem Sie ein Kommunikationsproblem haben. Namen sind heilige Schwingungen, die von Ihrer Intuition gelesen werden können. Denken Sie nicht, dass Sie dazu nicht in der Lage sind. Sie brauchen einfach nur Übung. Respektieren Sie diese Eindrücke. Lassen Sie sich bei Ihren Entscheidungen davon beeinflussen. Stellen Sie stets ein Gleichgewicht zwischen den Kräften Intuition und Intellekt her.

Bitten Sie um Anleitung aus Ihrem Herzen, und sie wird sich einstellen. Es kann ein Wort sein, ein Bild oder eine Affirmation darüber, wie Ihre nächsten Schritte aussehen sollen. Unterschätzen Sie selbst eine einfache Antwort nie. Vertrauen Sie darauf, dass Sie genau die Einsicht erhalten werden, die Sie brauchen, wenn Ihre Bitte ehrlich gemeint ist.

Fünfter Schritt.
Hören Sie auf Ihre Träume!

Wenn Sie verstehen wollen, was Sie gefühlsmäßig vorantreibt, können Träume Ihnen Aufklärung geben. Wie? Lassen Sie uns zwei Versionen desselben Geschehens betrachten. Sie im Wachzustand: Ihr Chef im Büro ist sehr fordernd; plötzlich wollen alle irgendetwas von Ihnen. Sie fühlen sich unter Druck gesetzt, gereizt, doch sind Sie in der Lage, den Druck abzuschütteln und Ihre Arbeit weiterzumachen. Sie im Traumzustand: Sie sind von einer Gruppe Vampire gefangen, Blut saugenden Kreaturen auf der Jagd. Einer hat den Gesichtsausdruck Ihres Vaters. Mit seinen babyblauen Augen fixiert er Sie. Atemlos rennen Sie weg, doch er jagt Ihnen hinterher und hat Sie schon fast eingeholt. Hierbei handelt es sich um einen Albtraum, den Sie seit Ihrer Kindheit immer wieder haben. In welcher Beziehung stehen Ihre beiden Selbst zueinander? Was versucht Ihr Traum Ihnen zu sagen?

Es gibt verschiedene Schichten von Bewusstsein, und sie lösen einander aus. Vielleicht kommen Sie zu dem Schluss, Ihr Traum war eine kreative Art, einen Energie raubenden Nachmittag im Büro zu dramatisieren. Richtig, aber dies ist nur ein Teil des Bildes. Das Problem mit Ihrem Vorgesetzten ist enthalten, doch was spielt sonst noch mit hinein? Ihr Traum signalisiert Ihnen, noch einmal genau hinzuschauen. Vampire? Wen beschwören Sie sonst noch hervor? Ihren Vater in der Kindheit? Wie ist Ihre Beziehung zu ihm? Vielleicht unterdrückte und schwächte er Sie, obwohl es den Anschein hatte, dass er Sie unterstützte. Vielleicht nährte er nicht Ihren Geist, sondern tat das Gegenteil. Ich würde Ihnen empfehlen, die harte Arbeit auf sich zu nehmen und alle diese Dinge genau zu betrachten. Gehen Sie den Weg zurück und vollziehen Sie Ihre Schritte nach. Lassen Sie die Jahre schwinden und entdecken Sie, woher die Vampire kamen. Antworten aus der Vergangenheit können Sie in der Gegenwart befreien. Das ist der Kern von Träumen mit psychologischen Themen.

In meiner Praxis habe ich festgestellt, dass die meisten Träume darauf abzielen, Ihre Emotionen deutlich zu machen. Lassen Sie uns hier beginnen und dann Träume diskutieren, die vorhersagend sind oder intuitive Anleitung bieten. Psychologische Träume bringen Sie zum Zentrum Ihres inneren Wachstums und machen Bereiche deutlich, die der Heilung bedürfen. Ich habe große Achtung vor diesen Träumen. Ich bin immer dankbar für die Chance, meine Befürchtungen und Ängste (wie schlimm sie auch sein mögen) ohne Einschränkung beobachten zu können.

Welche Erleichterung, der Dunkelheit einen Namen geben zu können! Welche Erleichterung, die Dunkelheit mit Bewusstsein und Liebe erhellen zu können!

Es fasziniert mich zu sehen, wie ähnlich unsere unbewussten Bilder und psychologischen Programme sein können. Nehmen wir zum Beispiel unsere Triumphe. Haben Sie schon einmal geträumt, dass Sie zu einem Zeitpunkt, wo alles in Ihrem Leben wunderbar läuft, etwas gebären? Ein Projekt wird vollendet, eine Beziehung läuft prächtig, Sie schließen ein Studium efolgreich ab. Oder Sie haben im Traum einen Wirbelsturm überlebt, einen plötzlichen Sturz aus großer Höhe oder einen verheerenden Krieg? Diese Resultate sind Tribute Ihrer inneren Kraft, kühne Hinweise auf die Macht des Glaubens an sich selbst. Im alltäglichen Leben kann dies bedeuten, dass Sie eine stürmische Liebesaffäre beendet, einen unbefriedigenden Job aufgegeben oder eine Depression besiegt haben. Was immer die besonderen Umstände sind, Sie haben Mut bewiesen.

Andere Träume zeigen deutlich unsere Unsicherheiten auf. Wie verhält es sich zum Beispiel mit dem, wo Sie splitternackt vor einer Gruppe von Menschen stehen, die alle mit dem Finger auf Sie zeigen? Oder Sie laufen den letzten Abschnitt eines Rennens in dem verzweifelten Versuch, nicht zu stürzen, bevor Sie die Ziellinie erreichen? Ein anderes klassisches, haarsträubendes Szenario besteht darin, von einem bösartigen Wesen verfolgt zu werden. Es gibt so viele Kräfte in uns, mit denen wir uns freundschaftlich verständigen müssen. Werde ich es schaffen? Bin ich gut genug? Werde ich akzeptiert, wenn man mich so sieht, wie ich wirklich bin? Wie viel von mir selbst kann ich preisgeben, ohne mich Gefahr auszusetzen? Bin ich stark genug, meine Dämonen zu besiegen? All dies sind Fäden, die zwischen uns gewebt sind – Träume erhellen die Menschlichkeit und Verletzbarkeit, die uns allen gemeinsam ist.

Für mich gibt es nicht so etwas wie einen »schlechten« Traum. Selbst der quälendste Albtraum – einer, aus dem Sie schweißgebadet und mit rasendem Herzen aufwachen – hat lediglich die Absicht, Sie vor etwas zu warnen. Er weist auf Bereiche in Ihrer Seele hin, die Ihrer Aufmerksamkeit bedürfen. Indem Sie auf solche Träume hören, können Sie wachsen. Aufgrund ihrer emotionalen Intensität und der verstärkten Betonung Ihrer Konflikte können solche Träume ausgesprochen reinigend wirken.

Die heilende Funktion von Albträumen

Ein sicherer Weg, einen Albtraum loszuwerden, besteht darin, sich mit ihm zu beschäftigen. Und so wird es gemacht: Identifizieren Sie seinen Inhalt und machen Sie sich die Weisheit zunutze, die er Ihnen anbietet; dann werden Sie in der Lage sein weiterzugehen. Sind Sie bereit, ein Experiment auszuprobieren? Denken Sie an einen Traum zurück, der Sie zutiefst aufgewühlt hat. Es kann einer sein, den Sie seit Ihrer Kindheit immer wieder mal haben. Wenn Sie so weit sind, kuscheln Sie sich zusammen oder meditieren Sie an einem sicheren Ort. Schließen Sie Ihre Augen und lassen Sie das Szenario noch einmal ablaufen.

Schreiben Sie die folgenden Elemente dabei auf:

- Die Landschaft mit ihren Umrissen, Farben, Gerüchen, Temperaturen, ihrer Beschaffenheit.
- Die Charaktere. Gehen Sie langsam voran und gewöhnen Sie sich daran, wie sie sich anfühlen. Dann kommen Sie allmählich in Schwung und werden offen, ursprünglich, ungeschützt.

  Jetzt können Sie Ihrem Gegner gegenübertreten. Halten Sie im richtigen Moment inne und schauen Sie sich genau an, was oder wer Sie bedroht. Wenn Sie wirklich

mutig sind, schauen Sie ihm in die Augen. Geben Sie nicht nach. Ihre Aufgabe ist es, diesen Übeltäter, der Ihre Ängste repräsentiert, zu materialisieren und zu entwaffnen.
- Ihr Mantra. Vergessen Sie nicht, dass Ihre Liebe machtvoller ist als Angst. Ihre Liebe ist stärker als Angst. Stellen Sie sich dem, was Sie verfolgt, und Sie werden frei sein.

Lassen Sie mich Ihnen zeigen, wie das funktioniert. Meine Patientin Megan, heute 40 Jahre alt, war als Kind von ihrer alkoholkranken Mutter oft verbal angegriffen worden. Nichts, was Megan tat, war jemals gut genug. Viele Jahre lang hatte sie einen ständig wiederkehrenden Albtraum:

> *Feindliche Flugzeuge schießen auf mich. Ich stehe auf einer steilen Klippe, ein schutzloses Zielobjekt, und dort kommen sie. Ich habe keine Ahnung, wer sie sind. Maschinengewehrfeuer prallt wenige Zentimeter neben mir ab; ich komme gerade noch mit dem Leben davon.*

Nach diesem Traum wachte Megan jedes Mal erschöpft und schweißgebadet auf. Ich schlug ihr vor: »Warum stellen Sie Ihren Traum in unseren Sitzungen nicht einfach wieder her? Das wird uns helfen, Ihre Angst zu lokalisieren.« Obwohl sie Angst hatte, war Megan damit einverstanden. Im Laufe der nächsten vier Wochen wiederholten wir diese Übung mehrmals. Ich forderte Megan auf, sich so viele Einzelheiten wie möglich in Erinnerung zu rufen. Während sie mit geschlossenen Augen meditierte, war sie schließlich in der Lage, ihrem Feind ein Gesicht zu verleihen: Es war ihre Mutter. Jetzt wussten wir, mit wem wir es zu tun hatten. Im Laufe der Zeit erinnerte sie sich an den Horror, den sie als Kind einer Alkoholikerin erlebt hatte, und erkannte, dass sie nicht die Schuld an der irrationalen Wut ihrer Mutter trug. Indem Megan Mitgefühl für sich selbst entwickelte und darauf hinarbeitete, ihrer Mutter ihr Versagen zu verzeihen – nicht es zu rechtfertigen –, gewann sie an Kraft. Mit wachsender Selbstliebe und Respekt war sie in der Lage, sich wieder in die Traumsituation zu versetzen und auf der Klippe stehen zu sehen, doch dieses Mal war das Maschinengewehrfeuer weiter weg. Jedes Mal, wenn sie sich den Traum wieder ins Gedächtnis rief, waren die Flugzeuge in größerer Entfernung, bis sie schließlich ganz verschwanden. Liebe hatte Megan die Kraft gegeben, sie zu vertreiben.

Ich liebe das Buch *The Wizard of Earthsea* von Ursula Le Guin. Es handelt von einem großen Zauberer, der in der Schule die magischen Künste lernt. Plötzlich sieht er sich von einem bedrohlichen Schatten verfolgt. Zu Tode erschreckt, gibt er sein Zauberstudium auf und flieht. Er rennt viele Jahre lang. Endlich, die Nase voll vom Rennen, wendet er sich um und konfrontiert sich mit dem Schatten. Er stellt fest, dass es sein eigener war. Nachdem er diesen Aspekt seines Selbst richtig verstanden und integriert hatte, kehrte er zu seinem Studium zurück und wurde der mächtigste Zauberer im ganzen Land.

Das Wunderbare an Träumen ist, dass sie Ihnen kontinuierlich Gelegenheiten geben, Angst zu überwinden. Keine Sorge. Wenn Sie die Botschaft nicht beim ersten Mal verstehen, kommt sie wieder. Wenn Ihnen die Bedeutung weiterhin entgeht, wird die Lautstärke so lange aufgedreht, bis Sie sie verstanden haben. Das ist die Funktion sich wiederholender Träume oder Albträume. Ich betone noch einmal: Träume haben nicht die Absicht, Sie zu strafen. Träume sind voller Mitgefühl: Sie sind hartnäckig, weil sie Ihre Aufmerksamkeit auf sich lenken wollen. Sie wollen, dass Sie Ihre Last abwerfen und ins Licht gehen. Lassen Sie sich von ihnen helfen.

Das Loswerden von Dingen, die Ruhelosigkeit verursachen, führt zu einer verschärften Intuition. Viele Leute beginnen eine Therapie, indem sie sagen: »Ich möchte Träume haben, die die Zukunft voraussagen. Ich möchte meine geistigen Führer finden.« Das ist verständlich – doch um dieses Ziel zu erreichen, müssen oftmals zuerst Blockaden beseitigt werden. Dann wird Ihre Seele, von ihren Fesseln befreit, transparent, und eine tiefere Traumintuition kann sich entwickeln.

Im Traum können Sie weite Entfernungen zurücklegen. Es gibt noch eine andere Art des Träumens, die intuitiv Ihre Wahrnehmung der Welt – und wie Sie mit ihr umgehen können – erhöht. Sie schließt »Anleitungs«-Träume ein, die sowohl Ihr inneres Wachstum fördern als auch das Wissen über vorherige Kenntnisse. Ich hoffe, Sie beginnen sich diesen Botschaften zu öffnen, egal, ob sie unerwartet sind oder von Ihnen erbeten wurden. Sie sind lösungsorientiert, praktisch und dennoch geheimnisvoll – eine Schatzkammer des Verstehens.

Mein Patient Lenny war jahrelang Taxifahrer in New York. Als cleverer Sohn der Bronx hatte er ein begnadetes Talent, durch die berüchtigten New Yorker Verkehrsstaus zu navigieren. In seinem Gefühlsleben gelang ihm das nicht so gut. Er gibt vor, ein harter Kerl zu sein, obwohl er im Innern ein Softie ist. »Lenny, bitte erzähl mir von deinen Gefühlen«, bittet ihn seine Freundin. Mit 40 Jahren ist das schwer für ihn. Er weiß nicht, warum. Darum ist er zu mir gekommen. Um unsere gemeinsame Arbeit zu intensivieren, rate ich ihm: »Lenny, bitten Sie darum, in einem Traum gezeigt zu bekommen, was Sie tun sollen.« Ich weiß, wie lebhaft seine Träume sind – etwas, worüber er nicht ohne weiteres redet (es widerspricht dem Macho-Image). Er verspricht: »Ich werde es versuchen.« Und er tut es.

Bei unserem nächsten Termin erzählt mir Lenny seinen Traum:

Ich sitze an einem Tisch, auf dem eine geschnitzte hölzerne Spieldose steht. Ich lange hinüber und öffne den Deckel. Anstatt Musik höre ich die erotische Stimme einer Frau. »Lenny«, sagt sie, beinahe schnurrend, »ich beschütze dich. Solltest du je irgendetwas brauchen, ich bin hier. Doch zunächst einmal sei bitte zärtlicher mit deiner Freundin. Vorläufig ist das genug.«

Für einen Augenblick war ich still und staunte. Ein ehemaliger Taxifahrer und eine Spieldose. Ich werde einfach nie völlig auf die Distanz zwischen der Oberfläche und Substanz vorbereitet sein. Ich schüttle noch immer meinen Kopf, als Lenny meine Gedanken unterbricht. »Wer war sie?«, fragt er, nicht ohne Grund. »Ein Schutzengel oder was?« – »Könnte sein«, antwortete ich grinsend. »Doch die Frage ist, haben Sie ihren Rat befolgt? Hat es funktioniert?« Ich könnte schwören, dass Lenny errötete. »Unter uns: Ja, wie ein Zauber. Aber ich muss Ihnen sagen – ich fühle mich echt albern deswegen.« Nichtsdestotrotz war dies der Beginn einer wunderbaren Beziehung mit seiner Traumführerin.

Es war nicht so, dass ihm niemand im Laufe der Jahre gesagt hätte, er solle sich öffnen, ganz im Gegenteil – doch dieses Mal hörte er darauf. Vielleicht war die Frau in seinem Traum Aphrodite, die Göttin der Leidenschaft. Oder vielleicht war sie das, was der Psychiater C. G. Jung »Anima« genannt hat, eine »innere weibliche Figur, die eine archetypische Rolle im Bewusstsein des Mannes spielt«. Wie auch immer, sie sprach zu Lenny in seinen Träumen und lehrte ihn, empfindsamer zu werden.

Wann immer Sie sich in emotionalem Treibsand befinden, können Träume Sie retten. Antworten erscheinen in den verschiedensten Formen: eine Stimme, eine Person, ein inneres Wissen, ein Instinkt, der Ihnen sagt, dass Sie vorwärts gehen oder Distanz halten sollen. Achten Sie auf alle Einsichten oder körperlichen Empfindungen, die Ihnen ein besseres Verständnis Ihres Lebens geben. Das kann bedeuten, weit zurückzugehen, in eine Welt, bevor es Sprache gab, wo nur ursprüngliche Laute existieren. Die Musik der Sphären: Ich habe sie einmal gehört – Noten, Oktaven und Töne, so himmlisch, dass sie heilen und wortlos Weisheit übermitteln. Denken Sie an Pavarottis herrliche Tenorstimme, potenziert mal der Lichtgeschwindigkeit. Wenn Sie solche Musik in Ihren Träumen erleben, genießen Sie jeden Augenblick. Sie ist ein Segen. Wie immer die Interventionen in diesem Traum lauten, schreiben Sie sie auf. Ihre schnelle Reaktion im schriftlichen Festhalten nächtlicher Botschaften, vor allem während einer Krise, kann der Impuls sein, der Sie retten wird.

Und was ist mit den Träumen, die Vorhersagen über kommende Ereignisse enthalten? Wie funktionieren sie? Zunächst vergessen Sie nicht, dass die Welt des Traumes nicht linear erklärt werden kann. In ihr weht der Wind des Universums. Vergangenheit, Gegenwart und Zukunft sind alle in greifbarer Nähe. Hier ist eine Möglichkeit, mit diesen Träumen zu arbeiten. Bevor Sie schlafen gehen, können Sie darum bitten, dass Ihnen Aspekte Ihrer Zukunft gezeigt werden (wobei solche Vorherschauen zuweilen spontan auftreten). Eine faszinierende Aussicht, doch seien Sie sich im Klaren darüber, dass das, was Sie erfahren, nicht immer angenehm ist. Übernehmen Sie die Verantwortung für das, um was Sie bitten. Sorgen Sie dafür, ein gutes Gespür dafür zu haben, dass die Information Ihnen nützt. Fühlt es sich richtig an, zu wissen? Ich schaue mir das bei mir selbst immer genau an. Generell ziehe ich es vor, das Leben sich einfach entfalten zu lassen, obwohl ich an bestimmten Scheidewegen in meinem Leben um voraussagende Träume gebeten habe. Dabei hatte ich die Intention, während emotional unsicherer Zeiten durch zusätzliches Definieren meiner Richtung einen soliden Halt zu finden. Auch Sie können sich Träume für diesen Zweck nutzbar machen.

Ich hatte 20 Jahre medizinischer Ausbildung und Arbeit als Ärztin in meiner Privatpraxis hinter mir, bevor mein Buch *Jenseits der Angst* veröffentlicht wurde. 40 Stunden in der Woche saß ich in meiner Praxis Patienten gegenüber, immer unter vier Augen. Ich fühlte mich privilegiert, diese Arbeit tun zu können; sie gab mir viel Freude. Gelegentlich hielt ich in verschiedenen Krankenhäusern in Los Angeles, zu deren Belegschaft ich gehörte, Vorträge; darüber hinaus trat ich selten öffentlich auf. Dann kam mein Buch heraus – und die Aussicht, Seminare mit Hunderten von Teilnehmern abzuhalten. Von Geburt an introvertiert, war ich nicht sicher, ob ich das konnte. Also konsultierte ich meine Träume. Dort fand ich folgende Antwort:

> *Die Dämmerung ist angebrochen. Ich spreche von einem Balkon, der einen saftig grünen Park überblickt, zu einer Menge. Plötzlich fangen die Leute an, zum Himmel hochzuzeigen. Zunächst schenke ich dem weiter keine Beachtung. Doch alle sind so aufgeregt, dass ich auch hinaufschaue. Ich sehe den Mond und daneben einen zweiten Mond, ein kleineres, aber strahlend aufgehendes Gestirn. Es war vorher nicht da gewesen. Man sagt mir, es sei mein »Geburtsmal«, das größer werden wird, je näher es kommt. Ich falle von Dankbarkeit erfüllt auf die Knie und weine Tränen des Glücks.*

Dieser Traum beschrieb meinen zukünftigen Weg. Der Mond ist seit meiner Kindheit mein spiritueller Begleiter gewesen. In stillen Momenten schaute ich zu ihm empor, zeichnete ihn, redete zu ihm und spürte seinen Trost. Der Mond repräsentiert mein tiefstes Wesen. In diesem Traum erschien ein zweiter Mond am Horizont (meine neue Richtung). Ihm war eine Schicksalhaftigkeit zu Eigen (das

Geburtsmal), und er brachte eine größere Erfüllung, als ich je gekannt habe (die Freudentränen). Abgesehen von meiner Unerfahrenheit bei öffentlichen Vorträgen, wusste ich, dass dies meine Zukunft war. Heute schätze ich mich sehr glücklich, die Realisierung meines Traumes erlebt zu haben.

Antworten sind jedoch nicht immer so poetisch oder vollkommen. Zu einem Zeitpunkt, als ich in einer anstrengenden Liebesbeziehung von Angst heimgesucht wurde, fragte ich vor dem Schlafengehen: Soll ich die Beziehung weiterführen? Wie wird sie in einem Jahr aussehen? In der darauf folgenden Nacht hatte ich einen Traum.

> *Mein Freund Don, ein Zen-Meister und Rabbi, kam lachend auf mich zugerannt und sagte: »Ich habe eine Botschaft von Gott für dich« – »Oh«, dachte ich, »was ist es?« Ich konnte es kaum erwarten, sie zu hören. »Gott hat mir aufgetragen, dir zu sagen: Viel Glück!«, war seine Antwort.*

Ich wachte völlig verwirrt auf. Viel Glück?, dachte ich. Sehr witzig. Was soll das heißen? Kann Gott nicht ein kleines bisschen mehr eingreifen? Nun, nicht immer. Hier ist die Weisheit: Sie können um Informationen über Ihre Zukunft bitten, so wie ich es getan habe. Doch manchmal müssen Sie einfach Ihr Leben leben und sie so herausfinden. Es ist nicht immer besser, Dinge vorher zu wissen. Verstehen Sie mich nicht falsch. Es bedeutete mir viel, dass Gott mir Glück wünschte. Es brachte eine gewisse Süße und Leichtigkeit in mein Dilemma, die mir halfen, es durchzustehen. Ich habe gelernt, der Wahrheit der Botschaften, die ich empfange, zu vertrauen. Selbst wenn Ihre Träume Ihnen nicht genau sagen, was geschehen wird und wie Sie vorgehen sollen, prüfen Sie, inwieweit ihre Ratschläge zutreffen.

Glauben Sie an Ihre Träume. Lassen Sie sie für Sie arbeiten. Wenn Sie Ihre Emotionen voll zulassen – indem Sie darum kämpfen, sich nicht zu verschließen –, werden Träume wie in Bob Dylans Song »Mr. Tambourine Man«, wo er von »alten leeren Straßen« singt, die »zu tot zum Träumen sind«, nie versiegen. Pflegen Sie Ihre Intuition, damit Ihre Träume nicht verkümmern. Machen Sie sich ihre weit reichenden Lösungen zunutze.

Intuition bietet außergewöhnliche Einsichten in praktische Probleme. Lassen Sie die Werkzeuge, die ich umrissen habe, Ihrer emotionalen Reise in all ihren Phasen einen Rahmen geben – Ihren Erleuchtungsmomenten, Ihren Tiefs und allem, was dazwischenliegt. Was Sie erleben, hat spirituelle Bedeutung. Unsere Vision muss allumfassend sein, weniger bestimmt von Kampf als von der Kapazität des Geistes, die wir besitzen. Es gibt keine Trennung zwischen unserer Biochemie und Gott, unseren Emotionen und dem, was heilig ist. Kein Aspekt unseres Wesens ist verloren. Diese Prinzipien sind das Fundament meiner Arbeit mit Patienten und der Art und Weise, wie ich mich selbst sehe.

Bei einer kürzlich gehaltenen Rede vor einer Gruppe von Ärzten wurde ich gefragt: »Wo liegt die passende Grenze zwischen der Rolle des Psychiaters und der des Priesters?« Meine Antwort lautete: »Jeder von uns muss dem vertrauen, zu dem er sich hingezogen fühlt. Wenn wir uns bei der Ausübung unserer Arbeit als Arzt zur Spiritualität hingezogen fühlen, können wir sie benutzen, um Patienten zu helfen.« Kein Konflikt. Heilendes Wissen ist mehr als nur akademischer Natur. Es ist inspiriert. Wenn wir von einem Moment zum anderen die intuitiven Impulse, die uns bewegen, würdigen, können wir nichts falsch machen. Dass irgendjemand von uns auch nur daran denkt, einen Hunger für das Spirituelle zu unterdrücken, ist unhaltbar. Wie könnte es unserem Wohlergehen jemals dienlich sein, eine solch vitale Lebenskraft einfach abzutrennen?

Intuition, Spiritualität, eine Rückkehr zur inneren Unschuld – das ist unser Weg. Das *I Ging* spricht von Unschuld als einem Zustand, in dem der Geist »natürlich und wahr« ist, »frei von Zweifeln oder hintergründigen Motiven«. Das ist keine naive Position, sondern eine, die auf unbefleckter Wahrheit basiert. Unschuld bringt uns dazu, »mit instinktiver Sicherheit das Richtige zu tun«. Hier müssen wir unabhängig von unserer Weisheit und unseren Leistungen ansetzen und jede Minute, jede Sekunde mit neuen Augen sehen.

Passenderweise fand das erste Seminar, das ich zum Thema Intuition gab, in einem Kindergarten in einem am Meer gelegenen Stadtteil von Los Angeles statt. 40 Leute hatten sich inmitten von aufgestapelten Kinderbüchern, neonfarbigen Hula-Hoop-Reifen und kleinen Holzstühlchen versammelt. Es war alles andere als glamourös, aber die perfekte Umgebung. Ich war nervös, unsicher, was oder wie ich etwas sagen sollte. Und obwohl ich damals und auch heute noch so viel zu lernen habe, werde ich den Geist der Unschuld an jenem Tag nie vergessen.

Die Ereignisse Ihres Lebens mit den Augen der Unschuld zu betrachten, wird Sie in die Lage versetzen, sie besser in Ehren zu halten. Die einfachsten Dinge – die warmen Strahlen der Sonne auf Ihren Schultern, die Freude bei dem Tor, das Ihre Lieblingsmannschaft schoss, das Lächeln Ihres Großvaters. Oder die Meilensteine in Ihrem Leben – das erste Mal, als Sie Ihr Baby im Arm hielten, der Tag, an dem Sie Abitur machten, Ihre Beförderung. Es hat Jahre gedauert, bis ich das Wunder, einen Doktortitel errungen zu haben, voll annehmen konnte. Der Brief aus dem Jahr 1975, in dem stand, dass ich zum Medizinstudium angenommen wurde (und den meine Mutter eingerahmt hatte), sammelte auf dem Regal in meiner Praxis nur Staub an. Ich habe ihn mir nie angeschaut. Erst vor kurzer Zeit wurde mir das Wunder dieses Briefes überhaupt erst klar. Er beurkundete meine Möglichkeit, Ärztin zu werden. Ärztin! Plötzlich erfüllte mich zutiefst ein Gefühl des Gesegnetseins.

Unschuld verlangsamt die Zeit, sodass wir das Leben genießen können. Oftmals ist es schwer, unser Wachstum wirklich zu schätzen. Wir wollten es, wir sehnten uns danach. Es kam. Manchmal sind wir bereits auf dem Weg zu unserem nächsten Ziel, bevor wir unseren Erfolg überhaupt bemerken. Unschuld wird Ihr Herz öffnen, damit Sie das annehmen können, was Ihnen gebührt. Lassen Sie zu, dass jene süßen Sommertage Ihrer Kindheit, die ewig zu währen schienen, zurückkehren. Ihre emotionalen Zyklen werden weiterhin bestehen. Sie werden frische Erde und Zweige finden, dunkle Wälder und luftige Höhen. Lernen Sie von ihnen. Nehmen Sie alles in sich auf. Ehren und schätzen Sie alles, was Ihnen widerfährt.

6

Zentrierung und Schutz

Derjenige, der jenseits aller Ängste blicken kann,
wird immer in Sicherheit sein.

TAO-TE KING

Ich starrte in den Lauf einer 357er Magnum. Und unglaublicherweise war es kein Traum. Da war der Revolver, direkt auf mich gerichtet. Genauer gesagt, auf uns, sechs dürftig bekleidete Frauen während einer frühmorgendlichen Aerobicstunde in einem Fitnessstudio in Venice Beach. Wir erstarrten, zu Tode erschrocken, und waren nicht fähig, einen Ton von uns zu geben. Der Mann war von der Straße hereingerannt. Sein Gesicht war teilweise von einem schmutzigen rosafarbenen Handtuch verdeckt, und er zitterte wie ein Blatt im Wind, als er kreischte: »Ausziehen! Sofort!« O mein Gott, dachte ich, ein Vergewaltiger. Ein Mörder. Angst und Panik kamen hoch. Und dann kam meine Intuition durch. Zu meinem eigenen Erstaunen war ich in der Lage, mich in diesem schrecklichen Moment zu fragen, wie wir alle sicher aus dieser Situation herauskommen könnten. Eine innere Stimme erwiderte: »Beruhige dich. Zieh dich aus, tu, was er sagt, doch so langsam wie möglich. Rettung wird kommen.« Gut, dachte ich und nahm einen tiefen Atemzug. Ich hoffe, ich kann das durchhalten. Ich nahm all meine Kraft zusammen. Ich zentrierte mich. Ich atmete ruhig weiter. Dann bückte ich mich und begann umständlich, den verhedderten dreifachen Knoten meines Schnürsenkels zu lösen. Ich schaute kein einziges Mal auf, entschlossen, keinen Augenkontakt mit dem Schützen herzustellen; ich wusste instinktiv, dass das falsch wäre. Ich starrte nur auf meinen Schnürsenkel. Dann flog plötzlich die Tür auf. Ein muskulöser Bodybuilder aus dem Fitnessstudio nebenan kam hereingerannt und schrie: »Hey, was ist los hier?« Der Schütze rastete aus. Wie ein wütender Stier rannte er auf unseren Helden los, schubste ihn zur Seite, doch – o Wunder – ohne auf ihn zu schießen. Dann, die Waffe in der Hand, rannte er über die verkehrsreiche Straße und verschwand.

Zentrierung und Schutz. Die Haltung, die Sie einnehmen, ist von entscheidender Bedeutung. Wie sich in meinem Fall bewahrheitet hat, werden Ihnen sekundenschnelle Entscheidungen vielleicht nicht den Luxus analytischen Denkens erlauben. Eins … zwei … drei. Mehr Zeit haben Sie nicht, um sich auf die Situation einzustellen. In solchen Momenten ist es gut, vorbereitet zu sein. Die Episode mit dem bewaffneten Gangster hätte wesentlich schlimmer verlaufen können. Was, wenn ich geschrien hätte? Was wäre geschehen, wenn ich versucht hätte zu fliehen? Es ist gut möglich, dass meine Intuition mir und den anderen schlimme Konsequenzen erspart hat.

Jeden Tag treffen wir Entscheidungen, bei denen unsere Intuition uns beraten kann. Sie zeigt uns sowohl in extremen als auch ganz normalen Umständen, welche Richtung wir einschlagen sollen. Nachstehend werde ich Ihnen zeigen, wie Intuition die Möglichkeiten optimieren kann, sich zu zentrieren und zu schützen. *Zentrierung* bedeutet, einen Ort der Ruhe im Inneren zu finden, egal, was passiert. *Schutz* bedeutet die Kraft, die Sie intuitiv herbeirufen können, um auf Negativität oder Bedrohung zu reagieren. Wozu brauchen wir diese Fähigkeiten? In Notsituationen können sie den Unterschied zwischen Leben und Tod bedeuten. Auch im alltäglichen Leben haben sie machtvolle Auswirkungen. Der Umgang mit einem wütenden Ehemann, einer aufdringlichen Mutter, einem manipulierenden Chef – stellen Sie sich vor, Sie sind in der

Lage, sich zu zentrieren und unerschütterlich zu werden. Sie stimmen sich auf die Person ein und sehen geradewegs durch sie hindurch, wissen genau, was Sie sagen oder tun müssen, um das Beste aus ihm herauszuholen. Oder wie wäre es, wenn Sie lernen würden, sich vor Menschen zu schützen, die Ihnen Ihre Energie absaugen (so genannte »Energie-Vampire«)? Wäre es nicht eine Erleichterung, weniger anfällig dafür zu sein? Innere Stabilität plus intuitiver Weisheit ergibt ein eindrucksvolles Paar.

Starke Winde wehen zu allen Jahreszeiten. Seien Sie wie ein standhafter Baum, dessen Wurzeln fest in der Erde verankert sind. Wenn dann Stürme kommen – emotional, physisch oder spirituell –, werden Sie nicht zu Boden geworfen. Jahrelang wurde ich viel zu leicht von schwierigen Emotionen wie Depression, Angst oder Neid aus der Bahn geworfen. Man mochte mich nicht. Man kritisierte mich. Man respektierte meine Grenzen nicht. Man schrie mich an. Jede einzelne dieser Verhaltensweisen hätte mich jederzeit völlig hilflos machen können. Oft dauerte es Monate, bevor ich wieder auf die Füße kam. Das ist vorbei. Wenn ich heute stürze – was für jeden von uns unvermeidlich ist –, kann ich mich selbst ziemlich schnell wieder aufrichten. Jetzt möchte ich Ihnen die Techniken für Zentrierung und Schutz beschreiben, die mir geholfen haben. Probieren Sie jede einzelne aus. Übernehmen Sie diejenigen, die Ihnen am besten liegen. Sie werden Ihnen helfen, Kraft zu gewinnen.

Erster Schritt. Achten Sie auf Ihre Glaubenssätze!

Jeder von uns hat seine eigene spezielle Kraft. Sie wartet darauf, geweckt zu werden. Nennen Sie sie Ihr inneres Selbst, Ihre Seele oder Licht – wie immer Sie es empfinden, suchen und lernen Sie Ihr innerstes Wesen kennen. Als Quelle aller Intuition ist sie bei Gefahr Ihr glühendster Verbündeter und Advokat. Hier ist die Prämisse, auf der ich alles begründe: Indem Sie sich mit diesem Teil von Ihnen verbinden, bauen Sie Vertrauen auf und fühlen sich sicherer in der Welt. Dann wird nichts und niemand, der Ihnen auf Ihrem Weg begegnet – selbst der Fleisch gewordene Teufel –, Ihre Unverwüstlichkeit erschüttern können.

Ich möchte, dass Sie Überzeugungen und Glaubenssätze loslassen, die Sie von Ihrer Kraft ablenken. Beginnen Sie, indem Sie sich fragen: Was bringt mich in meinem Leben aus dem Gleichgewicht und warum? Ich meine damit alles, von einem Fremden, der Ihnen einen anzüglichen Blick zuwirft, bis zum Umgang mit jemandem, der Schmerzen hat. Welche Art von Interaktion reduziert Ihre Kraft? Wo sind Ihre Schwachstellen, die der Sicherheit bedürfen? Und was ist mit Negativität? Wie gehen Sie mit Ihrer eigenen oder mit einer anderen Person um? Wenn ein Vorgesetzter Ihnen sagt: »Sie werden nie Erfolg haben«, oder ein ehemaliger Liebhaber verkündet: »Du bist unfähig, eine gesunde Beziehung zu haben«, glauben Sie das dann? Wir alle haben bestimmte Auslöser. Die Basis für Zentrierung und Schutz besteht darin festzustellen, wo wir in die Falle gehen; erst dann kann der Auslöser unschädlich gemacht werden.

Vier weit verbreitete Glaubenssätze, die Kraft rauben

1. Ich bin nicht stark genug, um mich zu schützen.

Vielen von uns wird im Kindesalter nicht beigebracht, an die volle Macht zu glauben, die in uns schlummert. Sicher, unsere Eltern unterstützen vielleicht unsere Intelligenz, Talente, physische Attraktivität; sie lehren uns sogar ethische Werte, den Unterschied zwischen Richtig und Falsch. Doch was passiert mit unserem inneren Selbst? Können eventuell sogar tief religiöse Eltern versäumen, festzustellen, dass es existiert, in uns, in ihnen? Zunächst müssen wir erkennen, dass wir eine sehr reale innere Quelle besitzen, die es uns ermöglicht, zu sehen und ein tiefes Wissen über die Dinge zu erlangen. Doch wenn etwas schief geht, schauen wir zuerst impulsiv nach außen auf der Suche nach jemandem, der uns »reparieren« kann. Wir werden krank; wir rennen zum Arzt. Wir werden depressiv; wir rufen einen Therapeuten an. Wir haben Schmerzen; wir nehmen eine Pille. Es ist gut, jemanden mit Sachkenntnis und Erfahrung aufsuchen zu wollen – doch zäumen wir das Pferd von hinten auf. Zuerst müssen wir nach innen schauen. Dort drinnen ist es nämlich nicht leer. Handeln Sie nach dem, was Ihr inneres Wissen Ihnen sagt.

Was hält uns davon ab? Ein möglicher Übeltäter ist das verletzliche Kind, das jeder von uns in sich trägt. Ganz egal, ob Sie erfolgreicher Unternehmer oder Postbote sind, Mutter oder Mönch – dieser Aspekt unserer Seele sehnt sich danach, beachtet und beschützt zu werden; er besitzt nicht das nötige Rüstzeug, es alleine zu tun. Er tritt zu den unpassendsten Zeiten in Erscheinung und reduziert uns zu hilflosen, winzigen Knirpsen. Natürlich müssen wir liebevoll die Bedürfnisse dieses inneren Kindes anerkennen, doch sollten wir außerdem wissen, wo wir die Grenze ziehen müssen. Würde es Ihnen gefallen, wenn ein *Baby* Ihre Vorstandssitzung regiert oder Ihr Leben? Vergessen Sie nicht: Ihr inneres Selbst ist mehr als Ihr inneres Kind. Es ist noch viel großartiger und fähig, alle Ihre Bedürfnisse zu erfüllen, es ist die Leuchtkraft Ihres Geistes. Dies zu fühlen und zu wissen ist der allerbeste Schutz. Sie müssen Ihr eigener Beschützer werden, bevor es irgendjemand anders sein kann. Wenn Sie an sich selbst glauben, kann Sie niemand klein machen.

2. Die negativen Gedanken anderer Menschen könnnen mir schaden.

In meinen Seminaren fällt mir immer wieder auf, wie sehr die Teilnehmer Angst davor haben, von den negativen Gedanken anderer Menschen beeinträchtigt zu werden. Diese Sorgen müssen angesprochen werden. Auf einer intuitiven Ebene können uns alle Intentionen oder Gefühle beeinflussen und Angst oder physische Beschwerden aufkommen lassen. Wir müssen uns darin üben, sie abzuwehren. Was ist negative Energie? Sie ist diejenige Kraft, die unserem Wohlbefinden entgegengesetzt ist. Auf welche Weise macht sie sich im täglichen Leben bemerkbar? Lassen Sie uns am unteren Ende des Spektrums beginnen. Ihr Nachbar mag Sie nicht. Ihr Freund hält Ihren Plan für unsinnig, mit 40 Jahren ein Studium anzufangen. Die Freundin Ihres Exliebhabers sendet Ihnen schlechte Vibrationen. Oder noch schlimmer: Ein Geschäftskonkurrent, derjenige, der Ihnen immer in den Rücken fällt, hat tatsächlich einen Zauberer engagiert, der Nadeln in eine Puppe sticht, die nach Ihrem Bild angefertigt worden ist. Oder das Allerschlimmste: Ein böser Geist, von einem Kritiker geschickt, bemächtigt sich Ihrer. Sie sind besessen! Was machen Sie jetzt?

Folgen Sie diesen allgemeinen Strategien (spezifischere Techniken folgen):

- Lassen Sie keine Lebensführung zu, die darauf basiert, dass andere darauf aus sind, Ihnen zu schaden, denn diese Einstellung hält Angst aufrecht.
- Wenn Ihnen jemand negative Gedanken schickt, vermeiden Sie es, darüber nachzudenken. Je mehr Aufmerksamkeit Sie der Negativität schenken, desto mehr Einfluss geben Sie ihr.
- Konzentrieren Sie sich auf die Kraft Ihres inneren Selbst; sie ist die beste Verteidigung gegen Negativität,

egal, wie dramatisch sie sich manifestiert. Wenn Sie solide mit Ihrem inneren Selbst verbunden sind, kann Ihnen nichts etwas anhaben.

3. Ich bin zu empfindlich für mein eigenes Wohl.
Der Erzfeind der Intuition ist Mangel an Sensibilität. Machen Sie sich klar: Es ist unmöglich, dass jemand zu empfindsam ist. Um dieses Konzept zu verstehen, müssen Sie unter Umständen alte Ideen und Vorstellungen korrigieren, die Ihnen eingetrichtert worden sind. Wenn Eltern oder Lehrer gesagt haben: »Du musst härter werden«, oder, vor allem bei Jungen: »Nur Weichlinge weinen«, dann unterhöhlen sie damit unwissentlich den Kern Ihrer intuitiven Verbindung mit der Welt. Vor allen Dingen männliche Empfindsamkeit ist durch solch rigide Konditionierung weitgehend niedergeknüppelt worden. Das Ablegen von Vorurteilen aus der Kindheit erfordert jedoch bei beiden Geschlechtern außergewöhnliche Bereitschaft, Vertrauen und Entschlossenheit.

Ich rede nicht davon, einfach Ihren Gefühlen Ausdruck zu geben. Sensibilität bedeutet, dass Sie auf Ihre eigene Weise lernen, offen zu sein für den Bereich der Intuition – eins zu sein mit dem Wind, dem Mond, der Freude und den Sorgen anderer Menschen, dem Kontinuum von Leben und Tod. Aus diesem Einssein entspringt eine intime, ekstatische Verbindung mit allem, was existiert, genau das, vor dem Sie sich *nicht* schützen wollen. Sensibilität wendet sich nur dann gegen Sie, wenn Sie sich überwältigt fühlen. Doch wie können Sie empfänglich bleiben und nicht von der Intensität solcher Einwirkungen ausgelöscht werden? Ich werde Ihnen beibringen, wie Sie verletzbar sein und sich gleichzeitig *sicher* fühlen können. Die Antwort besteht darin, nie Ihre Sensibilität abzustellen, sondern sie als kreatives Instrument zu entwickeln.

4. Es ist meine Aufgabe, die Schmerzen anderer auf mich zu nehmen.

Man hat uns beigebracht, dass wir als großherzige Menschen versuchen müssen, die Schmerzen anderer auf uns zu nehmen, für einen Obdachlosen etwa, der an einer viel befahrenen Kreuzung ein Pappschild in der Hand hält mit der Aufschrift: »Ich habe Hunger. Arbeite für Essen«; oder ein verletztes Kind; oder einen verzweifelten Freund. Es ist nur natürlich, dass man ihnen eine Hand entgegenstrecken, ihre Angst erleichtern will. Doch viele von uns gehen darüber hinaus. Ungewollt nehmen wir die Not des anderen auf uns. Plötzlich sind wir diejenigen, die verzweifelt sind, aus dem Gleichgewicht geraten, glücklos, wo wir uns doch kurz vorher gut gefühlt haben. Dieser Verlust unserer Mitte ist es, worüber ich hier sprechen möchte. Er dient keinem von uns. In dieser Hinsicht bin ich unnachgiebig: Der mitfühlendste, wirkungsvollste Weg zur Heilung anderer besteht darin, eine unterstützende Präsenz zu sein und nicht in dem Versuch, ihre Schmerzen für sie zu leben. Darüber hinaus hat Leid manchmal seinen eigenen Zyklus, der respektiert werden muss, so hart es auch manchmal sein mag.

Wir müssen den überholten metaphysischen Prototyp des mitfühlenden Heilers loslassen. In der Regel handelte es sich dabei um fettleibige Frauen (die fälschlicherweise angaben, dass das Herumschleppen der zusätzlichen Pfunde für sie die einzige Möglichkeit war, auf dem Boden zu bleiben), die Patienten kurierten, indem sie Symptome durch die Technik des Handauflegens in sich selbst aufnahmen. Das Resultat? Die Patienten fühlten sich danach besser; die Heilerinnen waren kränkliche Wracks. Diese Frauen waren davon überzeugt, dass solche Opfer notwendig waren, um das Leiden anderer Menschen zu vermindern. Als junge Ärztin tappte ich beinahe in dieselbe Falle. Während der ersten Monate meiner Privatpraxis habe ich mich jeden Abend nach Hause geschleppt und bin halb tot von allem, was ich im Laufe des Tages absorbiert hatte, ins Bett gefallen – ein sicherer Weg zur völligen Erschöpfung. Dieses Verhalten war weder gut für meine Patienten noch für mich.

Mittlerweile habe ich gelernt, wie wertvoll es ist, ein Katalysator für das Wohlbefinden anderer zu sein, ohne dafür mein eigenes Wohlbefinden aufzugeben. Die Patienten selbst haben mich gelehrt, dass ich ihre Arbeit nicht für sie tun kann. Noch ist es meine Aufgabe. Oder Ihre. Denken Sie immer daran: Es steht uns nicht an, irgendjemanden seiner Lebenserfahrungen zu berauben. Ich verstehe den Impuls, eine Situation besser machen zu wollen. Mitgefühl und der Wunsch zu trösten sind menschlich. Doch gibt es eine feine Linie zwischen Unterstützung und dem Versuch, dem anderen seine Arbeit abzunehmen. Es spielt keine Rolle, wie wohlmeinend und von Herzen kommend Ihre Absicht ist – wenn Sie zu viel tun, ist das kein Akt der Liebe, sondern Sabotage. Sie können fürsorglich und liebevoll mit anderen Menschen umgehen, sie aber dennoch so belassen, wie sie sind. Verwechseln Sie den Respekt für ihren Wachstumsprozess nicht damit, sie im Stich zu lassen. Eine praktische Philosophie des Heilens muss sowohl die Erhaltung Ihrer Energie als auch den Dienst am Nächsten einschließen. Hier eine Balance zu finden ist von wesentlicher Bedeutung.

Fragen zum Nachdenken

- Suchen Sie bei Autoritätsfiguren (Gurus, Hellseher, Lehrer, Familie, Freunde) nach Antworten, bevor Sie sie in Ihrem eigenen Inneren suchen? Warum?
- Geraten Sie durch die Stimmungen und Meinungen anderer leicht aus dem Gleichgewicht? Was müssen Sie tun, um sich zu zentrieren?
- Wie können Sie Ihre Sensibilität in einen Vorteil umwandeln und sie für sich arbeiten lassen?

Zweiter Schritt. Nehmen Sie Ihren Körper bewusst wahr!

Stellen Sie sich Ihren Körper als eine Art Blitzableiter vor. Alles, was Sie denken, fühlen, sehen, tun und intuitiv erfassen, wird durch ihn verarbeitet. Je solider Sie Ihren Körper bewohnen, desto weniger werden Sie wanken, wenn Widerstände auftreten. Unser Körper ist aus demselben Stoff gemacht wie die Erde, auf der wir leben, und bindet uns an sie. Elemente vermischen sich. Sie atmen Sauerstoff ein und Kohlendioxid aus, verwandeln Sonnenlicht in Vitamin D, beziehen Nährwert aus der Nahrung, die Sie zu sich nehmen, scheiden Toxine aus. Dies sind nur ein paar der wunderbaren Funktionen Ihres Körpers, an die Sie sich erinnern sollten. Alles, was Sie tun können, um Ihr Körperbewusstsein zu erhöhen, wird Sie sinnlicher und zentrierter machen.

Wenn Sie in Gefahr sind, reagiert Ihr Körper. Er ist konstruiert, Sie zu beschützen. Sobald Sie sich bedroht fühlen – ein Kollege geht auf Sie los, ein Fremder bricht in Ihr Haus ein, ein wildes Tier greift Sie an –, wird Ihre Biochemie zusammengetrommelt. Plötzlich sind Sie hellwach; Adrenalin, das »Kämpf-oder-flieh-Hormon«, überflutet Ihr System. Die Pupillen vergrößern sich. Das Herz rast. Die Atmung ist beschleunigt. Diese evolutionäre Adaption hat nur den einen Zweck, das Überleben zu gewährleisten. Doch die Genialität des Körpers hört damit nicht auf. Wissenschaftler haben ihre Spur kürzlich einen Schritt jenseits unseres Instinkts verfolgt, unmittelbar bevorstehende Gefahr zu erkennen und sie zu kontern.

Dr. Dean Radin von der Universität von Nevada in Las Vegas hat gezeigt, dass der Körper Gefahr intuitiv erfassen kann, bevor sie eintritt. Seine Entdeckung basierte auf der Messung physiologischer Reaktionen von Testpersonen, die eine Reihe von willkürlich angeordneten Dias betrachteten. Einige waren beruhigend (ein stiller Bergsee), andere schrecklich grausam oder pornografisch (Verstümmelungsszenen, durchstochene Genitalien). Radin fand heraus, dass der Herzschlag und die Atmung der Testpersonen, bereits Sekunden bevor sie die irritierenden Bilder sahen, dramatisch zunahmen, wohingegen vor dem Anschauen angenehmer Bilder keine Veränderung eintrat. Daraus lassen sich folgende Erkenntnisse gewinnen: Ihr Körper ist so eingestimmt, dass er Gefahr oder Schaden vorhersehen kann. Seine Signale bieten Ihnen einen Überlebensmechanismus, auf den Sie sich verlassen können.

Zentrierung heißt, voll im eigenen Körper zu leben. Wenn Sie nicht in Ihrem Körper leben, kann Sie dies anfällig machen für Schaden. Ich bin von der indianischen Überzeugung fasziniert, dass böswillige Geister sich in der Nähe von Bars aufhalten, da Alkoholiker empfänglicher sind für ihren Einfluss. Warum? Alkoholiker schwächen durch das tägliche, unaufhörliche Trinken ihr Fleisch und ihren Zugang zum Göttlichen. Ihre Körper werden vakant, unempfänglich. Also suchen sich diese Geister ihre Beute aus und machen ihre Ansprüche geltend.

Wie zentrieren Sie sich? Als generelle Regel können Sie alles tun, was Sie näher zu Ihrem Körper oder zur Erde bringt, trainieren, wandern, tanzen, Yoga, Liebe, einen Baum umarmen, Musik hören, ein luxuriöses Schaumbad nehmen, sich massieren lassen, sich nackt auf einem warmen Felsen ausstrecken, barfuß gehen, trommeln, sich mit Tieren umgeben, einen Garten bepflanzen, ein köstliches Mahl genießen. Tun Sie alles, was Ihnen ein Gefühl größerer Präsenz und Lebendigkeit gibt. Lassen Sie zu, dass Ihr Körper seine Bedürfnisse artikuliert.

Um das Ganze noch genauer darzustellen, möchte ich Ihnen gerne einige leichte Zentrierungsübungen zeigen, die ich selbst praktiziere und auch meinen Patienten empfehle. Wenn mir der Kopf schwirrt, wenn ich mich zerstreut, erschöpft oder krank fühle, komme ich schnell wieder in meinen Körper zurück, wenn ich eine oder alle dieser Methoden anwende.

Zentrierungstechniken

Achten Sie darauf, was Sie essen.
Stellen Sie fest, welche Nahrungsmittel Ihnen gut tun und welche nicht. Ihr Körper wird Ihnen sagen, was er braucht. In der Regel haben kompaktere Nahrungsmittel – wie Fleisch, Geflügel, Fisch – einen Effekt, der Sie besser erdet als Getreide, Gemüse oder Obst. Ich selbst bin kein großer Fleischesser, doch wenn mein Körper mir sagt, dass ich einen Hamburger brauche, werde ich einen verschlingen. Hören Sie auf die Signale Ihres Körpers. Achten Sie darauf, wie sie sich verändern.

Führen Sie einfache Arbeiten aus.
Sich bewusst auf alltägliche Pflichten zu konzentrieren, kann Sie zurück in Ihren Körper bringen. Einkaufen, Rechnungen bezahlen, Gemüse schnippeln, Wäsche waschen, Müll entsorgen oder den Hof kehren kann erdend sein. Diese Aktivitäten verankern Sie im Hier und Jetzt, indem sie sich auf die erhellende Natur des Alltäglichen stützen.

Praktizieren Sie Nächstenliebe.
Tun Sie etwas für jemanden, ohne darüber zu sprechen. Halten Sie die Fahrstuhltür auf für eine alte Frau. Lassen Sie am Bankschalter oder im Supermarkt jemandem den Vortritt. Servieren Sie Obdachlosen eine warme Mahlzeit. Spenden Sie einer Wohltätigkeitsorganisation – alles, was den Fokus von Ihnen auf andere verlagert. Keine Tat ist zu

gering. Der Akt des Gebens – vor allen Dingen dann, wenn Sie am Boden zerstört sind – öffnet Ihr Herz und regeneriert Sie.

Gehen Sie hinaus in die Natur.
Mit den Worten des Dichters William Wordsworth kann die Zivilisation »zu viel bei uns« sein. Menschen, Autos, die Nachrichten, Telefonleitungen, die den Himmel verdunkeln – all das kann uns von unseren Körpern trennen und von dem, was natürlich ist. Gönnen Sie sich regelmäßig wenigstens ein paar Stunden Pause von Ihren täglichen Pflichten. Gehen Sie an den Strand, in den Wald, in eine Schlucht, an einen Fluss. Wählen Sie einen Ort, der Sie inspiriert. Die Aborigines in Australien begeben sich zur Regeneration in Steppengebiete, wo der Wind weht. Nordamerikanische Indianer gehen an saubere Flüsse, um ihre innere Vision zu klären. (Jede Wasserquelle, einschließlich Bad oder Dusche, kann reinigen und regenerieren.) Tibetische Mönche pilgern auf Berggipfel. Geben Sie sich die Erlaubnis, von den ursprünglichen Kräften der Erde gestärkt zu werden. Genießen Sie die Schönheit der Dämmerung, des Sonnenuntergangs oder der Morgenröte. Lassen Sie sich von all diesen schönen Dingen nähren und kräftigen.

Meditieren Sie.
Meditation ist eine Rettungsleine zu Ihrem inneren Zentrum, zur Erde. Durch das Beruhigen des Geistes können Sie sich wieder mit Ihrer Essenz verbinden. Schließen Sie die Augen. Konzentrieren Sie sich auf Ihren Atem. Dann erweitern Sie sanft Ihre Wahrnehmung nach unten zu den unteren Erdschichten, zum Grundgestein, den Mineralien und dem Erdboden. Beginnen Sie, von der Basis Ihrer Wirbelsäule eine Kontinuität mit dem Erdzentrum zu spüren. Stellen Sie sich vor, dass Sie einen langen Schwanz haben,

der in diesem Zentrum verwurzelt ist. Erlauben Sie der Erdkraft, in Ihren Körper zu fließen und Sie zu stabilisieren. Ob Sie fünf Minuten lang meditieren oder eine Stunde, es ist immer eine begnadete Zeit.

Ich empfehle Ihnen, sofort mit diesen Zentrierungstechniken anzufangen. Egal, ob Sie im 40. Stock eines Hochhauses leben oder in einer Hütte am Waldrand – diese erdbezogenen Übungen werden Ihre Verbindung mit Ihrem Körper wieder herstellen. Ihr Erfolg beim Zentrieren ist letztlich nicht auf irgendeine bestimmte Aktion zurückzuführen. Er umfasst eine ganze Lebensweise – beispielsweise, wie Sie Ihr Haus empfinden (meines ist angefüllt mit Pflanzen und Büchern, die mir Kraft geben) oder Ihre Bereitschaft, entsprechend den Instinkten Ihres Körpers zu improvisieren (wenn ich mich unsicher fühle, wiegt sich mein Körper gerne vor und zurück, also gehe ich mit). Diese Empfindsamkeiten – wenn sie geklärt sind – setzen einen positiven Akzent in Ihrem Leben.

Dritter Schritt: Erspüren Sie das energetische Potenzial Ihres Körpers.

Als wir heranwuchsen, konnten meine Freundinnen kaum erwarten, in die Einkaufszentren und auf Partys zu gehen, je größer, desto besser – doch ich teilte ihre Begeisterung für diese Dinge nicht. Ich fühlte mich immer überwältigt, erschöpft in großen Menschenansammlungen, obwohl mir der Grund dafür schleierhaft war. »Was ist los mit dir?«, fragten sie mich und warfen mir seltsame Blicke zu. Alles, was ich wusste, war, dass überfüllte Plätze und ich einfach nicht zusammenpassten. Am Anfang fühlte ich mich immer gut, doch auf dem Heimweg war ich nervös, depressiv oder hatte irgendwelche scheußlichen neuen Wehwehchen oder Beschwerden. Ohne es zu wissen, war ich ein gigantischer Schwamm, der die Energie der Menschen um mich herum aufsaugte.

Als meine Intuition heranreifte, hatte ich Gott sei Dank eine lebensverändernde Erkenntnis. Aus Gesprächen mit anderen Heilern und von meiner Arbeit mit Patienten wurde mir klar, dass es intuitives Mitgefühl war, das ich erlebte: die Fähigkeit zu spüren, was in anderen Menschen sowohl emotional als auch physisch vor sich geht, so als würde es mir passieren. Das war zuweilen erstaunlich, doch auch fordernd. Lassen Sie mich die Dynamik intuitiven Einfühlungsvermögens erklären: Je mehr Menschen sich auf engem Raum befinden, desto mehr überschneiden sich unsere Energiefelder. Daraus resultiert die Tendenz, sich in dicht bevölkerten Gegenden schnell überlastet zu fühlen. Dies ist der am meisten übersehene und missverstandene Aspekt der Intuition.

Ich spreche hier nicht von normaler Empathie, wenn Sie beispielsweise mit einer Freundin sympathisieren, deren Verlobter sie verlassen hat, oder wenn Sie die Freude Ihres Bruders über die Geburt seines ersten Kindes teilen. Intuitives Einfühlungsvermögen geht weit darüber hinaus. Es ist die Fähigkeit, energetisch mit anderen zu verschmelzen und – in dem Augenblick – das Leben (positiv oder negativ) durch ihre Augen zu sehen, die Welt durch ihre Gefühle zu spüren. Wenn dies auf Sie zutrifft, ist es für Sie unter Umständen unmöglich, diese Empfindungen von Ihren eigenen zu unterscheiden, was dazu führt, dass Sie aus dem Gleichgewicht geraten und Ihr Zentrum verlieren.

Ich kenne das. Mir ist dasselbe passiert. Dass meine intuitive Empathie sich zu einem Geschenk entwickelt hat, ist fantastisch – und eine ungeheure Erleichterung. Viele von uns erleben nie die positiven Aspekte von Einfühlungsvermögen, weil uns das nicht beigebracht wird. Wir wollen anderen helfen, doch wir sind wie Blinde, die Blinde führen. Keiner weiß, was los ist. Empathische Menschen können unabsichtlich selbst einem guten Arzt das Leben zur Hölle machen. Sie manifestieren eine solche Menge von »unerklärlichen«, behandlungsresistenten Symptomen, dass frustrierte Mediziner die Betreffenden oft als Hypochonder abschreiben.

Empathische Menschen werden notorisch falsch diagnostiziert. So viele Patienten sind schon zu mir geschickt worden, die angeblich unter Agoraphobie (Platzangst) oder Panikattacken litten und nur wenig Erleichterung durch traditionelle Behandlungen wie Valium und Verhaltenstherapie verspürt hatten. Einige von ihnen konnten kaum das Haus verlassen. Sie alle sagten: »Ich fürchte mich davor, an überfüllte Orte zu gehen, wo ich nicht schnell flüchten kann. Kaufhäuser, belebte Straßen, Fahrstühle, U-Bahnen kann ich vergessen. Ich meide sie wie die Pest.« Dies hörte sich sehr vertraut an. Also beschloss ich herauszufinden, wie diese Personen subtile Energie in der Welt verarbeiteten, etwas, das alle Heilkundigen beurteilen können sollten. Voilà! Ich stellte fest, dass viele der Betreffenden empathisch veranlagte Menschen waren, denen man die falsche Diagnose gestellt hatte. Das änderte alles für mich. Ich machte es mir zur Aufgabe, meinen Patienten zu zeigen, wie sie sich zentrieren und dadurch produktiver mit den alltäglichen Nuancen von Energie umgehen konnten.

In meinen Seminaren frage ich stets: »Wer von Ihnen besitzt intuitives Einfühlungsvermögen?« Es ist erstaunlich. Jedes Mal hebt mindestens ein Viertel der Anwesenden die Hand. Und beinahe jeder von ihnen sagt das Gleiche: »Ich hatte keine Ahnung, wie ich meine Gefühle beschreiben konnte, ganz zu schweigen davon, wie ich mit ihnen umgehen sollte.« Dann kamen sie gefährlicherweise zu dem Schluss: »Ich dachte, irgendetwas war verkehrt mit mir, weil ich so ›überempfindlich‹ war.« Ich möchte diesen Mythos beseitigen und aufzeigen, wie Sie diese Form der Intuition im täglichen Leben nutzen können. Von Telefonanrufen, aus Briefen und vom Feedback, das ich während meiner Seminare bekomme, habe ich gesehen, wie weit verbreitet solche Empathie ist. Wie können Sie wissen, dass Sie sie haben?

Sind Sie ein intuitiver empathiscber Mensch?

Stellen Sie sich selbst folgende Fragen:

- Ist Ihnen jemals bei einem Abendessen ein Platz neben jemandem zugewiesen worden, der angenehm zu sein schien, doch plötzlich war Ihnen übel, Sie hatten rasende Kopfschmerzen oder fühlten sich wie ausgepumpt?
- Fühlen Sie sich in Menschenmengen unwohl? Sorgen Sie unter allen Umständen dafür, sie zu vermeiden?
- Fühlen Sie sich schnell von Menschen überstimuliert, oder ziehen es vor, alleine zu sein?
- Wenn jemand verzweifelt ist oder körperliche Schmerzen hat, fangen Sie an, dasselbe zu fühlen?

Wenn Sie auf eine oder mehrere dieser Fragen mit »Ja« geantwortet haben, ist es sehr wahrscheinlich, dass Sie intuitive Empathie erlebt haben. Jede Frage mit »Ja« beantwortet zu haben, deutet darauf hin, dass Einfühlungsvermögen eine aktive Rolle in Ihrem Leben spielt. Wenn Sie noch immer unsicher sind, nehmen Sie sich die Zeit und achten Sie darauf, wie Sie unter vier Augen und in Gruppen auf Menschen reagieren. Zu diesem Zweck mag eine Verlangsamung solcher Interaktionen erforderlich sein, damit Ihnen Ihr Stil der Energieverarbeitung bewusster wird. Geben Sie sich genügend Zeit, auf die Signale Ihres Körpers zu hören und sie abzuwägen. Weisen Sie keine Reaktion als falsch zurück. Finden Sie heraus, ob Sie ein Chamäleon sind. Wenn sich zum Beispiel ein Freund von Ihnen krank fühlt, fühlen Sie sich dann auch gleich krank? Oder wenn jemand traurig ist, werden Sie dann auch traurig? Wenn Sie lernen, sich zu zentrieren, ist es von wesentlicher Bedeutung, zu sehen, wie Sie diese Information integrieren.

Wie können Sie auf konstruktive Weise mit intuitiver Empathie umgehen? Welche praktischen Methoden können Sie anwenden, um zu vermeiden, übermäßig stimuliert oder erschöpft zu werden? Probieren Sie die folgenden Strategien. Finden Sie heraus, welche Ihnen zusagen und Ihnen am besten helfen.

Vier Möglichkeiten, um zu vermeiden, dass Sie die Energie anderer Menschen belastet.

1. Gehen Sie weg.

Nehmen wir an, Sie reden mit einem Mann, den Sie gerade erst bei einer Konferenz kennen gelernt haben, und merken, dass Ihre Energie plötzlich nachlässt. So können Sie feststellen, ob Ihre Energie angezapft wird: Zögern Sie nicht, sich höflich zu verabschieden; gehen Sie mindestens sieben Meter weg von ihm (außerhalb der Reichweite seines Energiefeldes). Wenn Sie sich auf Anhieb besser fühlen, dann haben Sie Ihre Antwort. Die meisten Menschen sind sich nicht bewusst, wie ihre Energie auf andere wirkt. Selbst »Energie-Vampire« – Menschen, die Ihnen Energie absaugen, um den Mangel an eigener Energie auszugleichen – haben in der Regel nicht die Absicht, Sie anzuzapfen, tun es aber dennoch. Solche »Vampire« gibt es in vielfältiger Form. Hüten Sie sich vor ihnen. Über Jahre hinweg, aus Angst, die Gefühle anderer Menschen zu verletzen, ertrug ich unnötigerweise viele dieser Situationen und litt darunter. Wie vielen von uns ist es zuwider, unhöflich zu erscheinen, dass wir sogar einen tobenden Verrückten auf uns einreden lassen und uns nicht von der Stelle rühren aus Angst davor, seine Gefühle zu verletzen? Sobald Sie fühlen, dass Ihr Wohlbefinden durch eine Person oder eine Gruppe gefährdet ist, geben Sie sich selbst die Erlaubnis, sich taktvoll und schnell zu verabschieden. Sich physisch zu entfernen ist eine sichere, schnell wirkende Lösung in einer solchen Situation.

2. Schirmen Sie sich ab.

Eine praktische Form des Schutzes, die von vielen Menschen benutzt wird – einschließlich Heilern bei anstrengenden Patienten –, schließt das Visualisieren einer Hülle von weißem Licht (oder Licht in jeder Farbe, von der Sie fühlen, dass sie Ihnen Kraft gibt) um Ihren ganzen Körper herum ein. Stellen Sie sich dieses Licht als einen Schutzschirm vor, der Negativität oder physisches Unwohlsein fern hält, aber das Positive durchdringen lässt. Nehmen wir zum Beispiel an, dass Ihre Schwester einen Tobsuchtsanfall hat. Sie steht kurz davor zu explodieren und Sie möchten nicht, dass Sie von ihrer Wut niedergeschmettert werden. Nehmen Sie jetzt einen tiefen Atemzug, zentrieren Sie sich und visualisieren Sie Ihren Schutzschirm. Stellen Sie sich vor, wie er eine durchbruchsichere Barriere um Sie errichtet und die Wut entschärft, sodass negative Energie Ihnen einfach nichts anhaben kann. Einen Schutzschirm zu schaffen ist eine bewusst defensive Technik mit dem Ziel, Ihre Gefühle zu schützen, und nicht, sie zu unterdrücken. Sie funktioniert durch das Errichten eines Schutzschildes um Sie herum, das es nicht zulässt, dass Sie Schaden erleiden.

3. Praktizieren Sie Verletzbarkeit.

Ein Lehrsatz meiner spirituellen Praxis besteht darin, allem gegenüber so verletzlich zu bleiben, wie es mir möglich ist, und mich nicht abzuschirmen, was das Gegenteil von Verteidigung ist. Manche Menschen ziehen meine Strategie vor, andere nicht. Wenden Sie sie an, wenn sie Ihnen von Vorteil ist. Wenn wir die Verbindung zu unserem inneren Selbst festigen, werden wir zentriert genug und müssen uns nicht mehr verteidigen. Damit zeigt sich, dass kein Schutz der beste Schutz ist – eine Haltung, die mich zunächst beunruhigte. Ich hielt es nicht für möglich, direkte Energiearbeit mit Patienten durchführen zu können, die beispielsweise Krebs hatten oder an Depressionen litten, ohne dass ich ihre Energie absorbieren würde. Doch es ging. Was könnte befreiender sein als die Erkenntnis, dass ich meine Kraft behalten *und* offen bleiben konnte! Zu oft wird uns beigebracht, Verletzbarkeit mit Schwäche gleichzusetzen. Das trifft jedoch nicht zu. Ich mag es, verletzbar und gleichzeitig stark zu sein. Das entwaffnet andere. Für mich ist der Reiz an einem solchen Ansatz, dass es sich dabei um eine nicht auf Angst basierende Lebensweise handelt. Sie erfordert, dass Sie immer stärker mit allem, was Ihnen widerfährt, harmonisieren; es durch Sie hindurchfließen lassen, sich dann wieder zentrieren, stabilisiert durch Ihre eigene Unerschütterlichkeit. Bestimmen Sie Ihr Tempo selbst. Sie werden sich in Ihrer Verletzlichkeit immer sicherer fühlen, je stärker Sie werden. Diese Haltung ist eine bewusst getroffene Entscheidung und eine lebenslange Praktik.

4. Meditieren Sie.
Um Ihre innere Verbindung zu Ihrem Zentrum zu festigen und in jeder Situation aufrechterhalten zu können, empfehle ich die Praxis täglicher Meditation, in der Sie sich auf den Geist in Ihrem Innern zentrieren. Auf diese Weise gewöhnen Sie sich daran, mit sich selbst in Kontakt zu bleiben. Beginnen Sie mit ein paar Minuten und verlängern Sie dann allmählich die Dauer. Die Technik ist einfach:

Folgen Sie Ihrem Atem und entdecken Sie die Stille. Sie ist weder leer noch hoffnungslos; darin besteht das Geheimnis. Wenn Gedanken kommen, und das werden sie, fokussieren Sie sich immer wieder auf Ihren Atem, auf jedes einzelne Einatmen, jedes einzelne Ausatmen. Es sind die Zwischenräume zwischen den Gedanken, in denen Ihre Seele darauf wartet, entdeckt zu werden. Dort gibt es etwas Reales, das zu finden sich lohnt. Meine Seele fühlt sich an wie ein Zentrum von allumfassender Wärme, das durch die Mitte meines Körpers verläuft. Eingehüllt in diese Wärme ist eine Intelligenz und intuitive Reaktion auf meine Rhythmen und Fragen. Sie spricht ausschließlich die Wahrheit, die wie ein leises Klingen jede Zelle meines Körpers durchdringt. Machen Sie sich still mit Ihrem Geist vertraut. Achten Sie auf die Art und Weise, wie er sich manifestiert, die sich völlig von meiner Erfahrung unterscheiden kann. Sie können zu Ihrer Seele zurückkehren, um zu bekräftigen, wer Sie in Wahrheit sind – nicht nur das Selbst, das Sie der Welt präsentieren, sondern den Teil von Ihnen, der zeitlos und ewig ist. Schaffen Sie den Raum, um ihm Platz zu geben.

Diese vier Methoden werden Ihre Ungezwungenheit im Umgang mit allem verstärken, mit dem Computer, herrischen Individuen, Höhen, bellenden Hunden. Besonders befriedigend ist dabei, dass oft mit dem erkämpften, verstärkten Gefühl der Sicherheit der Wunsch einhergeht, großzügiger zu sein, weniger zu verteidigen zu haben, dafür mehr zu geben. Um Ihre Energie auf einem möglichst hohen Level zu halten, ist es sinnvoll, eine Art des Gebens zu wählen, die Ihnen Kraft gibt. Dabei ist es wichtig zu erkennen, dass ein großer Unterschied besteht zwischen dem Geben aus einem Gefühl der Abhängigkeit heraus und dem Geben, das aus freiem Herzen kommt. Abhängigkeit bedeutet das Übernehmen unangemessener

Verantwortung für die Emotionen oder das Verhalten anderer. Manchmal kümmert man sich so sehr um andere Menschen, dass man vergisst, für sich selbst zu sorgen. Diese Art des Gebens, die oft noch angespornt wird durch Schuld- oder Pflichtgefühle, kann dazu führen, dass Sie sich ausgenutzt fühlen, nicht anerkannt, leer gesaugt. Im Gegensatz dazu ist das Geben aus freiem Herzen nie erzwungen; vielmehr macht es Sie glücklich und schenkt Ihnen neue Kraft. Ihr Einfühlungsvermögen betreffend und um sicherzugehen, dass Ihre Energie auf dem höchsten Stand bleibt, sollten Sie versuchen, sich von Abhängigkeitsproblemen fern zu halten.

Als empathischer Mensch müssen Sie sich Ihrer Motivation so bewusst wie möglich bleiben. Eine kluge Therapeutin wies mich einmal darauf hin, dass »die Eigenschaften, die Sie von anderen Menschen übernehmen, jene sind, über die Sie sich bei sich selbst nicht im Klaren sind«. Natürlich, dachte ich. Zum Beispiel Angst: Sie kann sich unbemerkt an mich heranschleichen oder unterschwellig in mir herumgeistern. Wenn ich zu lange nicht in Kontakt mit meinem Inneren bin, macht mich mein intuitives Einfühlungsvermögen darauf aufmerksam, indem es die Lautstärke voll aufdreht. Dann fange ich nicht nur an, die Angst anderer Menschen noch lebhafter zu spüren, sondern werde darüber hinaus zu einem wahren Magneten für ihre Furcht; jeder scheint plötzlich vor irgendetwas Angst zu haben, und dieser Missklang hallt in mir wider. Doch sobald ich die Wurzeln meiner eigenen Angst aufdecke, verschwindet der »Haken«, an dem sich die Gefühle der anderen festmachen. Ich bin nicht mehr länger so empfänglich für diese Qualität in anderen und nehme sie nicht empathisch auf mich.

Indem Sie Ihre Emotionen in Ordnung halten, können Sie vermeiden, das anzuziehen, was für Sie noch nicht gelöst ist. In Bezug auf intuitives Einfühlungsvermögen sollten Sie sich dieses Prinzip merken: Wut zieht Wut an. Angst zieht Angst an. Liebenswürdigkeit zieht Liebenswürdigkeit an. Lassen Sie nicht zu, dass sich Groll oder Unsicherheiten ansammeln. Was Sie sind, werden Sie anziehen. Unter anderem ist dies der Grund, warum ich über Jahre hinweg immer wieder mal in psychotherapeutischer Behandlung war. Hier ist meine Erklärung dafür: Wenn ich Knöpfe habe, die gedrückt werden können, kann Empathie mich nicht auslaugen. Vielleicht spüre ich die Beschwerden eines anderen und denke mir, aha, ist das nicht interessant, doch solange ich ein Kanal bleibe und das Gefühl weder ablehne noch übernehme, kann es sich nicht in mir ausbreiten.

Mit einem besseren Gefühl dafür, was Empathie ist und wie sie sich auf Sie auswirkt, steht es Ihnen frei, ihre Nuancen zu erforschen. Für mich weckt Empathie ein Gefühl der Einheit, einer Brüderlichkeit oder Schwesterlichkeit, die jeder von uns annehmen kann. Dieses Einssein anzuerkennen, führt zu einem tieferen Mitgefühl, einer Wahrheit, die von den Beatles in ihrem Song »I Am the Walrus« treffend beschrieben wird: »Ich bin du, und du bist ich, und wir gehören alle zusammen.« Dies wirklich zu leben bedeutet, eine unvermeidliche Begegnung mit der Liebe zu haben. Liebe, jede Sekunde, jede Minute, jede Stunde. Sie werden sie auf den Gesichtern von Fremden strahlen sehen, bei Tieren, Sternen und Blumen. Keine Lebensform ist davon ausgeschlossen. Versetzen Sie sich in diesen Zustand der Güte. Saugen Sie sie auf. Ich tue es.

Wenn Sie erst einmal eine komfortable Philosophie des Gebens entwickelt und sich daran gewöhnt haben, Ihre Grenzen einzuhalten, kann Empathie zu einer nahtlosen Erweiterung Ihres Herzens werden. In meinen Seminaren habe ich eine privilegierte Perspektive, indem ich manchmal einen Raum mit Hunderten von Menschen vor mir habe. All diese Liebe! Ich wünschte, jeder könnte das Wunder dieses Anblicks erleben. Heute geschieht es selten –

nur, wenn ich übermüdet bin oder Zeit für mich brauche –, dass ich unnötig meine Energie verschwende. Das ist ein Wunder. Wenn ich ein solches Kunststück vollbringen kann, können Sie es auch.

Vierter Schritt. Bitten Sie um innere Führung!

Egal, wo Sie sind oder was Sie tun, Ihre Intuition wird Sie beschützen. Von heute auf morgen verlieren Sie Ihren Job. Ihre heranwachsende Tochter stürmt aus dem Haus. Auf einem nächtlichen Parkplatz werden Sie von einem verdächtigen Individuum beobachtet. In der Hitze des Augenblicks, während Panik sich auszubreiten beginnt, *halten Sie inne.* Führung ist verfügbar. Atmen Sie tief durch. Und eines ist besonders wichtig: Bitten Sie um Hilfe.

Doch an wen wenden Sie sich? Oder an was? Betrachten Sie die Möglichkeiten. Es könnte sein, dass Sie sich an Ihre Intuition als einen weisen Teil Ihrer selbst wenden, der den Verstand übertrifft. In Notsituationen müssen Sie schnell reagieren. Intuition ist schneller, sicherer und souveräner als die umständlichen Mechanismen der Logik. Selbst wenn Sie nicht an eine höhere Macht oder irgendetwas auch nur im Entferntesten Himmlisches glauben, wird Ihnen Ihre Intuition die Führung geben, die Sie brauchen. Doch vielleicht sind Sie bereit zuzugeben, dass es da noch mehr gibt. Ich habe einen Patienten, einen Postboten, der davon überzeugt ist, dass er von seiner Großtante Ida beschützt wird. Er hat sie nie persönlich kennen gelernt und kennt sie nur von Fotografien, doch er hat sich ihr immer nahe gefühlt. Wenn er ein Problem hat, ruft er sie in seiner Meditation an. Was soll ich tun?, fragt er. Ida antwortet. Er hört auf sie. Eine Schriftstellerfreundin von mir glaubt, dass sie einen Schutzengel hat. Meine Nachbarin, eine Landschaftsgärtnerin, kommuniziert mit einem Geist-Tier, einem schwarzen Bären, den sie als ihren Beschützer bezeichnet. Gehen Sie ruhig mit ein wenig Skepsis an die Sache heran. Ob Sie einen Vorfahren anrufen, einen Engel oder geistigen Führer, in jedem Fall ermutige ich Sie, nach innen zu gehen und zu untersuchen, ob solche Kräfte real sind. Versuchen Sie Kontakt mit ihnen aufzunehmen. Ich bin davon überzeugt, Sie werden feststellen, dass Sie nie allein sind.

Wo beginnen? Nehmen wir an, Sie haben noch keine Erfahrung in diesen Dingen. Zunächst lassen Sie den Gedanken zu, dass alles möglich ist. Hören Sie nicht auf die Stimme, die sagt: »Das ist doch verrückt, unwissenschaftlich«, oder, noch schlimmer: »Was, wenn meine Mutter mich jetzt sehen könnte?« Seien Sie wieder ein Kind, das voller Erstaunen die Welt testet, um zu entdecken, was wahr ist. Niemand beobachtet Sie. Halten Sie sich nicht zurück. Lassen Sie sich überraschen von dem, was passiert. Lassen Sie sich Zeit. Vielleicht müssen Sie diese Meditation ein paarmal üben, bevor sich Ihr innerer Führer zeigt.

Wie Sie mit Ihrem inneren Führer Kontakt aufnehmen

1. Entspannen Sie sich. Konzentrieren Sie sich auf den Rhythmus Ihrer Atmung, während Sie Ihren Verstand beruhigen. Tauchen Sie ein in die Stille.
2. Wenn Sie so weit sind, bitten Sie Ihren geistigen Führer zu erscheinen. Es ist nicht nötig, dass Sie ihn aktiv visualisieren oder versuchen, sich ihn herzustellen. Lassen Sie Ihren Führer von alleine kommen. Achten Sie auf alle Bilder, Stimmen, Lichter, Erinnerungen, Personen oder Wesen, die Sie spontan wahrnehmen. Wenn die Empfindung undeutlich oder weit entfernt zu sein scheint, bitten Sie Ihren geistigen Führer, deutlicher zu sprechen und näher zu kommen. Sie können spezifizie-

ren, wen Sie als Ihren Führer haben möchten. Natürlich entscheidet der Führer, ob er auf Ihr Anliegen reagiert oder nicht. Verzweifeln Sie nicht, wenn Sie heimlich auf einen einsamen Wolf gehofft haben, doch stattdessen Ihr verstorbener Onkel Sidney aus Brooklyn erscheint. Hüten Sie sich vor übermäßig romantischen Erwartungen.

3. Seien Sie fair bei der Beurteilung Ihrer geistigen Führer. Wie können Sie wissen, dass sie echt sind? Fragen Sie sie. Initiieren Sie einen aktiven Dialog. Prüfen Sie, ob ihr Rat funktioniert und ob sie Sie wirklich beschützen. Ihr geistiger Führer ist ein treuer Helfer, an den Sie sich wenden können, wann immer Sie es brauchen. Halten Sie diese Beziehung in Ehren.

Machen Sie es sich nicht unnötig schwer. Vielleicht ist es Ihnen lieber, am Anfang eine spirituelle Figur anzurufen, mit der Sie vertraut sind – Jesus, Buddha, jeder heilige Lehrer, den Sie verehren. Eine meiner geistigen Führerinnen ist Kuan Yin, Göttin des Mitgefühls in China. Die Legende sagt, dass sie die jüngste Tochter eines grausamen Vaters war. Er quälte und tötete schließlich Kuan Yin, die immer voller Mitgefühl für Tiere und Menschen gewesen war. Im Himmel wurde sie aufgrund ihrer Güte in eine Göttin verwandelt. Man sagte ihr: »Dein Leiden ist zu Ende. Du kannst überallhin gehen, wo du willst, und alles tun, was dir gefällt.« Kuan Yin erwiderte: »Ich möchte auf die Erde zurückgeschickt werden, um den Menschen zu helfen.« Und dann schwor sie selbstlos, dass sie nicht hier weggehen würde, bevor der letzte Mensch frei von Leid ist. Mein Bestreben ist es, solcher Liebe nachzueifern. Seit Jahren trage ich zum Schutz und um mein Herz offen zu halten eine Kette mit einer grünen Jadefigur von Kuan Yin um den Hals. Einer Assistenzärztin, die ich in der Psychiatrie im Krankenhaus beaufsichtige, fiel dieser Anhänger auf, und seitdem trägt sie auch einen. Kuan Yin ist eine geistige Führerin, die uns beide berührt und unser Mitgefühl für Patienten und für uns selbst verstärkt.

Ich glaube sehr an die Macht heiliger Objekte, wie beispielsweise meine Kuan-Yin-Halskette, um inspiriert und beschützt zu werden. Sie sind greifbare Hinweise an den übergeordneten Geist, an den alle Bitten um Führung gerichtet werden. Die Ureinwohner Amerikas, die Indianer, tragen zum Beispiel Talismane und Fetische bei sich, kleine Steinskulpturen von Tieren, deren Aufgabe es ist, ihre Besitzer vor Unglück zu bewahren – der Berglöwe, der den Mut verstärkt, der Fuchs, der Klugheit verkörpert, der Adler, ein Überbringer höherer Wahrheit. Vielleicht sprechen diese Geistwesen Sie an. Oder Sie können jedes Objekt wählen – eine Statue, einen Stein, Schmuckstücke –, das Ihre Führungsquelle stimmuliert. Wenn Sie wirklich alle Kraft brauchen, die es Ihnen geben kann, halten Sie es nah an Ihrem Herzen; lassen Sie sich von seiner Kraft durchströmen.

Eine andere schützende Praktik, die ich empfehle, ist das Verbrennen von getrocknetem Salbei, *Salvinia apiana*. Er wird seit jeher in vielen Kulturen benutzt, um einen physischen Raum von negativer Energie zu reinigen. In den Tälern an der Küste von Kalifornien wächst der purpurfarbene Salbei wild, und ich liebe es, ihn im Frühling zu pflücken. Eine andere Form des Salbei, den so genannten *Smudge stick*, kann man in Esoterikläden kaufen. Im Laufe der Jahrhunderte wurden Rauch und Räucherstäbchen für ihre Eigenschaft des Reinigens hoch geschätzt. Die katholische Kirche mischt Weihrauch und Myrrhe. Die Tibeter verbrennen Pinienzweige, um wandernde Geister zu verbannen. Die Mayas verwenden Kräuter und Kopal, wenn sie ihre Tempel ausräuchern.

Mein Patient Greg und seine Frau zogen kürzlich in ein

neues Haus. Es war die Verkörperung von allem, was sie sich gewünscht hatten: versteckt zwischen den Bäumen, mit Oberlichtern und einem Stall für ihr Pferd. »Warum fühlt es sich nicht richtig an?«, wunderte sich Greg. »In der Luft liegt eine Schwere, eine Angst, die wir einfach nicht abschütteln können. Die Leute, die vorher hier wohnten, gingen durch eine furchtbare Scheidung. Könnte das der Grund sein?« Ich wusste, dass Gregs Ehe gut war – ich hatte nicht das Gefühl, dass sein Unbehagen eine Projektion von Schwierigkeiten in seiner Beziehung war. Daher erklärte ich: »Manchmal kann sich Negativität aus der Vergangenheit wie ein zurückgelassenes Bild festsetzen. Sie muss einfach verscheucht werden.« Ich schlug vor, das Haus mit Salbei auszuräuchern. Greg und seine Frau waren einverstanden. In derselben Woche besuchte ich sie, und wir drei räucherten jede Ecke des Hauses mit brennenden Salbeizweigen in der Hand aus. Aufgrund des intensiven Geruchs (ein Aroma, das mich besänftigt) und der Gebete, die wir sprachen, um die Negativität aufzuheben, tat das Ritual seine Wirkung. Von dem Tag an fühlte sich das Haus leichter an, die Disharmonie war verschwunden.

Vielleicht möchten Sie Führung in Form eines Gebets herbeirufen. Dies ist ein Greifen nach der Liebe und jenen Kräften im Universum, die alles tun, was ihnen möglich ist, um Sie zu beschützen. Irene, eine Therapeutin, hatte schon 14 Stunden äußerst strapaziöser Wehen hinter sich. Die Geburt ging nur schleppend voran. Dann erinnerte sie sich an die Worte unseres spirituellen Lehrers: »Wiederhole während der Wehen meinen Namen mehrere Male. Das wird die Sache beschleunigen.« In einem Gebet tat Irene genau das – und kurz danach wurde ihre Tochter geboren. Wann immer ich im Flugzeug bin und wir in Turbulenzen geraten, konzentriere ich mich innerlich auf den Namen meines Lehrers. Das zentriert mich, und die Situation stabilisiert sich schnell. Handelt es sich dabei nur um magisches Denken? Nehmen Sie sich die Freiheit und prüfen Sie es nach, wie jede gute rationale Seele. Wann immer Sie sich in einer riskanten Situation befinden, versuchen Sie Ihren Lehrer oder geistigen Führer anzurufen. Macht das einen Unterschied? Die Veränderung kann subtil oder dramatisch sein. Eine kleine Verlagerung mag alles sein, was Sie brauchen, um ein sichereres Selbstgefühl zu erlangen.

Zögern Sie nicht zu beten. Ich tue es ständig, zuweilen mehrmals am Tag. Kurze, schnelle, effektive Blitzgebete. Wenn ich irritiert bin, bete ich: »Bitte sorg dafür, dass ich meine Mitte wieder finde«; bei Angst: »Bitte lass meinen Mut zurückkehren.« Diese Vorgehensweise kann beeindruckende Resultate zeitigen. Oder vielleicht fühlen Sie, dass Sie für einen anderen Menschen sorgen möchten, doch aus irgendwelchen Gründen können Sie konkret nicht viel tun – eine frustrierende Situation, die zu einem Gefühl der Hilflosigkeit führen kann. Vergessen Sie nicht, Sie können immer für das Wohlergehen dieser Person beten. Eine solche Tat hat Bedeutung. Beten Sie. Tun Sie Ihre Gedanken kund. Gebete reisen. Sie werden zielsicher ihren Bestimmungsort erreichen. Vertrauen Sie darauf, dass etwas Gutes dabei herauskommt. Heilung kann auf die unerwartetste Weise eintreten.

Um wirklich zu wissen, ob Sie beschützt werden, stellen Sie sich bitte den Himmel vor. Nicht unbedingt so, wie er in Geschichten beschrieben wird, sondern in einer Vision, die direkt aus Ihrem Herzen kommt. Schauen Sie, was es dort alles gibt. Versuchen Sie, die zur Verfügung stehende, personalisierte Hilfe zu spüren; einen Mangel an Zeit oder Liebe gibt es nie. Diese Perspektive wird Ihnen die Gewissheit einer Zuflucht vermitteln. Ihre Führung kann Ihnen helfen, den Himmel zu erfahren. Was es dort gibt, existiert auch hier, wenn Sie es zulassen.

Fünfter Schritt. Hören Sie auf Ihre Träume!

Ich bin darauf vorbereitet, jeden Tag höchstens 16 Stunden wach zu sein. Das ist der Zeitraum, den ich der linearen Zeit und der alltäglichen Welt zur Verfügung stelle. Meine Träume sind der Ort meiner größten Sicherheit. Dort finde ich mein Zentrum. Dort bewohne ich eine Form, die sich fließender anfühlt, und mühelos fülle ich mich mit Bildern, Energie und Tönen an, die auf andere Weise schwieriger aufzunehmen sind.

Wie Sie schlafen, wo Sie schlafen und mit wem Sie schlafen, bestimmt die Umstände Ihres Schlafs. Die Weichheit Ihrer Laken, das Gewicht Ihrer Decken, die Raumtemperatur, das Zirkulieren frischer Luft und die Qualität des Lichts, all das macht einen großen Unterschied. Wenn Sie schlafen, all die Stunden, in denen Ihr Körper daliegt, während Sie zu anderen Orten reisen, sind Sie am ungeschütztesten. Sie wollen alles, das mit Schlaf zu tun hat, so sicher wie möglich gestalten.

Mein Schlafzimmer befindet sich ganz nah am Pazifik. Jede Nacht höre ich, wie sich die Wellen am Strand brechen. Selbst wenn ich in meinen Träumen Lichtjahre davon entfernt bin, spüre ich das Meer, wie es mich im immer gleichen Rhythmus wiegt. Wellenbewegung ist für Träume das, was der Herzschlag für unser Leben ist. Das Wohnen am Wasser führt zu lebhaften Träumen. Neben meinem Bett steht ein niedriger Holztisch. Darauf steht eine kleine blaue Vase mit einer einzigen frischen Rose. Ich liebe alle Arten und Farben von Rosen. Diese Rose ist das Letzte, was ich sehe, wenn ich schlafen gehe, und der erste Anblick, der mich beim Aufwachen begrüßt. Diese wichtigen Momente werden oft ignoriert. Dabei schaffen sie eine Atmosphäre von Schönheit und Ehrfurcht für alles, was folgt. Außerdem ist meine Rose ein Signal dafür geworden, mich an meine Träume zu erinnern und sie aufzuschreiben. Ich empfehle Ihnen, ein ähnliches Zeichen zu finden. Dann werden Sie sich als Erstes an Ihre Träume erinnern, bevor Sie an irgendetwas anderes denken. Aufgrund des Wassers, der Rose, der sanften Brise (ich lasse meine Balkontür immer einen Spalt offen), dem Licht des Mondes, das durch mein Fenster scheint, und dem wohligen Gefühl unter meiner weichen Daunendecke bin ich auf das Sanfteste eingehüllt, während ich schlafe.

Ihr Schlafzimmer sollte genau Ihren Wünschen entsprechen. Das hat nicht nur mit Umdekorieren zu tun. Ich spreche hier von der feinen Kunst des Feng-Shui (Energieausrichtung) der Traumdynamik. Sie müssen nicht in einem Schloss oder am Meer leben, um gut zu träumen. Es reicht aus, wenn Sie sich Mühe geben, dafür zu sorgen, dass es sich gut anfühlt, ganz egal, wo Sie wohnen. Wie Sie Ihre Wohnung arrangieren, hat mit Ihren sinnlichen und spirituellen Vorlieben zu tun. Selbst die Richtung, in der Ihr Bett steht, kann das Träumen beeinflussen. Ob Norden, Süden, Osten, Westen – probieren Sie alle Richtungen aus. Seien Sie unkonventionell genug, um zu wissen, wie wichtig es ist, wenn Sie selbst eine Ihnen entsprechende Position finden.

Das bringt uns zum Thema Schlaflosigkeit, ein grausamer Umstand, der die nettesten Menschen heimsuchen kann. Eine Nacht des Hin und Her wälzens im Bett und des Starrens auf die Uhr kann den gesündesten Menschen um den Verstand bringen. Sie haben das Gefühl, nirgendwo hinzupassen. Was hat es also mit Schlaflosigkeit auf sich?

Liegt es nur daran, dass wir so obsessiv mit unseren alltäglichen Sorgen beschäftigt sind, dass wir unseren Verstand einfach nicht abschalten können? Manchmal trifft das zu. Doch Schlaflosigkeit kann auch das Echo einer tiefer liegenden, unbewussten Angst vor dem Verlust der Kontrolle sein, oder sogar vor dem Tod. Niemand lehrt uns, wie man einschlafen kann. Niemand kann uns sagen, was hinterher passiert, im Moment, wo wir unseren Körper verlassen. Als Kinder sollten wir darauf trainiert werden, wie dieser Übergang zu vollziehen ist. Für diejenigen von uns, denen es schwer fällt, von der materiellen in die nichtmaterielle Ebene überzuwechseln (wenn Sie es vielleicht auch nie so formuliert haben), kann das Einschlafen problematisch sein. Wir müssen uns dem Unbekannten ausliefern. Gibt es da überhaupt irgendetwas? Wird es wohlwollend sein? Wie können wir das wissen? Wer kann schon einschlafen, wenn er solche Bedenken hat! Ein Problem besteht darin, dass diese Bedenken nie auf diese Weise ausgedrückt werden. Doch genau das ist notwendig. Sie werden feststellen, dass die Leichtigkeit, mit der wir einschlafen, von dem Grad unseres Vertrauens abhängt, was wir im Schlaf finden werden.

In gewisser Weise ist der Schlaf eine wunderbare Vorbereitung auf das Sterben. Der einzige Unterschied ist der, dass wir im Tod diesen Körper hinter uns lassen und niemals wieder in ihn zurückkehren. Daraus folgt, dass Personen, die Angst vor dem Tod haben, besonders leicht der Schlaflosigkeit anheim fallen. Ich arbeite mit vielen meiner Patienten an diesem Thema. Es ist eine Tatsache, dass die Furcht vor dem Tod viele Aspekte unserer Kultur beeinflusst und uns daran hindert, die Spanne des Lebens, die uns gegeben wurde, voll zu erfahren. Wenn wir davon ausgehen, dass bei der Vorstellung des »Loslassens« unsere unterschwellige Assoziation der Tod ist, wer würde – wenn er im Vollbesitz seiner geistigen Kräfte ist – nicht davor zurückschrecken einzuschlafen? Wenn Ihnen diese Argumentation vertraut erscheint, so stehen Sie nicht alleine da. Viele Menschen zählen nie zwei und zwei zusammen. Doch wenn Sie mit Schlaflosigkeit zu kämpfen haben, verteidigen Sie sich vielleicht gegen etwas, dessen Sie sich nicht einmal bewusst sind.

Ich verspreche Ihnen: Träume sind sicher. Einige sind sogar beschützend. Sie können wichtige Bilder bereithalten, um potenziell gefährliche Situationen zu meistern. Meine Freundin Lisa wurde mit einem Schlag aus einem solchen Traum gerissen, als sie in der Mojave-Wüste zeltete. In diesem Traum wurde ihr ausdrücklich gesagt: »Gleich wird ein ungeheurer Sandsturm kommen. Such dir einen schützenden Ort.« Obwohl es keinerlei Anzeichen für einen Sturm gab, weckte sie ihre perplexen Freunde und forderte sie auf, sich ins Auto zu setzen. Wenig später begannen Winde mit einer Stärke von 80 Meilen pro Stunde durch die Wüste zu fegen, die bis zum Morgengrauen dauerten. Glücklicherweise hatte Lisa auf ihren Traum gehört. Lassen auch Sie sich von Ihren Träumen beschützen. Wenn Sie sich einer physischen oder emotionalen Gefahr ausgesetzt sehen, können diese Träume Ihnen einen Ausweg zeigen. Lisas Traum war ohne ihr Dazutun erschienen, doch können Sie auch ganz bewusst beschützende Träume herbeirufen. Das Einzige, was Sie tun müssen, ist, darum zu bitten.

Nachstehend erfahren Sie, was mein Freund, ein Anthropologe, einem Mädchen empfahl, die von Ängsten geplagt zu ihm kam. Sie hatte bereits eine traditionelle Therapie hinter sich, doch die Ängste waren immer noch da. Hank wollte ihr zusätzliche Werkzeuge in die Hand geben. Also erzählte er dem Mädchen eine Geschichte über eine Medizinfrau vom Stamm der Chumash, eines in Kalifornien ansässigen Indianerstammes. Wenn die Frau von Angst befallen wurde, stellte sie sich ein großes blaues Ei vor, in das sie hineinkletterte und wo nichts ihr etwas anhaben konnte. Dem Mädchen gefiel die Idee mit dem Ei, und sie begann sie bei ihren eigenen Ängsten anzuwenden. Kurz danach hatte sie einen Traum: Sie war beim Einkaufen und bemerkte eine Gruppe gefährlich aussehender junger Männer, die sich herumdrückten. Zu ihrem

Entsetzen kamen sie näher und fingen an, sie zu jagen. Sie rannte so schnell sie konnte in dem Versuch, ihren Verfolgern zu entkommen. Plötzlich, als sie um eine Ecke lief, sah sie einen blauen VW-Käfer, der am Straßenrand geparkt war. Das blaue Ei! Sie schaute hinein – der Schlüssel steckte im Zündschloss. Sie sprang in den Fahrersitz und sperrte die Türen ab. Ihre Verfolger umkreisten das Auto und schlugen darauf ein, doch sie konnten nicht hinein. Unberührt startete sie den Motor und fuhr davon.

Beschützende Bilder, großartig oder unauffällig, werden Ihnen helfen. Das Geheimnis besteht darin, solche Bilder und Vorstellungen auszugraben und sich anzueignen, die eine Resonanz in Ihnen hervorrufen. Wenn Ihnen das blaue Ei zusagt, nehmen Sie es, es gehört Ihnen. Doch vielleicht ziehen Sie es vor, in einem Zauberwald Zuflucht zu suchen. Und wenn Sie von einem Superhelden errettet werden wollen, oder wenn Ihr geistiger Führer erscheint, um Ihnen zu helfen, so ist das auch in Ordnung. Wir alle haben unsere Helden, unsere besonderen Orte. Wachvorstellungen können ihren Weg in unsere Träume finden. Nur ein dünner Schleier trennt den Schlaf vom Wachsein. Schutz aus Träumen durchdringt unser alltägliches Leben. Machen Sie das Beste aus diesem Austausch.

Zentrierung und Schutz stehen in enger Beziehung zu unserer Sichtweise von Krieg und Frieden. Die Haltung, die wir einnehmen, hat sowohl globale als auch persönliche Implikationen. Krieg ist immer ein Zustand des Antagonismus, ein Kampf zwischen »uns« und »den anderen«, ganz gleich, ob er zwischen Nationen oder in Ihrem eigenen Wohnzimmer stattfindet. Menschen, die Krieg führen, haben Feinde. Menschen, die Waffen haben, haben etwas zu verteidigen. Im Gegensatz dazu ist Frieden ein Abkommen, Feindseligkeit zu beenden, auf der politischen Ebene mit anderen oder im eigenen Inneren. Dies kann sowohl zu einem Ende der Gewalt als auch zur Befreiung von beunruhigenden Gedanken und Unterdrückung führen. Anhaltender Frieden hat keine Dualität, keine Feinde, keine Opfer. Das *I Ging* sagt, es ist »eine Zeit in der Natur, wo der Himmel auf die Erde gekommen zu sein scheint«. Das bedeutet den Inbegriff von Zentrierung. Wie können wir uns in Richtung Frieden bewegen, innen wie außen? Was steht uns im Weg?

Wir alle können bestätigen, dass es echte Bedrohungen für unsere Sicherheit gibt. Und es steht außer Frage, dass wir keinen Mangel an Fähigkeiten haben, auf diese Bedrohungen mit Macht zu reagieren, welche Probleme auch immer das mit sich bringen würde. Genauso problematisch ist jedoch unsere offensichtliche Unfähigkeit, Frieden herzustellen, wenn wir uns sicher genug fühlen und daher Frieden tatsächlich schaffen könnten. Mahatma Gandhi, Martin Luther King und John Lennon waren nicht einfach nur »Träumer«. Das tägliche Leben ist ein Experimentierfeld, ein Ort, um Zentrierung zu praktizieren. Krieg oder Frieden ist immer eine Wahl, die wir treffen können. Alle möglichen alltäglichen Situationen legen es darauf an, Sie an Ihre Grenzen zu führen. Vielleicht wissen Sie nicht, was Sie davon halten oder wie Sie mit ihnen umgehen sollen. Lassen Sie mich das Ganze ein wenig einfacher für Sie machen. Ich glaube, dass es – wenn man genau hinsieht – eine grundsätzliche Antwort gibt: Wenn Sie Zweifel haben, hören Sie auf Ihr Herz. Damit können Sie nichts falsch machen. Nie. Das Ganze ist ein Prozess. Manchmal erzielen Sie große Gewinne, manchmal nicht. Doch der Sieg liegt in Ihrer Hingabe an ein herzorientiertes Ziel. Das ist Ihr wahrer Himmel auf Erden.

Nach alter chinesischer Überlieferung ist der beste Weg, ein Spukhaus von seinem Geist zu befreien, der, eine glückliche Familie darin wohnen zu lassen. Das Abkommen zwischen Hausbesitzer und Mieter sieht folgendermaßen aus: Im Ausgleich für mietfreies Wohnen muss die Familie die Unannehmlichkeit der Faxen des Geistes ertragen, die frühere Mieter davongejagt hatten. Fremdartige Geräusche, Objekte, die durch die Luft fliegen, Erscheinungen, all das ist Teil der Vereinbarung. Doch das stört die glückliche Familie nicht. Sie gehen einfach ihren Beschäftigungen nach. Liebevoll. Unerschütterlich. Ehrlich. Und das ist genau das, was nötig ist. Nach und nach wird der Geist vertrieben. Ihre zentrierte Energie wirkt Wunder.

Lassen Sie sich nicht von dem Durcheinander, das Geister und Kobolde, Dämonen und Hexen erzeugen, aus der Fassung bringen. Tun Sie, was die glückliche Familie getan hat. Kultivieren Sie ein fortwährendes Gefühl von innerem Frieden und Entschlusskraft, Stärken, die sich unsichtbar auswirken. Es gibt nichts Besseres als Zentriertheit, um selbst die größten, schlimmsten und ärgerlichsten Katastrophen zu bewältigen. Haben Sie Vertrauen in Ihre eigene Kraft.

7

Beziehungen würdigen

Die Liebe, die du gibst, ist so groß wie die Liebe, die du nimmst.

THE BEATLES

Ich möchte Ihnen eine Geschichte über wahre Liebe erzählen. Meine Freundin Arielle war ihr Leben lang Single gewesen. Sie war eine tatkräftige, kein Blatt vor den Mund nehmende Buchverlegerin im Alter von 44 Jahren, und sie sehnte sich nach ihrem Seelenpartner. Mit keinem ihrer Liebhaber hielt sie es länger als drei Jahre aus. Das offensichtliche Problem variierte stets zwischen der Angst vor Hingabe, Problemen mit Intimität und ihrer leidenschaftlichen Unabhängigkeit. Arielle war nicht nur erfolgreich in ihrem Beruf, sondern auch eine spirituell Suchende. Ihre Lehrerin kam aus Indien und war berühmt für ihre Auftritte, bei denen sie unzähligen Menschen ihren Segen gab. Während eines Retreats flüsterte Arielle dieser Frau zu: »Bitte heile mein Herz von allem, was mich davon abhält, meine wahre Liebe zu finden.« In der darauf folgenden Nacht hatte Arielle einen Traum: Sie hörte die süßesten Stimmen singen: »Arielle ist diejenige, die nach Beth kommt.« Was war das?, dachte sie, als sie aufwachte. Befindet sich der Mann, nach dem ich suche, in einer Beziehung mit jemandem, der Beth heißt?

Drei Wochen vergingen. Dann, während eines Geschäftstermins in einer anderen Stadt, traf Arielle Brian. Hier ist ihr Bericht über das, was geschah: »Als ich ihn sah, fühlte ich mich auf der Stelle glücklich. Er war auf eine adrette Weise attraktiv, doch gar nicht mein Typ. Dennoch hörte ich die Worte in meinem Kopf, die sagten: ›Das ist der Mann, mit dem du den Rest deines Lebens verbringen wirst!‹« Arielle dachte, dass sie spinne. Vielleicht war der Mann ja schon verheiratet. Doch als der Termin zu Ende war, sagte Brian zu ihr: »Ich weiß, es klingt unglaubwürdig. Doch ich bin Ihnen schon im Traum begegnet.« Arielle war sprachlos. Was passierte hier? Schlimmer noch, nie zuvor hatte sie einen solchen Drang verspürt, jemanden zu küssen. Genau in dem Moment rief ein Kollege Brian zu: »Warum bittest du Elizabeth nicht, mit uns zu Abend zu essen?« Arielles Herz verkrampfte sich.

Doch es war noch nicht alles verloren. Es stellte sich heraus, dass Beth zwar Brians Freundin war, die beiden aber gerade dabei waren, sich zu trennen. Später am Abend, als Brian Arielle zum Flughafen fuhr, redeten sie so leicht und vertraut miteinander, als ob sie sich schon seit Jahren kannten. Beide wussten bereits, dass sie sich wiedersehen würden. Zwei Monate später verlobten sie sich. Und auf den Tag genau ein Jahr nach ihrer ersten Begegnung gab Arielles spirituelle Meisterin der Ehe der beiden ihren Segen. Auch diese Ehe verlief natürlich nicht ohne das übliche Auf und Ab. Doch es war Arielle und Brian stets klar, dass sie für immer zusammenbleiben würden. Das Gefühl der Verbundenheit und Nähe, das sie an jenem ersten Nachmittag empfunden hatten, hat sie nie verlassen. Sie waren beide bereit, einander zu unterstützen und eine großartige Liebe zu teilen.

Dieses Kapitel ist der Liebe gewidmet – wie man sie erreichen kann, was uns davon abhält und wie wir das Vertrauen finden können, das Risiko einer Beziehung zu einem Liebhaber bis hin zu einem Kollegen überhaupt einzugehen. *Namaste, ich respektiere den Geist in dir* – ist die allgemeine Begrüßung in Indien. Ich möchte, dass *Namaste* stets der Punkt ist, von dem wir ausgehen, ob es sich um den Kontakt mit anderen oder mit uns selbst handelt.

Beziehungen sind ein heiliger Versammlungsort, der uns lehrt zu lieben. Das trifft auch dann zu, wenn Sie jemanden nicht mögen! Vor allem im Umgang mit schwierigen Menschen müssen wir die besten Teile von ihnen suchen und diese ansprechen. Dadurch brauchen wir uns mit solchen Menschen nicht auf eine Ebene zu begeben. Von einem intuitiven Gesichtspunkt aus betrachtet, vermitteln uns alle Beziehungen wertvolle Lektionen. Die Kunst besteht darin, destruktive Muster nicht zu wiederholen.

Unser Fokus wird sich auf Möglichkeiten richten, intuitive, spirituell ausgerichtete Beziehungen im Gegensatz zum Paradigma der 50-er Jahre zu entwickeln, wo es um verklemmte Wertvorstellungen ging. Wir sprechen hier von zwei verschiedenen Universen. Zum Beispiel sagen viele Paare, dass im Laufe einer 30-jährigen Ehe die Leidenschaft aus Gründen der Vertrautheit und voraussehbarer Routine verloren gegangen ist. Ich dagegen behaupte, dass es in einer intuitiv lebendigen Beziehung solche Unvermeidlichkeiten nicht gibt, denn durch Intuition sehen Sie die Dinge anders und betrachten das Bekannte stets mit neuem Staunen.

Ich schlage vor, wir behalten das bei, was traditionell in Beziehungen funktioniert, und rangieren den Rest aus; dann nehmen wir unsere besten Modelle und bauen darauf auf. Liebe, Vertrauen, Hingabe – das sind die Grundlagen. Ich zeige Ihnen, wie Sie Ihre Intuition nutzen können, um diese Bindungen zu schmieden oder zu stärken. Indem Sie auf Ihre innere Stimme hören, können Sie Ihr eigenes Schicksal formen, die für Sie richtigen Menschen in Ihr Leben bringen und Gefahrensignale erkennen. Vom Beginn einer Beziehung bis zu ihrer vollen Entfaltung wird diese liebevolle Aufmerksamkeit dafür sorgen, dass sie ihren höchstmöglichen Ausdruck findet. Außerdem entwickelt sie eine Magie, die nur dann in Erscheinung tritt, wenn Sie das Mysterium aktiv zulassen.

Wenn Sie wollen, dass alle Ihre Beziehungen von Leidenschaft erfüllt sind, ist Intuition ein wichtiger Katalysator. Seien sie willkommen in einer Welt der Synchronizitäten, in Momenten perfekten Timings, wenn zufällige Umstände sich scheinbar mühelos ergeben. Sie können nicht aufhören, an einen alten Freund zu denken, und begegnen ihm auf der Straße; oder Sie verpassen Ihr Flugzeug, und auf dem nächsten Flug sitzen Sie neben jemandem, in den Sie sich verlieben. Aufregend ist auch das Erlebnis des Déjà-vu – ein verblüffendes Gefühl, als würden Sie jemanden von früher kennen, obwohl Sie einander noch nie begegnet sind. Diese glücklichen Fügungen können Ihr Leben ungemein bereichern. Mit Intuition können Sie zudem jenseits von Worten kommunizieren. Sie werden entdecken, wie Sie Menschen »lesen« und auf diese Weise besser erreichen können. Oder es kann sogar passieren, wie bei Arielle und Brian, dass im Traum eine Ehe gestiftet wird! Das Versprechen einer solchen intuitiven Offenheit ist es, Beziehungen zu haben, die mystisch, praktisch und ein Vergnügen sind. Intuition ist eine Möglichkeit, in jedem Aspekt Ihres Lebens vollkommener zu lieben.

Erster Schritt.
Achten Sie auf Ihre Glaubenssätze!

Ich glaube an die wahre Liebe. Ich glaube an Verbindungen, die so tief sind, dass Sie das Unviersum durch sie hindurchrauschen fühlen können. Dies ist in Tokio genauso wahr wie in Paris, und selbst im normalen Ablauf des täglichen Lebens ist dieser Zustand erreichbar. Am Frühstückstisch lächelt Ihr Partner Ihnen zu, und schon ist das Licht da. Ihre beste Freundin teilt Ihnen die Sorgen um ihr Kind mit und Sie sind direkt an ihrer Seite, Schwestern für alle Zeiten. Ich spreche hier nicht nur über emotionale Erleuchtungsmomente, sondern in erster Linie über stille, normale Momente. Es ist ein Vergnügen, mit Menschen zusammen zu sein, mit Liebenden, Freunden, der Familie, nicht aus Verpflichtung, sondern weil es sich richtig anfühlt. Dies bedeutet nicht unbedingt, dass alles immer problemlos verlaufen wird, doch es garantiert, dass Ihre Seele nicht aufgrund des vergeblichen Sehnens nach Nahrung vertrocknen wird. Selbst wenn Sie das Gefühl haben, diese Intimität habe momentan keinen Platz in Ihrer Realität, lohnt es sich, sie zu kultivieren und für sie zu kämpfen. Dies sind die Beziehungen, die zu erreichen Sie anstreben sollten.

Solche von Herzen kommenden Verbindungen findet man mit Intuition, nicht nur mit dem Verstand. Bei Freundschaften oder Liebesbeziehungen sieht das alte Modell in der Regel folgendermaßen aus: Sie lernen jemanden kennen, der Ihnen gefällt. Wahrscheinlich stellen Sie fest, dass derjenige gut aussieht, intelligent, liebevoll, talentiert, vertrauenswürdig ist. Im Falle einer Liebesbeziehung spüren Sie vermutlich zusätzlich noch eine starke physische Anziehungskraft. Alles sieht rosig aus. Sie lassen sich auf eine Beziehung ein. Hier ist die neue Version: Vielleicht fällt Ihnen all das oben Gesagte auf, doch sehen Sie noch mehr. Fragen Sie sich: Fühlt sich dieser Mensch vertraut an, wie ein Mitglied Ihres Stammes? Sagt Ihnen Ihr Gefühl im Bauch: »Lass dich darauf ein. Das wird gut für dich sein.« Oder warnt es Sie: »Halt!« Spüren Sie eine Affinität, die über oberflächliche Gemeinsamkeiten hinausgeht? Öffnet sich zusammen mit sexuellem Begehren auch Ihr Herz? Bei der neuen Version ist das, was auf dem Papier gut aussieht, bedeutungslos, es sei denn, es existiert eine intuitive Verbindung.

Die Beziehungen, von denen ich spreche, weisen bestimmte Komponenten auf, die sie von dem unterscheiden, was normalerweise erwartet wird. Die folgenden vier

Eigenschaften sind der Brennstoff für anhaltende Leidenschaft und Hingabe. Sie spielen eine zentrale Rolle in all meinen Beziehungen, von geschäftlichen Interaktionen bis zu Liebesaffären. Es sind radikale Abwendungen vom Status quo, die jede Verbindung mit neuem Leben erfüllen können.

Vier Grundlagen einer intuitiven Beziehung

1. Spiritualität als Priorität

Eine Beziehung hat nie nur mit zwei Menschen zu tun. Sie ist darüber hinaus von einer spirituellen Kraft erfüllt. Ob es nun ein Gott ist oder eine Göttin, die Majestät der Natur oder eine wohlwollende Intelligenz, in jedem Fall ist hier mehr am Werk als nur Sie und Ihr Partner. Egal, ob Sie diese Kraft durch Meditation, traditionelle Religion oder einfach durch Momente des Friedens anzapfen, sie stärkt und nährt Sie. Wie wunderbar, dass jeder von Ihnen eine direkte Verbindung zum Geistigen hat und dies in die Verbindung einbringt. Auf diese Weise beginnt keiner die Beziehung mit leeren Händen. Niemand ist allein, und niemand wird je allein sein. Daher kann die Angst vor dem Alleinsein – ob Sie eine Beziehung haben oder nicht – Sie nicht länger in einer Situation festhalten, die schlecht für Sie ist oder der Sie entwachsen sind. Ich ermuntere Sie dazu, alle Beziehungen als göttlich zu betrachten, als Teile einer immer tiefer gehenden Meditation über Mitgefühl und Wachstum.

Ich habe viele Menschen in langjährigen Beziehungen gesehen, die sich mit der Langeweile, die sie empfinden, abgefunden haben. »Wir kennen uns einfach schon zu lange«, sagen sie. »Das ist nicht anders zu erwarten.« Oftmals führen diese Paare ein komfortables Leben, haben wohlerzogene Kinder, ein schönes Haus, einen reibungslos funktionierenden Lebensablauf. Doch was ihnen fehlt, ist eine gemeinsame Begeisterung, die ständige, intuitive Fähigkeit, das Wunderbare in den kleinen Dingen zu sehen, was dem Dasein erst die richtige Würze gibt. Wenn dieses Element vorhanden ist, kommt niemals Langeweile auf. Das ist mehr als nur eine Verhaltensänderung. Es ist eine spürbare Veränderung, die aus den Tiefen der Intuition kommt. Sie gibt dem alltäglichen Leben – die Kinder für die Schule fertig machen, am Sonntagnachmittag genüsslich faulenzen, zum hunderttausendsten Mal Liebe machen – eine neue Brillanz. Nach und nach, während Sie es versuchen, können auch Sie diesen Geist spüren. Er verändert alles, indem er enthüllt, was schon immer da gewesen ist.

2. Gegenseitige Würdigung der Intuition

Der inneren Weisheit zu vertrauen setzt einen Glauben von höchstem Format voraus. Wenn ein Mensch sein Leben auf diese Weise führt, ist das bemerkenswert. Wenn zwei Menschen zusammen so leben, dann ist das erhaben. Jeder braucht Unterstützung. Unabhängig davon, wie gut Sie Ihrer Meinung nach alleine zurechtkommen, nähren die Worte eines guten Freundes oder Partners die Seele, wenn er bestätigt: »O ja. Dein Traum ist fantastisch«, oder: »Ich vertraue deinem Gefühl im Bauch. Mach es.« Unterstützung dieser Art ist das Gegenteil von Aussagen wie: »Bist du verrückt?! *Worauf* basiert deine Entscheidung?« Ich habe Patienten erlebt, die im zaghaften ersten Stadium der Entdeckung ihrer Intuition durch die unsensiblen Kommentare ihrer Lebenspartner total niedergeschmettert waren. Es ist etwas völlig anderes, wenn Sie spüren, dass jemand auf Ihrer Seite ist; nicht jede instinktiv vollbrachte Handlung rechtfertigen zu müssen, ist äußerst wohltuend. Andere müssen nicht immer mit Ihnen übereinstimmen oder das unterstützen, was Sie für einen verrückten Plan halten. Jedoch ist es von entscheidender

Bedeutung, einen freundlich gesinnten Dialog aufzunehmen und nicht in eine negative Kollision von Glaubenssätzen zu geraten. Wenn Ihr Partner allerdings wenig über Intuition weiß, muss er oder sie unter Umständen darüber aufgeklärt werden. Dann liegt es an Ihnen, liebevoll zu vermitteln, was Sie darüber wissen. Tun Sie das, indem Sie es Ihrem Partner vorleben, nicht indem Sie ihm »mit dem Hammer auf den Kopf hauen«. Meditieren Sie. Stimmen Sie sich ein. Benutzen Sie Ihre Intuition, um genau die richtigen Worte zu finden, die den Widerstand auflösen und die Beziehung verbessern können. Verkörpern Sie die Kraft Ihrer Überzeugungen.

3. Respekt für die Macht des Weiblichen

Von alters her ist Intuition mit dem Weiblichen gleichgesetzt worden. Das *I Ging* spricht vom Weiblichen als dem »empfänglichen«, »ursprünglichen« und »nachgebenden« Yin-Element gegenüber dem mehr auf Problemlösung ausgerichteten, kontroll- oder aktionsorientierten männlichen Prinzip, Yang genannt. Yin bekämpft Yang nicht, sondern ergänzt es. Um in unseren Beziehungen das sanfte Feuer der Intuition zu entfachen, muss das Weibliche eine größere Rolle spielen, als man bisher zugelassen hat. Ob männlich oder weiblich, wir alle besitzen eine maskuline und eine feminine Seite. Wenn wir eine dieser Seiten verdrängen, beschränken wir unsere eigene Natur. Oft ist es das Weibliche, das zuerst verschwindet. Die Männer bekämpfen es, indem sie zu Machos werden, und Frauen, indem sie »vermännlichen« und entweder nur noch Anzüge und Aktentaschen tragen oder streichholzdünn wie Models werden. Warum? Ein kräftiger Mann, stolz auf seine Männlichkeit, erklärte mir kürzlich seinen Standpunkt: »Wollen Sie, dass ich ein Feigling bin? Sind Sie verrückt?« Auch viele Frauen missverstehen Yin als Schwäche. Aus diesem Grund möchte ich Folgendes klarstellen: Wenn Sie ein Mann sind, gefährdet das Zulassen Ihrer weiblichen Seite nicht Ihren Testosteronspiegel. Sind Sie eine Frau, dann vermittelt Ihnen das Yin Kraft. Beide Geschlechter verwirklichen ihr volles Wesen und sind nur dann offen für Intuition, wenn sie das Weibliche als Teil ihres inneren Gleichgewichts annehmen. Damit soll auf keinen Fall das Yang zurückgewiesen werden, was in unserer heutigen Gesellschaft wohl auch kaum zu befürchten ist.

Wenn in einer Beziehung das Weibliche gewürdigt wird, so stellt dies ein Gegenmittel für Selbstgefälligkeit dar. Das Prinzip lautet folgendermaßen: Wenn Sie empfänglich sind, fließt die Intuition, und Ihr Körper erwacht zu neuem Leben, Kreativität und Leidenschaft werden stärker, Ihr Herz öffnet sich, liebevolle Lösungen bieten sich an. Wie kann so etwas schlecht sein? Indem unsere weibliche Seite alle Interaktionen – und nicht nur die sexuellen – sozusagen an das Stromnetz anschließt, ist die Quelle des Visionären in uns. Unsere weiblichen Vorfahren sind auf den Scheiterhaufen als Hexen verbrannt worden. Doch anders als unzählige Frauen im Laufe der Jahrhunderte, die unterdrückt und vernichtet worden sind, können wir – Männer und Frauen – heute unsere Weiblichkeit aus ganzem Herzen genießen, um Liebe aufzubauen.

4. Spiegel füreinander sein

Woher kommt es, dass wir oft den Menschen die größten Schwierigkeiten bereiten, die wir am besten kennen? Das gilt sowohl für unsere Kollegen als auch für unsere Freunde und Familienmitglieder. Oft ist der Grund der, dass wir wissen, wir können uns so verhalten; die Betreffenden »nehmen es hin«, sie akzeptieren und verzeihen uns, mit all unseren Schwächen. Darüber hinaus ist es jedoch so, je näher Sie jemandem stehen, desto mehr sind Sie der emotionale Spiegel des anderen, im Positiven wie im Negativen. Spirituell ausgedrückt, ist dies Teil unserer Aufgabenbeschreibung: Wir reflektieren anderen emotionale Themen, die sie heilen müssen; und sie tun das Gleiche für uns. Dies ist ein lohnenswerter, doch anstrengender Prozess, auf den sich beide Beteiligten bewusst einlassen. In allen Beziehungen treten unweigerlich Schwierigkeiten auf. Das ist nicht überraschend, doch Ihre Haltung ist entscheidend. Eine meiner Patientinnen kämpft seit einiger Zeit mit der Furcht vor dem Verlassenwerden. Seit sie einen Liebhaber hat, ist diese Angst noch schlimmer geworden. Obwohl sie es besser weiß, wird sie unsicher und sagt ihm: »Du wirst mich für eine andere Frau verlassen.« Es wird immer schwerer für ihn, ihre Angst zu ertragen. Doch er weiß, dass sie sich ihr stellen muss – er hat sich verpflichtet, ihre Bemühungen um emotionale und spirituelle Weiterentwicklung zu unterstützen. So oder so, er ist ihr Spiegel. Ich bin beeindruckt von der rücksichtsvollen Art der Herangehensweise dieser beiden Menschen, ihrer gegenseitigen Hingabe und ihrem Mut, die Sache durchzustehen. Das ist genau das, was erforderlich ist, im Gegensatz zu Beziehungen, bei denen die Tendenz besteht, gereizt zu werden, zu verdrängen oder dem anderen die Schuld zu geben.

Auf welche Weise hat bewusstes Widerspiegeln mit Intuition zu tun? Wie kann es eine starke Partnerschaft ermöglichen? Am besten ist es, wenn Sie ein waches Gegenüber haben. Wenn nicht, akzeptieren Sie Ihre Verantwortung für die Dynamik Ihrer Beziehung; konzentrieren Sie sich selbst auf die Themen, mit einem Freund oder in einer Therapie. Anders als das Widerspiegeln besteht Projektion darin, unbewusst Ihre unerkannten Gefühle einem anderen Menschen zuzuschreiben – ein folgenschwerer Irrtum in einer Beziehung. Achten Sie darauf, dass Widerspiegeln sinnvoll ist, aber nicht Projizieren. Meine Eltern hätten diesen Fehler um Haaresbreite gemacht. Wenn Sie Gemeinsamkeit mit einem anderen Menschen suchen, bemühen Sie sich um Ihre eigene Realitätsüberprüfung und lesen Sie nicht in den anderen hinein, was gar nicht vorhanden ist. Denn dann kann Ihre Intuition keine Früchte tragen, was einen Verlust für Sie beide bedeutet.

Wenn Sie die vier Grundlagen praktizieren, achten Sie bitte auf eine wichtige Falle, in die Sie geraten können: nämlich Machtkämpfe. Sie finden ständig statt. Selbst gutherzige Menschen bringen es manchmal nicht fertig, sich ihnen zu widersetzen. Machtkämpfe sind ein spirituelles Problem. Um uns dieses Spiel, das keiner gewinnen kann, klarzumachen, müssen wir ein intuitives Verständnis der Rolle haben, die wir darstellen. Die Umstände sind vorhersagbar: Sie glauben, dass Sie im Recht sind. Der andere glaubt, dass er im Recht ist. Keiner von ihnen hat die Absicht nachzugeben. Wie weit kann eine solche Konfrontation gehen? Das zeigt ein tatsächlich stattgefundenes Radiogespräch, das 1995 vom Oberbefehlshaber der amerikanischen Marine freigegeben wurde:

Nr. 1: Bitte ändern Sie Ihren Kurs 15 Grad Richtung Norden, um einen Zusammenstoß zu vermeiden.
Nr. 2: Empfehle Ihnen, Ihren Kurs 15 Grad nach Süden zu verändern, um einen Zusammenstoß zu vermeiden.
Nr. 1: Hier ist der Kapitän eines Schiffes der U.S. Marine. Ich sage noch einmal, ändern Sie Ihren Kurs.
Nr. 2: Ich wiederhole, ändern Sie Ihren Kurs.
Nr. 1: Dies ist der Flugzeugträger *Enterprise.* Wir sind ein großes Kriegsschiff der U.S. Marine. Ändern Sie sofort Ihren Kurs!
Nr. 2: Dies ist ein Leuchtturm. Bitte antworten.

Diese humorvolle Geschichte enthält harte Wahrheiten, die keinem von uns fremd sind. Doch wie sollen wir damit umgehen? Oft fragen wir uns, wie wir uns dazu bringen können nachzugeben. Das ist keine einfache Aufgabe. Wir verwickeln uns in den Kampf und wissen nicht, wie wir wieder herauskommen können. Es mag helfen, wenn Sie sich bei jedem eskalierenden Austausch fragen, ob Sie der Leuchtturm oder die *Enterprise* sind oder beides. Auch ist es praktisch, ein wenig Yin zu zeigen, ein wenig Nachgiebigkeit. Das überascht den anderen, entwaffnet ihn und ist weder für die eine noch für die andere Seite eine Niederlage, sondern vielmehr eine Verminderung der Aggression. Dann ist Veränderung möglich. Zum Beispiel ist Ihre Mutter unnachgiebig: »Du gibst deinen Verkaufsjob auf, um auf die Kunstakademie zu gehen? Mach dich nicht lächerlich!« Nun, Sie könnten sagen: »Du verstehst mich nicht; ich werde nicht tun, was du sagst«, *oder* Sie könnten intuitiv mit ihr tanzen. Ich empfehle Ihnen die folgende Vorgehensweise:

- Lassen Sie sich nicht auf einen Kampf ein, sondern bleiben Sie standhaft. Erkennen Sie ihren Ärger und ihren Schmerz, wenn er vorhanden ist, doch beschließen Sie, sich nicht davon leiten zu lassen. Begegnen Sie Machtwillen nicht mit Machtwillen.
- Erzeugen Sie so viel Herzensenergie, wie Sie können. Sie schmilzt Widerstände und gibt dem anderen die Chance, sein besseres Selbst herauszulassen. Sagen Sie in einem liebevollen Ton: »Ich weiß, dass du dir um mich Sorgen machst. Doch hier ist der Grund, warum ich so fühle, wie ich fühle.« Die Sorgen Ihrer Mutter zu berücksichtigen, während Sie ihr Ihre Position deutlich machen, gibt ihr das Gefühl, gehört zu werden, eine Verbündete zu sein. Wenn Sie versuchen, einfach Recht zu haben, verlieren Sie nur.
- Wenn Sie nicht weiterkommen, entscheiden Sie sich für einen »Handlungsstopp«. Das heißt, werden Sie zum

Berg (oder Leuchtturm!). Lernen Sie zu erkennen, wann Sie abwarten müssen. Erlauben Sie ihr, die Situation aufzunehmen; geben Sie ihr die Möglichkeit, von alleine auf Sie zuzukommen. Nicht zu drängen kann Wunder wirken.

Die vornehmste Art der Kommunikation ist die Verkörperung sowohl von Yin als auch von Yang. Dann wird im besten Fall jeder, mit dem Sie zu tun haben, auf die aus dem Herzen kommende Energie reagieren, die Sie aussenden, wird sanfter werden und Ihren Standpunkt anerkennen. Im schlimmsten Fall wird Ihr Gegenüber das nicht tun, obwohl Sie das positive Umfeld geschaffen haben, um trotz Meinungsverschiedenheiten eine Beziehung aufrechtzuerhalten. Bei einem Stillstand zu wissen, wann man den Rhythmus ändern muss, ist eine intuitive Entscheidung. Wie John Lennon gesagt hat: »Frieden ist hier, wenn du ihn willst.«

Wir alle hungern nach Beziehungen, die uns wirklich etwas bedeuten und auf die wir wirklich zählen können. Vor einigen Tagen war ich in der Praxis eines Arztes und füllte den Fragebogen aus. Ich kam zu der Stelle, wo man den Namen einer Person angeben muss, die im Notfall kontaktiert werden kann. Ich hielt inne: Ich bin allein stehend; meine Mutter ist tot; mein Vater war zu krank, als dass ich seinen Namen hätte eintragen können. Ich dachte an meine gute Freundin Berenice, doch beschlichen mich Zweifel. Ich fragte mich, ob sie tatsächlich für mich da sein würde. Als ich Berenice später fragte, strahlte sie mich an. »Natürlich«, sagte sie, ohne einen Augenblick zu zögern. Ich war zutiefst berührt. Ich frage Sie: Wer sind Ihre wirklichen Freunde? Selbst wenn Sie momentan keine haben, können Sie unter der Anleitung Ihrer Intuition anfangen, einen liebevollen Freundeskreis aufzubauen.

Fragen zum Nachdenken

- Ist in Ihren Vorstellungen von Beziehung Platz für Spiritualität und Intuition? Auf welche Weise können diese Eigenschaften Ihnen erlauben, liebevoller mit anderen umzugehen?
- Konsultieren Sie Ihre Intuition in Momenten der Wut oder Leidenschaft, bevor Sie reagieren? Benutzen Sie sie, um bei der Lösung von Machtkämpfen zu helfen, anstatt eine Kraftprobe zu inszenieren?
- Was haben Sie im Bereich von Beziehungen vorzuweisen? Hören Sie auf Ihre Intuition, bevor Sie sich auf eine Beziehung einlassen?

Zweiter Schritt. Nehmen Sie Ihren Körper bewusst wahr!

Als kleines Mädchen habe ich oft Zuflucht in Büchern gesucht. Stundenlang igelte ich mich in meinem Zimmer ein und verlor mich alleine mit den Geschichten, die mich aus meinem Körper in andere Ebenen emporhoben. Mir bereiteten diese Momente, mit keiner anderen Seele zu tun haben zu müssen, ganz besonderes Vergnügen. Auch heute sehne ich mich oft nach dem Alleinsein; ich habe eine Seite, die gut ohne Menschen zurechtkommt (oder ohne einen Körper), doch gleichzeitig sehne ich mich nach der Wärme und der Verbundenheit menschlicher Intimität. Ich musste daran arbeiten, diese im Widerstreit stehenden Bedürfnisse ins Gleichgewicht zu bringen.

Mir gefällt ganz besonders, wie Peter Beagle in seinem Buch *The Last Unicorn* dieses Dilemma angeht. Seine Geschichte handelt von einem weiblichen Einhorn, das glücklich und alleine in einem idyllischen Wald lebt und glaubt, dass es das letzte seiner Art ist. Doch eines Tages erfährt es von einem Schmetterling, dass es noch andere Einhörner gibt, doch sind sie von einer bösen Macht ins Meer getrieben worden. Plötzlich sehnt sich das Einhorn danach, die anderen zu finden und sie zu befreien. Das bedeutet, dass es den Wald verlassen und menschliche Gestalt annehmen muss, um nicht erkannt zu werden. Indem es zur Frau wird und lernt, was es bedeutet, ein Mensch zu sein, erlöst es die verbannten Einhörner. Und auf diese Weise kommt das Wunderbare auf die Erde zurück.

Genau wie ich, fühlen sich auch viele andere Menschen unwiderstehlich zu der Klarheit des Alleinseins hingezogen. Alleinsein ist eine Domäne der Unverfälschtheit, doch ist das volle Spektrum menschlichen Zaubers nur in der Welt der Menschen erfahrbar. Der Ausgangspunkt ist immer unser Körper. Seine Signale können Ihnen zeigen, in wen Sie sich verlieben werden, wen Sie als Mitarbeiter oder Freund wählen. Jede Intuition wird unmöglich, wenn Sie solche Signale unberücksichtigt lassen. Von der Zehntelsekunde an, in der Sie jemanden zum ersten Mal sehen, und im Laufe der ganzen Beziehung registriert Ihr Körper Intuitionen. Alle Organe sind in Alarmbereitschaft. Magen, Muskeln, Herz, Haut, Lunge – alle tragen ihren Teil dazu bei und sagen Ihnen, ob Sie sich mit jemandem wohl fühlen oder nicht. Wie ein Mensch riecht, wie er sich anfühlt, sich bewegt, spricht oder welche Energie er ausstrahlt, all das wirkt auf Sie ein. Ihr Körper reagiert auf diese sinnlichen Hinweise. Ich empfehle Ihnen, sich auf diese Signale einzustimmen und dem zu vertrauen, was Sie wahrnehmen.

Hier ist ein grundlegender Führer zu körperorientierten Intuitionen. Einige Anregungen werden Ihnen grünes Licht für eine Beziehung geben und einen Zustand der Offenheit, des Wohlbefindens und der Erweiterung vermitteln. Andere werden Warnungen erteilen und dafür sorgen, dass Sie sich verschließen. Sie können diese Checkliste benutzen und sie gemeinsam mit anderen vielsagenden Vorstellungen, innerem Wissen oder Vorahnungen bei einer ersten Begegnung anwenden beziehungsweise beim Lösen von Problemen, wenn Sie sich bereits in einer Beziehung befinden.

Positive Intuitionen über Beziehungen

- Sie haben ein Gefühl angenehmer Vertrautheit; vielleicht spüren Sie sogar, dass Sie den Betreffenden schon kennen, wie es bei einem Déjà-vu der Fall ist.
- Sie atmen leichter, Ihre Brustgegend ist entspannt und aufnahmebereit.
- Ihre Schultermuskeln sind locker, Sie haben ein ruhiges Gefühl im Bauch.
- Sie merken, wie Sie sich nach vorne lehnen, anstatt defensiv die Arme vor der Brust zu verschränken oder wegzurücken, um Distanz zu bewahren.
- Ihr Herz ist offen; Sie fühlen sich sicher, energetisiert, angeregt.

Negative Intuitionen über Beziehungen

- Sie haben ein schlechtes Gefühl in der Magengegend oder einen erhöhten Magensäurespiegel.
- Sie bekommen eine Gänsehaut, werden unruhig und ziehen sich instinktiv zurück, wenn Sie berührt werden.
- Ihre Schultermuskeln sind verspannt, Ihre Brustgegend oder Kehle zieht sich zusammen; alte und neue Schmerzen und Verspannungen treten auf.
- Ihnen stehen die Nackenhaare zu Berge.
- Sie haben ein Gefühl von Übelkeit oder Erschöpfung.

Im besten Falle werden Sie in der Lage sein, diese Signale richtig einzuschätzen und sie bei der Beurteilung einer Person zu berücksichtigen. Vor allen Dingen bei Warnsignalen würde ich sehr wachsam sein; selbst wenn es sich nur um ein einziges handelt, sollten Sie es beim Beginn einer Beziehung sorgfältig abwägen. Je mehr spezifische Zeichen Ihnen auffallen, egal in welcher Richtung, desto klarer ist der Rat Ihres Körpers. Was jedoch das Bild verfälschen kann, ist die Angst. Wenn Sie den »Bammel« aufgrund der ersten Begegnung mit einem anderen nicht von den »Warn«-Botschaften unterscheiden können, die Ihnen Ihr Körper schickt, sollten Sie der Beziehung Zeit geben. In der Regel verschwindet das frühere Zittern, wenn Sie jemanden besser kennen lernen, wobei die Instinkte Ihres Körpers lebendig bleiben. Im Gegensatz dazu kann die Angst, die man vor Intimität hat, bestehen bleiben. Je näher Sie dem Betreffenden sind, desto schlimmer wird es. Dann wird es zu Ihrer Aufgabe, Angst von Fakten zu unterscheiden. Wie immer, so können Sie auch in diesem Fall durch bewusstes Atmen und Meditation lernen, sich zu zentrieren. Das wird Ihnen helfen, die Situation von einer ruhigen, neutraleren Position aus zu sehen.

Intensive sexuelle Anziehung ist ebenfalls berüchtigt dafür, Intuition auszulöschen. Meine Patientin Amy, eine erfolgreiche Börsenmaklerin, war ein Fall wie aus dem Bilderbuch. Als sie Scott kennen lernte, konnte er nichts falsch machen. Alles, was er sagte oder tat, fand sie himmlisch. »Das ist schön«, erwiderte ich darauf. »Doch was sagt Ihnen Ihre physische Intuition?« Sie hatte versucht, sich einzustimmen, fuhr jedoch nur voll auf ihn ab. Ich riet ihr: »Versuchen Sie, in der Meditation einen neutralen Zustand zu finden – und dann prüfen Sie, ob Ihr Körper irgendein Unbehagen verspürt.« (Positive Intuitionen sind hier weniger zuverlässig, da sie oft mit sexueller Attraktion zusammenfallen.) Meine Arbeit mit Amy bestand darin, ihr beizubringen, Distanz beziehungsweise Losgelöstheit zu üben. Dies ist nicht unbedingt etwas, das jemand in der Hitze der Leidenschaft lernen möchte, doch von wesentlicher Bedeutung, wenn man verstehen will, was der Körper – jenseits sexuellen Begehrens – wirklich fühlt. Allein die Tatsache, dass die Hormone verrückt spielen, heißt nicht, dass Ihr Partner der Richtige für Sie ist.

Während des O.-J.-Simpson-Prozesses hielt ich anlässlich einer Wohltätigkeitsveranstaltung eine Rede. Mein Vortrag, »Wie Intuition benutzt werden kann, um Gewalt in der Familie zu verhindern«, zielte darauf ab, Frauen zu zeigen, wie sie die Intuitionen ihres Körpers, die ich oben beschrieben habe, identifizieren und wie sie entsprechend darauf reagieren können. Der Körper weiß Bescheid. Er spürt sowohl das Potenzial für Güte als auch für Gewalt. Viele Frauen, die Gewalt in Beziehungen erlebt haben, gaben zu: »Mein Körper hat mir gleich gesagt, dass irgendwas nicht stimmte – aber ich habe es ignoriert.« Das Muster war immer dasselbe. Sie sagten: »Ich lernte einen Mann kennen. Am Anfang war er charmant, sexy, und ich verliebte mich Hals über Kopf in ihn. Die erotische Anziehung zwischen uns war unglaublich stark. Ich tat die leise Stimme in meinem Bauch, die flüsterte: ›Pass lieber auf‹, als Angst davor ab, mich zu binden. Als die Misshandlungen anfingen, hing ich schon an der Angel.« Einige Körperbotschaften sind jedoch alles andere als subtil. Eine Frau landete nach ihrem ersten Rendezvous im Krankenhaus und hing an einer Infusionsflasche, weil sie schreckliche psychosomatische Bauchschmerzen hatte. Doch hielt sie das davon ab, den Mann wiederzusehen?

Gründe für das Tolerieren von Gewalt und Misshandlung sind unter anderem eine gewalttätige Familiengeschichte, geringe Selbstachtung, Angst vor der eigenen Kraft. Diese Gründe tyrannisieren allesamt die Intuition. In jedem dieser Fälle ist innere Kraft erforderlich. Ohne sie sind die Signale des Körpers kläglich, verglichen mit der orkanartigen Macht dieser negativen Triebe. Die gute Nachricht ist, dass eine solche Kraftgewinnung möglich ist. Wir lernen von diesen Frauen eine Lektion über das wahre Leben: Egal, wie faszinierend jemand zu sein scheint, hören Sie aufmerksam auf Ihren Körper; das wird Sie in die Lage versetzen, hinter die äußere Fassade zu schauen.

Eine besondere Art von körperorientierter Intuition, die Ihre Beziehungen leiten kann, ist die Erfahrung von Déjà-vu-Erlebnissen, zellulären Erinnerungen daran, einen Menschen zu einer anderen Zeit oder an einem anderen Ort gekannt zu haben. Eine solche Begegnung ist keine neue Bekanntschaft, sondern eine Wiedervereinigung. (Dieses Gefühl unerklärlicher Verwandtschaft unterscheidet Déjà-vus von physischer Anziehungskraft, obwohl beide bezwingend sind.) Ein Déjà-vu kann positiv oder negativ sein, plötzlich auftauchen oder sich langsam entwickeln; mit einigen Menschen wird es bedeutungsvoller sein als mit anderen. Jedoch fordert es Sie immer dazu auf, »wach zu bleiben« und vielleicht etwas zum Abschluss zu bringen, was noch nicht beendet ist. Ob Momente von Déjà-vus durch die Erinnerung an einen Traum erklärt werden, als Vorahnung oder Erinnerung an ein vergangenes Leben, in jedem Fall bringen sie Sie mystischen Verbindungen näher.

Alle meine bedeutungsvollsten und wichtigsten Beziehungen haben mit einem solch tiefen Gefühl der Verbundenheit begonnen. Ich weiß in den ersten paar Minuten mit einem Menschen, ob wir uns nahe sein werden. Es hat nichts damit zu tun, dass derjenige mich an jemanden erinnert oder dass ich mich einfach durch seine Wesenszüge angezogen fühle. Es ist vielmehr so, dass mein Körper und meine Seele sich ihm gegenüber nicht fremd fühlen, sondern ihn wie ein Wesen empfinden, mit dem mich ein vor langer Zeit aufgebautes Vertrauen und eine gemeinsame Geschichte verbindet. Die Zeitlosigkeit dieses engen Verhältnisses fehlt bei anderen Bekannten und Freunden.

Ich habe gelernt, mich auf die Integrität meiner Intuitionen zu verlassen, doch bin ich oft dafür angegriffen worden. Vor allen Dingen, wenn es sich um Männer handelte, mit denen ich ausging. »Warum gibst du ihm keine Chance?«, bedrängten mich oft wohlmeinende Familienmitglieder und Freunde. Ich fühlte, dass sie vielleicht nicht Unrecht hatten. Okay, dachte ich, vielleicht bin ich zu ungerecht. Konnte es sein, dass ich meinen heißesten Wunsch, nämlich den, eine Beziehung zu haben, sabotierte? Ich musste es genau wissen. Also beschloss ich, mit Männern auszugehen, die ich mochte, bei denen mir aber das unmittelbare Gefühl der Verbundenheit fehlte. Es funktionierte nie. Jede tiefe Liebesbeziehung, die ich hatte, begann mit einem Déjà-vu-Gefühl. Damit meine ich nicht, dass eine Beziehung nicht ohne dieses Gefühl erfolgreich sein kann. Wenn Sie bei jemandem ein positives oder auch neutrales Gefühl haben, sollten Sie ruhig näher hinschauen. Etwas Gutes könnte dabei herauskommen. Doch wenn Sie jemals ein Déjà-vu-Erlebnis haben, lassen Sie den Betreffenden nicht entkommen. Erforschen Sie das Band zwischen Ihnen. Ob Sie nur Minuten oder ein ganzes Leben mit dem Betreffenden verbringen, in jedem Fall hält die Beziehung Lektionen bereit, die gelernt werden wollen.

Manchmal kennzeichnen Déjà-vu-Erlebnisse viel versprechende Anfänge. Denken Sie zurück. Haben Sie jemals mit einer Frau gesprochen, die Sie bei einem Geschäftsessen kennen gelernt haben, und plötzlich wurde Ihnen klar, aha, hier ist eine alte Freundin. Es ist offensichtlich: Sie fahren beide genau da fort, wo Sie aufgehört haben. Andere Momente von Déjà-vus sind eher beschützender Natur. In potenziell riskanten Situationen ermahnen sie Sie, innezuhalten und Freund von Feind zu unterscheiden. In dem Augenblick, in dem einer meiner Patienten, ein Drehbuchautor, das Büro eines Produzenten betrat, um sein Projekt zu verkaufen, krampfte sich alles in ihm zusammen. Ein Blick auf den potenziellen Käufer, mit dem er noch nie gesprochen hatte, und jede Zelle seines Körpers schrie: »Ich kenne ihn. Bring uns hier raus!« Glücklicherweise hörte mein Patient auf diese Stimme. Kurze Zeit danach wurde der Mann wegen Betrugs verhaftet. Ob sie nun ein gutes Omen verkünden oder Sie vor Schaden bewahren, Déjà-vu-Gefühle sind eine Möglichkeit des Aufpassens Ihres Körpers auf Sie.

Eine Fundgrube intuitiver Weisheit ist Ihr Körper bei jedem Aspekt Ihrer Beziehungen, ein Champion, der sich für Sie einsetzt. Um gesund zu bleiben, dürfen es sich manche Menschen nicht leisten, irgendetwas zu verdrängen. Wenn etwas nicht stimmt, gibt uns unser Körper umgehend ein Feedback. Und das ist gut so. Es motiviert uns zur Beschäftigung mit dem, was unsere Aufmerksamkeit braucht. Zum Beispiel verkrampft sich mein Magen sofort, wenn ich nicht Nein sage, obwohl ich es eigentlich will. Meine Freundin Jan bekommt sofort Rückenschmerzen, wenn sie böse auf ihren Mann ist; bei meinem Patienten Phil zucken die Augenlider, wenn er jemandem nicht vertraut. Ich bitte Sie, darauf zu achten, wie Ihr Körper auf andere reagiert. Große Schmerzen, kleine Schmerzen, heiße Wallungen, Muskelkrämpfe – selbst die schrulligsten Reaktionen zählen. Indem Sie auf diese Signale hören und entsprechend handeln, können Sie schnell die Probleme mit den Menschen in Ihrer Umgebung lösen.

Es ist so viel schöner, eine Beziehung mit jemandem zu haben, den Ihr Körper mag. Dann müssen Sie sich nicht ständig gegen einen grundlegenden Verdacht oder Unvereinbarkeiten schützen. Sie müssen sich die Erlaubnis geben, auf Ihren Körper zu hören, wenn er sagt: »Dieser Mensch ist gut für dich. Er wird ein Segen für dich sein.« Im wirklichen Leben ist das alte Sprichwort »Ich würde nie einem Club angehören, der mich als Mitglied aufnimmt« überhaupt nicht lustig. Um glücklich zu sein, gehen Sie ein Risiko ein und greifen nach allem, was Ihr Herz Ihnen sagt. Freude gehört in jedem Fall dazu.

Dritter Schritt.
Erspüren Sie das energetische Potenzial Ihres Körpers!

Für mich ist die Fähigkeit zur Liebe das Wichtigste bei den Menschen – eine Qualität des Herzens, die wie die Strahlen der Sonne von ihnen ausströmt. Liebe ist eine Energie, die man deutlich spürt, ein warmes Leuchten, das uns glücklich macht. Es kann nicht vorgetäuscht werden. Je liebevoller Sie mit sich selbst und anderen umgehen, desto stärker ist Ihre Verbindung mit einer geistigen Quelle und desto mehr Liebe strahlen Sie aus. Alle möglichen Menschen sagen alle möglichen Dinge über ihre spirituellen und emotionalen Fähigkeiten. Wenn Sie wissen wollen, was wirklich los ist, stellen Sie sich einfach neben den Betreffenden; und Sie werden die Wahrheit spüren. Die Gegenwart eines Menschen lügt nie, und auch nicht die Integrität, mit der er sein Leben führt.

Nehmen wir zum Beispiel Ruben. Er hat 22 Jahre lang jeden Tag elf Stunden als Fahrstuhlführer in einem Bürogebäude verbracht, eine beinahe ausgestorbene Gattung in unserer automatisierten Gesellschaft. Ruben bezeichnet seinen Job als seine Berufung; er hat noch nie auch nur einen einzigen Arbeitstag versäumt. »Ich wurde geboren, um nach oben und nach unten zu fahren«, sagte er verschmitzt lächelnd in einem Interview in der *Los Angeles Times*. Die Mieter lieben ihn; in ihren Augen ist er ein Philosoph, ein Vorbild, ein Guru. Einer von ihnen berichtete: »Ich hatte so viele Fragen hinsichtlich meiner Filmkarriere. Dann traf ich Ruben. Er strahlte den inneren Frieden aus, nach dem wir alle suchen.« Rubens Energie war so erstaunlich, dass sie diesen Mieter dazu veranlasste, eine preisgekrönte Dokumentation über dessen Leben zu produzieren. Diese Fähigkeit, andere Menschen zu inspirieren, ist ein Zeugnis der Liebe, die Ruben verkörpert. Unabhängig von Beruf oder Ausbildung ist Liebe eine übertragbare Energie mit spürbarer Wirkung. Mehr als alles andere kann sie Beziehungen umwandeln.

Ihre Energie beeinflusst andere Menschen, deren Energie wiederum auf Sie einwirkt. Denken Sie daran, bevor Sie sich auf ein langfristiges Verhältnis einlassen. Egal ob Chef oder Partner – mit jemandem tagein, tagaus zusammen zu sein, führt unweigerlich zu intimen Interaktionen mit der Energie des Betreffenden. Vielleicht mögen Sie die Person, doch vergewissern Sie sich, dass Sie auch positiv darauf reagieren, wie derjenige sich »anfühlt«. Als meine Patientin Fran heiratete, war ihr nicht klar, auf was sie sich da einließ. Sie sagte mir: »Ich bin in meinen Mann verliebt. Doch macht er mich durch seine ständige Wut noch völlig kaputt.« Bei Streitereien waren es nicht nur seine schroffen Worte, die ihr zusetzten. Sie beschrieb außerdem »ein giftiges Kraftfeld« um ihn herum, das sie auslauge. »Oh, ich wusste gar nichts davon«, sagte er verwundert. Es muss schlimm für ihn gewesen sein. Er war seiner Frau treu ergeben und fühlte sich nun hilflos und schuldig. Wie viele Menschen, so war auch er sich nicht bewusst, dass Wut hartnäckig als Energie in der Luft hängt. Selbst in ruhigen Momenten oder während des Schlafs konnte Fran seine Wut spüren. Die Situation wurde so unerträglich, dass sie begann, im Gästezimmer zu schlafen.

Das war der Moment, wo beide mich aufsuchten. Als sie in meine Praxis kamen, war ich gespannt, ob ich Frans Wahrnehmung der Energie ihres Mannes teilte. Indem ich meinen Körper wie einen Lackmustest benutze, gewinne ich Einsicht, wie ich am besten vorgehe. Als die beiden redeten, stimmte ich mich zuerst auf ihn ein. Oberflächlich betrachtet, war er reizend. Doch in meinem Solarplexus spürte ich, wie mich die Intensität seiner Wut wie eine geballte Faust traf. Ich bin mittlerweile an solche Diskrepanzen zwischen Oberfläche und Tiefe gewöhnt. Ich registrierte die Information. Als Nächstes stimmte ich mich auf Fran ein. Es war klar, dass sie keine Ahnung hatte, wie sie sich zentrieren konnte. Sie saugte die Energie ihres Mannes wie ein Schwamm auf, was dazu führte, dass sie sich leer und erschöpft fühlte. Meine Aufgabe war es, *ihm* Wege zu zeigen, wie er seine Wut loslassen kann, und *ihr* Meditationstechniken beizubringen, damit sie sich erden und abschirmen konnte. Mithilfe einer Mixtur aus Psychologie und gesteigertem Bewusstsein über Energie waren Fran und ihr Mann in der Lage, ihre Liebe wieder zu erwecken.

Es ist eine Kunst, Beziehungen zu retten (ausgenommen solche, in denen physische oder emotionale Übergriffe an der Tagesordnung sind). Selbst wenn Sie sich auseinander gelebt haben oder heftige Meinungsverschiedenheiten auftauchen, kann die Fähigkeit, Energie zu lesen, der erste Schritt zur Versöhnung sein. Um zu wissen, ob eine Beziehung es wert ist, um sie zu kämpfen, müssen Sie die zugrunde liegenden Bande von Respekt und Liebe spüren. Dies mögen Sie als eine Fülle in Ihrem Herzen empfinden, eine zeitlose Verbindung, die Sie in Ihrem tiefsten Inneren fühlen. Sie hat nichts mit Schuld oder Verpflichtung zu tun; sie transzendiert die näheren Einzelheiten Ihres Streites. Wenn diese gegenseitige Bindung für Sie beide präsent ist, sind Sie sich selbst den Versuch schuldig, die Beziehung zu retten. Diese Mühe kann Ihre Herzen öffnen.

Mein Patient Jim hatte sich seit Jahren mit seinem besten Freund aus der Kindheit auseinander gelebt. »Wir sind beide Schauspieler«, erklärte er. »Wir fingen an, um dieselben Rollen zu konkurrieren. Er bekam eine, ich nicht, oder ich bekam eine und er nicht. Es war zum Verrücktwerden.« Doch die Nähe, die sie früher geteilt hatten, begann an ihm zu zerren, so als besäße sie eine eigene Energie. Aufgrund der Liebe, die seine Intuition angetrieben hatte, antwortete ich auf Jims Frage »Soll ich ihn anrufen?« mit »Ja«. Das Herz hat seine eigene Ordnung. Die Tatsache, dass Jim den ersten Schritt machte, indem er nachgab und nicht mit dem Finger zeigte, öffnete die Tür. Dann konnten die genaueren Einzelheiten ihrer Trennung angesprochen werden, was dazu führte, dass ihre Freundschaft wieder auflebte.

Doch was geschieht, wenn Ihr Herz gebrochen wurde? Was ist, wenn Sie betrogen wurden? Manche Beziehungen gehen auseinander und sind unwiderruflich vorbei. Lügen, Misshandlung, der Verlust von Loyalität – etwas in Ihrem Innern weiß, dass es vorbei ist. Aber ist das ein Grund, sich nie wieder zu verlieben oder das Risiko einzugehen, verletzt zu werden? Mir ist die Verzweiflung eines gebrochenen Herzens wohl bekannt, das Gefühl, so furchtbar mit Füßen getreten worden zu sein, dass der Schaden irreparabel erscheint. Lange Zeit habe ich nicht verstanden, dass es sich hierbei nicht nur um einen emotionalen Verlust handelte. Auf einer subtilen Energieebene tritt eine tatsächliche Verletzung ein, ein Riss im Schleier, durch den ein eisiger Wind weht. Für manche Menschen ist dies das Ende. »Der Schmerz ist unerträglich«, sagen sie. »Ich werde nie mehr jemanden lieben.« Und sie tun es nicht. Doch ich frage Sie: Um welchen Preis? Jener Wind, der uns so zum Zittern bringt, verschwindet er? Ich glaube nicht. Als Energie implodiert er und friert unsere Leidenschaften ein.

Ich persönlich könnte einen solchen Zustand nicht ertragen. Ich bin dankbar, dass im Laufe der Jahre die Liebe immer wieder das Risiko von Schmerz aufgewogen hat. Für mich ist allein die Hoffnung, jemanden zu lieben, nährend. Ein verborgenes Geschenk des Überlebens eines gebrochenen Herzens besteht darin, dass die Liebe in uns (unabhängig von jeglicher Beziehung) unsere Essenz wieder neu herstellt. Ihr Herz bricht nur, um dadurch voller zu werden. Doch um dahin zu gelangen, müssen Sie ohne Ausnahme durch den Schmerz gehen. Lassen Sie zu, dass Sie heil werden. Dann, im Innern gereinigt und intensiviert durch die seltsame Alchemie des Verlusts, beginnen Sie wieder von vorne. Und wieder. Wahrer Sieg besteht darin, noch leidenschaftlicher als früher zu lieben, und nicht darin, sich zu verschließen. Auf dem Weg zur Liebe leben und lernen Sie. Vergessen Sie auch nicht, *dass Sie nie etwas verlieren können, das Ihnen nicht gehört.* Es werden Ihnen die Beziehungen gegeben, die für Sie richtig sind. Einige sind kurzlebig, andere sind dauerhaft, doch alle helfen Ihnen zu wachsen. In jedem Fall werden Sie im tiefsten Sinne das erhalten, was Sie brauchen. Haben Sie Vertrauen, auch wenn es nicht immer leicht sein wird.

Manche Menschen akzeptieren diese Pro-Beziehungs-Philosophie jedoch nicht. Meine Patientin Pat zieht mit ihren 50 Jahren vor, nichts mehr mit der menschlichen Rasse zu tun zu haben, außer wenn es unbedingt erforderlich ist. Sie arbeitet tagsüber als Bibliothekarin, danach geht sie nach Hause. Sie schenkt ihr Herz einzig und allein ihren zehn kleinen Hunden. Als Psychiaterin glaubte ich natürlich, dass es meine Pflicht war, sie zu ermutigen, sich unter Menschen zu begeben und die emotionalen Blockaden aufzudecken, die sie davon abhielten, menschliche Freunde zu finden. Wir entdeckten tatsächlich einige Blockaden, wobei die auffallendste eine unerreichbare Mutter war, von der sie sich unterdrückt fühlte. Doch nach wie vor wollte Pat ausschließlich Beziehungen mit ihren Tieren haben. Durch Pat lernte ich jeden ihrer Hunde kennen und mochte sie alle. Zusammen waren wir Zeugen, wenn einer von ihnen starb, erlebten ihre Krankheiten, die

Freuden, die das Zusammensein und Spielen mit ihnen brachten. Pat zeigte mir die Vorzüge nichtmenschlicher Partnerschaften und öffnete meinen Geist für die Eigenschaften von energetischen Bindungen dieser Art. Wenn ich es auch vorgezogen hätte, dass sie sich zudem auf das Parkett menschlicher Beziehungen gewagt hätte, konnte ich sie nicht dazu zwingen. Was ich tun konnte, war, Pat zu unterstützen, ihre Kapazität für Intimität in *den* Beziehungen zu erweitern, die sie ohne weiteres tolerieren konnte.

Kann es sein, dass wir automatisch davon ausgehen, Beziehungen könnten nur zwischen Menschen stattfinden? Von einer energetischen Perspektive aus betrachtet, sind intensive Interaktionen mit allen Lebewesen möglich. Das habe ich wie viele Kinder schon früh gelernt. Als ich ein kleines Mädchen war, empfand ich Bäume als meine Freunde. Ich saß in ihrem Schatten, sprach zu ihnen, träumte von ihnen. Ich nahm die Energie meiner Lieblingseiche in mich auf, wenn ich eingekuschelt in der kühlen Höhlung ihres Stammes lag. Ich fühlte, wie mir eine Frische von Kopf bis Fuß durch den Körper lief, und hörte eine feine Vibration, die zart wie das Lied einer Elfe war. Im Laufe meines Lebens sind immer wieder bestimmte Bäume meine Lehrer und Freunde gewesen. Für mich ist ihre Seele genauso lebendig wie die eines Menschen. Ich schließe meine Augen und bitte um ihren Rat. Wenn ich erschöpft bin von der Welt, lege ich mich unter die Äste eines Baumes und lasse mich in die unsichtbaren Arme gleiten, die mich umgeben.

Wir alle könnten davon profitieren, solche Freunde zu haben wie Bäume, Blumen und Tiere. Sie besitzen Intelligenz, Güte, heilende Kräfte. Die Freude bei der Erforschung von Intuition besteht darin, dass Sie lernen, sich mit der Natur und ihren Lebewesen zu unterhalten und auf diese Weise das zu pflegen, was unsere Ahnen als eine

»Sympathie für alle Dinge« bezeichneten. Die Sprache der Energie ist universal. Bäume sprechen sie ebenso wie Sie. Dies mag ein intuitiver Sprung ins Ungewisse sein, doch ist es einer, der Ihren Sinn für das Wunderbare wieder herstellen wird. Es ist gut, als Erwachsener eine entsprechende Mentalität zu haben, doch tritt ein ganz besonderes Kräftespiel ein, wenn sich Unschuld und Reife vermischen. Dann »sehen« Sie, dass Sie ein Teil von allem sind, und spüren, wie das Leben durch Sie fließt. Sich dahin denken zu wollen funktioniert nicht. Sie müssen es fühlen. Fließen ist spontan, wasserähnlich, frei. Um sich diesem Fließen zu öffnen, lassen Sie los, gestatten Sie sich, fortgetragen zu werden.

Der Inbegriff des Fließens ist eine Beziehung, die aus Synchronizitäten geboren ist: Es sind goldene Momente, wenn die Energie von zwei Menschen übereinstimmt. Sie sind zum richtigen Moment am richtigen Ort, die Gelegenheit klopft an die Tür. So etwas kann weder geplant noch dadurch erklärt werden, dass wir in einer »kleinen Welt« leben. Synchronizitäten sind das Ergebnis von Einstimmung (ob bewusst oder nicht) auf einen Puls, der über jeglichen Laut hinausgeht. Es ist Ihr Rhythmus, der mit dem aller Lebewesen und der Erde synchron verläuft. Leben kreuzen sich – und plötzlich steht er vor Ihnen: Ihr zukünftiger Ehemann, Ihr zukünftiger Arbeitgeber, ein Investor, der an Sie glaubt. Der Schweizer Psychiater C. G. Jung nannte solche Synchronizitäten »ein bedeutungsvolles Zusammentreffen äußerer und innerer Umstände, die keine kausale Beziehung haben«. Diese Zufälle können auf eine gute Absprache hindeuten, oder auch nicht. Manchmal können sie ankündigen, dass ein bestimmter Mensch Probleme verursachen wird, oder wichtige Gründe enthüllen, warum man eine bestimmte Sache nicht weiterverfolgen soll. In jedem Fall sind sie ein Beweis dafür, dass das Mysteriöse existiert.

Je mehr Ihr Leben intuitiv fließt, desto mehr wird es mit Synchronizitäten übersät sein. Das ist etwas, das Sie sich wünschen sollten. Es kann Sie von einem Tag zum anderen von einer chaotischen Existenz erlösen – eine Wahrheit, die ich immer wieder neu lerne. Zum Beispiel brauchte ich vor einiger Zeit einen Elektriker, um eine kaputte Leitung in meinem Haus zu reparieren. Ich war in Eile. Wie üblich, hatte ich zu wenig Zeit und zu viel zu tun. Ich versuchte also, ihn anzurufen, erreichte aber nur seinen Anrufbeantworter. Er rief mich zurück. Ich war nicht zu Hause. Eine Woche lang ging das so zwischen uns hin und her. Einen Monat später musste eine andere Leitung repariert werden. Dieses Mal war ich entspannt, nicht hektisch. Ich rief ihn an und hinterließ eine Nachricht. Dann ging ich gemütlich hinunter zu meinem Briefkasten, um meine Post abzuholen. Und sieh an! Ich begegnete dem Elektriker, der auf dem Weg zum Haus meiner Nachbarn war.

Das alltägliche Leben ist angefüllt mit kosmischen Lektionen. Selbst in den kleinsten Aktionen zeigt sich, wie Energie fließt. Wenn Sie sich fragen, warum Ihnen Ihr Seelenpartner noch nicht begegnet ist, schauen Sie sich die Interaktionen mit *Ihrem* Elektriker, Schalterbeamten oder Kassierer im Supermarkt an. Die täglichen Details Ihres Lebens lassen das übergeordnete Bild erkennen. Neigen Sie dazu, immer in Eile zu sein? Chronisch unter Druck zu stehen? Kurz angebunden, brüsk? Machen Sie sich klar, dass Sie bei dem Versuch, den Fluss nach Ihrem Willen zu lenken, lebenswichtige Energie verstopfen. Damit werden Sie auf allen Ebenen nur *weniger* erreichen, nicht mehr. Synchronizitäten entstehen, wenn Sie langsamer werden; Eile unterminiert die besten Pläne. Studieren Sie das alltägliche Leben, denn es wird Sie eine Menge über Energie lehren.

Tun Sie Synchronizitäten nicht einfach ab, ganz egal, ob sie wichtig oder scheinbar unwichtig erscheinen. Sie stupsen Sie oft in die richtige Richtung und geben Ihnen Mut, wenn Ihr Verstand noch zögert. Einer meiner Patienten ist ein Schriftsteller, der ein ruhiges Leben führt. Freunde wollten ihn mit einer anspruchsvollen Geschäftsführerin, einer sehr extrovertierten Frau, verkuppeln. Er dachte: »Wir sind völlige Gegensätze. Was soll das Ganze?« Dies klang vernünftig und dennoch fragte er mich: »Warum begegne ich ihr immer wieder?« Er sah sie auf der Straße, in einem Restaurant am anderen Ende der Stadt – er entdeckte sogar, dass ihr Sohn im selben Haus wohnte wie der Sohn seines Freundes. Ich schlug ihm vor: »Warum gehen Sie nicht wenigstens einmal mit ihr aus? Prüfen Sie, ob diese Synchronizitäten Ihnen sagen wollen, dass da irgendetwas ist.« Er tat es; und da war tatsächlich »was«. Mein Patient hatte Glück – das Unviersum klopfte ihm immer wieder auf die Schulter, bis er das Geschenk annehmen konnte.

Damit Synchronizitäten ein regulärer Bestandteil Ihres Lebens werden können, müssen Sie sich auf sie vorbereiten. Ein großer Teil des intuitiven Trainings besteht darin, eine spezielle Stimmung und Umgebung zu schaffen, etwa das Haus zu putzen, damit Ihr Fenster die Sonnenstrahlen durchlassen kann. Ganz gleich, ob Sie sich nach Leidenschaft sehnen, nach einer Familie oder einer Chance, auf der Bühne zu stehen, fragen Sie sich immer wieder, was Ihnen im Weg steht. Dann klären und beseitigen Sie methodisch alle Hindernisse. Betrachten Sie diese Bemühung als eine Klärung der Energie, auf dass nichts Sie von der Verwirklichung Ihres Traumes abhalten kann.

Vierter Schritt. Bitten Sie um innere Führung!

Am Abend vor einem Vortrag, den ich in San Francisco halten sollte, hatte ich geplant, mit einem Freund essen zu gehen. Im letzten Moment sagte dieser ab. Na wunderbar, dachte ich. Freie Zeit. Ich werde einen Einkaufsbummel machen. Als ich den Union Square überquerte, sah ich alle paar Meter einen anderen Obdachlosen, jemand, der Hunger hatte, jemand, der einen Job wollte. Ich war früher schon einmal hier gewesen und wusste, wie überwältigend es war, so viel Elend zu sehen. In dem Versuch, meine Verletzbarkeit zu schützen, und ohne Augenkontakt mit irgendjemandem aufzunehmen, war ich stets einfach weitergegangen. Dieses Mal jedoch zog ein bestimmter Mann meinen Blick wie magnetisch an. Zu meiner Verblüffung sagte eine Stimme in meinem Inneren: »Wieso lädst du ihn nicht zum Essen ein?« Ich war schockiert. Einen Fremden? Und was würde er davon halten?

Doch die Stimme meldete sich erneut: »Lass diese Gelegenheit nicht vorübergehen.« Gelegenheit? Ich bin im Grunde meines Wesens scheu und schätze mein Privatleben sehr. Was sollte ich tun? Die Stimme ließ nicht locker. Ich nahm all meinen Mut zusammen und lud den Mann zum Abendessen ein. Eigentlich dachte ich, dass er mein Angebot ablehnen würde, doch er lächelte und sagte einfach: »Sicher.« Also saßen wir an einem Tisch in einem Restaurant in der Nähe und aßen Gemüsesuppe und Truthahnsandwiches. Wir plauderten und schauten uns die Leute an; wir nahmen gemeinsam eine Mahlzeit ein und trennten uns dann. Wir waren Fremde, einander jedoch nicht völlig fremd. Ich wollte kein Lob für meine Tat – das war nicht meine Absicht gewesen. Doch ich hörte auf meine innere Stimme. Als Resultat verbrachte ich eine kurze, aber gute Zeit mit einem anderen Menschen, etwas Überraschendes für mich, das nie geschehen wäre, würde ich meinen Intuitionen nicht folgen. Das Erlebnis war für mich mindestens so wertvoll wie für ihn.

Ich möchte die Notwendigkeit betonen, sich auch jenseits von Konventionen zu begeben und entsprechend den Impulsen aus dem Innern zu handeln. Viele von uns haben intuitive Impulse bei bestimmten Menschen, folgen ihnen jedoch nicht; wir versagen uns selbst den Zauber von etwas, das erlebt werden könnte. Ich rate Ihnen dringend, nicht den Stimmen von Angst und Hemmungen zu folgen, sondern der Spontaneität innerer Führung. Hören Sie jeden Moment hin, lassen Sie vorgefasste Meinungen los. Ansonsten schrumpfen wir das Universum jedes Mal mehr und machen uns immer kleiner. Das Ziel besteht nicht darin, tollkühn zu sein. Sicherheit und Höflichkeit sind wesentlich. Doch Konvention kann uns auch erdrücken und aufregende Entdeckungen verhindern.

Innere Führung ist nicht nur überraschend; sie kann auch von einem Augenblick auf den anderen eintreten. Ich habe eine Freundin, deren Familie eine große Hochzeitsfeier für sie arrangiert hatte. In der Synagoge traf sie auf ihre Eltern, Kollegen, Tanten und Onkels, die sie jahrelang nicht gesehen hatte; alle waren gekommen, um den glücklichen Tag zu feiern. In ihrem langen weißen Kleid mit der Schleppe, das Gesicht von einem Schleier verhüllt, ging sie den Gang entlang zum Altar. Ein perfekter Moment, abgesehen von der Stimme, die plötzlich in ihrem Kopf erscholl: »Tu es nicht! Tu es nicht!« Die Orgel spielte den Hochzeitsmarsch. Ihre Mutter lächelte von einem Ohr zum anderen. Meine Freundin dachte, das ist sicher die Nervosität im letzten Moment. Darum kämpfend, die Kontrolle wiederzuerlangen, wiederholte sie im Innern diese Worte, doch sie wusste, dass sie nicht der Wahrheit entsprachen. Nichtsdestotrotz – hier waren all die ihr so lieben Menschen gekommen. Sie schritt auf den Rabbi zu, und es war zu spät. Die Hochzeit fand statt. Ein sehr, sehr schweres Jahr später wurde sie geschieden.

Ihre innere Führung rät Ihnen, was Sie tun sollten und was nicht. Gibt es irgendeine Hilfe, die meiner Freundin vor diesem entscheidenden Augenblick hätte zuteil werden können? Bevor die Einladungen verschickt wurden?

Ja. Bevor Sie zum ersten Mal mit jemandem ausgehen, und auch während einer Beziehung, können Sie Remote-Viewing anwenden, um sich auf den Betreffenden einzustimmen. Betrachten Sie es als eine Vorsichtsmaßnahme, um zum Kern einer Situation vorzudringen. Das hilft Ihnen, auf dem richtigen Weg zu bleiben, und frischt Ihre Wahrnehmungen auf. Egal, wie beeindruckt ich von jemandem bin, zunächst gestatte ich mir ein paar Minuten, um den Betreffenden zu »lesen«; im Laufe der Zeit nehme ich periodisch immer wieder intuitive Überprüfungen vor. Um zu wissen, wie es um Ihre Beziehung steht, können Sie das Gleiche tun.

Wie Sie mit Remote-Viewing andere Menschen einschätzen können

1. Schließen Sie Ihre Augen. Meditieren Sie einige Minuten. Beruhigen Sie allmählich Ihre Gedanken und öffnen Sie Ihr Herz.
2. Konzentrieren Sie sich während der Meditation sanft auf den Vornamen einer Person. Behalten Sie den Vornamen leicht im Kopf, ohne sich anzustrengen. Bleiben Sie so neutral und vorurteilsfrei wie möglich.
3. Achten Sie auf alle Bilder, Eindrücke, inneres Wissen, Ansichten, Gerüche, Geräusche, die sich melden. Achten Sie außerdem auf die Reaktion Ihres Körpers. Ob Sie eine Intuition haben oder viele, vertrauen Sie darauf, dass das, was Ihnen gegeben wird, genau das ist, was Sie brauchen.
4. Analysieren Sie die intuitiven Impressionen nicht. Füllen Sie die Lücken später aus.

Berufen Sie sich auf diesen Vorgang als ein Modell, wie man sich auf jeden einstimmen kann, von einem zukünftigen Liebhaber bis zu Ihrer Schwiegermutter. Menschen präsentieren der Welt ein bestimmtes Gesicht. Manchmal stimmt ihr inneres Wesen mit ihrer äußeren Erscheinung überein, manchmal nicht. Remote-Viewing gewährt Ihnen einen verstohlenen Blick in die ganze Person, um ein zutreffenderes Bild des Betreffenden zu erhalten. Mit diesem Vorteil bei der Einschätzung von Menschen wird es Ihnen leichter fallen, Beziehungen zu wählen, die gut für Sie sind.

Nehmen wir zum Beispiel meinen Patienten Milton, einen liebenswerten, aber gestressten Softwaredesigner, der sich verrückt machte mit seiner Angewohnheit, jede Entscheidung bis zum Gehtnichtmehr zu analysieren. Als er vor einiger Zeit daran dachte, einen Geschäftspartner zu finden, bereitete ihm das Abwägen des Für und Wider ungeheure Schwierigkeiten. »Ich kann nicht schlafen«, sagte er mir. »Soll ich? Soll ich nicht? Und wen?« Milton dachte an zwei Personen, ein perfektes Dilemma für ein Remote-Viewing. Während einer Sitzung schlug ich vor: »Konzentrieren Sie sich intuitiv ein paar Minuten lang auf den Namen des einen und dann des anderen. Erzwingen Sie nichts. Achten Sie darauf, welche Eindrücke kommen.« Es ist für Milton noch nie leicht gewesen, sich zu entspannen, doch mit meiner Unterstützung brachte er es fertig loszulassen. Während er sich auf den Kandidaten Nummer eins einstimmte, kam ein Gefühl der Ruhe über ihn. »Es ist eigenartig«, meinte er. »Ich fühle mich friedlich, glücklich, so als ob ich feiern wollte.« Dann sah er das Bild eines strahlenden Diamanten vor seinem inneren Auge. Im nächsten Moment begab sich Milton zum Kandidaten Nummer zwei. »Oh, oh!«, stöhnte er. »Ich werde nervös, mir wird ganz übel. Ich sehe ständig einen scheußlichen kleinen schwarzen Vogel, der mich in Stücke hackt.« Da hatten wir's: zwei Menschen, zwei verschiedene Lesarten. Mit diesen intuitiven Hinweisen fiel es Milton leichter, eine Entscheidung zu treffen. Wie entschied er sich nun? Obwohl beide Kandidaten ausgezeichnete Kenntnisse vorweisen konnten und enthusiastisch waren, entschied sich Milton aufgrund seines Remote-Viewing für Kandidat Nummer eins – eine Wahl, die den Beginn einer erfolgreichen Partnerschaft bedeutete, die sich bis heute bewährt hat.

Sie möchten Beziehungen, die Ihrer Seele gut tun. Sie möchten mit Menschen zusammen sein, die sich freuen, wenn es Ihnen gut geht. Aus diesem Grund sollten Sie beginnen, gewisse Dinge in Ihrem Leben anders zu machen, intuitiv, nicht nur vom Kopf her: Sie lernen einen Mann kennen, in den Sie sich auf Anhieb verlieben, doch beim Remote-Viewing spüren Sie – obwohl äußerlich nichts darauf hinzudeuten scheint –, dass er Probleme mit seiner sexuellen Identität hat. Bevor Sie sich tiefer auf ihn einlassen, sollten Sie diese Information abwägen. Betrachten Sie sich als vorgewarnt. Wenn Sie andererseits bei einem ersten Rendezvous von Ihrem Gegenüber denken, sie ist zwar ein bisschen langweilig, aber ansonsten ganz nett, sollten Sie auch hier prüfen, was Ihnen das Remote-Viewing sagt. Wenn Sie ein echtes Feuer in Ihrem Innern spüren, sollten Sie sich vielleicht noch einmal überlegen, ob Sie sie einfach so abschreiben sollten. Unter Umständen könnten Sie etwas wirklich Gutes versäumen.

Je näher Sie jemandem sind, desto schwieriger mag der Betreffende zu denken sein, vor allem, wenn es sich um Familienmitglieder handelt. Doch es ist möglich, zu lernen, neutral zu werden, auch wenn es der Übung bedarf. Wenn Sie den wahren Grund wissen wollen, warum sich jemand so verhält, wie er es tut, und ungesunde Muster verändern wollen, dann erreichen Sie durch Neutralität das Mitgefühl, das erforderlich ist, um klar sehen zu können. Oh, meine Mutter! Sie wusste immer genau, was sie sagen musste, um mich wütend zu machen. Meine Liebhaber waren ihr bevorzugtes Thema: »Er ist zu alt«, »Er ist zu jung«, »Er ist nicht jüdisch«. Das verfehlte nie seine Wirkung. Ich schnappte nach dem Köder, und schon stritten wir uns, was das Zeug hielt. Es bedurfte all meiner Kraft, mich nicht immer wieder in diese Kämpfe verwickeln zu lassen. Remote-Viewing war meine heimliche Waffe. Es zeigte mir, dass jenseits des stolzen, herrischen Äußeren meiner Mutter eine klaffende Wunde lag, die aufbrach, sobald sie sich bedroht fühlte. Dieses Bild sah ich, wann immer es sie zu einem Kampf juckte. Es erlaubte mir, zu sagen und es auch zu meinen: »Ich liebe dich, Mutter. Komm, wir setzen uns an den Kamin und trinken einen Tee«, anstatt Gift zu verspritzen, das uns beide verletzte. Zuzulassen, dass Liebe Ihre Beziehungen umwandelt, wird möglich, wenn Sie sehen können, wie ein Mensch in seinem tiefsten Innern fühlt.

Remote-Viewing kann Ihnen viel zeigen. Zeit und Raum stellen keine Hindernisse dar. Immer wieder erinnere ich Patienten daran, die diese Technik ausprobieren wollen. Intuitiv ausgedrückt, ist es möglich, dass Sie sich bereits vor der Empfängnis auf Ihr Kind einstimmen können. Wenn Sie davon ausgehen, dass alles Geistige eine bleibende Intelligenz besitzt, warum nicht den Versuch riskieren? Ich schlage den Eltern, die sich ein Baby wünschen, vor, sich in Meditation zu versetzen und die Seele ihres Kindes einzuladen. Das ist eine respektvolle Handlung, eine Ehrung der Seele, die bald in ihre Obhut übergehen wird, eine Begrüßung, bevor eine physische Begegnung stattfindet. Ob Sie dabei eine Essenz spüren oder Einzelheiten der Gesichtszüge Ihres Babys sehen, in jedem Fall bedeutet das Anerkennen der Ewigkeit Ihrer Verbindung vor der Empfängnis einen guten spirituellen Beginn der Eltern-Kind-Beziehung. Für meine Patienten, die Schwierigkeiten mit der Empfängnis haben, kann das Aussprechen einer solchen Einladung wie eine Zielsucheinrichtung funktionieren. Sie kommunizieren damit die Information: »Ich bin hier, und so findest du mich.« Betrachten Sie es als das Aussenden eines Signals, das Ihr Kind erkennen kann, damit es die Koordinaten kennt und weiß, wo es landen soll.

In ähnlicher Weise versetzt Sie Remote-Viewing in die Lage, sich auf Ihnen nahe stehende Personen einzustimmen, die gestorben sind. Bei einem Seminar in Südkalifornien stellte ich verblüfft fest, wie natürlich ein solches Vorgehen sein kann. Wir hatten uns in dem kirchenähnlichen Gebäude versammelt, wo Martin Luther King jr. seine Rede »Ich habe einen Traum« geschrieben hat. Das Gebäude war die erste freie Schule in der Gegend, die nach dem Bürgerkrieg für Schwarze eingerichtet wurde. Amerikaner afrikanischer Abstammung, die heute dort leben, waren ungeheuer stolz auf ihre Vorfahren und verehrten ihre nach wie vor fühlbare Präsenz. Wir, die in diesem Raum anwesend waren, hatten das Privileg, sie auch zu spüren.

Aus diesem Grund versuchte ich ein Experiment. Wenn ich ein Seminar über Remote-Viewing gebe, nenne ich normalerweise den Namen einer existierenden Person (ohne weitere Angaben) und bitte die Gruppe, sich intuitiv darauf einzustimmen. Danach teilen alle ihre intuitiven Eindrücke mit, und ich gebe ihnen ein Feedback hinsichtlich der Genauigkeit, ein Vorgang, der den Teilnehmern zeigt, wozu sie fähig sind. Dieses Mal hatte ich mich für Elizabeth entschieden, eine ältere Freundin von mir, die gerade gestorben war – eine Tatsache, die den Teilnehmern nicht bekannt war. Sie wussten nur ihren Namen.

Die Antworten der Gruppe beeindruckten mich zutiefst. Indem sie Elizabeth beschrieben, sagten sie: »Mein Blick schweift über ein weites Meer.« – »Ich sehe einen Engel.« – »Ich sehe strahlendes weißes Licht.« »Ich möchte ständig zum Himmel hochschauen.« – »Ich glaube, sie ist tot.« – »Ich höre Dorothy im *Zauberer von Oz,* wie sie sagt: ›Zu Hause ist es am schönsten.‹« – »Gott ist in der Nähe.« –

»Ich bin von Ehrfurcht erfüllt.« Jeder von ihnen beschrieb, ohne es zu wissen, eine Vision des Himmels.

Intuition verblüfft: Sie erlaubt uns, das Unfassbare zu erfassen. Für die meisten Teilnehmer an diesem Seminar war Remote-Viewing etwas völlig Neues. Doch nichts hielt sie davon ab, jenseits dieses Lebens zu gehen, um mit Elizabeths Seele Kontakt aufzunehmen. Ich betone: Den Geist von Menschen zu spüren, die gestorben sind, hat nichts Übernatürliches an sich. Sie sollten jedoch nicht davon ausgehen, dass jemand alleine dadurch, dass er sich auf der anderen Seite befindet, klüger oder mächtiger ist als Sie. Diese Seelen haben lediglich keine Körper mehr. Tante Martha ist Tante Martha, hier wie dort. Beziehungen bleiben bestehen. Durch Remote-Viewing können Sie sie bewusst aufrechterhalten.

Wann immer Sie innere Führung hinsichtlich einer Person oder einer Situation suchen, werden Ihre tief empfundenen Intentionen tief empfundene Antworten hervorrufen. Letzten Endes dreht sich alles um Liebe. Beziehungen sind der Ausbildungsort. Es ist okay, um Hilfe zu bitten. Jedes Mal, wenn Sie beten: »Bitte führe mich. Ich möchte lieben, weiß aber nicht, wie«, macht Ihr Wunsch die Liebe umso mehr möglich. Vielleicht geht es letzten Endes nur darum.

Fünfter Schritt. Hören Sie auf Ihre Träume

Als ich letzten Winter in den Hügeln von Big Sur spazieren ging, begann ich ein Gespräch mit einer lebhaften 75-jährigen Frau, die ich unterwegs traf. Wir sprachen über das Thema Familie. Ich bin allein stehend. Ich lebe alleine, manchmal in intensiverem Kontakt mit dem Mond und den Wolken als mit anderen Menschen. Ich sehne mich danach, den richtigen Mann zu finden, habe ihn aber noch nicht gefunden. Ich warte und beobachte. Anders als ich, war diese Frau seit mehr als 50 Jahren glücklich verheiratet. »Haben Sie Kinder?«, fragte ich. Lächelnd erklärte sie: »Am Anfang versuchten wir es immer wieder, hatten aber kein Glück. Das heißt bis zu dem Tag, als ich das Gesicht meines ältesten Sohnes im Traum sah. Ich werde es nie vergessen.« Sie erzählte mir die folgende Geschichte:

Ich bin auf dem Spielplatz einer Grundschule. Die Kinder stehen in einer Reihe hintereinander; ihre Mütter ihnen jeweils in einer Reihe gegenüber. Ich beobachte die Szene aus einiger Entfernung und sehe einen kleinen Jungen hinten in der Reihe, den ich als meinen zukünftigen Sohn erkenne – doch er steht einer anderen Mutter gegenüber! Verzweifelt, unfähig, mich zu bewegen, weiß ich nicht, was ich tun soll. Plötzlich beginnt die Mutter wie verrückt nach mir zu winken, dass ich zu ihr kommen soll. »Gott sei Dank sind Sie hier!«, ruft sie aus. »Ich muss gehen. Können Sie meinen Platz einnehmen?« Begeistert sage ich: »Natürlich.«

»Und was soll ich sagen?«, fuhr die Frau fort. »Einen Monat später wurde ich schwanger. Das Wort *verblüfft* beschreibt nicht im Entferntesten, wie ich mich fühlte. Das war im Herbst 1948. Sechs Kinder und drei Enkel später, sind wir uns heute begegnet und reden miteinander.« Mit einem Augenzwinkern fügte sie hinzu: »Honey, machen Sie sich keine Sorgen. Wenn eine Beziehung passieren soll, dann wird es so sein. Es ist nie zu spät.« Ich muss gestehen, dass ich meinen Weg mit einem erleichterten Herzen fortsetzte.

Ein Wunder von Träumen sind die Beziehungen, die wir in ihnen haben. Wir sind dazu erzogen worden, diese Personen als Produkte unseres Unterbewusstseins zu betrachten und nicht als »real«. Doch was macht eine Person überhaupt »real«? Können wir echten Menschen nur in den Stunden des Tageslichts begegnen, wenn wir hellwach sind? Oder ist Liebe – wie im Fall dieser Frau – so entschlossen, dass sie keine physischen Grenzen kennt? Im Schlaf fanden sich eine Mutter und ein Sohn. Besondere Beziehungen machen sich auf besondere Weise bemerkbar. Ich bin immer bereit, solche Situationen in Ehren zu halten. Gelegentlich habe ich von Patienten geträumt, die ich noch nicht kannte – und dann riefen sie an. Für mich ist das ein Zeichen, dass wir miteinander arbeiten sollen. Egal, wie voll mein Terminkalender ist, mache ich jedes Mal Raum für sie. Ohne Ausnahme haben diese Beziehungen eine Qualität, die mir zeigt, dass sie sein müssen, und sie alle entwickeln sich außerordentlich gut. Ich sage Ihnen dies, damit Sie Ihren Geist für solche Möglichkeit offen halten. Wenn Sie im Traum jemanden sehen, dem Sie später im Wachzustand begegnen, ergreifen Sie die Chance, denjenigen näher kennen zu lernen. Ob es sich dabei um Ihren Postboten, einen fünfjährigen Nachbarsjungen oder einen Liebhaber handelt – erforschen Sie die einzigartige Bedeutung dieser Beziehung.

Träume beleuchten auch unsere täglichen Beziehungen. Auf mitfühlende Weise lassen sie nicht zu, dass Sie sich vor Ihren wahren Gefühlen verstecken. Die ergreifendsten Nuancen inneren Sehnens werden in Träumen ausagiert, damit Sie sie sehen können, die verborgenen Teile Ihres Selbst heilen und darauf hinarbeiten können, frei zu sein. Die psychologische Bedeutung von Traumbildern ist heilig, nie alltäglich; sie können Ihnen Übergangszeiten in Ihrer Beziehung erleichtern.

Fast zwei Jahre lang musste ich mit ansehen, wie die Parkinsonsche Krankheit meinem Vater jegliches Gefühl der Kontrolle raubte. Er war früher ein Radiologe, der stolz auf seine Privatpraxis war. Jetzt war er inkontinent und musste Windeln tragen, die um seine Taille herum mit Sicherheitsnadeln befestigt waren. Unfähig, ohne fremde Hilfe zu essen oder zu gehen, war er für jede Bewegung auf einen Helfer angewiesen. Eines Tages fragte ich ihn: »Wie geht es dir, Daddy?« Eigenartigerweise schien ihn diese Frage zu überraschen. Dann erhellte sich sein Gesicht. »Judith, ich liebe das Leben. Ich liebe es.« Ich schmolz dahin. Mein Vater wusste um das Geheimnis. Sein Körper war in Auflösung begriffen, doch seine Seele strahlte. In diesem Augenblick konnte ich nur denken: Du tapferer Mann. Ich könnte es nie ertragen, dich zu verlieren. Daddy, verlass mich nicht. In jener Nacht hatte ich einen Traum.

> *Ich bin mit meinem Vater in dem Pflegeheim, wo er lebt. Er ist überschwänglich, robust. Neben ihm ist sein Bruder, mein geliebter Onkel Sidney – ein Mann, der aussieht wie Humphrey Bogart und schon seit Jahren tot ist. Mein Vater strahlt mich an. Alles ist gut. Ich spüre es. Ich gebe ihm einen Abschiedskuss und gehe dann hinauf in sein Zimmer, um meine Schuhe zu holen. Doch anstatt das Zimmer wieder zu verlassen, verkrieche ich mich in seinem Schrank, zusammengekauert unter seinen Anzügen, Jacken und Hosen. Schon der Anblick seiner Kleidung beruhigt mich. Ich fühle mich so sicher hier in diesem engen Raum. Der süße Geruch meines Vaters ist überall. Ich atme ihn ein und lasse mich von ihm erfüllen. Ich möchte, dass die Zeit anhält und ich für immer hier bleiben kann.*

Mein Traum war ein Omen für die Zukunft. Egal, wie sehr ich glaubte, nicht ohne meinen Vater leben zu können, wurde ich auf diesen unvermeidlichen Tag vorbereitet. Es ist schon eigenartig, welche Erinnerungen wir an unsere Eltern haben. Wenn ich an meinen Vater denke, fallen mir besonders die kleinen Dinge ein. Die Art, wie er mich »Liebling« nannte, der Duft seines Rasierwassers, die Weichheit seines Cashmerepullovers, wenn er mich in die Arme nahm. Diese Erinnerungen sind am schwersten loszulassen. Kein Wunder, dass ich mich danach sehnte, in seinem Schrank Zuflucht zu suchen. Sich an etwas festzuhalten ist oft notwendig, bevor wir loslassen können.

Träume sind Gaben des Geistes. Meiner hatte mit Veränderung zu tun, mit Ebbe und Flut. Ihrer mag sich um das Erklimmen des höchsten Berges drehen und der Mischung aus Kampf und Belohnung, die ein solches Vorhaben mit sich bringt. Oder es könnte Ihr gewalttätiger Liebhaber sein, der Sie wie ein Verrückter mit einem Stock in der Hand durch die Gegend jagt. Dann, im Wachbewusstsein, haben Sie die Wahl, die Beziehung fortzusetzen oder zu sagen: »Ich werde dieses Verhalten nicht mehr tolerieren. Entweder du suchst Hilfe, oder du gehst.« Vergessen Sie nicht, Träume sind auf Ihrer Seite. In Beziehungen spornen sie Sie immer an. Ob Sie wütend aufwachen, traurig oder verliebter denn je, beschäftigen Sie sich mit den Themen in Ihren Träumen und profitieren Sie davon. Ihre Mission ist Heilung. Lassen Sie zu, dass Träume Ihre Ängste und Widerstände genau aufzeigen und Sie besser in die Lage versetzen, andere zu lieben.

Fünf Möglichkeiten, in denen Träume Beziehungen erhellen können

1. Träume definieren emotionale Muster, die der Heilung bedürfen.
2. Träume helfen Ihnen in schwierigen Zeiten – bei Todesfällen, Trennungen, Auflösungen.
3. Träume erleichtern Problemlösungen. (Stellen Sie eine Frage, bevor Sie schlafen gehen. Schreiben Sie am nächsten Morgen Ihren Traum auf und suchen Sie nach der Antwort.)
4. Träume präsentieren eine Vision der Zukunft in Ihren Beziehungen (einschließlich Warnungen, wenn sich jemand in Gefahr befindet).
5. Träume erkennen Ihr Wachstum an.

Träume informieren über alle Probleme. Sie haben Zugang zu einem kreativen Universum, das jegliche Logik übertrifft. Beziehungen stoßen Sie an Ihre Grenzen; das ist ihre Aufgabe. Sie öffnen Ihr Herz und ermöglichen eine spirituelle Evolution. Es gibt keine Beziehung ohne Konflikte. Wenden Sie sich an Ihre Träume, um sie zu lösen. Nehmen wir an, Ihr Mann schnauzt Sie an. Sie weisen ihn freundlich darauf hin; er zuckt nur mit den Schultern und fährt mit seinem Verhalten fort. Fangen Sie nicht an zu nörgeln. Versuchen Sie es mit einer anderen Taktik. Bitten Sie um einen Traum. Fragen Sie: »Was ist hier los?« Wenn Sie dann zum Beispiel in Ihrem Traum sehen, dass sein Chef ihn zusammenstaucht, so ist das ein Hinweis. Versuchen Sie, von Ihrem Mann etwas über das Arbeitsklima in seiner Firma zu erfahren. (Sie können Ihren Traum erwähnen, wenn er dafür empfänglich ist.) Geben Sie ihm Raum, damit er reagieren kann. Ein kleiner Stups, basierend auf dem Hinweis in Ihrem Traum, ist vielleicht alles, was nötig ist, um die wahre Ursache seiner Gereiztheit aufzudecken.

Nicht alle Träume müssen zu Hause geträumt werden. Wann immer meine Patientin und ihr Mann streiten, verlässt er das Haus und geht zu einer entlegenen Höhle im Malibu Canyon, seinem geweihten Ort, wo er sich beruhigt und Lösungen für die Streitereien mit seiner Frau erträumt. Sie unterstützt ihn dabei; sie weiß, dass er in diese Höhle geht, um Klarheit zu finden. Ich glaube, dass jeder davon profitieren könnte, einen geweihten Ort zu haben, ob es sich dabei um eine Blumenwiese handelt oder um das Gartenhäuschen im Hinterhof, ein besonderer Platz zum Träumen, der nur Ihnen gehört, wo Sie Ihre Augen schließen und auf Antworten horchen. Nur zu wissen, dass es einen solchen Platz gibt, reicht aus, um Ihre Träume zu intensivieren.

Bedenken Sie auch Folgendes: Sie können einen Traum um eine Lösung bitten und eine übertriebene Antwort erhalten. Meine Freundin träumte einmal, dass das Leben ihrer Mutter bedroht sei. Sie wachte verzweifelt und verwirrt auf. Stimmte es? Was sollte sie tun? Bevor sie irgendetwas unternehmen konnte, klingelte das Telefon. »Du wirst nie glauben, was passiert ist«, sagte ihre Mutter. »Ich bin gerade in der Küche ausgerutscht. Ich glaube, mein Arm ist gebrochen.« Also war die Vorahnung meiner Freundin zutreffend, aber etwas übertrieben. Vor allem in den frühen Stadien der Entwicklung von Intuition übertreiben Ihre Ängste oftmals die intuitiven Fakten. Sie spüren Gefahr, und Ihr Geist denkt sofort an Tod. Durch Übung lernen Sie, die Grauzonen zu unterscheiden.

Ein anderes traumbezogenes Phänomen, auf das Sie achten sollten, geschieht genau in dem Augenblick, wo Sie auf die Schlafebene überwechseln. Wenn ich als kleines Mädchen kurz vor dem Einschlafen war, hörte ich oft in meinem Hinterkopf einen Chor von Stimmen – so als hätte ich eine weit verzweigte Telefonleitung angezapft und würde heimlich auf die Fragmente trivialer Gespräche lauschen. »Ich muss noch schnell in den Laden gehen und ein paar Süßigkeiten kaufen.« – »Wir treffen uns an der Bushaltestelle.« – »Ich darf nicht vergessen, meine Schwester anzurufen.« Eine verschwommene Montage unzusammenhängender Gedanken, die nichts mit mir zu tun hatten. War ich dabei, verrückt zu werden? Hatte ich Halluzinationen? Nein. Heute glaube ich, dass es zwischen Schlaf und Wachzustand ein Übergangsstadium gibt, in dem einige von uns sich auf eine kollektive Frequenz einstimmen. Im alltäglichen Leben hören wir manchmal auch die Gedanken anderer Menschen. Dieser Zwischenzustand ist ein faszinierender Bereich, vor dem Sie sich nicht fürchten müssen. Ein Summen, mehr nicht. Wenn es auftritt, entspannen Sie sich. Betrachten Sie eine solche Fähigkeit, mit dem Kollektiven zu verschmelzen, als Zeichen Ihrer wachsenden Sensibilität.

Und wie sensitiv wir werden können! Wie sehr wir wachsen können! Manche Träume heben unsere Fortschritte in Beziehungen mit anderen und mit uns selbst hervor. Genießen Sie ihre Affirmationen. Wie ich bereits erklärt habe, besteht eine meiner größten Herausforderungen darin, eine dauerhafte Liebesbeziehung zu haben. Damit in Zusammenhang stehende Probleme drehen sich darum, wie ich mit Männern allgemein umgehe und wie ich den männlich-weiblichen Aspekt in mir selbst ins Gleichgewicht bringe. Dies sind Bereiche, in denen ich sehr verletzbar bin und oft Ermutigung brauche. Ein Traum bot mir genau das an.

Ich stehe am Rand einer schimmernden Bucht und atme die frischeste Luft, die man sich wünschen kann. Ich bin alleine. In der Nähe des Ufers sehe ich Delfine, die im Wasser spielen. Ich knie mich im Sand nieder und versuche, Augenkontakt mit ihnen aufzunehmen. Es gelingt mir. Einer von ihnen kommt näher heran. Es ist ein Weibchen. Sie ist weiß wie eine Perle, kleiner als die anderen, doch gekrönt mit einem Paar auffallend prächtiger Widderhörner. Sie schwimmt aus dem Wasser heraus auf den Sand und lässt sich von mir berühren. So seidig weich ist sie, herrlich, sie zu berühren. Dann spricht sie: »Ich muss meinen Mann holen. Ich bin sofort zurück.« Geduldig warte ich am Rand des Wassers auf sie.

Am nächsten Morgen fühle ich mich auf wunderbare Weise ganz, irgendwie besser zusammengesetzt. Die Botschaft meines Traumes? Dieser Delfin war eine fantastische Mischung von männlichem Widder und reinster Weiblichkeit – innere Qualitäten, die sich vermischt hatten. Ich fühlte mich gesegnet. Die Delfinin sprach zu einer umfassenderen Schönheit, der ich mich immer widersetzt hatte. Doch von ihr kommend, wie konnte ich sie nicht akzeptieren? Nicht dass mein Wachstum damit abgeschlossen gewesen wäre. Ihr Versprechen handelte von einer tieferen Verbindung, sobald sie mit ihrem Mann zurückkommen würde. Vielleicht werde auch ich meinem Mann begegnen. Doch in jedem Fall hat die Verschmelzung des Männlichen und Weiblichen in meinem Inneren, eine Alchemie, nach der ich mich immer gesehnt habe, begonnen.

Ihre Träume werden Sie feiern. Die Bilder, die Ihnen kostbar sind, werden an die Oberfläche kommen und Ihnen sagen: »Deine Mühe hat sich gelohnt! Jetzt ist es an der Zeit, dies zu erkennen.« Ob Sie davon träumen, einen Marathonlauf zu gewinnen, eine Grenze zu durchbrechen, die Sie von einem Freund getrennt hat, oder wie Sie mit Ihrem Mann fliegen wie die Adler – Sie haben einen Sieg davongetragen. Bravo!

Das Zulassen von Verletzbarkeit verleiht Kraft; sich zu entdecken bringt vielfältigen Lohn. So viele Schichten, die ausgelotet werden wollen! Träume wissen, was erforderlich ist, wie viel aufgedeckt werden muss und wann. Letzten Endes sind die Beziehungen, die Sie haben werden, eine Reflexion Ihres wahren Wesens. Sie werden sich selbst kennen lernen und eine größere Sicherheit erlangen. Sie werden strahlen. Strahlen.

Die Beziehungen in Ihrem Leben treten genau entsprechend der Bedürfnisse ein, die Sie zu bestimmten Zeiten haben. Die Kupplerin hinter der Bühne, die diese Bekanntschaften erspürt, ist keine Närrin; sie hat Methode, Motivation. Ich stelle sie mir als eine Gourmetköchin vor, die eine hohe, weiße Mütze und eine fleckenlose weiße Schürze trägt. Auf dem Ofen stehen dampfende Töpfe, Dampfkochtöpfe zischen, köstliche Düfte erfüllen die Luft. Diese Köchin kennt keine Eile. Sie ist ein Genie bei ihrer Arbeit. Es wäre unter ihrer Würde, ein Mahl halb gar zu servieren.

Wenn Sie also beten: »Lieber Gott, ich bin so allein. Bitte schick mir meinen Seelenpartner«, und diese Person erscheint nicht auf der Stelle, verzweifeln Sie nicht. Versuchen Sie die Sache vom Standpunkt Gottes aus zu sehen. Mir wurde einmal diese Gelegenheit geboten! Während einer Psychodramaübung bei einem Seminar, an dem ich teilnahm, wurde jedem Schauspieler eine Rolle zugeteilt. Ich sollte Gott spielen (meine große Chance). Die anderen waren Erdenmenschen mit einer Reihe von Problemen, die zu mir beteten. Man sollte glauben, dass ich mich glücklich fühlte, ihre Gebete beantworten zu dürfen. Wenn es mir möglich war, tat ich es. Ich richtete mich immer nach meiner Intuition. Einige Bitten fühlten sich gerechtfertigt an, andere nicht. Überraschenderweise begann ich auch das Mitgefühl zu schätzen, das erforderlich ist, um ein Gebet nicht zu erhören, zumindest nicht im Moment. Der Augenblick musste perfekt sein.

Als ich 40 Jahre alt wurde, war meine biologische Uhr drauf und dran zu explodieren. Ich sehnte mich danach, Kinder zu haben; ich betete darum. Dennoch hatte sich der richtige Mann noch nicht eingestellt, und die Vorstellung eines Lebens als allein erziehende Mutter empfand ich als zu überwältigend. Daher wurde ich zunehmend wütender auf Gott. Ich bekam nicht, was ich haben wollte. Trotzig erklärte ich: »Ich glaube nicht mehr an dich.« So. Doch so sehr ich es auch versuchte, ich spürte Gottes Gegenwart sogar noch stärker als vorher. Das brachte mich zum Nachdenken. Kinder oder nicht, vielleicht wartete ja ein Plan auf mich, der alles übertraf, was ich mir vorgestellt hatte. Wenn er sich auch von meiner eigenen Vision unterscheiden mochte, so war er genauso gut.

Stephen Hawkings schreibt über den Ursprung unseres physischen Universums: »Selbst wenn es nur eine mögliche, einheitliche Theorie gibt, ist sie nicht mehr als eine

Reihe von Regeln und Gleichungen. Doch was ist es, das Leben in die Gleichungen atmet und ein Universum schafft, das wir beschreiben können?« In der Sphäre von Beziehungen ist dieses spirituelle Feuer die leitende Kraft. Wenn Sie es spüren, ihm vertrauen und es leben können, werden sich Ihre Beziehungen ganz natürlich entfalten und gedeihen.

Vergebungsbereitschaft spielt hierbei eine unvermeidliche Rolle: Sie ist die Offenheit des Herzens, um die Sie sich bemühen müssen, damit Sie Verletzungen und Schmerzen, die Sie sich selbst oder die andere Ihnen zugefügt haben, loslassen können. Der indische Weise Maharaji lehrte: »Werfe niemanden aus deinem Herzen.« Tun Sie es dennoch, schicken Sie sich im selben Moment selbst ins Exil. Das bedeutet jedoch nicht, dass Sie in dem Fall, wo ein Ihnen nahe stehender Mensch Sie hintergeht, nicht das Recht haben, wütend zu sein, sich vernichtet zu fühlen oder sogar zu beschließen, eine destruktive Situation hinter sich zu lassen. Doch wenn Wut alles ist, was Sie in einem solchen Fall jemals empfinden werden, kann keine Heilung eintreten. Vergebung ist ein Prozess; sie geschieht nicht über Nacht. Sie müssen Ihren Gefühlen Ausdruck verleihen und sich im Laufe der Zeit von ihnen befreien. Verständlicherweise protestieren Sie vielleicht: »Verzeihen? Warum sollte ich?« Vergebung ist eine Möglichkeit, Bitterkeit und Ablehnung loszulassen, und zwar mehr für Sie als für jemand anderen. Wichtig ist zu wissen, dass Vergebung sich auf den Täter bezieht, nicht auf die Tat, auf die Verwundung durch den Angreifer, nicht auf den Angriff. Keine Frage, man hat Ihnen Unrecht getan. Doch Vergebung kommt aus einer intuitiven Empathie für die Tiefe der Wunden anderer Menschen. Der Wunsch, Hass umzuwandeln, ist ein Herbeirufen des Lichts, die Entscheidung, sich auf eine höhere Ebene zu begeben. Sie können Vergebung nicht erzwingen. Sie ist ein Zustand der Gnade, ein Gebet, das erhört wurde.

Im Zweiten Weltkrieg diente der Vater meiner Freundin Louise in der U.S. Infanterie. Zur Bestürzung ihrer Mutter schickte er per Post eine japanische Flagge nach Hause, die er an der Front gefunden hatte. Sie hatte einem gefallenen japanischen Soldaten gehört. Es handelte sich um eine Glücksfahne, die von allen Leuten seines Dorfes unterzeichnet worden war. Rückblickend bereute Louises Vater, ein Mann mit Gewissen, das von der »Töte-oder-du-wirst-getötet-Verrücktheit« des Kriegs gefühllos gemacht worden war, seine Tat zutiefst. 50 Jahre später, nach seinem Tod, fühlte Louise den starken Drang, nach Japan zu reisen und die Flagge zurückzubringen. Ein Freund fragte: »Was treibt dich dazu?« Louise, die ihre Intuition achtete, suchte in ihrem Innern nach einer Antwort. Dann sagte sie: »Die Flagge hatte ein eigenes Leben angenommen. Ich folge einfach nur ihrer Geschichte.«

Nach monatelangem Suchen fand sie schließlich die Familie des getöteten Soldaten. Man war bereit, sie zu empfangen. Sie stellte sich vor, wie sie an die Tür einer winzigen Hütte in einem Reisfeld klopfte. Stattdessen erschien verblüffenderweise das ganze Dorf, um Louise zu begrüßen! Der Bürgermeister verkündete: »Wir sind alle tief berührt, dass Sie von so weit her gekommen sind.« Man stellte sich einander vor, und es wurden Reden gehalten. Dann entfaltete der Schwager des Soldaten die Flagge. Die Anwesenden hielten den Atem an. Sie weinten. Dann berührten sie die Flagge, und manche fanden ihren Namen noch genau da, wo sie ihn hingeschrieben hatten. Danach gab es ein Bankett, und es wurde gefeiert. Dieser Tag bedeutete für alle Beteiligten ein emotionales Loslassen und einen wichtigen Schritt auf dem Weg zur Heilung.

Ein wunderbares Resultat solch einer gegenseitigen Hochachtung, trotz sehr unterschiedlicher Gesichtspunkte, ist die spirituelle Perspektive, die sie scheinbar irreparablen Situationen verleiht. Natürlich waren die Dorfbewohner nicht dazu gezwungen, Louise mit offenen Armen aufzunehmen. Doch sie akzeptierten die Flagge und verstanden ihre Bemühungen, ihren Vater zu respektieren und individuelle Wiedergutmachung für die Barbarei des Krieges zu leisten. Was Louise betrifft, so war sie in der Lage, etwas zu tun, was ihrem Vater nie ganz möglich gewesen war. Vielleicht hatte sie die Inhumanität, die ihr Vater in der Schlacht erlitten hatte, erkannt. Wie herrlich dieses Gewebe geworden ist! Gewoben mit Fäden des Mitgefühls, nicht Bitterkeit, ein Tribut für das Beste in zwischenmenschlichen Beziehungen.

Vergebung bietet eine radikale Schablone des Liebens, auf der man aufbauen kann. Vielleicht kann sie nicht sicherstellen, dass Ihr Groll total verschwindet. Doch in jedem Fall garantiert sie, dass er nach und nach durch die Freiheit ersetzt wird, darüber hinauszublicken. Ich weiß, wie leicht es ist, Schuld zuzusprechen, wenn jemand Ihnen wehtut. Doch das muss nicht das Ende einer Beziehung sein. Sowohl bei kleinen als auch großen Interaktionen sollten Sie versuchen, jenseits Ihres Schmerzes nach etwas Höherem zu greifen.

Der Status quo, nach dem Beziehungen geführt werden, ist für meinen Geschmack zu begrenzt. Ich wehre mich gegen die Enge von Konventionen, sehne mich nach mehr authentischen, innovativen Formen von Beziehung. So wie ich, haben auch Sie vielleicht manchmal die wildesten Einfälle. Als ich vor einiger Zeit beim Frühstück in einem Restaurant in Manhattan saß, hatte ich plötzlich den Gedanken: Warum lässt du nicht einfach einen Fünfdollarschein auf der Toilette liegen? Jemand wird ihn finden und sich freuen. Dann wird er glauben, dass alles möglich ist. Ich folgte meiner Intuition. Warum nicht? Wann immer ich heute den Impuls habe, lasse ich hier einen, dort fünf Dollar liegen. Nicht viel, aber genug, um Menschen zum Nachdenken zu bringen. Das gibt mir ein tiefes Gefühl der

Befriedigung. Außerdem macht es Spaß. Warum sollen wir uns Beschränkungen auferlegen? In Beziehungen sollten Sie mutig sein; folgen Sie Ihrer Intuition. Lassen Sie zu, dass die Liebe Ihre Welt durcheinander wirbelt und neu organisiert.

DRITTER TEIL

Sexuelles Wohlbefinden

8

Leidenschaftlicher Sex, tiefe Seele

Das Geheimnis aller Geheimnisse
lebt erneut in mir.

ANNA ACHMATOVA

Rufen Sie sich den perfektesten Sommer ins Gedächtnis zurück, an den Sie sich erinnern können. Eine sanfte Brise, die Ihre Haut streichelt; Sonne, die Ihre Schultern wärmt; der süße Duft von frisch gemähtem Gras. Alles erscheint weicher, sanfter als sonst. Sie müssen nirgendwo hingehen, nichts tun. Sie lassen Ihre Augen schweifen und fühlen sich gleichzeitig ganz als Sie selbst und als ein Teil der Welt. Ihr Körper, die kleinsten Blätter, die an den Zweigen der Bäume flattern, Menschen, die vorbeigehen – alles ist miteinander verbunden. In diesen Augenblicken des Angekommenseins werden Sie vom Leben überflutet und in Wonne gebadet. So einfach es scheint, aber in diesen Momenten haben Sie die Essenz der Leidenschaft berührt.

Es ist Ihr Recht, leidenschaftlich zu leben. Sie verdienen es, jeden Moment zu genießen. Leidenschaft ist Ihr Geburtsrecht, und sie ist jederzeit zu erlangen. Sie wartet darauf, von Ihnen angenommen zu werden, in der Sexualität genauso wie in jedem anderen Bereich Ihres Lebens. Aber wie? Das Geheimnis: Wenn Sie mit dem Herzen das Licht in allen Dingen »sehen«, vom Jäten in Ihrem Blumengarten bis zum Liebesakt, dann erblüht die Leidenschaft. Wenn Sie nur mit Ihrem Verstand »sehen«, verschwindet dieses Strahlen. Sie haben die Wahl. Ihre Vision von der Welt hängt alleine von Ihnen ab.

Langsam geht uns ein Licht auf. Wir werden intuitiver. Unzufrieden mit kulturellen Stereotypen sind wir bereit, Sexualität mit neuen Augen zu sehen. Was uns traditionell beigebracht wurde von unseren Eltern, Lehrern, Zeitschriften – wird unserem Wesen nicht gerecht. Ich möchte Sexualität aus einer intuitiven und spirituellen (nicht religiösen) Sicht darstellen. Gemeinhin wird als körperliche Liebe definiert, wie Sie sich in Ihrem Körper fühlen oder sich mit dem eines anderen Menschen verbinden. Das ist verwunderlich und nur ein kleiner Teil des Gesamtbildes. Sie gewinnen an innerer Kraft, wenn Sie Sexualität so verstehen, dass sie eine intuitive Lebensweise fördert und Ihr ganzes Wesen mit Leben erfüllt. Sie ist ein Mittel, um energetische Offenheit in Ihrem Inneren, im Umgang mit anderen und mit Gott zu erreichen. Eigenartigerweise wird Gott in westlichen Kulturen oft als eine bestrafende Instanz aufgefasst, eine Vorstellung, die wir korrigieren müssen. In Wahrheit geht Sexualität weit über den körperlichen Akt hinaus. Sie wird zu einer Heilkraft, die uns großen Segen bringen kann.

Liebe schafft in uns ein Gefühl von Fülle und Verbundenheit. Aus Erfahrung weiß ich, dass es sich lohnt, dafür zu kämpfen. Dennoch habe ich festgestellt, dass der Weg zur Erweckung der Sexualität nicht immer gerade verläuft. Als Frau musste ich mich erst mit dem Gedanken vertraut machen, dass ich viele Facetten meines Wesens gefahrlos zum Ausdruck bringen konnte. Das brauchte Zeit. Intuition, Sexualität und Spiritualität, nach und nach begannen sie sich zu einem wunderbaren Gewebe zu verflechten.

Das war nicht immer so. Als Assistenzärztin in der Psychiatrie bin ich nachts oft tanzen gegangen. Kein weißer Arztkittel mehr, von Kopf bis Fuß in Schwarz gekleidet, meine schulterlangen braunen Haare frisch gestylt, fuhr ich zu einem heißen Nachtclub in Downtown Los Angeles. Eine Mischung aus Bohemiens und den »Angesagten«, war dies der Ort, wo ich einfach ich selbst sein konnte. Keiner dort wusste, dass ich Psychiaterin war, ich konnte es nicht riskieren, diese die Leidenschaft abtötenden Blicke von Männern zu ernten, die besagten: »Ich weiß, was du vorhast. Du willst mich analysieren.« Stattdessen gab ich mich als Sekretärin aus, als Künstlerin, Kellnerin, was immer mir gerade einfiel. Die Musik von Led Zeppelin und Aerosmith tönte aus den Lautsprechern, psychedelisch flackerndes Licht erhellte den zur Diskothek umfunktionierten Art-déco-Ballsaal, und ich tanzte durch bis zum Morgengrauen.

In jenen Tagen wusste ich nicht, wie ich gleichzeitig Psychiaterin und Frau sein sollte. Ich teilte mich und achtete darauf, dass diese beiden Teile meines Wesens sich nicht vermischten. Irgendwie fühlte es sich gefährlich und unpassend an, beides zusammen zu verkörpern. In der Zwischenzeit habe ich entdeckt, dass ich es kann und muss, wenn ich »ganz« sein will. Das Geheimnis bestand darin, die verschiedenen Teile meines Selbst zu integrieren, und nicht, sie abzutrennen. Das gilt für mich genauso wie für Sie. Im Laufe der Jahre, während meine Intuition immer mehr heranreifte, habe ich erfahren, wie problemlos sich Sexualität und Spiritualität verbinden. Eine ungeheure Befreiung!

Ich hatte viel zu lernen. Ausschlaggebend war mein Interesse an östlicher Philosophie. Mein spiritueller Lehrer erklärte, dass unsere Körper aus subtilen Energien bestehen. Spirituelles Gleichgewicht bedeutet, diese Energien zu aktivieren, sowohl oberhalb als auch unterhalb der Gürtellinie. Ziel ist es, die verschiedenen Aspekte unseres Seins zu vereinen. Das leuchtete mir ein. Ich konnte während meiner Meditationen fühlen, dass das, was ich mir als rein spirituelles Erlebnis vorgestellt hatte, auch ein sehr körperliches war. Die erotische Kraft ist eine Komponente eines größeren Zusammenhangs. Was mir dabei gefiel, war die Tatsache, dass ich mich nicht zurückhalten musste; spirituell zu sein, bedeutete, mein ganzes Wesen ausdrücken zu können.

Dies zu erreichen, erfordert für Sie wie für mich sexuelle Heilung. Das bedeutet, Sexualität auf eine natürliche Weise zu verkörpern, nicht vor ihr davonzulaufen, sie zu bekämpfen oder sie überzubewerten, als Kompensation für einen Mangel, den Sie in Ihrem Innern fühlen. Es ist eine körperzentrierte Erkenntnis, dass der Geist die Quelle der Ekstase ist und der Körper ihr Kanal. In zahlreichen Kulturen befinden sich die Götter im Zentrum menschlicher Erotik, eine tief greifende Wahrheit, die nicht ignoriert werden kann. Denken Sie an Dionysos, den griechischen Gott der Leidenschaft. Die Legende besagt, dass ihm eines Tages, als er in eine bestimmte Stadt kam, deren Herrscher, ein Repräsentant von Gesetz und Ordnung, den gebührenden Respekt versagte. Das Ergebnis war, dass die ganze Stadt zerstört wurde. Den Göttern, denen sehr viel an menschlicher Leidenschaft liegt, muss gegeben werden, was ihnen zusteht. Wenn wir dies anerkennen, dann wird Sexualität zu einer spirituellen Vereinigung zwischen uns selbst und einem anderen. Denken Sie das nächste Mal daran, wenn Sie Liebe machen. Aber das ist leichter gesagt als getan. Für viele von uns ist Sexualität etwas Unerwecktes, Traumatisiertes. Vielleicht haben Sie sie sogar völlig verdrängt. Sie wissen vielleicht, dass sie existiert, doch Sie haben Angst vor ihr. Vielleicht sind Sie verletzt worden. In einem solchen Fall kann Intuition weiterhelfen. Sie ist ein Laserstrahl, der sichtbar macht, welcher Schutt aus der Vergangenheit weggeräumt werden muss. Außerdem heilt Intuition Wunden und gibt Ihnen den Mut, Ihre Sexualität wahrzunehmen, egal, ob Sie sich in einer Beziehung befinden oder nicht.

Eine solche Veränderung erfordert Zärtlichkeit und Vorsicht. Setzen Sie sich nicht unter Druck. Doch wenn etwas in Ihnen neugierig ist, gehen Sie der Sache auf den Grund. Gehen Sie nicht von der Annahme aus, dass es unter Ihrer Würde ist, dass Sie nicht die nötige Zeit haben, den nötigen Raum oder den erforderlichen Seelenfrieden. Die Art von Sexualität, von der ich spreche, stellt keine Bedingungen. Bleiben Sie einfach offen und empfangsbereit. Machen Sie es sich nicht selbst schwer. Sie werden spüren, wie Spannungen sich auflösen und Ihre Energie größer wird. Sie ist, um es mit den Worten des Schriftstellers Michael Ventura auszudrücken, wie »ein kräftiger Windstoß, so als wären alle verriegelten Türen und Fenster im Inneren aufgestoßen worden, und Körper und Seele können endlich wieder atmen«.

Erster Schritt. Achten Sie auf Ihre Glaubenssätze!

Ihre Glaubenssätze und Überzeugugen im Hinblick auf Sexualität bilden den Rahmen, durch den Sie sie wahrnehmen. Ein Lehrsatz der Quantenphysik besagt, dass der Akt des Beobachtens unweigerlich physikalische Systeme verändert. Heisenbergs Prinzip der Unschärferelation besagt, dass zwei Personen dasselbe Ereignis, das sie beobachten, unterschiedlich sehen. Betrachten Sie Sexualität sowohl auf gewohnte als auch ungewohnte Weise. Die gewohnte Sicht der Sexualität drückt sich über das Vokabular des Physischen und Emotionalen, der Techniken und der Befriedigung aus. Wohingegen das ungewohnte Verständnis der Sexualität eine völlig andere Dimension beinhaltet, nämlich die spirituelle. Sie wird zur Realität, wenn wir das Vergrößerungsglas unserer Intuition benutzen.

Wir akzeptieren in der Regel nur einen Bruchteil dessen

als wahr, was möglich ist. Typischerweise wird Sexualität mit Geschlechtsverkehr gleichgesetzt, Sinnlichkeit mit einer Verfeinerung der Sinne. Ich sage jedoch, dass sie sich nicht nur gegenseitig verstärken, sondern dass die Intimität bei der erotischen Begegnung, wenn sie von der Intuition unterstützt wird, zunimmt, da es sich dann um eine spirituellere Erfahrung handelt. Darüber hinaus beschwört eine solche Empfänglichkeit ein volleres, befriedigenderes Dasein. Die Natur selbst ist voller Ekstase und enthält eine erotische Kraft, die wir anzapfen können. Es mag Sie überraschen, doch Paradigmen verändern sich tatsächlich. Das Undenkbare wird denkbar, auch was Ihr eigenes Selbst betrifft. Ich möchte Ihnen zeigen, wie Sie Ihre Vision erweitern und Aspekte der Sexualität erleben können, die Ihnen vielleicht noch nie in den Sinn gekommen sind.

Intuitive Glaubenssätze für eine neue Sexualität

1. Sexualität und Seele sind miteinander verbunden.
Bereiten Sie sich auf einen Sinneswandel vor. Wenn Sie sich sexuell hingeben, begeben Sie sich in einen offenen, intuitiven Zustand und erlauben einer größeren Kraft, durch Sie hindurchzufließen, vergleichbar der Art und Weise, wie Künstler von Kreativität erfüllt werden. Ihr Bewusstsein verändert sich. Die üblichen Grenzen lösen sich auf. Ob Sie es wahrnehmen oder nicht, in diesen Momenten berühren Sie die Grenzen des Transzendenten. Stellen Sie sich vor, Sie sind ein Leitungskabel. Etwas bewegt sich in einem sich entwickelnden Prozess durch Sie hindurch. Wachsamkeit beschleunigt diesen Prozess. Sie laden die Seele ein, an diesem Prozess teilzunehmen – was wiederum die neurochemischen Lustreaktionen Ihres Körpers anregt. Viele Menschen glauben, die körperlichen Empfindungen können spirituelles Erleben erzeugen. Doch es ist

genau andersherum. Die Leidenschaft des Körpers wird von der Leidenschaft des Himmels entzündet. Das zu wissen ist der erste Schritt auf dem Weg zum Erlebnis der Glückseligkeit.

2. Sie müssen nicht in einer Beziehung sein, um Ihre Sexualität zu spüren.

Ich kann Ihnen gar nicht sagen, wie oft ich gehört habe: »Wenn ich keine Beziehung habe, ruht meine Sexualität.« Diese Einstellung setzt voraus, dass wir eine andere Person brauchen, um unsere Sexualität zu spüren. Mit dieser Einschätzung schwächen Sie sich nur; zudem ist sie völlig unzutreffend. Wenn Sexualität einer spirituellen Energie entspringt, die nichts mit irgendeinem Menschen zu tun hat, was hält uns dann davon ab, sie allein zu erleben? Beginnen Sie, indem Sie täglich während Ihrer Meditation bitten: »Lass meine Sexualität in mir erblühen.« Es wird passieren. Sie spüren Gänsehaut, warme Schauer, gesteigerte Sensitivität. Achten Sie auf jede Veränderung, ob in Ihrem Bauch, in Ihren Genitalien oder Brüsten. Machen Sie sich Ihren Körper so bewusst wie möglich, erforschen Sie ihn. Dann erweitern Sie auch Ihre Sinnlichkeit. Wenn ich jogge, stecke ich mir immer gerne einen kleinen Zweig des nachtblühenden Jasmins ins Knopfloch meiner Bluse. Seine wie Sterne geformten Blütenblätter und sein intensiver Duft erregen mich. Die Blume und ich werden eins. Versuchen Sie sich zu erlauben, die erotische Aura der Erde zu fühlen, des Himmels, jeden Aspekt der Natur. Selbst wenn Sie nie mehr eine Liebesbeziehung haben sollten, so wird Ihre Sexualität dennoch erblühen können. Wenn Sie sich jedoch entscheiden, eine Liebesverbindung einzugehen, werden Sie nicht mit leeren Händen in die Beziehung gehen, noch werden Sie von Ihrem Partner erwarten, dass er oder sie eine Leidenschaft in Ihnen entfacht, die Sie bereits besitzen.

3. Sex kann mit fortschreitendem Alter erfüllender werden.
Robert Heinleins Roman *Time Enough for Love* handelt von einer Romanze zwischen einem Mann, der unsterblich ist, und einer sterblichen Frau. In einer meiner Lieblingsszenen reißt sie sich ein graues Schamhaar aus, um vor ihrem Liebhaber die Tatsache zu verbergen, dass sie älter wird. Selbst als ich dies mit 20 Jahren zum ersten Mal las, konnte ich sie gut verstehen. Sexualität, Schönheit, Leidenschaft – wie sehr wir doch fürchten, dass sie mit zunehmendem Alter verschwinden werden. Ist es wirklich so, dass irgendwann ein Wecker klingelt, und plötzlich sind wir nicht mehr sexy? Nein, auf keinen Fall. Zwar macht der Körper Veränderungen durch, doch sind Hormone nicht alles. Sehen Sie die Situation lieber so: Um hormonelle Veränderungen auszugleichen, wenden Sie sich Ihrem spirituellen Leben zu, um mehr Energie zu gewinnen. Diese Energie wird auch »Shakti« genannt oder »Chi«. Je mehr Sie sich durch Meditation darauf konzentrieren – zum Beispiel durch die Kraft spendenden Bewegungen des Tai-Chi oder durch Beten –, desto mehr Energie werden Sie mobilisieren, auch im Bereich Ihrer Sexualität. Indem Sie Ihre Lebenskraft nähren, bleibt es gar nicht aus, dass Sie mit zunehmendem Alter immer erotischer werden. Ich biete Ihnen Techniken dazu an, doch müssen Sie sich diese Tatsache zuerst bewusst machen. Zelebrieren Sie Ihre Sexualität, egal, wie alt Sie sind.

4. So etwas wie beiläufigen Sex gibt es nicht.
Sigmund Freud hat geschrieben: »Wir fahren gemeinsam mit unseren Vorfahren in der Straßenbahn. Wir sind die Erben aller Beziehungen, die wir hatten.« Damit brachte er zum Ausdruck, dass wir alle durch unsere Herkunft und die Menschen, denen wir nahe stehen, geprägt werden. Die Gegenwart anderer Menschen bleibt auch dann, wenn sie nicht mehr präsent sind, ein Teil unserer Seele

und unseres Energiefeldes. Natürlich hat diese Tatsache diverse Auswirkungen auf unser tägliches Leben. Denken Sie daran, wenn jemand Sie berührt, selbst wenn es nur ein einziges Mal passiert, wird Energie ausgetauscht und empfangen. Es geht gar nicht anders, wir beeinflussen einander. Nun gehen Sie einen Schritt weiter und stellen sich vor, was geschieht, wenn Sie Liebe machen: Energie implodiert, explodiert, prägt sich unsichtbar ein. Je mehr Sie jemanden lieben, desto intensiver wird dieser Energieaustausch. Wenn Sie sich dessen vielleicht auch nicht bewusst sind, Liebe machen (inklusive One-Night-Stands) kann subtile Auswirkungen auf Sie haben.

Sexualität ist eine Oase, um unser spirituelles Selbst zu nähren. Wie können Sie sich darauf vorbereiten, auf diese Ebene zu gelangen? Sie können lange vor dem aktuellen Ereignis mit der Vorbereitung beginnen. Manchmal bedeutet das Bereitmachen nicht Sex zu haben, sondern andere Dinge zu tun: beispielsweise einen spirituellen Hausputz oder den Abschluss eines Projekts. Damit kreieren Sie einen Raum für Veränderung. Sie müssen das Gefühl haben, dass das Timing stimmt. Hast und Eile bringen nichts. Manchmal werde ich ungeduldig und möchte, dass sich dieser Bereich meines Lebens schneller entwickelt. Ich träumte einmal, dass ich als Letzte in einer langen Reihe von Menschen stand, die sich kaum vorwärts bewegten. Aggressiv drängte ich mich an die Spitze vor. Dort sah ich eine Frau, die einen riesigen, sonnendurchfluteten Raum herrichtete. Sie lächelte mir fragend zu und sagte: »Liebling, du bist zu früh. Wir sind noch nicht auf dich vorbereitet.« Ein Traum, der mich daran erinnerte, dass ich mein geistiges Wachstum nicht forcieren kann. Doch wir können uns vorbereiten, indem wir alles in unseren Kräften Stehende tun, um dafür zu sorgen, dass unsere Herzen offen sind, wenn die Zeit kommt. Und sie wird kommen.

Fragen zum Nachdenken

- Stehen Sie im täglichen Leben mit Ihrer Sexualität in Kontakt? Oder ist sie versunken? Wenn ja, was hält sie dort fest?
- Würden Sie gerne erforschen, wie Spiritualität und Sexualität zusammenhängen? Welche Glaubenssätze aus Ihrer Vergangenheit hemmen Sie? Sind sie heute noch sinnvoll?
- Was würde es bedeuten, wenn Sie Ihre Sexualität pflegen würden, nicht nur mit einem Partner, sondern als Teil Ihrer intuitiven Beziehung zur Welt? Inwiefern würde dies Ihre Lebensqualität verbessern?

Zweiter Schritt. Nehmen Sie Ihren Körper bewusst wahr!

Das Wunderwerk unseres Körpers lässt sich am besten durch die Augen der Sexualbiologie wahrnehmen. Die Kenntnis der Mikrofunktionen Ihres Körpers versetzt Sie in die Lage, ursprüngliche Kräfte intuitiv zu erfahren. Dabei handelt es sich nicht ausschließlich um Fakten. Ihnen wird der Geist in Aktion gezeigt, wie er das Physische mit Leben erfüllt. Auf welche Weise sind Männer und Frauen gleich? Wo sind wir verschieden? Was zieht uns zueinander? Was hält uns zurück? Um dies besser zu verstehen, möchte ich Ihnen zeigen, wie die Psychologie der Sexualität in unseren Zellen ausagiert wird.

Um genau festzustellen, was zwischen dem Sperma und dem Ei, lebenden Organismen mit einem gemeinsamen Schicksal, geschieht, empfehle ich Ihnen, sich das Video »The Miracle of Life« anzuschauen, die erste filmische Aufzeichung einer menschlichen Empfängnis. Sie sind mittendrin und sehen alles. Und so geht das vor sich:

Während des Liebesakts stürzen zwei bis drei Millionen Samenzellen in einer spektakulären Welle in die Vagina. Sie sind alle auf ein Ziel programmiert: das Ei zu finden und die Eihülle innerhalb von 48 Stunden zu durchstoßen, bevor sie sterben. Es ist erstaunlich; eine Armee von Spermien, mit wedelnden Schwänzchen, die sich eilig selbst vorwärts treiben; wir hören ihr leises Grollen und Rumpeln wie das Hintergrundgeräusch einer großen Stadt. Das Verteidigungssystem der Vagina greift die Spermien an, um sich vor Eindringlingen zu schützen. Nur ein paar Samenzellen überleben. Dann sehen sie es – das Ei. Weitaus größer als jede von ihnen, eine weiße, leuchtende Kugel, so still und strahlend. Ein winziges Samenfädchen dringt bis zur Membrane des Eis vor, wird hineingezogen und löst sich in seiner Essenz auf. So verläuft eine Empfängnis.

Was kann uns dies über den Tanz der Intimität lehren? Indem die Empfängnis den den Männern und Frauen innewohnenden, unwiderstehlichen Instinkt demonstriert, sich zu vereinen, ist sie ein Vermischen aggressiver und rezeptiver Elemente und dient dem Zweck, zusammen etwas Neues zu kreieren. Es ist eine Ergänzung und kein Kampf. Es werden auch die Dinge deutlich, die den Vorgang behindern. Von einer weiblichen Perspektive aus betrachtet (stellen Sie sich vor, Sie seien das Ei), ist die Angst vorhanden, überfallen und dominiert zu werden. Die männliche Energie wird als etwas Fremdartiges, nicht zu ihr Passendes empfunden – Gefühle, die Frauen oft mir gegenüber erwähnt haben. Und jetzt die männliche Perspektive (stellen Sie sich als Samenzelle vor): Fragen Sie sich einfach, wie Sie sich fühlen würden, wenn Sie kurz davor stünden, von einer massiven, sich windenden Kugel aufgesaugt zu werden und nicht zu wissen, was als Nächstes passiert? Sie hätten mit Sicherheit auch Angst davor, sich rückhaltlos hinzugeben. Ein männlicher Teilnehmer an einem meiner Seminare gab sein Zögern zu: »Ich habe Angst, dass ich selbst weiblich werde, wenn ich mich total einer Frau hingebe.« Ahh! Weibliche Energie ist machtvoll; sie kann leicht als überwältigend empfunden werden. Was ich sagen will, ist, dass immer dann, wenn Männer und Frauen sich zusammentun – vor allen Dingen während des Liebemachens –, diese intuitiven Kräfte unbewusst aktiviert werden. Um rückhaltlos lieben zu können, ist es für Sie und Ihren Partner von entscheidender Bedeutung, empfindsam vorzugehen und miteinander über diese Kräfte zu reden.

Darüber hinaus erscheint das andere Geschlecht weniger rätselhaft, wenn wir unsere eigenen männlichen und weiblichen Aspekte kennen lernen. Niemand ist nur männlich oder nur weiblich. In jedem von uns gibt es eine Möglichkeit, diese beiden Kräfte ins Gleichgewicht zu bringen, sosehr in unserer Kultur auch immer noch versucht wird, diese Tatsache zu verneinen. Zum Beispiel produzieren beide Geschlechter sowohl Testosteron (das »männliche« Hormon, verantwortlich für die Libido bei Männern und Frauen) als auch Östrogen und Progesteron (»weibliche« Hormone, die Gesundheit und Elastizität verstärken), wenn auch in unterschiedlichen Proportionen. Diese beiden Energien zu integrieren – weder verweiblicht noch vermännlicht zu werden – ist eine Form von Verfeinerung, die Sie üben können. Dies erweitert unseren Aktionsradius, macht uns ganz, hilft uns, einander zu lieben, und sorgt für besseren Sex. Vor dem, was wir in uns selbst akzeptieren, müssen wir uns bei anderen nicht schützen. Beim Liebesakt können wir uns dann hingeben und uns dabei sicher fühlen. Wenn wir uns in einer gleichgeschlechtlichen Beziehung befinden, sind wir besser in der Lage, das Zusammenspiel der männlichen und weiblichen Seiten in uns schätzen zu lernen.

Unsere physische Form! Eine Unzahl von Größen und

Formen. So viele verschiedene Gefühle – warm, feucht, weich, runzlig, rau. Manchmal mögen wir es nicht so sehr, berührt zu werden; und manchmal können wir nicht genug davon bekommen. Unser Körper ist ein Barometer unserer Stimmungen und Zyklen der Sinnlichkeit. Sie haben nur diesen einen Körper. Er verdient es, umsorgt, verehrt zu werden. Lassen Sie sich von niemandem etwas anderes erzählen.

Leider versucht die Popkultur, uns eine kurzsichtige Version physischer Schönheit aufzudrängen. Es ist von größter Wichtigkeit, dass Sie diese Vorgaben neu überdenken. Spüren Sie das, was sexy und erotisch ist, von einer intuitiven Position aus und nicht von dem, was von den Medien propagiert wird. Kürzlich hörte ich von einem wunderbaren Rat, den Mary Smith, Kolumnistin einer Chicagoer Zeitung, einer Leserin gab: »Lesen Sie keine Schönheitsmagazine. Die werden Ihnen das Gefühl geben, hässlich zu sein.« Sexuelle Energie ist etwas Mächtiges und Geheimnisvolles. Wie könnte sie je gefesselt werden? Wir müssen uns nicht von Stereotypen matt setzen lassen. Sie sagen uns nicht die ganze Wahrheit. Wir sollten vielmehr unsere Intuition benutzen, um unsere Vision klar zu erkennen und zu lernen, unseren Körper mehr zu lieben.

Wir schleppen so viel Scham mit uns herum – über unser Gewicht, Alter, über Haarverlust, Falten, die Form unserer Zehen oder unserer Nase … die Liste ist schier endlos und tatsächlich so unerbittlich, dass viele von uns es nicht ertragen können, auch nur einen kurzen Blick auf ihren nackten Körper im Spiegel zu werfen oder das Licht beim Lieben anzulassen. Um Scham zu heilen, müssen wir unseren Körper wieder mit liebevollen Augen betrachten, behutsam jede Kurve, jede Falte annehmen. Ich empfehle Ihnen, langsam damit anzufangen und sich Zeit zu lassen. Es ist nicht nötig, Widerstände gewaltsam zu durchbrechen. Lassen Sie zu, dass sie von alleine dahinschmelzen. Entdecken Sie sich selbst in Phasen neu. Versuchen Sie es mit der folgenden Übung:

Betrachten Sie Ihren Körper mit den Augen der Intuition

Stellen Sie sich jeden Tag einige Minuten vor einen raumhohen Spiegel. Angezogen beginnen Sie, sich auf die unverfänglichsten Teile Ihres Körpers zu konzentrieren, zum Beispiel auf Ihre Hände oder Ihre Haare. Was sehen Sie? Was fühlen Sie? Während das Gefühl der Sicherheit wächst, enthüllen und betrachten Sie im Laufe der nächsten Wochen langsam immer mehr – Ihr Gesicht, Ihren Nacken, Ihre Arme, Ihren Bauch. Dann, wenn Sie dazu bereit sind, enthüllen Sie Ihre Brüste, Ihren Po, Ihren Genitalbereich. In jedem Stadium sagen Sie: »Ich bin schön. Ich bin sexy.« Seien Sie gut zu sich selbst. Um kritischen Stimmen entgegenzuwirken, visualisieren Sie ein helles Licht, das Sie umgibt und jeden Millimeter Ihres Körpers durchflutet. Entspannen Sie sich, lassen Sie alle Scham los. Stellen Sie sich vor, aus vielen brillanten Farben zusammengesetzt zu sein, die alle sexuelle Dynamik ausstrahlen. Jetzt haben Sie die Gelegenheit, Leidenschaft zu fühlen. Versuchen Sie, diese Tatsache zu verinnerlichen. Der Geist liebt Sie bedingungslos und total und sagt nicht: »Ein Teil von dir ist schön, ein anderer nicht.« Er denkt, dass Sie das erotischste Wesen der Welt sind. Diese Perspektive ist es, die zählt, die Ihnen erlaubt, sich selbst klar zu sehen.

Elemente von Schönheit entfalten sich unaufhörlich. Jeder von uns hat einen besonderen Reiz. Machen Sie sich nichts vor – der Körper, der uns gegeben wurde, ob üppig oder schlank, ist perfekt für uns. Natürlich wollen wir ein gesundes Gewicht beibehalten, uns richtig ernähren und gut auf uns achten. Wenn es Ihnen gefällt, können auch Make-up, Gesichtsbehandlungen, das Experimentieren mit verschiedenen Haarfarben und Pediküre großes Vergnügen bereiten. Wenn wir unsere Körperlichkeit pflegen, wächst die Leidenschaft. Ich verlange nicht von Ihnen, dass Sie sich von etwas überzeugen, an das Sie nicht glauben. Ich empfehle Ihnen einfach nur, mit anderen Augen zu schauen, tiefer. Dann entscheiden Sie. Nicht unser Körpertyp diktiert unsere Sexualität, sondern die Art und Weise, wie wir uns selbst betrachten. Einstellung ist alles.

Dritter Schritt. Erspüren Sie das energetische Potenzial Ihres Körpers!

Ein Buch, von dem ich nie genug bekommen kann, ist die Neuerzählung der Artussage aus einer weiblichen Perspektive, nämlich *Die Nebel von Avalon* von Marion Bradley. Die Autorin spricht vom Glanz der Göttin, einer Energie, die Priesterinnen aktivieren, um sich zu präsentieren. Sie hat nichts mit physischen Qualitäten zu tun. Vielmehr ist es eine Aura, die sie ausstrahlen, ein Hervorrufen sinnlicher Macht. Ebenso erreichbar für Männer wie für Frauen ist dies die Essenz der Sexualität.

Meine Patientin Julie, eine Therapeutin, hat gelernt, Energie wahrzunehmen. »Oft fällt mir die Erscheinung einer Person gar nicht als Erstes auf. Mir kann der bestaussehende Mann begegnen, doch wenn seine Energie aus dem Gleichgewicht ist, fühle ich mich nicht zu ihm hingezogen. Wie könnte ich auch?« Julies Gefühle sind verständlich. Wenn Sie erst einmal gelernt haben, Energie zu spüren, wird sich Ihre Wahrnehmung sexueller Energie unweigerlich verändern. Wenn die Energie eines anderen nicht erotisch ist, nicht liebevoll, dann kann er aussehen wie Sean Connery (ich stehe auf ihn!), und nichts wird passieren. Ohne die entsprechende sinnliche Energie erscheint selbst das schönste Gesicht wie eine Fassade und kann uns nicht befriedigen. Sobald wir beginnen, die Essenz anderer wahrzunehmen, anstatt ihre oberflächliche Erscheinung, können wir uns nicht mehr mit weniger zufrieden geben.

Genauso wie Sie gelernt haben, Ihr Herzchakra zu fühlen, möchte ich Ihnen zeigen, wie Sie sexuelle Energie wahrnehmen können – wie Sie anfangen und wie Sie im Laufe der Beziehung weiter vorgehen. An dieser Stelle möchte ich noch einmal auf den kurzen Führer zum Chakrasystem im zweiten Kapitel des ersten Teils verweisen. Um Ihre Erinnerung über den Sitz und die Funktion der einzelnen Chakras aufzufrischen, nehmen Sie sich einen Augenblick Zeit und schauen sich die Aufstellung noch mal an. Üben Sie, jedes Chakra in Ihrem Körper zu lokalisieren. In diesem Abschnitt werde ich mich auf die sexuellen Energiezentren konzentrieren: das erste Chakra, im Genitalbereich, und das zweite Chakra, ungefähr vier Zentimeter unterhalb des Bauchnabels. Beide senden ihre Energie wie Scheinwerfer ein bis eineinhalb Meter nach außen. Ich spüre diese Energie in all meinen Patienten und neuen Bekannten von dem Moment an, wo wir uns zum ersten Mal begegnen. Energie übermittelt Information jenseits von Worten. Für mich ist das Spüren von Energie nicht aufdringlicher als die Feststellung, wie ein Mensch riecht, wie sich seine Berührung anfühlt oder seine Stimme. Das Spüren von Energie sorgt dafür, dass wir einen anderen Menschen besser fühlen können. Es gibt Ihnen zusätzliche Information, wenn Sie sich auf eine Beziehung einlassen wollen.

Für mich als Psychiaterin trägt das Wahrnehmen der sexuellen Energie meiner Patienten dazu bei, dass ich sie besser kennen lerne. Dazu ist nicht erforderlich, dass ich sie berühre oder mit ihnen rede. Ich gehe dabei folgendermaßen vor: Ein neuer Patient sitzt in meinem Wartezimmer. Ich öffne die Tür. Ich achte darauf, in den ersten paar Sekunden nichts zu sagen. In dieser Stille überfliege ich schnell den Körper des Betreffenden. Ich lasse mir das nicht anmerken – es geschieht blitzschnell, wobei ich mich auf die sexuelle Energie des Betreffenden konzentriere. Ich kann fühlen, wie sich diese Energie auf mein eigenes erstes und zweites Chakra überträgt, und merke dadurch, wie mein Patient mit Sexualität umgeht. In unserer Kultur zum Beispiel projizieren sowohl Männer als auch Frauen ihre sexuelle Energie nach außen, ob sie sich dessen bewusst sind oder nicht. Bei manchen Menschen ist sie intensiv, anmaßend, ohne Rücksicht auf Grenzen. Manchmal haut mich das regelrecht um, und ich bekomme eine Ahnung davon, wie andere auf den Betreffenden reagieren. Dies ist eine ungeheuer wichtige Information. Ein Teil unserer Arbeit wird sich damit beschäftigen, Kräfte ins Gleichgewicht zu bringen. Im Gegensatz dazu gibt es diejenigen, die kaum sexuelle Energie ausstrahlen; in ihrer Gegenwart registrieren meine Chakras eine Leere, eine Art Lähmung, ein Zurückhalten, ja sogar Unbehagen. Hier ist ein Aufwachen vonnöten.

Während meiner Zeit als Assistenzärztin in der Psychiatrie wurde mir beigebracht, mich bei einer sexuellen Anamnese in erster Linie auf den Bericht der Patienten zu stützen. Die sexuellen Reaktionen meines eigenen Körpers sollte ich strikt kontrollieren. Meine Lehrer befürchteten, dass unangebrachte sexuelle Gefühle die Behandlung beeinträchtigen würden, und sorgten sich besonders um die Gefahr des »Ausagierens«. Natürlich ist allgemein bekannt, dass viele Therapeuten diese ethische und legale Grenze überschritten und sich schuldig gemacht haben. Wovon ich hier jedoch spreche, ist eine umfassendere

Anamese durch Anwendung von Intuition. Während dieses Vorgangs wird mein Körper eine Art Lackmuspapier oder Seismograf. Darauf zu hören, wie er auf die Energie meines Patienten reagiert, gibt mir zusätzliche Einsichten über ihn.

Wenn Sie lernen, sexuelle Energie wahrzunehmen, ist es am besten, mit vertrauten Freunden beiderlei Geschlechts zu üben, und zwar je mehr, desto besser. Dann können Sie Ähnlichkeiten oder Unterschiede vergleichen. Sie geben sich gegenseitig die Erlaubnis, die Energie des anderen zu beobachten und zu spüren. Das tun Sie in bekleidetem Zustand. Normalerweise betrachten wir eine Person nur vom Hals aufwärts. In diesem Fall nicht. Um die Energie Ihres Freundes zu überprüfen, müssen Sie sich auf den Bereich der Genitalien und des zweiten Chakras konzentrieren und darauf achten, in welchem Verhältnis diese zum Rest des Körpers stehen. In meinen Seminaren sage ich den Teilnehmern immer, sie sollen sich gegenseitig von oben bis unten betrachten. Nicht so wie Mütter es oft tun, wenn sie ihre Sprösslinge inspizieren, sondern mit einem wachen Blick für die Unterscheidung von Energien und der Fähigkeit, sie zu benennen. Wenn es Ihnen erst einmal gelungen ist, bleiben Sie dran. Versuchen Sie, Ihren Lebenspartner zu »lesen«, Ihren Liebhaber oder jemand, mit dem Sie zum ersten Mal ausgehen. Aus Respekt für Menschen, die nicht wissen, dass sie »gelesen« werden, müssen Sie im wahren Leben subtiler vorgehen als in Ihren Übungsstunden.

Vier Tipps für das Lesen sexueller Energie im täglichen Leben

1. Wenn Sie jemandem zum ersten Mal begegnen, nehmen Sie sich ein paar Sekunden Zeit, um sich auf ihn einzustimmen (betrachten Sie dies als eine liebevolle

Pause). Achten Sie auf die Reaktionen Ihres Körpers. Fühlen Sie sich von Ihrem Gegenüber angezogen? Neutral? Erfrischt? Ermüdet?

2. Als Nächstes werden Sie spezifischer. Konzentrieren Sie sich kurz auf das erste und zweite Chakra des anderen. Machen Sie keine große Angelegenheit daraus und starren Sie nicht darauf. Versuchen Sie die sexuelle Energie dieser Person in Ihrem Körper zu spüren.
3. Fragen Sie sich selbst: Wie reagiert mein erstes und zweites Chakra? Fühlen sie sich warm an? Kalt? Verschlossen? Erregt? Pulsieren sie plötzlich mit Energie? Als Nächstes konzentrieren Sie sich auf die Intensität dessen, was Sie spüren. Ist es zu viel? Genau richtig? Zu wenig? Ist Ihnen die Sexualität des anderen im Großen und Ganzen angenehm? Wenn nicht, fühlen Sie sich abgestoßen oder unfähig, eine Beziehung zu Ihrem Gegenüber herzustellen?
4. Wenn Sie Zeit miteinander verbringen, vertiefen sich dann Ihre Eindrücke oder verändern sie sich? Schließen Sie das in Ihre Beurteilung mit ein. Es wird Ihnen Hinweise auf Ihre Übereinstimmung geben.

Sie sind der Empfänger. Sie bekommen Signale. Gewöhnen Sie sich daran, sie zu erkennen. Manchmal sind sie subtil, manchmal nicht. Überlegen Sie sich immer, ob die Sexualität einer Person gut zu Ihnen passt – eine nicht ausschließlich romantische Überlegung. Wenn Ihre Energie mit der eines anderen Menschen übereinstimmt, spüren Sie dies ständig auf vielen Ebenen, selbst wenn anderen nicht bewusst ist, was sie ausstrahlen. In allen Partnerschaften – im Beruf, zu Hause oder in gesellschaftlichem Rahmen – spielt Sexualität eine Rolle, hat sie eine entscheidende, intuitive Wirkung. Sie wollen von Menschen umgeben sein, in deren Gegenwart Sie sich wohl fühlen.

Sexuelle Energie zu spüren, ist wichtig, jedoch ist dies

nur ein Anfang. Der wahre Sieg besteht darin, Leidenschaft mit dem Herzen zu verbinden. Es ist *eine* Sache, ein starkes erstes oder zweites Chakra zu haben. Doch um Sexualität auf eine höhere Stufe zu bringen, müssen Sie aus Ihrem Herzen handeln. Ihr Herz gibt der Liebe eine spirituelle Dimension und entzündet die Erotik. Suchen Sie also in einem Partner nach einer Kombination von Herz und Sexualität (das Gegenteil der genitalfokussierten Sexualität unserer Kultur). Sie werden beides als manifestierte Energie in Ihrem Körper fühlen. Dann tritt eine wunderbare Übereinstimmung ein. Ihr Herz und alle Ihre anderen Chakras erwachen zum Leben.

Überall auf der Welt sehe ich einen neuen Prototyp des Mannes und der Frau, eine Bewegung hin zum Verschmelzen von Herz, Sexualität und Geist. Wir teilen das Beste in uns miteinander – und haben den Mut, es auszudrücken. Unsere Leidenschaft ist ungeheuer stark. Wir haben das Recht, den ganzen Umfang unserer Energie zu erleben. Wir sehnen uns danach. Was kann uns davon abhalten? Wieso sind wir nicht all das, was wir sein können?

Vierter Schritt.
Bitten Sie um innere Führung!

Vor ein paar Jahren war ich im Sommer auf einem Seminar in einem entlegenen Hotel in New Mexico, im Südwesten der USA. Ich war eingewickelt in ein flauschiges weißes Badetuch und lag unter den Händen einer fachkundigen Kosmetikerin, die mir gerade eine Gesichtsbehandlung gab. Der spätnachmittägliche Wind pfiff in kräftigen Böen über die Wüste. Er war so wild, dass er mich davontrug, während die Hände der Kosmetikerin sanft meine Stirn und meinen Hals massierten. Eine reine Wonne. Plötzlich hatte ich eine Vision. Ich befand mich in einer leidenschaftlichen erotischen Umarmung mit einem Mann, den ich nur flüchtig aus New York kannte – mit dem ich jedoch ein paar Tage später einen Geschäftstermin haben würde. Was für eine Überraschung! Ich hatte nie in dieser Weise an ihn gedacht. Kurze Zeit später entdeckte ich, dass meine Vision den Beginn unserer Liebesbeziehung signalisiert hatte.

Manchmal wird uns innere Führung auch auf dem Gebiet der Liebe angeboten. So wie bei mir, kann ihre Richtung extrem erotischer Natur sein, eine Art Nachrichtenblitz, der mir zeigte, was meinen normalen Sinnen entgangen war. Ich wurde darauf hingewiesen, diesen Mann mit anderen Augen zu sehen, und ich tat es. Oft ist die Art und Weise, wie wir Menschen sehen, eine Sache der Wahrnehmung. Innere Führung, entweder spontan angeboten oder erbeten, kann unsere Sensitivität vergrößern und uns empfangsbereit machen.

Mehr als in jedem anderen Bereich verlasse ich mich in sexuellen Angelegenheiten auf meine innere Führung. Dies ist der Bereich, in dem ich – wie viele Menschen – am schnellsten der Verwirrung anheim falle. Anders als bei anderen Formen von Energie laufe ich bei der Sexualität am meisten Gefahr, mein Zentrum, meinen inneren Frieden zu verlieren. Vielleicht, weil sie sich so gut anfühlt. Oder weil das Versprechen der Verschmelzung von Herz und sexueller Leidenschaft so verführerisch ist, dass Vernunft und Intuition oft einfach davonfliegen. Meine Lektion ist, zu lernen, in meiner Mitte zu bleiben und nicht zu kapitulieren; einen Mann klar zu sehen, die Glückseligkeit sexueller Intimität mit ihm zu teilen und gleichzeitig meinen Bedürfnissen Ausdruck zu verleihen. In der Vergangenheit habe ich mich in diesem Bereich oft hin und her gerissen gefühlt. Ich gab mich hin, verzaubert in einer erotischen Welt mit meinem Partner – eine Art Fantasie, von der ich befürchtete, dass zu viel Realität sie zerstören würde. Doch in den letzten Jahren habe ich den starken Drang nach einem realen, praktischen Leben mit einem Mann verspürt; ich sehne mich danach, dies mit dem Erotischen zu verbinden.

Sexuelle Anziehungskraft ist berüchtigt dafür, die gesunde Urteilskraft selbst der vernünftigsten Menschen zu verzerren. Warum? Zunächst einmal ist sie ein veränderter Bewusstseinszustand, der von Urbedürfnissen programmiert wird. Leidenschaft macht trunken. Doch darüber hinaus gibt es auch einen spirituellen Anreiz: Die Ekstase des Liebemachens kann eine tief greifende Verbindung zwischen zwei Menschen und Gott widerspiegeln. Wenn Sie diesen Bereich erst einmal betreten haben, ist es schwer, ihn wieder zu verlassen. Sie sind berauscht; Sie bringen die verrücktesten Opfer, und nicht alle gut überlegt, um in diesem Zustand zu bleiben. Wenn wir mit zwei verschiedenen Sehnsüchten dieser Größenordnung konfrontiert werden, ist es nur natürlich, wenn wir unseren Halt verlieren. Dennoch besteht unsere Aufgabe darin, in unserer Mitte zu bleiben, egal, was mit uns passiert. Das bedeutet nicht, dass Leidenschaft für uns tabu wird; zentriert zu sein betont unsere Ganzheit und intensiviert die Freude, die wir empfinden.

Wie können Sie Ihren gesunden Menschenverstand bewahren und zentriert genug bleiben, um intuitive Führung zu empfangen? Das Schlüsselelement ist dabei, das buddhistische Prinzip des Loslassens. Obwohl es sich vielleicht exotisch oder fremdartig anhören mag, haben wir alle die Fähigkeit, dies zu tun. Das Wesentliche ist, eine Situation zu erleben, ohne sie festhalten zu wollen – wenigstens für einige Augenblicke –, so als wären Sie der Himmel, der die Wolken beobachtet, die über ihn hinwegziehen. Damit will ich nicht sagen, dass Sie sich emotional verschließen, sondern vielmehr, dass Sie sich um Neutralität bemühen sollen – ein Zustand, in dem Sie einen Schritt zurücktreten und sich vorübergehend aus der Situation entfernen können, um intuitiv Ihre Entscheidungen zu überprüfen. Loslassen will geübt sein; Geduld und Motivation sind nötig, um mit neuen Augen sehen zu können.

Um Loslassen zu lernen und innere Führung über Sexualität zu erhalten, versuchen Sie die folgende Übung:

Wie Sie sich zentrieren können, wenn Sie sich zu jemandem hingezogen fühlen

1. Begeben Sie sich in eine bequeme Position, um zu meditieren.
2. Atmen Sie ein paar Minuten lang bewusst ein und aus, kommen Sie innerlich zur Ruhe. Wenn Gedanken auftauchen, lassen Sie sie los und konzentrieren sich wieder auf Ihren Atem.
3. Treffen Sie die Absicht oder beten Sie darum, so neutral wie möglich zu bleiben (ein Zustand der Gnade, um den man bitten, den man aber nicht erzwingen kann). Stellen Sie sich vor, wie Sie die Situation aus der Entfernung sehen, so als schauten Sie sich einen Film an.
4. Sobald Sie ruhig und entspannt sind, formulieren Sie im Innern Ihre Frage über Sexualität im Allgemeinen oder eine bestimmte Beziehung. Hören Sie auf alle intuitiven Eindrücke, Gefühle körperlichen Wissens oder Träume, die Sie erhalten.

Ihre Intuition ist 24 Stunden am Tag in Bereitschaft. Vor allen Dingen bei sexuellen Themen sollten Sie sich nicht zurückhalten. Sie wenden sich an Ihr höchstes Selbst, nicht an Ihre Mutter. Kein Problem ist zu klein, zu schwierig oder gar verboten. Je genauer Ihre Frage, desto größer Ihre Chance, eine genaue Antwort zu bekommen. Fragen Sie zuerst, lassen Sie dann los und warten Sie auf eine Lösung. Vielleicht kommt sie ganz schnell. Wenn nicht, bleiben Sie einfach dran. Welche Umstände sind vernünftig? Hier sind ein paar häufig anzutreffende Beispiele:

- Wenn Sie keinen Sexualpartner haben, sich aber einen wünschen, fragen Sie: »Was blockiert mich? Wie kann ich das Hindernis beseitigen?«
- Bei einer turbulenten Beziehung fragen Sie: »Wie kann ich die Situation verbessern und Frieden herstellen?«
- Wenn Sie vor der Wahl eines Partners stehen, fragen Sie: »Wird dieser Mensch gut für mich sein? Wird er oder sie ein aufregender Liebhaber sein?«
- Wenn es irgendetwas gibt, das Sie oder Ihren Partner davon abhält, sich sexuell hinzugeben, sagen Sie: »Ich möchte wissen, was los ist. Bitte zeig mir, was uns zurückhält.«

Die Antworten kommen in vielfältiger Form. Manche sind einfach und klar. Sie sitzen in der Meditation und verspüren ein Aha-Gefühl, ein Wissen oder ein Szenario, das die Situation erklärt. Zum Beispiel stellte eine Patientin die Frage: »Warum fällt es mir so schwer, mich zu verlieben?« Ihre Antwort bestand in einer schrecklichen Vision ihres Vaters, der ihr die Hände hinter ihrem Rücken mit einem Strick fesselte. Voilà – das ist ein Anfang. Zu anderen Zeiten werden Antworten indirekter vermittelt. Eine Freundin gestand einmal: »Mein Mann und ich haben seit Monaten keinen Sex mehr. Wann immer ich darüber rede, wechselt er das Thema.« Also fragte sie während ihrer Meditation: »Wie kann ich ihn erreichen?« Keine Antwort. Sie wusste nicht, was sie tun sollte, aber es war auch gar nicht nötig. Es kam eine Intervention von außen. Ein Kollege, der nichts über ihr Problem wusste, lud die beiden zu einem dreitägigen Yoga-Retreat ein. Ihr Mann liebte es und begann, regelmäßig Yoga zu praktizieren. Das erneuerte seine Beziehung zu seinem Körper und entfachte sein Verlangen, wieder Sex zu haben.

Zur Intuition gehört Hinhören. Und immer wieder hinhören. Wenn es um Sexualität geht, wird es vielleicht eine Weile dauern, bis die Antwort klar wird. Stimmen Sie sich immer wieder darauf ein. Sie beten, um zu wissen. Die Führung kommt. Und dennoch hören Sie oft nicht auf sie. Das habe ich immer wieder bei Patienten erlebt. Sie achten nicht auf ihre Intuition und gehen den falschen Weg. Doch mein spiritueller Lehrer sagt: »Es gibt keine falschen Entscheidungen, nur verschiedene Lektionen, die gelernt werden müssen, wobei einige mühsamer sind als andere.«

Meine Patientin Jill ist ein gutes Beispiel dafür. Sie ist eine allein erziehende Mutter, die unbedingt eine Beziehung haben wollte. Eines Tages kam sie in meine Praxis und strahlte: »Judith, ich habe einen neuen Liebhaber. Können Sie sich bitte auf ihn einstimmen?« Normalerweise hätte ich gezögert. Ich bin mir sehr bewusst, dass die meisten Menschen eine gute Nachricht hören wollen. Doch da Jill und ich gemeinsam mit Intuition gearbeitet hatten und ich das deutliche Gefühl hatte, dass es gut für sie wäre, sich auf ihren Freund einzustimmen, war ich einverstanden. Leider war das, was ich aufnahm, nicht angenehm. Da sie jedoch speziell darum gebeten hatte, teilte ich ihr meine Eindrücke mit. »Ich sehe eine sexuell intensive, aber schwierige Beziehung voller Herzenskummer und juristischer Probleme.« Jill hörte sich das an und glaubte mir sogar. Doch aufgrund der Anziehung, die sie gegenüber diesem Mann empfand, beendete sie die Beziehung nicht. Also wurde es meine Aufgabe, ihr durch ein höllisches Jahr zu helfen. Abgesehen davon, dass ihr Freund ein brutales Naturell hatte, wurde er wegen Steuerhinterziehung verhaftet; sie finanzierte seine Verteidigung. Als Therapeutin begleite ich meine Patienten dahin, wo sie hingehen; ich verurteile ihre Entscheidungen nicht.

Natürlich dachte ich: Hör auf. Du wirst leiden. Doch es war Jills Entscheidung, nicht meine.

Sexualität ist gespickt mit Landminen; Intuition wird Ihnen zeigen, wie Sie diesen aus dem Weg gehen können. Im Guten wie im Schlechten habe ich persönlich in der Arena der Liebe meine Lektionen immer auf die harte Art gelernt, obwohl ich das anderen nicht empfehlen möchte. Die Seele weiß am besten, was sie braucht, um zu wachsen, selbst wenn der Weg schmerzhaft ist. Letzten Endes jedoch habe ich dadurch, dass ich nicht hingehört habe, entdeckt, dass Hinhören Pflicht ist. Wir alle lernen auf unterschiedliche Weise, unserer Intuition zu vertrauen. Was auch immer Ihr Stil sein mag, innere Führung ist eine Verbündete, die in den Kulissen wartet. Wenn Sie bereit sind, wird sie da sein.

Fünfter Schritt. Hören Sie auf Ihre Träume!

Schlafen ist ein sinnliches Erlebnis. Sie ziehen sich aus. Vielleicht tragen Sie ein seidenes Nachthemd oder einen bequemen Schlafanzug, vielleicht auch gar nichts. Eingemummt in weiche Decken und Laken – einer gebärmutterähnlichen Umgebung – atmen Sie ruhig und schließen Ihre Augen. Wie luxuriös sind jene ersten paar Minuten, in denen Sie langsam davondriften, die Sorgen des Tages zurückbleiben und etwas anderes an ihre Stelle tritt. Sie überlassen sich diesem anderen. Sie wollen gehen. Und Sie tun es.

Wer des Nachts neben Ihnen liegt, übt eine Wirkung auf Ihr Traumleben und Ihr Wohlbefinden aus. Gemeinsam schlafen kann intimer sein als der Liebesakt. Ihr Verstand kommt zur Ruhe – Ihre intuitiven Sinne verstärken sich. Ungeschützt verschmelzen Ihr Partner und Sie viele Stunden lang; Energie wird ausgetauscht. Vielleicht empfangen Sie die Träume Ihres Partners, seine Emotionen, Gedanken eine tief greifende Interaktion, die Sie bedenken sollten, ob Sie nun eine Nacht mit jemandem verbringen oder viele Jahre. Es ist richtig, sexuelle Übereinstimmung zu prüfen, doch sollten Sie sich auch auf Ihre Schlafverträglichkeit konzentrieren. Diese beiden Dinge gehen Hand in Hand, da Sie normalerweise mit den Personen schlafen, mit denen Sie Sex haben. Bei beidem müssen Sie sich wohl fühlen. Bevor Sie sich auf eine langfristige Beziehung einlassen, empfehle ich Ihnen, dass Sie die Ebene des Schlafs mit Ihrem Partner erleben. Achten Sie darauf, wie Sie sich dabei fühlen. Wachen Sie erfrischt auf, ausgeruht? Oder sind Sie unruhig, müde, durcheinander? Der Schlaf ist kein Bereich, in dem Sie Überraschungen erleben wollen. Sorgen Sie dafür, dass es sich gut und richtig anfühlt, alle diese Stunden mit einem Partner zu verbringen.

Träume kümmern sich um Ihre Sexualität; sie werden sie ausgraben und freisetzen. Genau wie Träume über Ihre physische oder emotionale Gesundheit können Träume über Sexualität spontan auftreten, oder Sie können sich mit der Bitte um expliziten Rat an sie wenden. Das Wichtigste ist, dass Sie in dem Moment, wo Sie aufwachen, Ihre Träume aufschreiben, egal, wie sie auch sein mögen. Ihre Erinnerung ist unter Umständen selektiv, vor allem wenn es sich um sexuell aufgeladenes Material handelt. Schreiben Sie diese Träume sofort auf; lassen Sie keine Einzelheiten aus. Der sexuelle Zensor der Gesellschaft und Ihres Wachbewusstseins existiert in Träumen nicht. Träume haben etwas mit Freiheit zu tun, mit Aufwachen und höherer Wahrheit. Nehmen Sie diese Botschaften auf die heilende Art an, in der Sie Ihnen übermittelt werden.

Die Intuition meiner Patientin Tess wurde stärker. In der Arbeit, zu Hause, mit Freunden – sie war immer spürbar. Lächelnd sagte Tess: »Ich fühle mich, als ob überall Rosen sprießen.« Diese dankbar empfundene Verjüngung beinhaltete auch das Erwachen ihres Körpers. Der Körper kann es tolerieren, lange Zeit ignoriert zu werden, obwohl es nicht ratsam ist. Mit 40 Jahren erwachte Tess aus ihrem langen Winterschlaf. »Ich spüre das Aufblitzen von Sexualität, und dann ist sie wieder weg«, sagte sie. »Warum kann ich sie nicht festhalten?« Tess bat um einen Traum. In der folgenden Nacht hatte sie einen Traum, bei dem ein einzelnes Bild deutlich hervorstach. Sie berichtete:

»Ich sehe mich selbst. Ich bin ein wunderschönes Mädchen, ungefähr 15 Jahre alt und von der Taille abwärts gelähmt. Frustriert, möchte ich laufen, weiß aber nicht, wie.«

Ihr Traum war zeitspezifisch und wies uns auf den Moment hin, als ihre Sexualität sich verschloss. Ihre Jugend war von Träumen und Enttäuschungen geprägt (wegen ihres Übergewichts und der Tatsache, dass sie von anderen gemieden wurde), die wir diskutieren mussten. Manchmal erfordert die Vorbereitung auf Sexualität, dass Energie aus Ihrer Vegangenheit freigelassen wird, damit sie in der Gegenwart verfügbar ist.

Außerdem können Träume Information über Ihr Liebesleben liefern und Sie mit der Genauigkeit ihrer Vorahnungen überraschen. Eine Freundin von mir hatte drei Jahre lang keine Beziehung mehr gehabt. Dann hatte sie eine Reihe erotischer Träume. Jede Nacht erlebte sie dabei Sex mit einem anderen Mann. Am Montag wand sie sich nackt auf einem windumtosten Strand in der Karibik, am Dienstag vor einem brennenden Kaminfeuer auf dem mit Kissen bedeckten Boden einer rustikalen Berghütte. Und in der Art ging es weiter. »Was ist bloß los?«, wunderte sie sich. »Bin ich so hungrig nach Liebe, dass es schon in meinen Träumen zum Vorschein kommt?« Ja und nein. Eine Woche verging. Dann traf sie auf einer Party den Mann, mit dem sie heute seit fünf Jahren verheiratet ist. Die Träume meiner Freundin bereiteten sie auf diese Begegnung vor, indem sie sagten: »Mach dir keine Sorgen. Deine Sexualität ist noch sehr lebendig. Bereite dich vor. Die Liebe kommt bald.« Und so war es.

Egal, ob Träume Sie in Ihre Vergangenheit zurückversetzen oder Ihre Zukunft ankündigen, beachten Sie sie. Achten Sie auf den Kontext und die Qualität Ihrer Sexualität auf der Traumebene. Was Sie fühlen, spiegelt die Energie wider, die Sie in sich tragen, egal, ob Ihre Sexualität stark oder schwach ist. Arbeiten Sie mit dem, was Ihnen gegenwärtig zur Verfügung steht, und bauen Sie darauf auf. Lassen Sie sowohl im Schlaf- als auch im Wachzustand zu, dass erotische Energie Ihren Körper nährt, wenn sie kommt. Es kann sogar vorkommen, dass Sie im Traum einen Orgasmus haben; in diesem Zustand sind Sie durchlässiger und fließender als sonst. Ihre Verteidigungsmechanismen sind außer Kraft gesetzt, und Ekstase kann Sie durchströmen. Wenn dies passiert, begrüßen Sie es als einen Segen.

Träume sind an Ihren romantischen Entscheidungen interessiert. Ihr besonderes Talent ist intuitives »Verkuppeln«; sie werden präzise Daten darüber vermitteln, wer gut für Sie ist und wer nicht. Sie können diese Information annehmen oder ignorieren; das liegt ganz bei Ihnen. Doch ich muss Ihnen sagen, dass ich beim Durchblättern meiner alten Tagebücher bestätigt fand, dass meine Träume sich in Bezug auf Männer so gut wie nie geirrt hatten. Wenn es darum ging, Personen richtig einzuschätzen, hatten sie eine beeindruckende Erfolgsrate vorzuweisen.

Heute höre ich auf meine Träume über Beziehungen, doch war das nicht immer so. Ich kann mir ein Lachen nicht verkneifen, wenn ich meine Tagebücher durchlese und sehe, was ich damals bewusst ignorierte. Einmal hatte ich ein Rendezvous mit einem zauberhaften Mann, zu dem ich mich aber körperlich nicht hingezogen fühlte. In der darauf folgenden Nacht träumte ich:

Er reicht mir ein Glas mit frisch gepresstem Grapefruitsaft. Er schmeckt süß, belebend, köstlich. Ich weiß, dass er mir gut tun wird.

Bin ich noch einmal mit diesem Mann ausgegangen? Natürlich nicht. Im Gegensatz dazu traf ich später jemanden, zu dem ich mich leidenschaftlich hingezogen fühlte, der jedoch emotional nicht erreichbar war. Kurz danach träumte ich:

Ich stehe mit ihm auf einer viel befahrenen Straße. Plötzlich habe ich ein Blutgerinnsel in meinem Gehirn und breche auf dem Bürgersteig zusammen. Überall um mich herum krabbeln Kakerlaken. Er geht einfacb weiter.

Bin ich noch einmal mit Mr. Unerreichbar ausgegangen? Natürlich. Wie Sie vielleicht aus meinem Traum ersehen können, war die Beziehung, wenn auch sexuell befriedigend, voller Gefahr.

Ich biete Ihnen diese krassen Beispiele, in denen ich nicht auf meine Träume gehört habe, in der Hoffnung an, dass Sie klüger sein werden. Es ist menschlich, in die falsche Richtung auszuscheren, wenn Sexualität involviert ist. Doch Träume lassen sich nicht von der Verlockung bloßer sexueller Anziehung aus dem Konzept bringen. Ihre übergeordnete Sorge ist Ihr Wohlergehen, wer Sie glücklich machen und Ihnen Sicherheit geben wird. Der Trick besteht darin, eine derartige Intelligenz auf tägliche Beziehungen zu übertragen und so sehr an Ihre Träume zu glauben, dass Sie sich ihnen fügen. Doch vielleicht sind Sie ja stur, so wie ich es jahrelang gewesen bin. Sie machen Fehler, manchmal wieder und wieder, bis Sie aus ihnen lernen. Das ist in Ordnung; der Zeitpunkt wird kommen, wo Sie genug haben. Dann werden Sie bereit sein, Ihrer Intuition die Hand zu reichen und Freiheit zu finden.

Verhaltensmuster ändern sich. Vor nicht allzu langer Zeit hatte ich den folgenden Traum:

Ich umarme den Schauspieler Danny De Vito (der meiner Meinung nach unglaublich süß ist). Er war völlig aus dem Häuschen, mich zu sehen. Unsere Umarmung ist sexueller Natur. Wir beide genießen das Gefühl und fahren aufeinander ab. Dann sehe ich, dass er Essensreste zwischen seinen Vorderzähnen stecken hat. Anstatt dass ich mich davon abgestoßen fühle, erscheint er mir nur umso erotischer. Ich schmiege mich noch mehr in seine Arme und bin begeistert darüber, dass wir zusammen menschlich sein können, nicht immer perfekt. Diese Erkenntnis lässt meine Anziehung für ihn voll über die Richterskala hinausschießen!

Am Morgen fühlte ich mich von einem Hindernis gegenüber Intimität befreit. Sowohl im Umgang mit Männern als auch in allen anderen Bereichen meines Lebens möchte ich immer ich selbst sein – möchte akzeptiert sein um meiner selbst willen. Und auch ich möchte die Menschen akzeptieren, die ich liebe, mit all ihren Schwächen. Doch ich konnte nie hundertprozentig glauben, dass mich jemand so sehr lieben würde, dass ich nicht immer dafür sorgen musste, gut auszusehen oder bester Laune zu sein, um als sexy zu gelten. Vielleicht zweifelte ich auch daran, dass ich selbst einen Partner völlig akzeptieren konnte. Mein Traum demonstrierte Wachstum. Einen Mann zu idealisieren, nur einen Teil von ihm zu sehen, reizte mich nicht. Der wahre Reiz bestand in der Authentizität, die Danny und ich miteinander teilten (symbolisiert durch die Essensreste zwischen seinen Zähnen). Unsere Menschlichkeit und gegenseitige Leichtigkeit, zusammen mit der physischen Anziehung zwischen uns, war das stärkste Aphrodisiakum von allen.

Seien Sie ehrlich darüber, was Ihrer Fähigkeit, Liebe und sexuelle Erfüllung zu finden, im Weg steht. Dann können Sie hoffen, sie zu finden. Ob Sie allein stehend oder in einer Beziehung leben, Träume bieten Ihnen Hinweise darauf, wie Sie Sexualität entfachen und lebendig halten können. Es gibt keinen Grund, warum Sex im Laufe der Zeit weniger aufregend sein sollte, solange die Partner einander lieben. Es ist nie zu spät, Leidenschaft neu zu entfachen. Doch zuweilen müssen Sie über das, was Sie verstandesmäßig wissen, hinausgehen und nach anderen Lösungen suchen. Intuition und Träume bieten aufschlussreiche Antworten, die Ihrem wachen Verstand unter Umständen entgehen. In Träumen wird Wissen über Sexualität enthüllt. Machen Sie sich diese Tatsache voll zunutze. Das Puzzle wird sich zusammenfügen.

Es erfordert Mut und Bereitschaft, Ihre Sexualität zu erforschen. Wenn Sie es tun, werden Sie ein außerordentlich großes Reservoir an Energie anzapfen, das Ihnen in jeder Hinsicht gut tun wird. In der Sakralkunst der Hindus wird Sexualität oft als eine mächtige Schlange dargestellt, Kundalini genannt, die eng zusammengerollt am unteren Ende der Wirbelsäule liegt. Wenn sie erwacht, strömt die Energie im Körper nach oben und nährt ihn durch und durch. Die Lebenskraft wird gesteigert, Stress verschwindet. Spiritualität wird Sexualität wird Liebe. Die Gnade des Himmels und die Leidenschaft unserer Körper gehen eine Synergie ein. Dann umfasst Lieben unweigerlich mehr als jeden einzelnen Akt. Wir setzen den Kurs in Richtung Mysterium.

Was mich am meisten fasziniert, ist die Kultivierung einer totalen Sexualität. Wenn Sie sich nach solcher Ganzheit sehnen, ist dies die Chance, sie zu finden. Wir sind nur für eine bestimmte Zeit auf der Erde. Unsere Körper sind vergänglich. Machen Sie das Beste daraus. Wir wollen uns durch sie mit allem vereinigen lassen, was ist und was sein wird. Sie können uns lehren, was Wonne und Freude, was Liebe ist. Immer Liebe – die höchste Verbindung in sexuellen Universen und allen anderen.

Mein spiritueller Lehrer wurde einmal gefragt: »Was ist Liebe?« Er lächelte nur und zog ein Stück Papier hervor. Darauf schrieb er, Buchstabe für Buchstabe, eine Formel:

L = Liebe ist Leben
O = Nichts ist alles
V = Seelen, die sich zusammenfinden
E = in alle Ewigkeit

Wann immer ich mir dieses einfache Diagramm anschaue, lerne ich mehr dazu. Es spricht zu mir über Beziehungen. Mit unserer Seele. Mit allen Seelen. Mit dem Leben. Mit der Leidenschaft. Nichts ausschließen. Nur Arme, die sich immer weiter ausstrecken in Einheit mit allem, was man sich vorstellen kann. Während ich intuitiv mehr über diese Dinge erfahre, fühle ich mich immer öfter von unkontrollierbaren Bedürfnissen überwältigt: auf Blumenwiesen herumzurollen, barfuß über den Sand zu hüpfen oder auf Bäume zu klettern, wenn ich den Impuls dazu verspüre. Vielleicht haben Sie ähnliche Bedürfnisse. Die Leidenschaft in Ihrer Seele wird sich auf die Leidenschaft in allen Dingen übertragen. Und auf den Menschen, den Sie lieben. Das führt dazu, dass derjenige die Leidenschaft in Ihnen erkennt. Liebe verschwindet nicht; sie vermehrt sich. Das große Mandala dreht sich in Form eines Herzens durch die Ewigkeit.

9

Das Erwecken sexueller Kraft

Wie das Universum, das geboren wird,
erwacht der Liebende und wirbelt in einem
Tanz der Freude.

RUMI

Solange ich mich zurückerinnern kann, habe ich immer einen blauen Wind gefühlt, der mein ganzes Wesen durchströmt. Er heult tief in meinem Innern, durch die Täler und Schluchten der Nacht, wie ein Donner. Schwermütig, doch faszinierend. Als kleines Mädchen kauerte ich mich hinter die Azaleenbüsche vor meiner Schule, fühlte diesen Wind und wunderte mich, was das sein könnte. Warum ist er so stark? So einsam, doch gleichzeitig so tröstend? Und von einem solch wunderschönen Blau, einer Farbe, die nichts mit der Erde zu tun hatte, sondern mit Heimat, mit Essenz. Jahrelang assoziierte ich diesen Wind mit einer einsamen spirituellen Präsenz – nie mit Menschen, und ganz sicher nicht mit Sexualität. Als ich erwachsen wurde und mein Intuitionsradius sich vergrößerte, bekam der Wind zusätzliche Dimensionen – ich empfand ihn als erotisch, leidenschaftlich, eine ursprüngliche Kraft. Ich erkannte den blauen Wind erstaunlicherweise als meine sexuelle Quelle. Ihn zu spüren, wühlte alle meine Sinne auf und weckte die Frau in mir.

Sexuelles Erwachen bedeutet, sich seiner eigenen erotischen Kraft bewusst zu werden. Wie jeder von uns dabei vorgeht, mag unterschiedlich sein. Konventionelle Weisheit lehrt Sie, Ihre sexuellen Bedürfnisse herauszufinden und dann zu lernen, sie physisch und emotional mit einem Partner zu teilen. Natürlich sind diese Schritte von wesentlicher Bedeutung. Das Versprechen dabei? Sie werden ein großartiger Liebhaber und haben, wenn man der populären Literatur Glauben schenkt, jede Nacht fantastischen Sex. Vielleicht möchten Sie sich an einer solchen Olympiade beteiligen. Vielleicht nicht. Sexualität ist weder ein Marathon- noch ein Hundertmeterlauf. Und sie ist mit Sicherheit kein Konkurrenzkampf. Sie müssen Ihren eigenen sexuellen Rhythmus und Stil finden. Die Art des Erwachens, die ich hier beschreibe, schließt das Seelische und Körperliche mit ein, doch Intuition bietet noch weitere erotische Optionen. Ich werde Ihnen Möglichkeiten aufzeigen, wie Sie entdecken können, was Sie wirklich bewegt, nicht indem Sie sich den Vorlieben anderer Menschen oder den Richtlinien der Gesellschaft anpassen, sondern Ihren eigenen Weg finden. Sexualität ist genauso persönlich wie Spiritualität.

Dieses Kapitel zeigt, wie Sie die erotische Seite der Intuition und Spiritualität mobilisieren können. Sexualität strahlt von vielen Aspekten Ihres Wesens aus: von Ihrem physischen Körper, seiner subtilen Energie, von innerer Führung und Träumen. Und wenn Sie gerne am Beispiel der Natur lernen, werde ich Ihnen zeigen, wie Sie Ihr Element in der Natur identifizieren können – Erde, Wasser, Feuer, Luft. Sie haben in Ihrem Innern etwas dem blauen Wind, den ich seit meiner frühen Kindheit kenne, Vergleichbares. Außerdem werde ich Ihnen andere intuitive Übungen zeigen, mit deren Hilfe Sie sexuelle Vitalität lokalisieren können, die mit fortschreitendem Alter nicht geringer wird. Machen Sie sich keine Sorgen, wenn Sie momentan den Kontakt zu Ihrer Sexualität verloren haben. Seien Sie bereit zu spielen. Erwarten Sie das Unerwartete. Sie werden eine Menge Möglichkeiten haben. Wählen Sie diejenigen, die Sie neugierig machen oder erregend finden.

Fangen Sie ganz von vorne an. Fragen Sie sich ehrlich:

Bin ich mit meiner Sexualität zufrieden? Was funkioniert? Was nicht? Keine Urteile, nur Wahrheit. Dann werden Sie wissen, womit Sie es zu tun haben. Sie müssen niemandem Rechenschaft ablegen, außer sich selbst. Vielleicht möchten Sie diesen ganzen Bereich völlig umorganisieren. Oder vielleicht wollen Sie das Gute beibehalten und den Rest ausrangieren. Doch vergessen Sie nicht, dass bei der Intuition nichts statisch ist. Sie verändert sich unaufhörlich, sie wächst und schärft ständig aufs Neue Ihre Aufmerksamkeit für jeden Moment. Ist nicht das die Natur der Leidenschaft? Es gibt keinen Endpunkt, kein Ziel; sie regeneriert sich ständig selbst. Leidenschaft kann nicht erlöschen, wenn Intuition lebendig bleibt. Benutzen Sie die von mir angebotenen Ideen und Techniken als Basis. Verfeinern Sie Ihre Sensibilitäten. Entdecken Sie Ihre Sexualität, indem Sie sie leben.

Erster Schritt. Achten Sie auf Ihre Glaubenssätze!

Bei den Seminaren, die ich überall in den USA halte, fällt mir eine radikale Veränderung in den sexuellen Wünschen vieler Menschen auf. Zu tolerieren, dass Monate oder Jahre vergehen, ohne dass in einer Beziehung eine wirkliche Verbindung geteilt wird, scheint nicht mehr länger akzeptabel zu sein. Paare sehnen sich danach, einander näher zu kommen, selbst wenn sie nicht wissen, wie. Das Erwecken der Sexualität erfordert intime Kommunikation. Die Partner müssen miteinander reden, müssen erforschen, träumen, auf ihre Intuitionen lauschen, Fehler begehen, sie wieder gutmachen und Konflikte überwinden, indem sie immer wieder und wieder zu ihrem Herzen zurückkehren. Wir alle lernen zusammen. Ihre Triumphe sind meine Triumphe; sie haben einen kollektiven

Welleneffekt auf jeden, der sich Intimität wünscht. Für eine bewusste Sexualität, basierend auf Spiritualität und Intuition, sind vier Bausteine erforderlich.

Vier Bausteine für eine bewusste Sexualität

1. Die erotische Kraft gemeinsamer Wertvorstellungen
Sexuelle Beziehungen werden erotischer, wenn beide Partner grundsätzliche Wertvorstellungen teilen. Es ist eine Angleichung von Kräften, von Resonanzen, die harmonisieren. Stellen Sie sich zum Beispiel vor, wie Sie und Ihr Partner sich lieben. Wenn Sie beide glauben, dass dieser Akt heilig ist, wird das Ihre Verbindung stärken und Ihre Ekstase vergrößern. Es gibt unterschiedliche spirituelle Wertvorstellungen. Nach dem Tod meiner Mutter ging mein Vater, damals 75 Jahre alt, ein paarmal mit derselben Frau aus. »Bist du verliebt in sie?«, fragte ich ihn. »Sie ist nett«, sagte er. »Doch ich könnte nie mit einer Frau schlafen, die kein Geld für Wohltätigkeitsorganisationen stiftet.« Ich war sowohl über seine Offenheit als auch seine Prioritäten verblüfft. Für meinen Vater waren Wohltätigkeit und Intimität untrennbar miteinander verbunden. Welche Eigenschaften assoziieren Sie mit Intimität? Zwei Menschen müssen nicht in allem übereinstimmen. Harmonie ist das Verschmelzen simultaner Noten in einem Akkord. Doch wenn es um die wirklich wichtigen Dinge geht – die Vorzüge des Herzens, Spiritualität, ein Wunsch nach Leidenschaft –, sollten Sie sich auf derselben Seite befinden wie Ihr Partner oder zumindest darauf hinarbeiten. Vielleicht müssen Sie die Initiative ergreifen und ihn oder sie sanft in dieser Richtung erziehen, doch die Mühe lohnt sich. Das Entwickeln gemeinsamer Werte schafft Sicherheit und Vertrauen. Dann werden Sie beim Lieben leichter in der Lage sein, sich rückhaltlos hinzugeben.

2. Leidenschaftliche Kommunikation

Mit einem Partner intuitiv im Einklang zu sein heißt nicht, dass Sie immer die Gedanken des anderen lesen können. Einer meiner Patienten, Vorstandsvorsitzender eines Unternehmens, brachte es nicht fertig, seinen sexuellen Bedürfnissen Ausdruck zu verleihen. Seine Fantasie: »Wenn eine Frau und ich sexuell übereinstimmen, sollten wir eigentlich wissen, wie wir uns gegenseitig anmachen können. Darüber zu sprechen tötet die Spontaneität.« Warum? Wenn wir genauer hinschauen, sehen wir, dass seine Schwierigkeit darin bestand, dass er Direktsein mit Korrigiert- oder Kritisiertwerden verwechselte. Wir können alle daraus lernen, Vorlieben so positiv wie möglich auszudrücken, beispielsweise, indem Sie Ihrem Partner sagen: »Mir gefällt es sehr, wenn du mich hier stärker und dort sanfter berührst«, »Ich mag es, wenn du dich langsamer bewegst« oder »Bitte tu das noch einmal«. Wenn zwei Menschen in dieser Weise miteinander reden, können auch schwierigere Themen angeschnitten werden. Ein Gefühl der Wertschätzung für Ihren Partner und ein Sinn für Humor halten die Leidenschaft lebendig. In Beziehungen sollte über alles offen kommuniziert werden können. Menschen entfernen sich voneinander, wenn sich Widerstände ansammeln. Leidenschaft entwickelt sich durch gegenseitigen Austausch, nicht durch Ratespiele. Das außerordentliche Spektrum von Gefühlen, die gemeinsam auftauchen, inklusive ästhetischer Vorlieben – wie Geschmack und Geruch –, müssen ehrlich besprochen werden.

Während Sie und Ihr Partner sich immer mehr intuitiv aufeinander einstimmen, können – jenseits der emotionalen Kommunikation – alle möglichen Arten von intensiven Empfindungen auftauchen. Vielleicht werden Sie beim Lieben Farben sehen, spüren, wie Energie Ihre Wirbelsäule hochschießt, oder durch intuitive Erkenntnisblitze erfahren, wie Sie Ihren Partner noch näher zu sich heranziehen können. Das alles kann sehr erotisch sein. Halten Sie mit Ihren Erlebnissen und Gefühlen nicht hinterm Berg oder glauben Sie nicht, dass sie befremdlich oder unzumutbar sind. Seien Sie vielmehr einverstanden, über das zu reden, was geschieht; bleiben Sie offen und mutig; finden Sie heraus, wohin Ihre Sexualität Sie führt. So verhalten sich intuitiv Liebende; das ist es, was Erotik so aufregend macht.

3. Lieben mit dem Geist

Der Schriftsteller Alan Watts hat einmal gesagt: »Wenn Sie in jemanden verliebt sind, erscheint Ihnen derjenige wie ein göttliches Wesen.« Das Göttliche ist ekstatisch, zuweilen auf eine erotische Art. Viele spirituelle Glaubenssysteme versäumen, diese Assoziation herzustellen. Typischerweise wird Gott als Liebe dargestellt, die nichts mit Sexualität zu tun hat. Ich würde dieses Bild gerne korrigieren; ich glaube, dass wir Gott auch in unsere sexuellen Erlebnisse integrieren müssen. Lassen Sie uns dieses Thema ein wenig näher betrachten. Wenn Sie nie zuvor das Geistige als erotisch erfahren haben, bitten Sie während des Liebesakts: »Möge das Göttliche durch mich fließen« (eine heilige, nicht frevelhafte Bitte). Dann achten Sie darauf, was physisch passiert, und konzentrieren sich auf Ihre erotische Reaktion. Lassen Sie zu, dass sie sich langsam von Ihren Zehen aufwärts durch Ihre Genitalien bis zu Ihrem Kopf ausbreitet. Der Geist fühlt sich dorthin gezogen, wo die Liebe gedeiht. Ihr Körper ist das Instrument, das er in sinnlicher Vollendung spielt.

Während des Sex können Sie zudem empfindsam werden für kollektive Kräfte. Ich habe einmal mitten im Liebesakt die Ehrfurcht gebietende Stimme von Bessie Smith gehört, wie sie den Blues sang. Und zwar nicht in meiner Fantasie oder Vorstellungskraft. Es war sie! Wir erzeugen so viel positive Energie, wenn Sex und Seele verschmelzen, dass die Essenz von Menschen, die in der Vergangenheit oder Gegenwart ihre Leidenschaft gelebt haben, von uns angezogen wird. Leidenschaft ruft Leidenschaft hervor, unabhängig von Zeit und Raum. Lassen Sie Ihrer Imagination freien Lauf. Ob sich der Geist als verlockende Wärme manifestiert, die Sie durchströmt; als Isadora Duncan in einem wogenden, durchsichtigen Gewand oder als orgasmische Kommunikation mit Gott – lassen Sie es zu.

4. Schamgefühle loslassen

Lassen Sie uns darauf hinarbeiten, unsere Körper als erhellend zu betrachten. Aufgrund der Gepflogenheiten in der Gesellschaft tragen wir Kleidung. Doch unter Schichten von Hosen, Pullovern, Röcken, Schals, Mänteln, Unterwäsche, Strümpfen und Büstenhaltern sind wir alle nackt. Nacktheit ist unser natürlicher Zustand, wenn auch nicht oft darüber gesprochen wird. Die Worte *Vagina* und *Penis* bringen die Menschen in Verlegenheit. Außer bei Liebenden werden sie in unserem Sprachgebrauch kaum benutzt. Unsere Kultur ist eine Kultur der Scham. Doch Sexualität ist nichts, wofür man sich schämen muss. Ein Patient sagte mir einmal: »Meine Freundin hat den süßesten Atem, doch sie gurgelt immer mit Mundwasser, bevor wir uns lieben, und hinterher nimmt sie sofort eine Dusche. Ich habe sie gefragt, warum sie das macht, und sie reagierte gereizt. Dabei wollte ich sie weder verletzen noch wütend machen.« Mein Patient fühlte sich wohl in seinem Körper und liebte den seiner Freundin. Im Gegensatz dazu war sie so erzogen worden, dass sie glaubte, Sex sei schmutzig, etwas, das man »wegwaschen« muss. Ihre Antwort: »Ich wollte dich nicht kränken.« Von Kindheit an schleicht sich Scham in unser Denken. Vielleicht ist es Ihnen nicht einmal bewusst.

Das Erkennen der Schönheit des Körpers durch Intuition nimmt die Scham weg. Respektieren Sie Ihre besonderen ästhetischen Sensibilitäten, doch seien Sie auch bereit, solche zu untersuchen, die Ihnen Schamgefühle verursachen, Berührungen, Gerüche, Geräusche, Stellungen, Techniken. Vergessen Sie Scham – anstatt so schnell bereit zu sein, die ursprünglichen Spuren der Sexualität auszuradieren, sollten Sie sich intuitiv mit ihnen bewegen. Es ist nicht nötig, dass Sie sich selbst Hemmungen auferlegen. D. H. Lawrence schrieb: »Seien Sie Ihren animalischen Instinkten treu.« Zögern Sie nicht, erdverbunden, ursprünglich zu sein. Experimentieren Sie mit allem, was sich natürlich und angenehm anfühlt. Identifizieren Sie die Bereiche, in denen Sie Scham empfinden, und heilen Sie sie.

Fragen zum Nachdenken

- Sind Sie mit Ihrem Sexleben zufrieden? Oder existiert es im Moment gar nicht? Ist es reine Routine? Was würden Sie im Bereich Ihrer Sexualität gerne erwecken?
- Halten Sie sich beim Sex zurück? Warum? Wie würde sich Ihr Leben verändern, wenn Sie Ihre ganze erotische und spirituelle Kraft ins Spiel brächten?
- Auf welche Weise kann Intuition Ihr sexuelles Bewusstsein ankurbeln und Ihre spirituelle Verbindung mit einem Partner stärken? Würden Sie es gerne versuchen?

Zweiter Schritt. Nehmen Sie Ihren Körper bewusst wahr!

Ich habe einmal einen Nachmittag mit bengalischen Tigern verbracht. Ein Mann, der beim Trainieren dieser herrlichen Geschöpfe seine Intuition benutzte, hatte mich in einen Tierpark in Nordkalifornien eingeladen. Er konnte die Bedürfnisse der Tiere spüren und träumen. Es waren schwarz-weiß gestreifte Tiger, die lautlos in einem offenen

Feld umherstreiften. Ich konnte sie ganz aus der Nähe beobachten und war bezaubert von ihrer agilen Sinnlichkeit. Am Abend wurden die Tiger in Käfige eingesperrt, wo man ihnen riesige Stücke saftigen, rohen Fleisches vorwarf. Während sie es verschlangen, hörte ich sie knurren. Resonante, gutturale Explosionen, auf eigenartige Weise beruhigend. Zehn Tiger im Einklang: Mein Körper kannte diese Laute aus einer längst vergangenen Zeit. Wilde Raubkatzen, die unter dem Sternenhimmel um ihre Weibchen buhlten, atemberaubend sexuell. Das Knurren ist in meinem Inneren – und auch in Ihnen. Wir müssen es nur erkennen.

Die primitive, ursprüngliche Kraft dieser Tiger zu spüren, ließ in mir die Frage aufkommen, welche Rolle diese Kraft in unserer sinnlichen Welt spielt, wie sie unsere Vorstellungen von Attraktivität beeinflusst. Natürlich spielen physische, emotionale, intuitive und spirituelle Elemente eine Rolle, wenn wir uns erotisch zu jemandem hingezogen fühlen. Doch um besser zu verstehen, aus welchen Elementen sich sexuelle Attraktivität zusammensetzt, möchte ich mich zunächst auf das Primitive als Sprungbrett fokussieren und eine überlebensorientierte Linse benutzen. Danach werden wir ein detaillierteres Bild konstruieren.

Evolutionsbiologen sagen uns, dass Menschen – wie andere Primaten – die Attraktivität eines Partners unter dem Gesichtspunkt des reproduktiven Potenzials bewerten. Kurz gesagt, wir haben einen eingebauten visuellen Radar für den besten Gen-Pool. Wonach suchen also sowohl Männer wie Frauen? Laut Forschungen nach einem symmetrisch geschnittenen Gesicht und entsprechenden körperlichen Merkmalen. Der Anthropologe David Symons erwähnt in seinem Buch *The Evolution of Human Sexuality* zahlreiche Berichte, die behaupten, dass Attraktivität den Durchschnitt physischer Eigenschaften reflektiert. Es ist interessant, dass die Natur eine Komposition von Formen, nicht Schönheit an sich, als optimal empfindet.

Darüber hinaus identifizieren Wissenschaftler bestimmte Eigenschaften, die eine besondere Anziehungskraft auf das andere Geschlecht ausüben. Vergessen Sie nicht, dass diese Ergebnisse von Personen kamen, die Fotos betrachteten und nicht auf physisch anwesende Menschen reagierten. Forschungen in 18 Kulturen ergaben, dass Männer sich von einer Sanduhrfigur angezogen fühlen; eine schmale Taille und breitere Hüften könnten eine starke Östrogenproduktion und Fruchtbarkeit anzeigen (*Journal of Personality and Social Psychology,* 1993, 1995). Zum Beispiel hatten die Schönheitsidole Marilyn Monroe und Audrey Hepburn verschiedene Körpertypen, doch ein ähnliches Taille-Hüften-Verhältnis. Frauen, behaupten Wissenschaftler, fühlen sich zu Männern mit einem T-förmigen Körper hingezogen, die zirka 1,80 Meter groß sind und volles Haar haben – ein Beweis für eine gesunde Testosteronmenge, nimmt die Harvard-Psychologin Nancy Etcoff an. In ihrem Buch *Nur die Schönsten überleben. Die Ästhetik des Menschen* stellt sie die Behauptung auf, dass die Medien diese »universalen Vorlieben« nicht schaffen, sondern ausnutzen.

Als ich mir diese Artikel noch einmal durchlas, musste ich mich regelrecht daran erinnern weiterzuatmen! Kann man uns wirklich zu biologisch oder kulturell konditionierten physischen Stereotypen reduzieren? Dominieren evolutionäre Motive unsere sexuellen Impulse? Ich glaube kaum, dass selbst da, wo evolutionäre Impulse existieren, unsere Evolution aufgehört hat. Der menschliche Instinkt, sich zu vermehren, verdient unsere Ehrfurcht. Doch Evolution, selbst wie sie von diesen Wissenschaftlern ausgelegt wird, entfaltet sich jeden Tag weiter. Vielleicht haben wir ein Gespür dafür, wo wir hergekommen sind. Doch wo bewegen wir uns jetzt hin?

Wir wollen visuelle Anhaltspunkte unter dem Aspekt der Intuition neu überdenken, was uns gestattet, unter die Oberfläche zu schauen. Erscheinungen können trügen. Auf einer primitiven Ebene mag die Natur Menschen darauf programmieren, bestimmte hormonell sichtbare Zeichen für Fruchtbarkeit mit Erotik gleichzusetzen. Auf Jugendlichkeit ausgerichtete Modejournale unterstützen, absichtlich oder nicht, solche Assoziationen und bestimmen unseren Geschmack. Die Gefahr dabei ist, dass unser Selbstwertgefühl sich nach diesem unvollständigen Bild von Schönheit ausrichtet und sowohl das Heranwachsen als auch das Älterwerden trügerisch macht. Wenn in unserem Gehirn eine unbewusste Verbindung zwischen Fruchtbarkeit und sexueller Attraktivität besteht, was können wir da tun? Dies ist der Moment, wo Bewusstsein und Intuition unsere Sichtweise von Schönheit auf viele Altersgruppen, Formen und Größen erweitern kann. Aufbauend auf Techniken aus dem vorhergegangenen Kapitel werde ich Ihnen zeigen, wie Sie Sexualität intuitiv umfassender erkennen und Energie jenseits von Erscheinung spüren können.

Mein Freund Marty, der als Feldwebel der Luftwaffe in Vietnam war, verlor mit 28 Jahren beim Kampf sein Augenlicht. Er sagte mir: »Vor meinem Unfall war ich ein Macho-Sklave sexueller Stereotypen. Ich ging nur mit Frauen aus, die wie Models aussahen. Als ich nicht mehr sehen konnte, veränderte sich allmählich mein Konzept von dem, was sexy ist. Nachdem ich äußere Anhaltspunkte, die meine Vorlieben verstärkten, nicht mehr wahrnehmen konnte, bekam ich die Gelegenheit, mich von meiner früheren visuellen Konditionierung zu lösen.« Dies und die Tatsache, dass er einen spirituellen Weg einschlug, der seine Intuition entwickelte, veränderte Martys Vorstellung von Attraktivität. Heute sagt er: »Die Sexualität einer Frau ist etwas Greifbares, eine bestimmte erotische Energie, die sie ausstrahlt. Wenn ich eine Frau umarme, erregt mich ihre Körperform alleine nicht, solange keine echte Wärme und sexuelle Dynamik spürbar ist.« Es ist die Essenz eines Menschen – das, was er spürt, nicht, was er sieht –, was Sexualität für Marty real macht.

Ich fragte einen anderen Freund: »Worin besteht für dich wahre sexuelle Schönheit?« Seine Antwort: »Am Anfang war ich verrückt nach Starlet-Typen. Diese Vorliebe wird den Männern anerzogen. Doch nach ein paar Beziehungen mit diesen Frauen stellte ich fest, dass das, was mich ursprünglich an ihnen fasziniert hatte, nicht lange vorhielt. Fest steht, solange das Selbstgefühl einer Frau nicht auf etwas Handfesterem beruht als auf ihrem Aussehen, ist das Ende einer Beziehung vorprogrammiert.« Viele Männer haben mir gegenüber dieser Erkenntnis Ausdruck verliehen; es ist gut, so etwas zu hören. Doch aufgrund der positiven Veränderungen, die ich im Laufe der letzten Jahre bei vielen Männern gesehen habe, ist es nicht erstaunlich. Indem wir unsere Intuition stärker werden lassen, verändert sich unsere Sichtweise von dem, was erotisch ist; äußere Schönheit vergeht schnell, wenn sie nicht durch ein inneres Strahlen aufrechterhalten wird.

Viele körperbezogene Faktoren spielen bei der sexuellen Anziehung eine Rolle. Wie ein Mensch schmeckt, riecht, sich anfühlt, die Beschaffenheit seiner Haut, seine Stimme und die Qualität des Augenkontakts, all das muss Sie körperlich ansprechen. Prüfen Sie, ob Sie mit einem potenziellen Partner in diesen Bereichen übereinstimmen. Die Verträglichkeit unserer Körper kann eine dramatische Wirkung haben. Nehmen wir zum Beispiel Pheromone. Ein 1999 in *Psychiatric Annals* erschienener Artikel behandelte die kürzlich gemachte Entdeckung dieser unsichtbaren, geruchlosen Substanz, die Männer und Frauen aus den Armbeugen ausscheiden und die einen starken Einfluss auf die sexuelle Anziehung haben. Selbst auf einige Meter Entfernung kann ein anderer diese Stoffe wahrnehmen und erregt werden. Als man Pheromone den Duftwässern für Männer und Frauen beimischte, zeigten Experimente eine Verstärkung romantischer Aufmerksamkeit und sexueller Aktivität. Kosmetikfirmen schlugen alsbald Kapital aus dieser Tatsache und begannen, Parfums mit Pheromonzusätzen herzustellen und zu verkaufen.

Ich muss zugeben, dass ich mir eine Flasche kaufte. Sie können es auch versuchen. Ich benutzte das Pheromonparfum sechs Wochen lang, wie die Gebrauchsanleitung empfahl. Während dieser Zeit wurde mir tatsächlich mehr Aufmerksamkeit von Männern zuteil. Doch ob das nun an den Pheromonen lag oder nicht, ist schwer zu sagen. Wann immer ich den Vanilleduft auf meinen Körper tupfte, fühlte ich mich attraktiver. Obwohl mir das Pheromon letzten Endes keine feste Liebesbeziehung einbrachte, half es mir, mich in mich selbst zu verlieben, was wiederum meine Attraktivität unterstützte.

Das Erwachen der Sexualität kann in jedem Alter eintreten. Der Glaube, dass Sexualität nach den Wechseljahren nachlassen muss, ist überholt. Intuition kennt keine zeitliche Begrenzung. Wenn Ihre Sexualität erst später im Leben zu fließen beginnt, dann ist das der richtige Zeitpunkt für Sie. Da sich die typische durchschnittliche Lebensdauer des Menschen seit der Jahrhundertwende verdoppelt hat, ist dieses Thema durchaus relevant. Ich hielt kürzlich ein Seminar, bei dem eine überraschende Anzahl der Teilnehmer über 80 Jahre alt war. Ein sehr verliebtes Ehepaar hatte gerade erst geheiratet. Eine andere Frau, 82 Jahre alt, vertraute mir an, dass sie – seit sie meditierte – begonnen hatte, ihre Sexualität wieder zu spüren. »Ich bin zu alt für so was!«, rief sie aus. »Ich habe seit Jahren keinen Partner gehabt.« – »Nun, vielleicht sind Sie jetzt dazu bereit«, antwortete ich. Sie strahlte mich an. Ich habe das Gefühl, dass sie meine Antwort ernsthaft in Erwägung zog.

Joyce, eine attraktive, angesehene Performancekünstlerin, brachte mit 65 Jahren eine provokative One-Woman-Show auf die Bühne. Da sie zeigen wollte, dass Sexualität nicht mit dem Alter aufhören muss, führte sie sinnliche Tänze in Kostümen vor, die mehr enthüllten als verdeckten. Falten, hängende Körperteile; sie verdeckte fast nichts. Das erregte bei einigen Zuschauern Anstoß, vor allem bei Männern. »Es ist abstoßend«, sagten sie ihr. »Also wirklich, Sie sind viel zu alt für so was. Warum um Himmels willen wollen Sie Ihren Körper so herzeigen?« Noch Monate später nachdem die Show längst abgesetzt war, erhielt Joyce Hassbriefe. Sie hatte durch ihre Show die brutale Ablehnung des Alters in unserer Kultur erlebt, eine Gegenreaktion des Selbsthasses, den viele Menschen empfinden und auf sie projizierten. Wir sind unser Leben lang erotisch. Es ist eine Travestie, wenn wir uns nicht darum bemühen, diese Tatsache zu sehen und anzuerkennen.

Ich hoffe, ich habe Ihre Vorstellungen von Attraktivität ein wenig durcheinander gebracht und Sie werden von jetzt an Ihren Körper mehr lieben. Ungeachtet unserer physischen Maße – oder dem, was die Gesellschaft uns vorpredigt – liegt es an uns, ein höheres Bewusstsein unserer Sexualität zu gewinnen. Jeder Einzelne von uns kann dazu beitragen, die Dinge zu verändern und eine tiefere Sexualität zu repräsentieren, der andere nacheifern können.

Erinnern Sie sich noch an die wunderbare Szene in der intergalaktischen Bar in dem Film *Star Wars,* wo sich Lebensformen aus verschiedenen Galaxien trafen? Obwohl alle physisch sehr unterschiedlich waren, schien das niemanden zu stören. Eines Tages wird sich unsere Spezies vielleicht wirklich mit anderen intelligenten Lebensformen im Universum zusammentun. Und was ist dann? Bedenken Sie die Auswirkung solcher Begegnungen im Rahmen sexuellen Begehrens. Hoffentlich wird unser Geist bis dahin »Ja« zur Liebe sagen und intuitiv Schönheit und Erotik in jedem erkennen. Mit einer solchen Großzügigkeit des Herzens wird das Versprechen des Friedens Wahrheit werden.

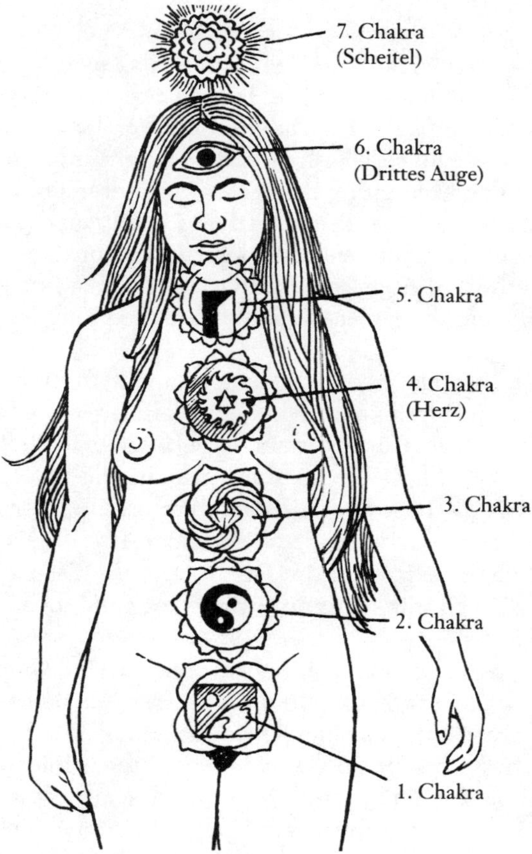

Abbildung 1 *Die sieben Chakras*

Dritter Schritt. Erspüren Sie das energetische Potenzial Ihres Körpers!

Ich möchte Sie in eine andere Zeit, an einen anderen Ort entführen, und zwar mehrere tausend Jahre zurück nach Indien, bevor Jesus, Buddha oder Mohammed auf der Erde wandelten. Damals regte sich eine Rebellion gegen den unterdrückenden Moralkodex der Brahmanen, der Hindu-Priesterschaft, die glaubte, dass Sexualität verleugnet werden muss, um Erleuchtung zu erlangen. Als Reaktion darauf wurde Tantra geboren, ein spirituelles System, das sexuelle Liebe als Sakrament betrachtet. *Tantra,* was so viel heißt wie »Ausdehnung«, ist der Inhalt von mehr als 100 uralten Büchern über sexuelle Praktiken und Meditationen. Die Themen reichen von körperlichen Positionen bis zum Orgasmus, die alle zur Erleuchtung führen. Außerdem bietet Tantra einen kompletten Plan für das Leben an, einschließlich der Zubereitung von Fruchteis, der Durchführung gymnastischer Übungen und dem Studium der Astronomie. Doch von seinen 65 Wissenschaften wird die Kunst der sexuellen Liebe als die edelste bezeichnet.

Wie kann das so vielseitige Tantra uns zur Erleuchtung verhelfen? Ich werde mich hier auf seine Fähigkeit konzentrieren, Sexualität und Spiritualität aufgrund des Wissens um die feine Energie unserer Körper zu vereinigen. Aus diesem Bewusstsein entspringt ein herrliches erotisches Vergnügen – nicht nur eine physische Entspannung, sondern eine Freude, die so tief ist, das es sich anfühlt, als ob Gott durch Sie lachen würde. Sie genießen es, und Ihr Partner ebenso. Eine Berührung der Herzen und Körper wird Ihre Erregung an einen Punkt bringen, an dem Ekstase sich kontinuierlich neu definiert.

Tantra sagt uns, wie dieses Erlebnis durch das Aktivieren subtiler Energien erreicht werden kann. Vor Jahrtausenden revolutionierte Tantra die Ideen über Sexualität, indem es das Konzept der Chakras vorstellte. Wie wir bereits besprochen haben, befinden sich diese Hauptenergiezentren auf der Mittellinie Ihres Körpers, von den Genitalien bis zur Spitze des Kopfes. Für unsere Zwecke betone ich diese Chakras, obwohl es noch andere gibt, einschließlich der auf unseren Handflächen und Fußsohlen. Jedes Chakra hat eine physische Position (Ihren Körper durchdringend und nach außen strahlend), eine Farbe (die zuweilen intuitiv gesehen werden kann) und einen Fokus (siehe die Abbildung 1 auf Seite 380 für die Anordnung der Chakras im Körper).

Indem ich die Chakras als Ausgangspunkt benutze, werde ich Ihnen Möglichkeiten zeigen, Ihre sexuelle Energie zu dirigieren. Um sich für diese Übung vorzubereiten, nehmen Sie sich ein wenig Zeit, um Ihr erstes und zweites Chakra zu lokalisieren, bevor Sie sich mit einem Partner zusammentun. Setzen Sie sich still hin, mit geschlossenen Augen, und verwenden Sie ein paar Minuten darauf, beide Chakras individuell zu spüren. Versuchen Sie, das Fließen zwischen ihnen zu fühlen. Achten Sie auf jede Empfindung von Hitze, Kälte, Kribbeln, Zusammenziehen, Ausdehnung. Wenn Sie erst einmal diese Energie in Ihrem Körper lokalisieren, können Sie sie bewusst in Ihre erotischen Erlebnisse kanalisieren. Wenn Sie die folgende Übung vornehmen, werden Sie lernen, sexuelle Energie in Ihren Genitalien zu aktivieren und sie darauf trainieren, durch Ihre Chakras emporzusteigen, während Ekstase Ihren ganzen Körper mit neuer Kraft erfüllt und jeden Millimeter Ihres Wesens liebkost.

Das Erwecken subtiler Energie beim Liebesakt

1. Schaffen Sie einen geweihten Raum. Komponieren Sie eine Umgebung, die sinnlich ist und spirituell erhebend, einen Strauß Wiesenblumen vielleicht oder Ihre

Lieblingsräucherstäbchen, flackerndes Kerzenlicht, vielleicht duftende Öle, mit denen Sie sich gegenseitig massieren. Die Mühe, die Sie auf die Vorbereitungen für Ihr Liebesspiel verwenden, werden für die richtige Stimmung sorgen.

2. Halten Sie einander in den Armen. Umarmen Sie sich so lange, wie es Ihnen gefällt, bevor Sie den nächsten Schritt tun. Teilen Sie einander Ihre Liebe durch die Augen mit. Atmen Sie ein paar Minuten langsam miteinander; synchronisieren Sie Ihr Aus- und Einatmen und stimmen sich so intuitiv aufeinander ein. Als Nächstes konzentrieren Sie sich beide auf Ihre eigenen Chakras, die von Ihrem Bewusstsein aktiviert werden. Lassen Sie sich Zeit. Dann umarmen Sie sich und spüren Sie, wie Ihre Chakras von Kopf bis Fuß übereinstimmen und Ihre Energie sich vermischt. Spüren Sie die Farben Ihrer gegenseitigen Chakras und die Hitze, die von diesen ausgeht. Lassen Sie los. Erlauben Sie sich die Freude solcher Intimität.
3. Fühlen Sie, wie Ihre Energie nach oben steigt. Wenn Sie bereit sind, beginnen Sie mit dem Geschlechtsakt. Seien Sie sich während der Penetration der Empfindungen in Ihren Genitalien bewusst, doch versuchen Sie außerdem zu spüren, wie die Energie Ihre Wirbelsäule emporsteigt bis zum Scheitelpunkt Ihres Kopfes und dabei jedes Chakra stimuliert. Sehen Sie Farben? Emotionen? Öffnet sich Ihr Herz? Mit dem Erreichen des Orgasmus verstärkt sich die Energie. Mit Übung können Sie ihre aufwärts steigende Bewegung als sexuelle Kraft fühlen, die sich mit der spirituellen vereinigt. Vielleicht sehen Sie Blitze von weißem Licht. Glückseligkeit erreicht ihren Höhepunkt, wenn Sie und Ihr Partner eins werden.
4. Entspannen Sie sich zusammen. Genießen Sie den Moment. Verlassen Sie nicht zu schnell das Bett. Wenn es sich richtig anfühlt zu schweigen, ist es gut. Wenn Sie

miteinander reden wollen, tun Sie es. Würdigen Sie die Spiritualität des Erlebnisses, das Sie gerade miteinander geteilt haben.

Die Anerkennung der Energie Ihres Körpers enthüllt, wie großartig Liebe sein kann, wenn Sie sie physisch gemeinsam erleben. Diese Übung ist als fortlaufende Meditation gedacht, ein Samenkorn, das in der Zukunft Früchte tragen wird. Zuweilen kann es sogar vorkommen, dass Sie bei Ihrem Partner einen Augenblick der Erleuchtung hervorrufen. Nach einem meiner Seminare berichtete eine Frau: »Als ich nach Hause kam, schlief mein Mann schon. Ich weckte ihn auf und wir schliefen miteinander. Als ich einen Orgasmus hatte, rief er aus: ›Weiße Sterne wie die Milchstraße schießen aus meinem Kopf hervor!‹ Er ist ein ganz normaler Mann. Er hat nie was von Chakras gehört, doch in dem Moment befand er sich in einem Zustand absoluter Glückseligkeit.« Eine solche Reaktion auf Ihr intuitives Wachstum ist die Art von positivem Resultat, von dem ich hier spreche.

Während des Liebesakts manifestiert sich Energie auf verschiedene Weise. Sie kann durch die Augen ausgestrahlt werden; die Sinnlichkeit, mit der Sie jemanden anschauen, überbrückt ganze Räume und versetzt den Empfänger in Erregung. Außerdem können Gefühle freigesetzt werden, wenn Energie emporsteigt; es ist natürlich, sie zu fühlen, während sich Ihr Herz öffnet. Manchmal führt dies zu Verlegenheit, Unbehagen. Viele Männer haben mir gesagt: »Wenn wir uns lieben, fängt meine Frau oft an zu weinen. Ich fühle mich hilflos, als hätte ich etwas falsch gemacht. Ich möchte das Richtige tun, doch weiß ich nicht, was es ist.« Merken Sie sich für die Zukunft: Weinen oder auch Lachen ist sowohl für Männer als für Frauen im Allgemeinen ein energetisches Loslassen, ein Indikator für Leidenschaft, nicht etwas, das korrigiert werden muss.

Bitten Sie Ihren Partner, Ihnen dies zu bestätigen, damit Sie beruhigt sein können. Sofern er oder sie nicht etwas anderes sagt, gibt es nichts, was »zu tun« ist als mitzufließen.

Der Liebesakt selbst verändert die gesamte Qualität der Energie, die Sie ausstrahlen. In seinem Buch *Sexus* beschreibt Henry Miller das aufregende Phänomen von Frauen, die sich besonders dann zu ihm hingezogen fühlten, wenn er mit einer Geliebten zusammen gewesen war, so als spürten sie in ihm etwas Anderes, Bezwingendes. Diese Erfahrung haben viele Menschen gemacht. Sowohl männliche als auch weibliche Patienten haben geschworen: »Ich ziehe mehr Menschen an, wenn ich verliebt bin.« Wenn Sie sexuell aktiv sind, wachen Ihre Chakras auf. Gewöhnen Sie sich daran, die Veränderung in sich selbst zu spüren; achten Sie auf die Reaktion der anderen. Seien Sie sich der Vibrationen bewusst, die Sie ausstrahlen.

Obwohl jeder sexuelle Energie in sich trägt, ist sie nicht nur den Menschen zu Eigen – auch in der Natur ist sie präsent. Mit diesem Gedanken im Kopf können Sie die energetische Wirkung von Tantra innovativ anwenden. Das nächste Mal, wenn Sie ans Meer oder in den Wald gehen, setzen Sie sich still hin; versuchen Sie die Vitalität dieser Orte in all Ihren Chakren zu spüren, wobei Sie Ihre besondere Aufmerksamkeit auf das erste und zweite Chakra richten. Hören Sie, wie die Natur durch Energie zu Ihnen spricht. Die erste Kommunikation dieser Art widerfuhr mir völlig unerwartet.

Ich war wegen eines Frauenseminars über Spiritualität 1986 an die Nordküste von Kauai, einer der hawaiischen Inseln, gekommen. Vor Beginn der drei Tage des Schweigens und Fastens wanderte ich durch einen tropischen Wald zum Ozean, als die Sonne unterging. Während ein leichter Wind mein kurzes Baumwollkleid durchwehte, lehnte ich mich an den Stamm eines duftenden Plumeriabaums. Mit dem Gefühl der feuchten, weichen Luft, die meine Haut streichelte, sah ich gebannt zu, wie der Wind die Blätter flattern ließ; ihre munteren Bewegungen schienen mir etwas gestikulieren zu wollen. Ich begann mich sexuell erregt zu fühlen. Der Wind, was machte er mit mir? Zu meinem Erstaunen spürte ich, wie er Hitzewellen durch die Rinde des Baumes in meinen Körper pulsierte, die von meiner Wirbelsäule bis in meine Kopfhaut schossen. Ich presste meinen Rücken gegen den Baumstamm und befürchtete, dass das, was hier geschah, aufhören würde, wenn ich mich bewegen oder versuchen würde, es zu analysieren. Dieses Mal, Gott sei Dank, kooperierte mein Verstand und vergaß das Analysieren. Die erotische Energie steigerte sich, bis mein ganzer Körper in einem tiefen Orgasmus explodierte.

Dieser Sonnenuntergang in Kauai war meine erste Begegnung mit den ekstatischen Kräften der Natur. Im Laufe der Jahre ist mir klar geworden, dass das Luftelement mein persönlicher Berührungspunkt mit der Sinnlichkeit der Natur ist. Heute zaubert selbst der kleinste Windhauch ein Lächeln auf mein Gesicht und lässt meine Sexualität erwachen. Das erkenne ich daran, wie mein Körper reagiert. Ich weiß es – selbst wenn es weit hergeholt erscheinen mag –, weil ich mir selbst die Erlaubnis gegeben habe hinzuhören. Oft stimme ich mich absichtlich auf den Wind ein, um meine Sinnlichkeit zu nähren. Ich beobachte ihn, spüre ihn, lasse ihn in meinen Körper hinein. Wind hat die Qualität menschlicher Berührung, doch in einer ausgeprägteren Form. Vor meinem Erlebnis in Kauai war ich immer auf einen Mann angewiesen, um meine erotische Seite zu entfachen. Wenn ich keine Beziehung hatte, fühlte ich mich weniger weiblich, beinahe als Frau unsichtbar. Die Feststellung, dass Sexualität ihren Ursprung in mir selbst hat und in der Natur, war eine lebensverändernde Erfahrung für mich.

Das hört sich unwahrscheinlich an? Denken Sie an Dinge, die Ihnen Freude bereiten – schmelzende Butter auf frischem, warmem Brot, der Duft einer Rose, das Leuchten des Abendsterns. Wir alle erkennen solche greifbaren Schönheiten, unterschätzen dabei jedoch ihre Wirkung. Ein Marathonläufer, den ich kenne, schnaubte verächtlich, als ich andeutete, dass ihm seine täglichen Meilen – im Morgengrauen, eine frische Brise im Gesicht, das T-Shirt an seinem Körper klebend – eine sinnliche Ausdruckskraft geben! Warum das Wunderbare verleugnen? So wie ich, können auch Sie das Element finden – Luft, Feuer, Wasser oder Erde –, das Ihnen am meisten entspricht.

Setzen Sie sich zum Beispiel neben ein prasselndes Lagerfeuer oder vor Ihren offenen Kamin zu Hause. Atmen Sie ein paarmal ruhig ein und aus. Zentrieren Sie sich. Verlieren Sie sich in den Flammen. Bleiben Sie sexuell empfänglich; konzentrieren Sie sich auf Ihr erstes und zweites Chakra. Achten Sie darauf, ob das Feuer sie aktiviert. Vibrieren sie? Werden sie warm? Lebendiger? Vielleicht sogar orgasmisch? Wenn ja, werden Sie es wissen. Es ist gut so. Nichts Befremdliches findet hier statt, nur eine andere Möglichkeit sexuellen Genusses. Experimentieren Sie in ähnlicher Weise mit den anderen Elementen. Testen Sie das Wasserelement aus: Gehen Sie nackt ins Meer oder in einen Swimmingpool. Es gibt nur noch Sie und das Wasser. Wie fühlen sich Ihre Chakras an? Als Nächstes prüfen Sie das Erdelement. Legen Sie sich nackt ins Gras, gehen Sie barfuß, umarmen Sie einen Baum. Saugen Sie die Energie der Erde in sich hinein. Dann gehen Sie zum Wind über. Lassen Sie sich von ihm umwehen. Ist Ihr Körper aufgewühlt? Letztlich ist *das* Element für Sie das richtige, auf das Sie am stärksten reagieren. Sie können sich ihm hingeben, wann immer es Ihnen gefällt. Erzählen Sie niemandem etwas davon, es sei denn, Sie möchten es unbedingt. Machen Sie es zu Ihrem ganz persönlichen Geheimnis.

Sie können also sehen, dass Energie viel mit Sexualität zu tun hat. Ermitteln Sie ruhig jenseits dessen, was ich hier beschrieben habe; begeben Sie sich furchtlos in jungfräuliches Territorium. Und bald werden Sie erstaunt feststellen, wie viele sexuelle Möglichkeiten Ihnen bisher entgangen sind. Erotische Gelegenheiten, die mit Energie zu tun haben, präsentieren sich von allein. Die normale Sichtweise ist nicht ausgerüstet dafür, Sie auf dieses Abenteuer zu schicken. Intuition kann und wird es tun.

Vierter Schritt. Bitten Sie um innere Führung!

Es ist eine kalte Winternacht in einem von Kerzenlicht erhellten Loft in New York City. Ich gehöre zu einem spirituellen Kreis von zehn Frauen, die sich regelmäßig treffen. Wir sind eine bunte Mischung, einschließlich einer Regisseurin von erotischen Filmen, einer Sextherapeutin, der Herausgeberin eines Magazins und einer Grundstücksmaklerin. Wir nennen uns die Göttinnen – um uns zu inspirieren, uns an unsere innere Weisheit zu erinnern, die so leicht von einer auf Äußerlichkeiten fixierten Welt übertönt wird. Stille erfüllt den Raum. Wir halten uns an den Händen und lassen unsere Kräfte zusammenfließen. Eine Stromwelle durchpulst uns. Wir lassen unsere Körper von ihr energetisieren und benutzen sie, um unsere Intuition zu verstärken. In diesem sensibilisierten Zustand *sehen* wir Lösungen für uns selbst und für die anderen. Ein wenig intuitive Hilfe Ihrer Freunde wirkt oft Wunder.

Flackerndes Kerzenlicht erhellt sanft die Gesichter der Frauen. Nacheinander erzählt jede Frau in unserem Kreis von einem Problem, das wir gemeinsam lösen wollen – in einem gebetähnlichen Aufrufen. Es ist keine Überraschung: Den ersten Platz auf der Liste nehmen oft Liebe und Sex ein. Einige der Fragen an diesem Abend waren: »Wie kann ich dafür sorgen, dass mein Mann mich versteht?«, »Was kann ich tun, um wieder ein Sexleben zu haben?«, »Was hält mich davon ab, eine engagierte Geliebte zu werden?« Unsere kollektive Absicht bringt Wunder zustande. Die Gruppe erhält Ergebnisse, die alleine unerreichbar scheinen, aber durch die kombinierte Macht der Ehrlichkeit, die Würde des Bittens um Hilfe, das Anrufen einer spirituellen Kraft um Intervention und unsere Intuition ist dies möglich.

Unterstützung dieser Art durch eine liebevolle Gruppe kann für Frauen genauso wie für Männer innere Führung intensivieren. Manchmal bleiben Menschen zu sehr mit einem Problem verhaftet und sehen nicht, wie gut es wäre, wenn sie andere Menschen um Hilfe bitten würden. Natürlich, wenn es um Liebe geht, müssen Sie erst in Ihrem eigenen Innern nachschauen. Doch es gibt Zeiten, in denen wir von Sehnsucht oder Emotion geblendet sind und eine Gruppe genau richtig für unsere Probleme ist. In unserer Kultur ist der geheimnisvolle Nimbus des Dorffeuers verloren gegangen. Die Zusammenkünfte unserer Vorfahren können auch uns heute zum Aufwachen verhelfen. Versuchen Sie es. Initiieren Sie selbst eine solche Gruppe. Eine intuitive Reise fördert das Stiften von Frieden, ein seelenvolles Zusammenkommen, während das Vertrauen stärker wird. Diese Gruppen können groß oder klein sein, männlich, weiblich oder gemischt. Wählen Sie für sich aus, was sich am besten anfühlt.

Innere Führung in erotischen Angelegenheiten ist unbedingt erforderlich. Zum einen gibt es die Art und Weise, wie sich Ihr Partner präsentiert, und dann, was er in seinem Innern fühlt. Manchmal stimmen diese beiden Bereiche nicht überein, was zu Verwirrung führen kann. Eine von mir benutzte Methode, einen Partner besser zu

»lesen«, ist Psychometrie, eine Technik, bei der Sie ein Objekt in der Hand halten, das dem anderen gehört – beispielsweise einen Schlüsselbund oder ein Kleidungsstück –, und sehen, welche Bilder oder inneres Wissen sich melden.

Ich empfahl meinem Patienten Brad, es mit der Psychometrie zu versuchen. Normalerweise hatten er und seine Frau eine ausgezeichnete sexuelle Kommunikation. Doch hinsichtlich der letzten paar Monate sagte er: »Wenn wir uns lieben, scheint sie ganz woanders zu sein. Sie tut zwar so als ob, doch ist sie nicht mit dem Herzen dabei.« Alle möglichen Ängste tauchten auf. Fühlte sie sich nicht mehr länger zu ihm hingezogen? Hatte sie vielleicht eine Affäre? Brad hatte mit ihr darüber gesprochen, wie distanziert sie war, doch nichts damit erreicht. Ich schlug vor: »Wenn Sie meditieren, halten Sie eines der Lieblingsobjekte Ihrer Frau in der Hand. Stellen Sie eine Frage, wie zum Beispiel: ›Was fühlt sie?‹ Achten Sie während der nächsten Minuten auf irgendwelche Intuitionen.« Also setzte sich Brad eines Nachmittags hin und stimmte sich entspannt auf ein antikes Perlenarmband ein, das seiner Frau sehr kostbar war. Folgendes kam dabei zum Vorschein. Eine Erinnerung, nämlich die Beerdigung ihrer Mutter, an der sie genau vor einem Jahr teilgenommen hatten. Eine Stimme: »Ich habe Angst, so wie meine Mutter Eileiterkrebs zu bekommen.« Das Wissen, körperliche Liebe verstärke diese Angst.

Das Armband mit der Energie seiner Frau enthüllte Brad den Grund ihres Problems. Wie zärtlich er von nun an mit ihr sein konnte – anstatt sich von seiner Angst vor ihrer Zurückweisung leiten zu lassen. Langsam, aber sicher begannen sie, über ihre Schwierigkeiten zu sprechen. Nach kurzer Zeit war sie beim Lieben mehr präsent als jemals zuvor.

Auch »leblose« Objekte haben ein intuitives Leben. Energie überträgt sich auf das, was wir berühren, was wir lieben. Diese Information kann erfahren werden, wenn wir respektvoll darum bitten. Alle physischen Dinge haben einen Geist, eine spirituelle Dimension. Sie haben Stimmen, sogar Augen und Ohren; sie können Ihnen Informationen über andere Menschen vermitteln. Benutzen Sie Psychometrie, um Ihre Liebsten besser zu verstehen. Sie müssen sich dabei nicht albern vorkommen. Die Geheimnisse des Universums können im winzigsten Kieselsteinchen gefunden werden, wenn Sie wissen, wie Sie danach suchen müssen.

Wissenschaft ist nur dann Fiktion, wenn wir sie nicht verstehen. Psychometrie hat auch noch andere Aufgaben. Sie erlaubt Ihnen, sich auf einen Partner einzustimmen, unabhängig davon, ob er sich am selben Ort aufhält oder nicht. Viele Jahre lang hatte ich eine Liebesbeziehung mit einem Mann in New York. Zu oft waren wir durch einen ganzen Kontinent getrennt. Einmal gab er mir zu Weihnachten einen kostbaren karierten Kaschmirschal, der ihm gehört hatte. Ich trug den Schal den ganzen Winter über und liebte es, ihn um meinen Körper zu wickeln, um mich meinem Geliebten näher zu fühlen. Ich schenkte ihm eine kleine Keramikdose, die mir gehört hatte. Diese beiden Objekte besaßen eine besondere Bedeutung für uns.

An manchen Abenden wählten wir eine gemeinsame Zeit aus, diese Objekte zu halten und einander zu spüren. Dann praktizierten wir auf diese große Entfernung Liebe. Damit meine ich, dass wir beide unsere Energie über Tausende von Meilen projizierten. Er dachte an mich; ich dachte an ihn. Dann visualisierten wir, wie sich unsere Körper vereinigten. Die Geschenke, die wir einander gegeben hatten, funktionierten als erotische Zielsuchgeräte und schienen unsere Energie zu übertragen. Es ist unglaublich, was Sie alles fühlen können. Etwas umhüllte mich wie eine warme kribbelnde Decke. Unsere Gerüche, unser Geschmack, unsere Sehnsüchte waren voll da. Es war keine Fantasie, sondern wirklicher Kontakt. Wir blieben auf diese Weise in sinnlichem Kontakt miteinander, anders als die normale Art, aber durchaus befriedigend. Wenn Sie und Ihr Geliebter getrennt sind, prüfen Sie, was Psychometrie für Sie tun kann. Sie schafft eine Verbindung, die Raum und Zeit transzendiert.

Wir haben die Fähigkeit, eine erotische Wirkung auf Menschen auszuüben, ohne miteinander zu reden oder einander zu berühren. Sexuelle Gedanken können intuitiv übermittelt werden. Das erinnert mich an eine fantastische Szene in dem Film *Cocoon*. Ein Mann und eine Frau befinden sich an den gegenüberliegenden Seiten eines Swimmingpools und flirten miteinander. Sie ist Antarierin, eine Außerirdische. »Wie drücken Antarier Zuneigung aus?«, erkundigt sich der Mann verschämt. Lächelnd sendet sie einen goldenen Lichtball aus, der durch den Raum fliegt und dann orgasmisch in seinem Körper schmilzt.

Dies sind neue Möglichkeiten für ein neues Zeitalter. Ich möchte, dass Sie diese Möglichkeiten überprüfen und nicht vorschnell abtun. All dies geschieht natürlich mit dem Geist der Liebe und der Entdeckung. Ist Ihnen bewusst, dass wir mit bloßem Auge den Nachthimmel betrachten und 2,24 Milliarden Lichtjahre weit sehen können, und mit einem Teleskop fast siebenmal so weit? Unsere Sehkapazität umfasst eine unfassbar große Entfernung. Denken Sie nicht über das nach, was nicht getan werden kann, sondern stellen Sie sich das vor, was möglich ist, innen, außen und jenseits davon.

Fünfter Schritt. Hören Sie auf Ihre Träume!

Ich werde Ihnen ein paar Träume über erotisches Erwachen erzählen und wie man damit arbeiten kann. Vergessen Sie nicht, wenn Sie Rat in sexuellen Angelegenheiten erhalten wollen, müssen Sie einfach nur danach fragen. Bevor Sie einschlafen, benutzen Sie diese geheimen Kennworte: »Bitte zeigt mir, wie ich wachsen kann und wo ich unsicher bin.« Stellen Sie diese Frage so lange, bis Sie eine Antwort bekommen – Sesam öffne dich: Träume werden sich die aufschlussreichsten sexuellen Szenarios ausdenken, in denen Sie der Star sind. Mindestens eine Woche lang sollten Sie diese Träume am Morgen aufschreiben. Schauen Sie, was passiert. Warten Sie nicht einfach auf Träume, die ungebeten kommen. Gewöhnen Sie sich daran, der Initiator zu sein. Überlegen Sie sich Ihre Bitten und Fragen genau.

Meine Patientin Ruth, mit 30 Jahren eine erfolgreiche Marketingleiterin, wollte sich sexuell fallen lassen, konnte es aber nicht. In der Therapie gab sie zu: »Ich bin wütend auf die Männer. Es ist schwer für mich, ihnen zu vertrauen.« Dieses Gefühl war auf die Wutanfälle ihres Vaters zurückzuführen, die sie als Kind miterlebt hatte. Um sich zu schützen, erweckte sie ungewollt den Eindruck, als sei sie eiskalt, distanziert – selbst bei ihrem Freund. Vor allem bei der körperlichen Liebe fühlte er sich ausgeschlossen. Ruth wollte, dass sie einander näher kamen, doch sie hatte das Gefühl, festgefahren zu sein. Zur Ergänzung unserer psychologischen Arbeit wandte sie sich an ihre Träume: »Wie kann ich emotional und sexuell zugänglicher werden?« Kurz danach erhielt sie folgende Antwort:

Ein gut aussehender, elegant gekleideter Ägypter von ungefähr 50 Jahren kommt auf mich zu. Ganz entgegen meiner sonstigen Gewohnheit vertraue ich ihm sofort, spüre, dass wir einander schon ewig kennen. Mit warmer Stimme sagt er: »Ich möchte dich etwas über Sexualität lehren.« Ich bin überrascht, dass ich mich dem nicht widersetze. Seine Mischung aus Sanftheit und Stärke ist beruhigend. Dann reicht er mir eine goldene Flüssigkeit zum Trinken. Ohne zu zögern, trinke ich sie aus – sie schmeckt süß, erfrischend. Plötzlich ist mein Unterleib von sexuellen Gefühlen durchpulst. Während die Flüssigkeit ihre Wirkung tut, wird mein Körper immer heißer. Ich bin bezaubert von der sanften Schönheit seines Gesichts und spüre, wie seine Männlichkeit mich öffnet. Er zwinkert mir anerkennend zu. Ich bin von Dankbarkeit erfüllt.

Wer war Ruths exotischer Besucher? Entsprechend der ägyptischen Mythologie wird männliche Energie durch den Sonnengott Ra verkörpert, dem Schöpfer der Welt und von allem, was »ins Leben gerufen wird«. Es ist nicht die verzerrte Männlichkeit ihres wütenden Vaters, sondern eine reife, kraftvolle Essenz. Die Sonne zu trinken – die goldene Flüssigkeit (eine ihrer Assoziationen war Sperma), von einer männlichen Hand dargeboten –, nährte im Traum ihre Sexualität. Zuweilen muss man zu den archetypischen Wurzeln der Erotik zurückkehren, um zu wissen, was hier und jetzt getan werden kann. Obwohl sich Ruth nicht mit ägyptischen Überlieferungen auskannte, rief ihr Traum einen mythischen Führer an, auf den sie reagierte. Das Männliche war ihr vorher nie so schmackhaft erschienen. Jetzt hatte Ruth ein gesünderes Modell, nach dem sie sich richten konnte. Mit ihrem Freund konnte sie von nun an auf eine solche Vereinigung hinarbeiten und die Sicherheit darin erkennen.

Die Spezialität von Träumen ist das Erwecken, das sich einstellt, wenn Sie sagen: »Ich habe Angst vor Intimität«, oder: »Ich fühle mich nicht sexy, habe mich noch nie sexy gefühlt.« Träume können Ihnen Kraft geben, wenn Sie es zulassen. Das bedeuet nicht, dass Sie keine Zweifel mehr haben werden. Alles, was von Ihnen gefordert wird, ist eine von Herzen kommende Frage oder Bitte. Kosmische Ohren stellen sich auf. Universen werden hinhören.

Seit einigen Jahren fühle ich mich mit meiner Sexualität

zunehmend wohler und bin mehr denn je in der Lage, sie mit einem Mann zu teilen. Positive Veränderungen passieren tatsächlich. Ein Traum erklärte das folgendermaßen:

Ich bin Gast auf einer Hochzeit. Alles ist von ausgezeichneter Qualität. Ein guter Freund des Hochzeitspaares informiert mich: »Jeder Teil des Körpers hat in Bezug auf die Ehe Bedeutung.« Er fragt: »Was ist dein liebster Körperteil?« »Die babyweiche Unterseite des Unterarms«, erwidere ich. »Was symbolisiert sie?« Ein Strahlen geht über sein Gesicht und er antwortet: »Ein inneres Leben.« Ich bin überrascht und erfreut, dass ich ein inneres Leben mit Ehe in Verbindung bringe.

In der Vergangenheit bestand meine größte Befürchtung im Hinblick auf eine sexuell intime Beziehung darin, mein inneres Leben opfern zu müssen. Ich hatte Angst, dass die »Allein-Zeit«, die ich brauche, der stetige interne Fokus, der mich erfrischt, nicht mehr möglich wäre. Ich wusste nicht, wie ich diese Bedürfnisse in der Beziehung mit einem Mann durchsetzen und sie zu einer Priorität machen konnte. Stattdessen stürzte ich mich voll in unsere sexuelle Verbindung, verlor jedoch einen anderen wichtigen Teil meiner selbst. Das ging jedes Mal unweigerlich ins Auge. Der einzige Weg, wie ich glaubte, mein inneres Leben wiedererlangen zu können, bestand darin, die Beziehung zu beenden. Heute ist das nicht mehr so. Glücklicherweise habe ich erkannt, dass sexuelle Leidenschaft und ein inneres Leben gleichzeitig existieren können. Wie mir in meinem Traum aufgezeigt wurde, ist es möglich, ein Gleichgewicht zwischen diesen Kräften zu schaffen.

Träume helfen Ihnen, alles zu beseitigen, was Ihren Geist abwürgt, einschließlich sexueller Routine. Vielleicht wissen Sie nicht, wie Sie in einer Beziehung Leidenschaft neu entfachen können, vielleicht glauben Sie sogar, dass es Ihnen unmöglich ist, doch Träume können es Ihnen zeigen.

Meine Patienten John und Pam hatten das sexuelle Feuer in ihrer Ehe verloren. 25 Jahre lang war es ihnen das Wichtigste gewesen, ihre drei Kinder großzuziehen, wobei sie immer noch sehr verliebt ineinander waren. Jetzt, wo die Kinder ausgezogen waren, bot sich ihnen die Gelegenheit, ihr Sexleben aufzufrischen. Johns Traum bot den Anlass dazu:

Ich sehe einen konservativ aussehenden Mann in einem dreiteiligen Anzug, der in einem kleinbürgerlichen Reihenhaus eingesperrt ist. Verzweifelt kämpft er darum, sich zu befreien, doch die Türen und Fenster sind zugenagelt. Ich kann seine Panik fühlen, sexuelle Frustration ist ein Teil davon. Ich bemerke, dass der Mann eine Erektion hat. Er versucht sie zu verbergen, doch weiß ich, dass sie da ist.

Sigmund Freud wies darauf hin, dass eine Möglichkeit, Träume zu interpretieren, darin besteht, alle Charaktere als Aspekte der eigenen Persönlichkeit zu sehen. Johns sexuelle Konflikte wurden dramatisiert, damit er sie besser beobachten konnte. »Es widerstrebt mir, meiner Frau von diesem Traum zu erzählen«, sagte er. »Es ist schon so lange her. Was ist, wenn unser Sexleben sich als nicht reparabel herausstellt?« Können Sie sich vorstellen, wie seine Beziehung weitergegangen wäre, wenn er seine Gefühle verborgen hätte? Viele Menschen tun in ähnlichen Situationen aus Angst genau das, was zum Schwinden ihrer Lebenskraft führt. Das sagte ich John und drängte ihn: »Seien Sie ehrlich. Teilen Sie Ihrer Frau behutsam Ihre Bedürfnisse mit. Vertrauen Sie der Liebe zwischen Ihnen.« Das tat er; seine respektvolle Annäherung an dieses Thema ermöglichte es seiner Frau, ihn anzuhören. Allmählich veränderte sich ihr Sexleben. Das Entscheidende war, dass ich sie mit Tantra bekannt gemacht hatte. Ein ganz normales Ehepaar praktizierte also nun Tantra, uralte Lektionen für das heutige Leben. Jeder kann Tantra betreiben. Ich glaube, dass Johns Traum – und seine Bereitschaft, entsprechend zu handeln – seine Ehe gerettet hat. Egal, wie viele Jahre es in einer Beziehung keine Erotik gegeben hat, wenn Liebe da ist, kann die Sexualität wieder geweckt werden.

Einige einander treu ergebene Paare, mit denen ich arbeite, haben ihre Träume auf eine andere Ebene gebracht. Während die gegenseitige Intuition reift, kann es geschehen, dass die Partner sich im Traum sexuell begegnen. Unsere sinnliche Geografie, die Bereiche unserer erotischen Erlebnismöglichkeiten können erweitert werden. Betrachten Sie es als ein Traumrendezvous. Aufbauend auf dem, was Sie bereits gelernt haben, handelt es sich hierbei um eine verfeinerte Angleichung des intuitiven Fokus. Sie eignet sich für Paare, die ein enges Verhältnis haben und bereit sind, spielerisch miteinander umzugehen und die tantrischen Übungen zu praktizieren.

Falls Sie diese Traumübung interessiert, müssen Sie Folgendes tun: Bevor Sie beide einschlafen, legen Sie Ihre Absicht fest und sagen innerlich: »Lass uns in Träumen zusammen sein und Liebe machen.« Küssen Sie sich und schlafen Sie ein. Vergleichen Sie am nächsten Morgen Ihre Träume. Haben Sie einander gesehen? Wenn ja, wunderbar. Das erste Ziel besteht darin, sich einfach zu begegnen. Doch war da noch mehr? Haben Sie miteinander gesprochen? Was wurde gesagt? Ging die Interaktion weiter und wurde sexueller Natur? Machen Sie sich keine Sorgen, wenn dies alles nicht auf Anhieb klappt. Gewöhnen Sie sich langsam an die Idee, sich in Träumen zu begegnen. Im Laufe der Zeit kann dies zum Liebesakt im Traum führen – überaus befriedigend, weit über den Traum hinausgehend. Achten Sie besonders auf Träume, in denen Führer erscheinen. Hören Sie auf erotische Instruktionen, die Ihnen gegeben werden: Stellungen, Verhalten, Technik.

Sachkenntnis aus dem Bereich der Träume kann sich äußerst positiv auf den Bereich des Wachzustands auswirken. Nutzen Sie sie.

Wenn Sexualität zu einer spirituellen Suche wird, tritt eine Evolution ein. *Evolution* bedeutet »eine kontinuierliche Veränderung von einem einfacheren zu einem höheren oder besseren Zustand«. Und diese Entwicklung geschieht mithilfe von Bewusstsein und Intuition. Dann kann Sex als physisches Vergnügen betrachtet werden und als Energie, als Licht. Das Problem bei dem noch nicht erwachten Auge besteht darin, dass ihm so viel entgeht. Ich hoffe, dass Sie nicht wollen, dass Ihnen auch nur das Geringste entgeht. Unabhängig von Ihrer Geschichte oder Ihren Vorstellungen in Bezug auf Ihre Limitierungen ist es an der Zeit, den nächsten Schritt zu tun.

Wir müssen höher entwickelte sexuelle Vorbilder schaffen, Frauen, die ihre Körper lieben und diese Liebe an ihre Töchter weitergeben können, Männer, die intuitiv, erotisch und stark sind und damit ihren Söhnen Vorbilder sein können. Wenn wir die Veränderung, nach der wir uns sehnen, nicht herbeiführen, wer wird es dann tun? *Nichts* ist überzeugender, als die eigenen Ansichten zu leben; ein Dasein zu führen, das auf der Freude beruht, die Sie entdeckt haben und die Sie ausstrahlen. Kinder sind nicht dumm. Sie können das Unechte vom Echten unterscheiden. Wenn Sie ein authentisches Leben führen – sexuell und in jedem anderen Bereich –, haben Ihre Kinder ein Vorbild, dem sie nacheifern können. Generationen werden diese Impulse weiterführen und das verfeinern, was Sie begonnen haben. Auf diese Art und Weise entwickelt sich die Menschheit weiter.

Sexuelles Erwachen setzt voraus, dass wir unsere männlichen und weiblichen Aspekte ins Gleichgewicht bringen. Wenn ein Mann glaubt, ein Macho sein zu müssen, oder befürchtet, Verletzbarkeit würde ihn schwächen, dann bringt dies sein Gleichgewicht durcheinander. Ähnlich verhält es sich, wenn eine Frau meint, sie müsse ihre Intuition unterdrücken, damit sie die Männer nicht abschreckt; eine Art Sterben findet dann statt. Erwachen hat etwas damit zu tun, dass wir unsere Multidimensionalität entdecken, anstatt uns sexuell zu polarisieren. Es ist nicht so, dass Männer stärker als Frauen oder Frauen stärker als Männer sind. Wahre Kraft kommt aus der Integration beider Qualitäten.

Ich war begeistert von einem Artikel, den ich kürzlich in der *Los Angeles Times* gelesen habe und in dem es um eine kleine Insel an der Küste von China ging, die völlig von Frauen regiert wird. Stereotypische Rollen sind umgekehrt – Männer verrichten untergeordnete Tätigkeiten, den Frauen obliegen alle wichtigen Entscheidungen. Frauen nehmen sich Liebhaber, doch haben sie kein Bedürfnis zu heiraten, da sie ihre Unabhängigkeit bewahren wollen. Als eine Frau gefragt wurde: »Was halten Sie von den Männern?«, gab sie zu: »Um ehrlich zu sein, wir mögen sie nicht sehr.« Ich kann Ihnen gar nicht sagen, wie viele meiner Freundinnen und Patientinnen diesen Artikel – genau wie ich – gelesen, ausgeschnitten und aufbewahrt haben. Warum? Wie könnten wir nicht die Generationen von Frauen spüren, die im Laufe der Geschichte verfolgt, zum Schweigen gebracht oder in die Schande getrieben wurden und die jetzt durch jede einzelne von uns jubelten? Weiblichen Einfluss auszuüben hat definitiv seinen Reiz. Doch die Verhältnisse auf dieser Insel sind letzten Endes auch nicht die Lösung. Sie sorgen nur auf andere Art für eine tödliche Trennung in unserem Inneren – für Männer wie für Frauen –, die das Gegenteil sexueller Ganzheit darstellt. Die Art von Welt, die ich gerne sehen würde, zelebriert das Männliche und Weibliche in uns allen.

10

Eine Rückkehr zu den Anfängen

Er betrachtete seine Seele durch ein Teleskop.
Alles, was unregelmäßig erschien … erkannte er als herrliche Konstellationen … verborgene Welten innerhalb von Welten.

Samuel Taylor Coleridge

Es war der Sommer des Jahres 1965, mein erstes Jahr auf der Highschool. Ich war 14 Jahre alt und zum ersten Mal verliebt. Andys Augen waren kobaltblau. Ich werde nie vergessen, wie sie wie das Meer strahlten, wenn er in Malibu surfte, und ich ihn hinterher umarmte, salzig und nass beim Sonnenaufgang am Strand. Und die Liebesbriefe, die er schrieb – ich versteckte ein ganzes Bündel davon an einer heimlichen Stelle im Badezimmer unter einem Regal voller Handtücher, damit meine Mutter sie nicht finden konnte. Ich las jedes einzelne Wort wieder und wieder. Obwohl wir nie »bis zum Äußersten« gegangen sind, erblühte meine Sexualität mit ihm. Während jener zwei Jahre (eine Ewigkeit für einen Teenager) war Andy mein ein und alles.

Doch eines Tages erwischte ich ihn – ohne jede Vorwarnung –, wie er ein anderes Mädchen küsste – das begehrteste Mädchen in der ganzen Schule. Da waren sie, auf dem Rücksitz ihres brandneuen Camarro und trieben es miteinander. Es war ihnen egal, ob ich sehen konnte, was sie taten, und sie wussten, dass ich es sah. Etwas in mir zerbrach. Ich fühlte einen tiefen Schmerz, dann eine schreckliche Gefühllosigkeit. Ich wollte weinen, doch es kamen keine Tränen.

Es war so still im Haus, als ich die Treppe hinauf zum

Medizinschrank meiner Mutter ging. Wie hypnotisiert griff ich nach den Schlaftabletten. Ich schüttete ihren Inhalt auf meine Handfläche. Alles um mich herum erschien mir unwirklich. Ich sah mir zu, wie ich die Pillen schluckte. Innerhalb von Minuten spürte ich, wie die Dunkelheit mich zu überwältigen begann. Sie schmeckte süß, wie Schokolade. Doch plötzlich brach ein Lichtschein durch. Eine Stimme in meinem Inneren schrie: »Nein! Ich will nicht sterben!« In diesem Augenblick war ich mir dessen völlig sicher. Sofort lief ich zu meiner Mutter und gestand ihr, was ich getan hatte. Zu Tode erschrocken brachte sie mich umgehend in die Notaufnahme des Krankenhauses, damit mir der Magen ausgepumpt wurde.

Gott sei Dank ging es mir körperlich wieder gut. Aber es dauerte Jahre, bis ich mich emotional vollständig erholt hatte und in der Lage war, ein authentisches und stabiles Gefühl innerer Festigkeit zu erlangen. Andy rief mich nie an, machte sich nie die Mühe, mir die Situation zu erklären. Er brauchte zwei Jahrzehnte, um sich wieder bei mir zu melden. Als wir uns schließlich in einem Café auf einen Tee trafen, konnte ich ihn endlich fragen: »Warum?« Natürlich genoss ich seine Antwort: »Es war der schlimmste Fehler meines Lebens«, und: »Ich tat es aus Egoismus, weil ich ›beliebt‹ sein wollte.« Das war die Logik eines Teenagers, wie mir klar wurde. Dennoch beeinflusste dieser frühe Betrug alle meine weiteren Liebesbeziehungen und sorgte dafür, dass Vertrauen ein besonders delikates Thema für mich war. Letztlich konnte ich mich jedoch glücklich schätzen. Was mit Andy passiert war, hatte mich auf einen Weg der Heilung geschickt. Meine Intuition wuchs, mein Geist wurde stärker und zeigte mir, dass die Liebe alles wert ist, was man für sie erleidet (außer dem Verlust des Lebens). Für mich gibt es kein größeres Geschenk als die Liebe.

Unsere sexuelle Vergangenheit – Traumata genauso wie

herrliche Erlebnisse – wirkt sich auf unsere Gegenwart aus. Frühere Erlebnisse bestimmen den »Ton« in späteren Beziehungen. Jeder Durchbruch und jede Enttäuschung ist in der intuitiven Erinnerung Ihres Körpers gespeichert. Daher ist eine behutsame Rückkehr zu den Anfängen erforderlich. Das Letzte, was Sie wollen, ist ein Phantom, das unkontrolliert in Ihrem Bewusstsein herumirrt. Gespenster aus der Vergangenheit können tyrannisieren, indem sie sich zwischen Sie und Ihren Partner drängen.

Liebe und Sex sind spirituelle Katalysatoren. Je höher der Einsatz, desto mehr kann man verlieren oder gewinnen. Selbst wenn Sie wiederholt Enttäuschungen erlitten haben, betrogen oder sexuell missbraucht worden sind, können Sie die Initiative ergreifen, um zu heilen. Die schwierigsten Erfahrungen können zu Selbstvertrauen und Herzlichkeit führen. Sie haben die Wahl. Sie können Widerstände als Niederlage oder sogar als Bestrafung empfinden – oder, im Namen der Liebe, diese Widerstände überwinden. Nichts geschieht ohne Grund.

Ich bin eine überzeugte Advokatin der »Büchse der Pandora«. Der griechischen Mythologie zufolge war Pandora die erste Frau, die von den Göttern geschaffen wurde und auf die Erde geschickt wurde. Sie konnte der Versuchung nicht widerstehen und schaute in ein verbotenes Gefäß. Zahllose Plagen wurden dadurch in die Welt entlassen – Kummer, Neid, Rache und viele andere. Der Punkt jedoch, der oft übersehen wird, ist der, dass Pandora auch einen weiteren Geist befreit hat: die Hoffnung. Ihr sexuelles Leben unter die Lupe zu nehmen heißt nicht, unnötig alte Wunden aufzureißen; vielmehr geht es darum, Sie davon zu befreien und Ihr Leben voller zu gestalten. Schauen Sie sich Ihre bisherigen sexuellen Erlebnisse mit Mitgefühl an und profitieren Sie von allem, was Sie dabei entdecken. Dann können Sie sich wieder in die Gegenwart begeben und werden mehr Sie selbst sein als zuvor.

Erster Schritt.
Achten Sie auf Ihre Glaubenssätze!

Die Art und Weise, wie Sie sich gegenüber Ihrem Geliebten verhalten, ist unter Umständen eine Widerspiegelung dessen, wie Sie sich in Ihrer Familie verhalten haben. Um eine erfüllende, reiche Sexualität zu haben, müssen Sie sich ehrlich die Generationsmuster Ihrer Familie anschauen. Freud hat einmal gesagt: »Wir sind nie allein im Ehebett.« Das hat sowohl psychologische als auch intuitive Implikationen. Ihre Herkunft hallt in Ihnen wider. Daher ist die Würdigung von Botschaften wichtig, die Ihre Vorfahren Ihnen senden. Einige werden Sie annehmen, andere ablehnen; die Entscheidung liegt bei Ihnen.

Welche Glaubenssätze haben Ihre Eltern in Bezug auf Sexualität? Wie wurden Ihnen diese Überzeugungen vermittelt? Ich weiß noch, wie ich als Teenager in den 70er-Jahren endlich den Mut aufbrachte, meine Mutter über Sex zu befragen, und sie mich abwies: »Dafür ist es noch zu früh«, sagte sie. »Wir werden darüber reden, wenn du 21 bist.« Das war's. Meine Freundinnen lernten die Sexualität kennen, indem wir Geschichten austauschten und auf eigene Faust durch unsere erotischen Initiationen stolperten.

Es ist seltsam: Ich kann mich nicht daran erinnern, in meiner Jugend auch nur ein einziges Mal gehört zu haben, wie meine Eltern Liebe machten. Mein Schlafzimmer lag direkt neben ihrem – wir schliefen Wand an Wand –, und sie haben sich nicht ein einziges Mal durch das leiseste Geräusch verraten. Abgesehen von einem gelegentlichen Kuss auf die Wange ließen sie sich selten vor meinen Augen zu Zeichen körperlicher Zuneigung hinreißen. Jahre später entdeckte ich zu meiner Überraschung, dass sie all die Jahre über ein aktives und befriedigendes Sexleben hatten (wenn auch, von meinem Gesichtspunkt aus, ein lautloses).

Wie Ihre Mutter und Ihr Vater mit Sexualität umgegangen sind, diente Ihnen als Beispiel. Kinder sind wie junge Entlein, die jede Bewegung ihrer Eltern nachahmen. Wenn Ihre Eltern sich in ihren Körpern wohl gefühlt und eine natürliche Sexualität zum Ausdruck gebracht haben, können Sie sich glücklich schätzen. Doch die meisten Menschen haben dieses Glück nicht.

Normalerweise entwickeln sich andere Szenarios. Falsche Einstellungen zur Sexalität werden, manchmal ohne Worte, von einer Generation an die nächste weitergegeben. Ihre Großmutter schämte sich ihres Körpers; sie vermittelte Ihrer Mutter ein negatives Selbstbild, dass diese an Sie weitergab. Wenn Ihr Großvater ein Schürzenjäger war und Ihr Vater es ihm nachmachte, werden Sie unter Umständen dieses Verhalten verinnerlichen und Ihrerseits zum Schürzenjäger. Das gleiche Prinzip liegt der Beibehaltung sexuellen Missbrauchs zugrunde. Familien werden unbewusst darauf programmiert, immer wieder Gewalt auszuüben. Vielleicht empfinden sie ihr Verhalten anders und haben nicht vor, einem anderen Schaden zuzufügen – doch sie tun es trotzdem. Wenn Ihr Vater oder Ihre Mutter Sie emotional oder physisch missbraucht hat, laufen Sie Gefahr, Ihren Ehepartner oder Ihre Kinder ebenfalls zu missbrauchen. Unter Umständen entwickeln Sie ein genaues Gespür dafür, Partner zu finden, die ihrerseits Gewalt anwenden und Missbrauch betreiben. Wenn solche Entwicklungen nicht angesprochen und verändert werden, setzen sie sich endlos fort.

Intuition hebt die Trance auf, in der wir uns oft befinden; sie kann uns zur Flucht aus dem Käfig ererbter und selbst erfahrener Wunden verhelfen. Immer öfter sehe ich, wie Patienten und Freunde sich weigern, destruktive Gefühle auszuleben. Für mich ist dies ein faszinierendes Phänomen, so als ob einzelne Menschen ausgewählt werden, das Schicksal eines ganzen Geschlechts zu verändern. Sie sind die Mutigen unter uns. Sie tun alles, was erforderlich ist – Psychotherapie, Familientherapie, intuitive und spirituelle Arbeit, um den Bann der Vergangenheit zu brechen. Indem Sie Nein zur Gewalt und zur Unterdrückung der sexuellen Energie sagen, die Ihnen eigen ist, heilen Sie sich selbst und zukünftige Generationen. Wenn Ihre Kinder bei Ihnen eine gesunde Sexualität beobachten, werden sie sie nachahmen.

Mütter und Väter sind die Initiatoren sexueller Veränderung. Kinder zu erleben, die entsprechend erzogen wurden, ist eine Freude. Meine Patientin Carrie, eine begabte Dramatikerin, kommt aus einer Familie, die ihr Schuldgefühle hinsichtlich ihrer Sexualität eingeimpft hatte. Während der Therapie arbeitete sie hart an ihrer Heilung, da sie ihrer elfjährigen Tochter nicht die gleiche Botschaft vermitteln wollte. Als Carrie zum ersten Mal meine Statue der Göttin des Mitgefühls – Kuan Yin – sah, ging sie sofort los und besorgte sich ebenfalls eine. Wie ich bereits erklärt habe, repräsentiert Kuan Yin einen sanften Aspekt des Weiblichen; oft ist sie für Frauen, die ihre Sexualität erkunden wollen, ein guter Ausgangspunkt. Auch Carries Tochter gefiel Kuan Yin, und sie erzählte all ihren Freundinnen von ihr. Das ging so weit, dass die ganze Gruppe in ihrer Begeisterung nach Chinatown mitten in Los Angeles fuhr, damit sich jede von ihnen eine kleine Statue kaufen konnte. Das weckte das Interesse der Mädchen, über andere Göttinnen zu lesen. Sie vereinbarten, eine Patchworkdecke zu nähen – wobei jedes Rechteck eine weibliche Qualität darstellte, von der heißblütigen Aphrodite über die wilde Jägerin Diana bis zur gutherzigen Kuan Yin.

Mütter und Töchter diskutierten über die Göttinnen und auch über Sexualität: wie man eine Frau ist, was Weiblichkeit bedeutet, die komplexe Tiefe der weiblichen Seele. (Männer haben entsprechende positive männliche Archetypen, auf die sie sich berufen können, wie beispielsweise den mächtigen Göttervater Zeus, den weisen Salomon und den starken Herkules.) Als ich mir das Foto der Göttinnendecke anschaute, das Carrie mir zeigte, konnte ich ein leises Gefühl von Neid nicht verhindern. Wenn meine Mutter mich auf diese Weise auf mein Frausein vorbereitet hätte – wer weiß? Was ich weiß, ist die Tatsache, dass Mütter und Väter die Voraussetzungen haben, ihre sexuelle Vergangenheit zu heilen und ihren Kindern eine strahlende Vision von Weiblichkeit und Männlichkeit zu vermitteln. Würden wir alle uns so verhalten, wie anders wäre dann die Welt!

Fragen zum Nachdenken

- Folgen Sie in Ihrem Liebesleben immer noch negativen Vorstellungen über Sexualität? Wie können Sie sie loslassen?
- Halten Sie vergangene Verletzungen oder Enttäuschungen davon ab, Zuneigung auszudrücken oder anzunehmen?
- Wie können Sie Kindern und Jugendlichen eine ausgeglichene, optimistische Sexualität zeigen? Was würden Sie genauso oder anders als Ihre Familie machen?

Zweiter Schritt. Nehmen Sie Ihren Körper bewusst wahr!

Als Teenager fühlte ich zum ersten Mal die Macht des Tanzens. Oft schloss ich meine Schlafzimmertür ab, legte Platten von Otis Redding oder den Beach Boys auf, drehte die Lautstärke auf und tanzte vor einem deckenhohen Spiegel, je erotischer, desto besser. Ich beobachtete mich selbst: Mein Körper hatte sich verändert und veränderte sich immer noch. Jeder Tag brachte etwas Neues – ein Gefühl von Kraft, das jüngere Mädchen nicht erleben. Manchmal spielte ich während des Tanzens ein intuitives Spiel. Ich begann mich auf einen Jungen zu konzentrieren, mit dem ich ausgehen wollte, und versuchte, geistig mit ihm Kontakt aufzunehmen. Ich vollzog eine Art von Herbeizaubern. Oft funktionierte es. Ich hatte gerade angefangen, die intuitive Reichweite meiner Sexualität auszuloten.

Die Pubertät ist ein Übergang, der intuitiv und spirituell neu definiert werden muss. Erinnern Sie sich daran, wie sich Ihr Körper während dieses Stadiums angefühlt hat. Zu oft wird die Pubertät von Eltern und Schulkameraden ungeschickt behandelt, was zur Scham anstatt zur Ehrfurcht vor der Sexualität führt. Stattdessen sollten wir unsere wild gewordenen Hormone als Boten des Wunders der romantischen Liebe betrachten. Bei Mädchen wogen die Hormone: Sie entwickeln die Eierstöcke, die Gebärmutter, initiieren die Zyklen der Fruchtbarkeit, Menstruation und Geburt. Bei Jungen wächst der Penis schneller, gleichzeitig verstärken sich die Spermaproduktion und der sexuelle Trieb.

Im Idealfall ist die Pubertät eine Zeit, in der sich Gruppen bilden: Großmütter und Mütter mit ihren Töchtern, Großväter und Väter mit ihren Söhnen. Fragen werden beantwortet, und die Alten reden mit Ehrfurcht über den Körper. Keine niedergeschlagenen Augen, keine rohen Männerwitze, vielmehr eine jubelnde Botschaft: »Ich bin ein liebevoller, sexuell aktiver Mann, eine liebevolle, sexuell aktive Frau. Du kannst es auch sein.«

In unserer Gesellschaft ist dies jedoch nicht die Regel. Obwohl es Pubertätsriten gibt, wie zum Beispiel die Bar Mitzvah oder Bat Mitzvah im jüdischen Glauben oder ihr christliches Gegenstück, die Konfirmation, besteht ihr wichtigstes Ziel darin, das Kind als volles Mitglied der spirituellen Gemeinschaft willkommen zu heißen. Normalerweise gibt es dabei weder sexuelle Handlungen, noch werden Träume und Intuitionen besprochen, wie es bei den Mojave-Indianern üblich ist, oder Dialoge zwischen den Generationen über die Veränderungen des Körpers geführt. (Um die Kraft spendenden Pubertätsrituale der Gegenwart zu erkunden, empfehle ich Ihnen das Buch *The Joy of Family Ritual* von Barbara Biziou.)

Wie vielen heranwachsenden Mädchen, so wurde auch mir nicht viel über Menstruation erzählt. Als ich zum ersten Mal meine Tage bekam, hielt mir meine Mutter einen kurzen Vortrag über Tampons und persönliche Hygiene. Obwohl sie mich unterstützte, vielleicht sogar froh war, machte sie keine Bemerkung über die Bedeutung dieses Vorgangs. Es war mein erster spiritueller Lehrer, Brugh Joy – ein Mann –, der mich in dieser Hinsicht aufklärte. »Nun, Judith, wie ehrst du dein menstruelles Blut?« – »Ehren?«, antwortete ich schockiert. Ich hatte es selten angeschaut, sondern einfach runtergespült. Doch betrachten Sie die Alternative und sehen Sie die Menstruation als etwas Heiliges. Der Mond, die Gezeiten, die Rhythmen der Natur und die wiederkehrende physiologische Vorbereitung einer Frau darauf, Leben in sich heranwachsen zu lassen. Was könnte grundlegender sein? Indem Sie die intuitiven Zwischenverbindungen feststellen, können Sie nicht anders, als das Mysterium des weiblichen Körpers zu ehren. Sie und Ihr Partner werden so einander näher kommen.

Haben Sie zum Beispiel schon einmal bemerkt, dass sich bei Frauen, die nah beieinander leben, ihr Menstruationszyklus intuitiv aufeinander abstimmt? (Dafür verantwortlich sind Pheromone: natürliche, geruchlose chemische Kommunikatoren, auf die Frauen reagieren.) Dieses Muster blieb auch Sigmund Freud nicht unentdeckt. Er ging so weit, eine Tabelle für die Frauen in seinem Haushalt zu erstellen und bei ihnen eine Tendenz zu beobachten, die »affektiv« auf eine gleichzeitige Menstruation »hinzielte«.

Die Biologin Martha McClintock bestätigte diese Feststellung, als sie weibliche Lebensretter untersuchte. Während der Periode verstärkt sich die intuitive Kommunikation zwischen Frauen. Um der Veranlagung einer Frau gegenüber empfindsam sein zu können, müssen Männer um diese Tatsache wissen. Sympathie zwischen den Geschlechtern hängt von solchem Verstehen ab. Und um die Verbundenheit der Frauen untereinander zu maximieren, müssen Frauen dies über sich selbst wissen. Vielleicht möchten auch Sie sich mit anderen zusammentun, um Intuition und gemeinsame Kraft zu fördern.

Obwohl Legenden darauf hinweisen, dass Menstruationsblut früher heilig gewesen ist, hat es in der Geschichte meistens Verachtung hervorgerufen, Aberglaube überwog. Die Menschen haben es als Gift gefürchtet, das Ernten vernichten, Glas zerbrechen, Schwerter stumpf und Hunde verrückt machen konnte. Orthodoxe Rabbiner betrachteten es als Gottes Fluch für Evas Ursünde. Das christliche, kanonische Gesetz verbot menstruierenden Frauen, sich in der Gesellschaft von Männern aufzuhalten. Wenn ihre Menstruation vorbei war, mussten sich die Frauen einem rituellen Bad unterziehen. Freud glaubte, dass diese Mythen auf eine »Blutphobie« zurückzuführen waren.

Meiner Patientin Reva war diese Denkweise geläufig. In einer jüdisch-orthodoxen Familie aufgewachsen, war sie 20 Jahre lang die Frau eines bekannten chassidischen Gelehrten gewesen, den sie sehr liebte. Reva sagte mir: »Als ich 30 war, kam ich in die Wechseljahre. In meinem Herzen wusste ich, dass dies die instinktive Verteidigung meines Körpers gegen die Einstellung meiner Religion zur Menstruation war.« Ich fühlte mit ihr, obwohl ein derart verfrühter Beginn der Menopause in jedem Fall der Untersuchung durch einen Arzt bedarf, um organische Probleme auszuschließen. Ich respektiere die verschiedenen religiösen Traditionen, doch die Reaktion von Revas Körper konnte nicht übersehen werden: Ihre Hormonproduktion hatte aufgehört. Das bestätigt auf erschreckende Weise die drastischen Folgen, die negative Projektionen nach sich ziehen können. Natürlich betrachte ich meine Regel als normalen biologischen Prozess, dennoch habe ich oft über das Geschenk nachgedacht, das uns die Menstruation gleichzeitig mit den Unannehmlichkeiten bringt. Stellen Sie Ihren Fokus neu ein.

Bei Männern und Frauen können sich falsche Annahmen, die ihren Ursprung in der Pubertät haben, negativ auf die körperliche Liebe im Erwachsenenalter auswirken. Freud glaubte, dass »quantitative Disharmonien« bei Menschen Neurosen hervorrufen. Körperfunktionen in »gut« und »schlecht« zu unterteilen, bringt uns nur Probleme. Den Körper eines Mannes oder einer Frau zu lieben, hängt von der Fähigkeit ab, das Wunder seiner verschiedenen Phasen und Zustände zu erkennen. Machen Sie es sich leicht – bemühen Sie sich darum, Ihren Körper als perfekt zu betrachten. Verehren Sie ihn!

Auch Jungen stoßen in der Pubertät auf Hindernisse bei dem Bemühen, sich mit ihrer erwachenden Sexualität vertraut zu machen. Ein Beispiel dafür ist die weit verbreitete Einstellung zu den Genitalien, vor allem was die Größe des Penis betrifft. Beim Sport stellen die Jungen ständig Vergleiche an: »Große Penisse sind besser.« Das ist eine Illusion, die wir vertreiben müssen, selbst wenn – wie bei Robert Mapplethorpes Fotos – viele Menschen die Größe des Penis visuell bezwingend finden. Es wird davon ausgegangen, dass der evolutionäre Zweck eines großen Penis in seiner Fähigkeit besteht, näher an die Gebärmutter heranzureichen, um das Ei zu befruchten – eine Theorie, die wahr sein kann oder auch nicht. Unbestreitbar ist jedoch der seelische Schmerz, den Jungen – und Männer – erleiden, wenn sie das Gefühl haben, ihr Penis sei nicht groß genug. In einem Seminar, das ich kürzlich gab, erklärte ein mutiger Mann freiwillig: »Wenn ich in einer öffentlichen Toilette merke, dass ein anderer Mann einen größeren Penis hat als ich, fühle ich mich so bedroht, dass ich nicht urinieren kann.« Fast alle der anwesenden Männer hatten schon ähnliche Erfahrungen gemacht. Das hat uns Frauen wirklich die Augen geöffnet – viele der Ehemänner hatten ihren Frauen nie etwas davon erzählt – und vertiefte unser Mitgefühl für die männliche Sensibilität.

Größe mit Erotik gleichzusetzen ist eine Beleidigung des Männlichen und impliziert, dass willkürliche Maße die Alchemie des männlichen Charakters bestimmen. Wie Liebende sich miteinander verhalten, ist ein Resultat zahlreicher Faktoren: gegenseitige Anziehung, intuitive und spirituelle Verbundenheit wie auch körperliches Zueinanderpassen. Sowohl bei Frauen als auch bei Männern mag die Größe, die sich für den einen Körper gut anfühlt, einem anderen nicht gut tun. Kompatibilität der Körper ist eine ganz individuelle Angelegenheit. Verallgemeinerungen sind nicht möglich.

Während der Pubertät kann das Entzücken über unseren Körper durch gefühlloses Verhalten oder traumatische Ereignisse getrübt werden. Es ist wichtig, dass Sie die Wunden, die Sie durch Worte oder Taten erlitten haben, genau feststellen und anfangen, den Schaden zu beheben. Manchmal wirkt allein das Reden mit jemandem, dem Sie vertrauen, Wunder. Eine gute Freundin vertraute mir an: »Als ich zwölf war und begann, meine Sexualität zu fühlen, ging ich in die Drogerie, um ein paar Süßigkeiten zu kaufen. Auf dem Weg kam ich an einer Kirche vorbei. Dort sah ich einen älteren Mann, der teilweise von einem Gebüsch verdeckt war. Plötzlich sprang er hervor und entblößte sich vor mir. Ich war entsetzt. Ich hatte noch nie einen erigierten Penis gesehen. Er sah fremdartig aus und erschreckte mich. Er machte mir Angst. Ohne ein einziges

Mal zurückzuschauen, rannte ich den ganzen Weg bis nach Hause.« Meine Freundin erzählte ihrer Mutter nichts davon, aus Angst, dass sie in Panik ausbrechen oder böse werden würde. Leider hatte meine Freundin genau zu der Zeit, als sie die Jungen entdeckte, gelernt, Angst mit der männlichen Anatomie zu assoziieren – eine alarmierende Mischung, die sie umprogrammieren musste.

Durchforsten Sie Ihre Vergangenheit nach Problemquellen in Bezug auf alles Körperliche. Unbehagen kann weit reichende Auswirkungen haben. Ich habe eine Freundin, die mit einem Gynäkologen zusammen ist. Als sie begannen, miteinander zu schlafen, fragte er sie nach dem Sex mit einem völlig ernsten Gesicht: »Musst du dich entleeren?« Das Unbehagen dieses Mannes in Bezug auf den menschlichen Körper hatte nicht erst hier begonnen – doch die Wissenschaft gab ihm ein praktisches Vokabular vor, hinter dem er sich verstecken konnte.

Woher rühren Ihre Beschwerden oder Verlegenheiten? Ich habe hier vor allem die Zeit der Pubertät betont, doch sollten Sie Ihr ganzes Leben überprüfen. Die gefühllose Bemerkung eines Liebhabers, enttäuschende Vergleiche mit einem Fotomodell im Badeanzug, eine strenge Neubeurteilung Ihres Körpers nach der Geburt eines Kindes oder das Älterwerden haben ihre Spuren hinterlassen. Kein verunsicherndes Ereignis ist unwichtig, wenn es für Sie von Bedeutung war.

Dritter Schritt. Erspüren Sie das energetische Potenzial Ihres Körpers!

Denken Sie beispielsweise an Ihr »erstes Mal«. Bestimmte Übergänge im Leben sind unvergesslich: Hierbei handelt es sich nicht ausschließlich um eine physische oder emotionale Initiation; sie ist darüber hinaus energetischer Natur. Wenn uns von Kind an beigebracht worden wäre, Sexualität als ein Sakrament zu betrachten, wären wir vorbereitet gewesen, als der Moment kam. Dann hätten uns unsere Eltern vielleicht Zeichnungen der Kundalini-Schlange gezeigt, die bei der tantrischen Sichtweise die sexuelle Lebenskraft verkörpert. Wir hätten erkannt, dass der Liebesakt unser ganzes Wesen wie Feuer durchglüht. Doch leider wurden nur wenige von uns diesbezüglich unterrichtet, noch sind wir uns des Eindrucks bewusst, den unsere erste sexuelle Begegnung in uns hinterlässt. Hinsichtlich Energie sind wir formbar wie frischer Lehm. Auf einer subtilen Ebene wird unser erster Geliebter oder unsere erste Geliebte immer bei uns sein.

Lassen Sie uns die Zeit zurückdrehen: dieselben Personen, dieselben Plätze. Wenn Sie jetzt – aus Ihrer heutigen Perspektive – die leeren Stellen ausfüllen, werden Sie sehen, wie Intuition und Spiritualität ins Spiel kommen. Egal, wie Sie sich gefühlt haben, ob Ihre erste sexuelle Erfahrung eine Erleuchtung oder ein Desaster war, in jedem Fall hat sich Ihnen eine neue Welt geöffnet. Initiationen sind Zeremonien, zuweilen Qualen, die dem Mitglied einer bestimmten Gesellschaft eine Stellung verleihen oder eine Rolle zuschreiben. Erotische Initiation markiert einen solchen Meilenstein, wenn auch nicht immer auf ideale Weise. Die in den sexuellen Chakren schlummernde Energie wird lebendig, beginnt zu fließen.

Erinnern Sie sich daran, wie Sie zum ersten Mal mit jemandem schliefen. Wie war es? Mit wem haben Sie es getan? An was erinnern Sie sich? Führen Sie sich die Szene detailliert vor Augen – Musik, Gerüche, Anblicke, Strukturen, Gefühle. Versuchen Sie nicht nur, die Situation wieder zu leben, sondern sie neu zu sehen. Das beinhaltet natürlich auch das Unheroische – Moskitos, Angst vor Schwangerschaft, Sand in Ihrem Badeanzug. Es ist wahr, dass der erste Sex für manche etwas ist, was man getan oder hinter sich gebracht haben muss. Sie sind beinahe zu sehr damit beschäftigt, es zu erreichen, als dass Sie die energetische Öffnung erleben könnten, von der ich spreche. Selbst wenn Ihnen diese Dinge damals nicht bewusst waren, versuchen Sie sie jetzt zu sehen. Schauen Sie sich wie durch ein Vergrößerungsglas Ihre damaligen Reaktionen genau an. Manche mögen vorübergehend gewesen sein, andere sind noch immer spürbar. Wurden Ihr Sehvermögen, Ihr Geruchs- und Gehörsinn intensiver? Hatten Sie neue Empfindungen in Ihrem Genitalbereich? Fühlten Sie Enge, Wärme, ein Sichöffnen? Und was ist mit Ihrem Herzen? Hat es sich geweitet? Hat es sich verschlossen? Vielleicht fühlen Sie sich, als wäre ein Vorhang beiseite geschoben worden, was das Leben irgendwie realer machte. Was auch immer Ihre Reaktionen vor oder nach Ihrem ersten sexuellen Erlebnis gewesen sind, prüfen Sie, wie sich Ihr Körper und Ihre allgemeine Sicht des Lebens verändert hat.

Mein erstes sexuelles Erlebnis hatte ich mit 16 Jahren. Es war der Winter des Jahres 1968, eine Zeit sintflutartiger Regenfälle in Los Angeles. Ich hatte hart daran gearbeitet, Andy zu vergessen. Mein neuer Freund Art und ich waren Hippies. Ich trug batikgefärbte Seidenhemdchen und löchrige Jeans. Er war ein süßer, bärtiger »Bär« mit einem kaputten alten Auto. Jedes Wochenende verbrachten wir mit Freunden in einem Haus in Venice Beach. Es waren wilde Zeiten.

Eines Abends trug mich Art auf seinen Schultern hinauf auf den Dachboden. Wir kletterten in einen geheimen Raum. Es war dunkel, wir hatten nur eine kleine Kerze. Draußen donnerten die Wellen im mitternächtlichen Sturm. Wir krochen in einen weichen Schlafsack und zogen den Reißverschluss bis oben zu. Art und ich waren seit einem Jahr zusammen. Wir kannten die Berührung des anderen, seinen Geschmack, seinen Geruch. Doch in jener Nacht gingen wir weiter. »Ist es dir recht, wenn wir Liebe machen?«, murmelte Art zögernd. Und ob es mir recht war. Ich traf eine Entscheidung, die viel mehr war als nur eine Entscheidung: Ich reifte vom Mädchen zur Frau, während ein »Ja« von meinen Lippen schwebte. Woran ich mich am besten erinnere, ist die Sehnsucht, jemandem näher zu sein, als ich es bisher jemals gewesen war. Ich hatte Angst, doch ich war bereit.

Für mich war dieses Erlebnis gut. Wir mussten selbst herausfinden, wie wir zusammenpassten, und erkundeten gegenseitig unsere Körper. Doch darüber hinaus wurde etwas in unserem Inneren befreit. Als wir am nächsten Morgen auf einem Steg in Venice zusammen Zimtrollen mit weißem Zuckerguss aßen, fühlte ich mich auf eigenartige, unerklärliche Weise vollkommen. Mein Blick war klarer geworden. Mein Körper war ein wirbelndes Universum verschiedener Empfindungen. Darüber hinaus fühlten Art und ich uns in unseren Herzen auf eine Weise miteinander verbunden, die durch die körperliche Liebe verstärkt wurde. Alles stimmte, auch wenn ich eine komplizierte Mischung von Aufmerksamkeit, Stolz und Unsicherheit bei Art spürte. Ich konnte mir selber nicht wirklich eingestehen, was sein Verhalten in mir widerspiegelte. Worauf hatten wir uns da eingelassen?

Zurückblickend erkenne ich, dass – abgesehen von unseren Ängsten – ein Yin-Yang-Austausch stattgefunden hatte, die Vereinigung des Männlichen und Weiblichen. Gebundene Energie wurde zu freigesetzter Energie. Ich hatte das Glück, geliebt zu werden. Arts Sanftheit und unsere gegenseitige Zuneigung waren tiefgehend. Trotzdem waren wir nicht in der Lage, irgendeine Art von spirituellem Bewusstsein über das, was wir zusammen erlebt hatten, auszudrücken. Ich frage mich, wie anders unser Empfinden gewesen wäre, hätten wir dieser Dimension

Ausdruck geben können. Zum Beispiel durch die gegenseitige Anerkennung »Ich weiß dass das, was wir hier tun, etwas Heiliges ist. Ich möchte die Heiligkeit in dir ehren«. Ich glaube nicht, dass dieses Bewusstsein jenseits der Möglichkeiten von Heranwachsenden liegt – falls sie auf aus dem Herzen kommende Weise entsprechend erzogen werden, ohne dass man ihnen etwas vorpredigt. Ich bin davon überzeugt, dass dies ihre Integrität stärken würde.

Erinnerungen werden durch mystische Fäden zusammengehalten. Ein Ereignis bezieht sich auf das andere, und dies wieder auf ein anderes. Ihr Körper zeichnet intuitiv alles auf, was Sie erleben. Ich glaube, es gibt niemanden, dessen erste sexuelle Erlebnisse völlig störungslos verlaufen sind. Schauen Sie sich alles an, was Ihnen gegeben wurde, verwandeln Sie das Profane in etwas Heiliges. Indem Sie dies tun, wird Ihnen eine große Last von der Seele genommen.

Ein Teil des Überprüfens Ihrer Vergangenheit besteht darin, voller Mitgefühl eine Inventur Ihrer sexuellen Traumata vorzunehmen. Klein oder groß, sie nisten sich in Ihrem Unterbewusstsein ein und behindern Ihre Entwicklung. Vielleicht möchten Sie sich lieber nicht damit beschäftigen. Was Sie erlebt haben, war unter Umständen zu schmerzhaft. Doch wenn Sie diese Erlebnisse ignorieren, werden Sie in Ihrem alten Energiefeld verharren, bis Sie bereit sind, sich Ihnen zu stellen. Intuition kann nicht lügen; ihre einzige Funktion besteht darin, zu sehen. Wann immer Sie verletzt werden, ist Ihre Intuition Zeuge. Sie erinnert sich. Das Gleiche müssen Sie tun, in dem Ihnen angemessenen Tempo, wenn Sie ein größeres Maß an Freiheit erreichen wollen.

Gegenwärtig wird davon ausgegangen, dass Millionen von Menschen sexuelle Übergriffe erlitten haben, die von unangebrachten sexuellen Berührungen über das Streicheln bis zur Vergewaltigung reichen. Zu oft werden diese Erinnerungen ins Unterbewusstsein verdrängt. Manche Menschen haben große Teile ihrer Kindheit völlig vergessen. Ich habe mit zahlreichen Frauen und Männern gearbeitet, die sexuell missbraucht wurden. Eine Voraussetzung für Heilung besteht darin, sich zu erinnern, was passiert ist. Der Prozess des Assimilierens dieser Informationen schließt tief greifende emotionale Reaktionen mit ein – das Ausdrücken von Wut, Angst, Scham und anderen Gefühlen in Bezug auf den Übergriff und den Täter. Das ist der notwendige Anfang. Doch um einer solchen Psychotherapie die erforderliche Tiefe zu geben, arbeite ich mit dem Einsatz von Energie. Dies ist besonders wirkungsvoll bei Personen, die keinen Zugang zu Erinnerungen über Missbrauch haben oder sich davon distanzieren, indem sie die Ereignisse intellektualisieren. Durch Energiearbeit schmilzt dieser Widerstand.

Paul, ein 25-jähriger Fernsehproduzent, war als kleiner Junge bei zahlreichen Gelegenheiten von einem Onkel sexuell berührt worden. Eines Nachts überraschten Pauls Eltern den Onkel, wie er ihren Sohn befingerte, und verboten ihm jeglichen weiteren Kontakt. Paul erinnerte sich daran, war jedoch unfähig gewesen, sich das, was geschehen war, wirklich »anzuschauen«. Das war der Grund, warum er zu mir in die Praxis kam. Wir begannen, indem wir über die Situation sprachen. Einige Wochen lang gingen wir langsam voran, ließen einfach die Fakten hochkommen. Dann war er bereit, den nächsten Schritt zu tun.

Also begann ich, Paul während unserer Sitzungen gleichzeitig mit unseren Diskussionen Energie zu senden. Er lag auf der Couch, hatte die Augen geschlossen und befand sich in einem leichten Meditationszustand. Dann hielt ich meine Hände ungefähr zehn Zentimeter über seinen Körper und sagte: »Achten Sie auf jegliche Erinnerungen, inneres Wissen oder Intuitionen, die Ihnen auffallen.«

Zu Beginn empfand Paul seinen Körper als gefühllos, doch zunehmend kehrten Empfindungen zurück. Eines Tages, als meine Hand wieder über seinem Solarplexus lag (das Zentrum der Emotionen), begann Paul zu schluchzen. »Sagen Sie mir, was geschieht«, drängte ich ihn sanft. Mit zitternder Stimme antwortete er: »Ich sehe mich selbst. Ich bin ungefähr acht Jahre alt. Ich liege im Bett, bis oben hin zugedeckt, und bin kurz vor dem Einschlafen. Mein Onkel steht neben meinem Bett. Er zieht sich aus. Er berührt sich selbst.« Paul weinte immer noch, eine quälende Erinnerung stieg in ihm auf. »Bleiben Sie dran«, ermahnte ich ihn. Egal, wie schwer es ihm fiel, sich zu erinnern – es war ein emotionaler Durchbruch.

Das Spüren von Energie macht die Vergangenheit auf eine Weise real, die Worte allein nicht zustande bringen. Das Aktivieren von Pauls Solarplexus rief eine Erinnerung hervor, die in seinem Körper begraben war. Während der Therapie half ich ihm, diese Erinnerung zu integrieren. Zum ersten Mal wurde ihm die Tatsache seines sexuellen Missbrauchs in der Kindheit bewusst, was einen Wendepunkt in seiner Heilung bedeutete. Energie war der Katalysator. Manchmal, wenn Sie fordernd an eine Tür klopfen und wissen wollen: »Wer ist da drin?«, wird niemand antworten. Doch wenn Sie freundlich, aber energisch und mit Liebe an diese Türe klopfen, öffnet sie sich freiwillig. Um Einsichten in sexuelle Traumata zu erlangen, macht es sich bezahlt, verschiedene Sprachen zu beherrschen.

Was Sie in Ihrer Seele wissen, muss auch Ihr Körper wissen. Überprüfen Sie Ihren sexuellen Werdegang und schauen Sie, was sich Ihnen bietet. Ob Sie körperlichen oder verbalen Missbrauch erfahren haben, ein geringes Selbstwertgefühl besitzen oder Enttäuschungen in der Liebe erfahren haben, versuchen Sie zu spüren, ob diese Verletzungen energetisch immer noch ein Teil von Ihnen sind. Wie können Sie das herausfinden? Jedes chronische

Symptom, physisch oder emotional, ist verdächtig. Zu ihnen gehören spezifisch: Magenprobleme, Verdauungsprobleme, Kopfschmerzen, Beschwerden während des Geschlechtsverkehrs, Impotenz. Andere Symptome sind weniger eindeutig: Angstgefühle, Müdigkeit, Depression, Schwäche, Schmerzen. Bevor Sie davon ausgehen, dass ein Symptom emotionalen Ursprungs ist, müssen Sie natürlich jede zugrunde liegende organische Ursache ausschließen.

Egal, ob meine Patienten sagen, dass sie krank sind oder nicht, beginne ich unsere Arbeit immer mit einer gründlichen medizinischen Untersuchung. Wenn ich ein physisches Problem vermute, schicke ich sie zu einem entsprechenden Facharzt. Manchmal liegt die Lösung – bei Depression, Migräne und ähnlichen Symptomen – in der richtigen Medikation oder anderen physischen Behandlungsformen. Mit dieser Intervention verschwinden dann die Symptome, der Fall ist erledigt. In anderen Fällen stellt diese Behandlungsform jedoch unter Umständen nur eine unzureichende Antwort dar. Dann zögere ich nicht, nach mitwirkenden psychologischen Faktoren zu suchen. Wann immer Sie sich in einer Situation befinden, in der ein medizinischer Grund für Ihr Symptom ausgeschlossen oder adäquat behandelt worden ist, kann die Energie Ihres eigenen Körpers eine Möglichkeit zur Heilung bieten.

Langwierige Beschwerden verdecken oft verdrängte Gefühle. Die folgende Übung wird Ihnen die Möglichkeit geben, einen Einblick in diese Gefühle zu gewinnen. Ich empfehle Ihnen, diese Übung auszuprobieren. Wenn zu Beginn Ihre Intuitionen allgemein oder vage erscheinen, machen Sie sich keine Sorgen. Mit der Zeit werden sie spezifischer werden. Um mehr Information über irritierende, hartnäckige Symptome zu erhalten, können Sie die Übung so oft wiederholen, wie Sie wollen.

Die Identifizierung sexueller Traumata, die in Ihrem Körper gespeichert sind

1. Schließen Sie Ihre Augen. Nehmen Sie ein paar langsame, tiefe Atemzüge. Entspannen Sie sich einige Minuten lang.
2. Wenn Sie bereit sind, konzentrieren Sie sich auf Ihre Symptome. Egal, wie beunruhigend sie sein mögen, lassen Sie alle Empfindungen absichtlich zu – jedes Wehwehchen, jeden Schmerz, Traurigkeit, Zorn, Angst. Beschreiben Sie die Energie jeder einzelnen Empfindung. Ist sie heiß? Kalt? Kribbelnd? Beengend? Bemühen Sie sich, so gut Sie können, alles wahrzunehmen. Erlauben Sie diesen allgemeinen Eindrücken, an die Oberfläche zu kommen; später können sie Sie zu den spezifischen Einsichten über Heilung führen, die im Kern der jeweiligen Beschwerden verborgen sind. Hören Sie ihnen zu, schauen Sie, was sie Ihnen zu sagen haben.
3. Indem Sie sich auf die Symptome konzentrieren, notieren Sie alle intuitiven Eindrücke oder Erinnerungen, die sich melden. Sehen Sie Gesichter aufblitzen? Haben Sie bestimmte Emotionen? In welcher Beziehung stehen sie zu Ihrem Symptom? Diese Intuitionen können Sie auf den Zeitpunkt des sexuellen Traumas und seine Ursache zurückführen. Versuchen Sie, diese Eindrücke zusammenzufügen und das Bild abzurunden.

Die Beschäftigung mit alten Wunden ist eine schwierige Angelegenheit. Es ist oft empfehlenswert, professionelle Hilfe zu suchen. Vor allen Dingen, wenn Sie das Opfer sexuellen Missbrauchs gewesen sind, empfehle ich Ihnen dies dringend. Manche Probleme sind zu schwierig, als dass man sie alleine in Angriff nehmen sollte. Liebevolle, kompetente Hilfe ist von unschätzbarem Wert. Suchen Sie sich einen Therapeuten oder Energieheiler, der Erfahrung hat – sowohl in der psychologischen als auch intuitiven Herangehensweise an sexuelle Traumata. Es ist nicht nötig, dass Sie diese Arbeit alleine tun, und es kann sogar schädlich sein. Erkennen Sie den Zeitpunkt, wann Sie um Hilfe bitten sollten. Halten Sie sich nicht zurück, wenn es um Ihre Heilung geht.

Doch selbst für einen Therapeuten ist die Interpretation von Erinnerungen eine komplexe Angelegenheit. Eine Sorge ist: Wie kann man sicher sein, dass die Einsichten eines Patienten wahr sind, vor allem dann, wenn sie nicht nachgeprüft werden können? Zum Beispiel hat mich einmal ein Gynäkologe gebeten, mir eine Patientin mit chronischen Schmerzen im Beckenbereich anzuschauen. Er hatte keine physische Ursache finden können. Als die Patientin auf meine Aufforderung hin mithilfe der oben beschriebenen Übung in ihre Schmerzen hineintauchte, kam eine deutliche Erinnerung hoch: Sie war als kleines Mädchen von ihrem Bruder vergewaltigt worden.

Mit dieser Information verfuhr ich folgendermaßen: Zunächst einmal weiß ich, dass Erinnerungen, die der Körper gespeichert hat, aktiviert werden können. Viele Therapeuten geraten in Schwierigkeiten, weil sie die Erinnerungen ihrer Patienten wörtlich nehmen. Dieser Irrtum ist der Kern der gegenwärtigen Kontroverse über »wieder entdeckte Erinnerung«. Aus diesem Grund konnte ich bei dieser Patientin, wie bei allen Patienten, nicht einfach davon ausgehen, dass sie sich an eine wirkliche Begebenheit erinnerte. Ich musste abwägen, ob sie psychotisch war, das heißt einer Wahnvorstellung unterlag und etwas sah, was nicht da war, oder ob die Erinnerung eine Verzerrung war.

Ich kam zu dem Schluss, dass diese Frau nicht psychotisch war. Also bestand mein Ziel darin, ihre Erinnerung näher zu untersuchen, ihre Beziehung mit ihrem Bruder zu erforschen und zu sehen, ob es eine Verbindung gab zwischen ihrer Erinnerung und ihren gegenwärtigen Symptomen. Unvermeidlich fragte sich meine Patientin selbst: »Ist das, woran ich mich erinnere, wirklich wahr?« Ich antwortete: »Das kann ich nicht mit Sicherheit sagen. Doch im Moment ist es Ihre Wahrheit. Wir müssen schauen, wie sie Ihre Beziehungen, Ihre Gesundheit und Sexualität beeinflusst.« Mit anderen Worten, ich behandelte die Erinnerung wie eine mögliche wahre Begebenheit. Ich würde nie sagen: »Ich glaube, dass Sie sich das nur einbilden«, sondern würde mir zumindest das Spektrum der Aggression ihres Bruders und seine Beziehung zu ihrem Selbstwertgefühl anschauen. Ihre Erinnerung war, um es so vorsichtig wie möglich auszudrücken, eine Metapher.

In diesem Fall wurde schnell deutlich, dass ihr Bruder sie im Laufe der Jahre massiv verspottet, unterdrückt und herumkommandiert hatte. Während wir gemeinsam an diesen Themen arbeiteten, nahmen ihre Schmerzen allmählich ab. Ich möchte betonen, dass meine Patientin nie sicher war, ob ihre Erinnerung den wirklichen Tatsachen entsprach. Sie überlegte, ob sie ihren Bruder auf diese Dinge ansprechen sollte, entschied jedoch, dass nichts Gutes dabei herauskommen würde. Für mich war der therapeutische Wert der Erinnerung dennoch enorm. Was immer die ihr zugrunde liegende Wahrheit gewesen sein mag, zusammen waren wir in der Lage, Muster emotionalen Missbrauchs anzusprechen, die unbestreitbar existierten.

Energie enthält Antworten. Ob sie aufbauend oder schwer zu akzeptieren sind, in jedem Fall ist es gut, sie zu kennen. Was mich persönlich betrifft, so möchte ich über alles in meiner Vergangenheit Bescheid wissen, das mich heute beeinflussen könnte. Energie erlaubt uns, das aufzuspüren, was uns belastet, und es loszulassen. Auf die gleiche Weise können wir das Positive identifizieren und dadurch wachsen. Bemühungen dieser Art sind sehr sinnvoll. Geben Sie sich eine Chance und finden Sie es selbst heraus.

Vierter Schritt.
Bitten Sie um innere Führung!

Ihre Beziehungsmuster reichen weit zurück. Viele Faktoren, von Herkunft bis Instinkt, tragen dazu bei. Warum wählen Sie beispielsweise Beziehungen, die Ihnen nicht gut tun? Wie können Sie Beziehungen aufbauen, in denen Sie sich wohl fühlen? Jetzt haben Sie die Möglichkeit, intuitiv frühere Rückschläge und Erfolge zu analysieren. Auf die innere Führung zu hören, macht sich bezahlt, egal, welche Fehler Sie wie oft gemacht haben. Sie müssen herausfinden, wie, durch wen und warum Sie von Ihrem Kurs abgewichen sind, und dann Strategien entwickeln, um dies zu vermeiden. Ich werde mich auf einige alltägliche Probleme konzentrieren und intuitive Erklärungen und Heilmittel anbieten, an die Sie vielleicht noch nicht gedacht haben.

Die äußeren Qualitäten der Männer, die ich im Laufe der Jahre geliebt habe, hätten nicht unterschiedlicher sein können. Unter meinen Liebhabern gab es einen brilletragenden Computerspezialisten, einen Country-Musik-Manager, einen tätowierten, muskulösen Mann, der nachts Biker und am Tag Verkaufsleiter war, und einen hoch bezahlten, in Armani gekleideten Vorstandsvorsitzenden. Jenseits der Äußerlichkeiten war es stets sexuelle Anziehung, die mich zu ihnen hinzog, die einfache Art der Verständigung und die Güte, die ich bei jedem von ihnen spürte. Doch irgendwann musste ich mich fragen: Warum hielten diese Beziehungen nicht lange? Gab es da etwas, das ich deutlicher hätte erkennen müssen? Nachstehend führe ich einige der Punkte auf, mit denen ich – so wie viele meiner Patienten und Freunde – Schwierigkeiten hatte. Prüfen Sie, ob dies auch für Sie zutrifft, und setzen Sie die folgenden Lösungsvorschläge in die Tat um.

Vier Möglichkeiten, wie Intuition Ihr Liebesleben verbessern kann

1. Erkennen Sie den Unterschied zwischen Lust und Liebe. Sie begegnen jemandem. Sie fühlen sich wie vom Blitz getroffen. Der andere empfindet ebenso. Ihr Körper ist wie elektrisiert. Alles, was Sie wissen, ist, dass Sie diesen Menschen berühren wollen, dass Sie von ihm berührt werden wollen. Es scheint keine Rolle zu spielen, dass Sie einander kaum kennen. Vielleicht haben Sie sogar das Gefühl, als hätten Sie Ihren Seelenpartner getroffen. Sie haben schon so lange darauf gewartet. Ich hatte dafür gebetet, diese Gefühle für jemanden empfinden zu dürfen. Und jetzt ist dieser jemand hier. Jetzt gibt es kein Halten mehr.

Im Falle dieser plötzlich auftretenden Leidenschaft kann es sein, dass Sie nicht das erreichen, worauf Sie gehofft haben. Viele von uns gehen in die Irre, indem sie Lust und Liebe verwechseln. Den Unterschied zu erkennen, erspart uns ein gebrochenes Herz. Wie kann man ihn feststellen? Ich möchte auf einige vernünftige und intuitive Zeichen hinweisen, mit deren Hilfe Sie eine durchdachte Entscheidung treffen können. Natürlich liegt es an Ihnen, ob Sie kopfüber in eine sexuelle Beziehung eintauchen, lieber langsam an die Sache herangehen oder trotz einer leidenschaftlichen Anziehung Nein sagen wollen.

Wenn Sie von jemandem entzückt sind, nehmen Sie sich ein paar Minuten Zeit, um über die folgenden Unterscheidungen zu meditieren:

Lust

- Es existiert eine sexuelle Intensität ohne andere bedeutende emotionale, mentale, spirituelle oder intuitive Bezugspunkte.
- Ein Gefühl im Bauch verkündet Gefahr oder das Gefühl: »Es ist nicht gut, eine Beziehung mit dem Betreffenden einzugehen.«
- Ein Gefühl erotischer Erregung ist präsent, ohne ein Gefühl von Sicherheit.
- Lust ist zeitlich begrenzt und wird nach einer gewissen Zeit nachlassen, wenn keine Liebe im Spiel ist.
- Liebesbeziehungen sind normalerweise in verschiedene Bereiche unterteilt – pure Lust genügt sich selbst, schließt ein Interesse für andere Bereiche aus.

Liebe

- Physische Anziehung ist offensichtlich – doch sie ist mit einer Öffnung Ihres Herzens verbunden (einem tatsächlich warmen Gefühl in der Brust), was die Möglichkeit einer tiefen, liebevollen Beziehung signalisiert.
- Sie sind innerlich entspannt, fühlen sich wohl und spüren: »Lass dich darauf ein! Wunderbare Dinge warten auf dich.«
- Es existiert eine intuitive Empathie. Vielleicht spüren Sie gegenseitig bereits von Anfang an die Emotionen des anderen, seine Gedanken und Träume. Sie beide fühlen sich einander vertraut, so als würden Sie sich schon lange kennen.
- Sie wollen alles über diesen Menschen erfahren und ihn in Ihr Leben integrieren.
- Intimität braucht Zeit, um zu erblühen, und führt zu besserem Sex.

Versuchen Sie, ein gutes Gespür für jeden dieser Punkte zu entwickeln, um eine zuverlässige Einschätzung Ihrer Beziehung vornehmen zu können. Es kann überaus verwirrend sein, eine echte Herzensverbindung zu erkennen. Viele verzweifelte Frauen und Männer sind mit den Worten in meine Praxis gekommen: »Ich schwöre, ich habe es gespürt. Doch nach unserer ersten gemeinsamen Nacht habe ich nie mehr was von ihm (oder ihr) gehört.« Hier liegt das Problem: Wenn Sie von jemandem bezaubert sind, kann vorübergehend – absichtlich oder nicht – das Gefühl einer tiefen Zusammengehörigkeit vermittelt werden. Prüfen Sie, ob die anderen Zeichen der Liebe ebenso vorhanden sind. Wenn Sie sich nicht sicher sind und eine dauerhafte Beziehung wünschen, halten Sie sich lieber ein wenig zurück. Es ist klüger, nicht so schnell intim zu werden, sondern zu warten, bis Sie ein umfassenderes Gespür für den anderen bekommen haben. Ich kenne Leute, die schnell miteinander schliefen und deren Beziehung gehalten hat. Doch wesentlich öfter habe ich gesehen, wie Erwartungen zerstört und Herzen gebrochen wurden. Es gibt keinen Grund zur Eile. Geben Sie Ihrer Beziehung Zeit, sich zu entwickeln.

Ich weiß, wie schwierig es in der Hitze der Leidenschaft ist, innezuhalten, eine neutrale Ebene zu finden und nach innen zu hören. Doch wenn Sie es tun, garantiere ich Ihnen, dass Sie von Amors Pfeil getroffen werden. Sollte Ihre Vergangenheit von kurzfristigen Beziehungen übersät sein, bei denen die Sexualität dominierte, sind Sie vielleicht jetzt bereit, dieses Muster zu verändern. Wann immer Sie mit jemandem geschlafen haben, ist es schwerer, objektiv zu sein. Mein Rat: Gehen Sie bei Ihrer nächsten Beziehung so langsam wie möglich vor. Beobachten Sie die Situation mit Ihrer Intuition – und treffen Sie erst dann eine Entscheidung.

2. Hüten Sie sich davor, Potenzial als Realität misszuverstehen.

Intuition erlaubt Ihnen, viele Dimensionen in Menschen wahrzunehmen. Wir spüren, wie ein Mensch ist und wie er unter Umständen sein kann. Es ist weit verbreitet, Potenzial als Realität zu deuten. Vielleicht denken Sie: Ich kann das Beste in ihm oder ihr hervorbringen. Von dem Moment an wird Ihr Wunsch, dem anderen zu helfen, sein Potenzial zu wecken, Ihr wichtigstes Projekt. Hüten Sie sich davor, in diese voraussehbare Falle zu tappen. Sie lernen zum Beispiel eine Frau kennen, die seit Jahren Angst vor tiefen Beziehungen hatte, und kommen zu dem Schluss: Ich weiß, dass sie sich ändern möchte. Mit mir wird sie es anders machen. Oder jemand hat gerade keinen Job und verdient kein Geld, und Sie sagen sich: Er ist so talentiert. Wenn ich ihn nur davon überzeugen könnte, zu studieren und einen Abschluss zu machen ... Eine andere Version: Er ist nie sehr leidenschaftlich gewesen, doch wenn ich ihn genug liebe, kann ich diese Leidenschaft wecken. Merken Sie sich: Wenn Menschen sich nicht ändern wollen, dann tun sie es nicht. Es ist durchaus möglich, dass Sie intuitiv eine sehr reale Seite der Person erfassen, doch wenn derjenige nicht entschlossen ist, sie zu verwirklichen, können Sie nichts daran ändern. Darüber zu reden, sich verändern zu wollen, ist bedeutungslos. Nur eine kontinuierliche, sichtbare Veränderung im Verhalten ist essenziell. Viele von uns verbringen Jahre mit dem Versuch, andere zu verbessern – eine Situation, die zu nichts führt.

3. Damit eine Beziehung funktionieren kann, muss eine gegenseitige seelische Verbindung vorhanden sein.

Es gibt ein verwirrendes intuitives Phänomen. Sie spüren eine tiefe Verbindung zu einem Menschen, so als würden Sie ihn schon lange kennen, doch der andere erwidert diese Gefühle nicht. Vielleicht glauben Sie, dass der Betreffende früher oder später die gleichen Empfindungen bekommt. Vielleicht braucht derjenige nur etwas Zeit. Doch wie viel? Monate? Jahre? Wo ziehen Sie die Grenze?

Hier ist meine Regel: Seien Sie offen für andere Beziehungen. Sparen Sie sich nie auf für eine unerwiderte Liebe, in der Hoffnung, dass sie schließlich erwidert wird. Ich habe sensible intelligente Menschen gesehen, die diesen Fehler gemacht haben. Tun Sie es nicht. Liebe, die vorherbestimmt ist, kann nicht aufgehalten werden. Sie wird nicht dadurch verhindert, das Sie für andere Möglichkeiten offen sind. Für eine Beziehung sind zwei Menschen erforderlich. Selbst wenn die innere Verbindung, die Sie intuitiv spüren, authentisch ist, kann es sein, dass sie unverwirklicht bleibt. Vielleicht kann oder will der andere sie nicht erwidern, oder er sieht sie einfach nicht. Betrachten Sie dies als eine Ironie des Schicksals, die Sie akzeptieren müssen und auf die Sie sich nicht fixieren sollten. Ein Jahr lang hoffte eine Freundin von mir, dass der Mann, von dem sie glaubte, er sei ihr Seelenpartner, sich um sie bemühen würde. Doch er tat es nie. Schließlich hörte sie auf, darauf zu warten. Ein paar Wochen später traf sie ihren jetzigen Ehemann. Zuerst musste sie einen Raum schaffen, damit etwas Neues entstehen konnte. Sie müssen es auch. Verlieren Sie sich nicht in dem Zwischenstadium unerwiderter Sehnsucht. Finden Sie jemanden, der Ihre Liebe erwidert. Es ist durchaus möglich, mehr als nur eine Seelenverwandtschaft zu erleben.

4. Vermeiden Sie es, über vergangene Beziehungen zu fantasieren.

Sexuelle Fantasien über bestimmte Personen zu spinnen, erhält nicht nur unsere Erinnerungen an sie lebendig, sondern auch unsere intuitive Wahrnehmungsfähigkeit. In liebevollen Beziehungen kann das Fantasieren die Verbindung der Partner festigen und ihre Sexualität kreativer machen. Bei Verbindungen, die nicht auf gegenseitiger Liebe beruhen, arbeitet das Fantasieren gegen Sie, indem es etwas zwanghaft am Leben erhält, was eigentlich vorbei ist. Immer an jemanden zu denken, der Ihre Interessen nicht teilt, ist eine Verletzung seines oder ihres intuitiven Raumes; außerdem bindet es Sie an diese Person. Ich weiß, wie schmerzlich es sein kann, eine Liebe loszulassen – vor allem dann, wenn diese Entscheidung nicht von Ihnen ausgeht. Es ist nur allzu menschlich, an dem festhalten zu wollen, was verloren ist. Dennoch sollten Sie loslassen. Erinnern Sie sich an Lots Frau in der Bibel? Gewarnt, sich nicht nach den brennenden Städten Sodom und Gomorrha umzudrehen, tat sie es dennoch – und erstarrte zur Salzsäule.

Ich empfehle Ihnen eine Visualisierung als Hilfestellung: Stellen Sie sich vor, wie Sie und die andere Person mit einem Band aus Licht in Ihren Herzen miteinander verbunden sind. Nehmen Sie sich einen ruhigen Moment Zeit, diese Verbindung zu würdigen. Als Nächstes beginnen Sie, sanft – selbst wenn es wehtut – zu beobachten, wie sich das Band von Ihren beiden Herzen abtrennt und sich dann vollständig auflöst. Diese Visualisierung wird alle unsichtbaren Fäden zwischen Ihnen durchtrennen. Sagen Sie ein letztes Aufwiedersehen. Dann nehmen Sie all Ihre Kraft zusammen, drehen sich um und gehen. Konzentrieren Sie sich auf das vor Ihnen liegende Licht, nicht auf schwindende Schatten. Bewegen Sie sich auf die neue Liebe zu, die Sie erwartet.

Fünfter Schritt.
Hören Sie auf Ihre Träume!

Stellen Sie sich Ihren Lebensweg als ein goldenes Band vor, das sich von dem Augenblick Ihrer Geburt bis zu Ihrem Tod erstreckt. An einigen Stellen des Bandes befinden sich Träume. Indem Sie sich Ihre Träume anschauen, werden Sie Knoten in der Schnur entdecken, die entwirrt werden müssen. Von einer intuitiven Perspektive aus betrachtet, ist die Vergangenheit nicht vergangen. Ex-Ehemänner, Ex-Ehefrauen, Mütter, Väter: Schädliche Botschaften, die sie Ihnen über Sexualität vermittelt haben, leben in Ihren Träumen fort. Vielleicht werden Sie eines Tages sagen: »Verschwindet! Es reicht mir.« Dann suchen Sie in Ihren Träumen nach Instruktionen für eine Heilung.

Meine Patientin Patrice, mit 30 Jahren Ehefrau und Mutter, war nie stolz auf ihren Körper gewesen. Sie zog immer mehrere Schichten von Kleidung an, die jeden Zentimeter ihres Körpers bedeckten, und zog es vor, bei schummrigem Licht Liebe zu machen. Sie hatte die schmale, graziöse Figur einer Tänzerin, die sie jedoch nie zeigte. »Warum?«, fragte ich. Patrice war sich nicht sicher. Das Einzige, was sie sagen konnte, war: »Ich mag es nicht, wenn Menschen mich anschauen. Ich will nicht, dass sie mich anstarren.« Um mehr Material zu bekommen, mit dem wir arbeiten konnten, wandte sie sich an ihre Träume. Folgendes schilderte sie nach einem Traum:

Ich bin in einem modernen Konzentrationslager am Strand, wo wir von Nazis zusammengetrieben wurden. Ein General sieht auf eigenartige Weise meinem Cousin ähnlich, der zehn Jahre älter ist als ich. Ich bin mit einem sexy Oberteil bekleidet und falle dadurch besonders auf. Das bringt mich in Gefahr. Nazi-Flugzeuge können mich von oben erkennen. Ich habe Angst, umgebracht zu werden!

»Was sagt Ihnen der Traum?«, erkundigte ich mich. Achten Sie auf Patrices Assoziationen. Während ihrer Kindheit wich sie stets den Blicken ihres Cousins aus. Er schaute sie an, lächelte – und sie versteckte sich. Verstecken war ihr Lieblingsspiel. Ihr Cousin fand sie jedes Mal. Dann küsste er sie leicht auf die Lippen. Er umarmte sie und tätschelte ihren Po. Das fühlte sich komisch an. Es dauerte zu lange. Sie mochte es nicht. Ihre Lösung bestand darin, sich zu tarnen. Dann konnte ihr Cousin nicht zu viel von ihr sehen oder fühlen. Indem sie sich verdeckte, beschützte sie sich.

Als Erwachsene fuhr Patrice fort, sich auf diese Weise zu schützen, selbst vor Personen, vor denen sie sich nicht zu schützen brauchte. Ihr Ehemann war ein aufmerksamer, gut aussehender Mann, doch in seiner Gegenwart nackt zu sein, störte sie. Dieser Traum von der Vergangenheit erlaubte Patrice in der Therapie, die Handlungen ihres Cousins (die nie krasser Missbrauch waren, aber dennoch unangebracht) von den sexuellen Wünschen ihres Mannes zu unterscheiden. Allmählich legte sie die Schichten ihrer Kleidung ab. Schals, Pullover, Kampfstiefel verwandelten sich langsam in lustige Kleider, Shorts, Sandalen. Schließlich war Patrice bereit, das Risiko einzugehen, von dem Mann nackt gesehen zu werden, der sie liebte.

Vielleicht glauben Sie, dass dramatische Traumata aus der Kindheit – sexuelle Gewalt, Verlassenwerden, emotionaler Missbrauch – die häufigsten Ursachen für sexuelle Funktionsstörungen im Erwachsenenalter sind. Es stimmt, sie fordern einen Preis. Doch wesentlich verbreiteter, habe ich festgestellt, sind die weniger offensichtlichen Übergriffe, die uns dazu veranlassen, uns zu verschließen: der Junge, dessen Körperbau in der Umkleidekabine vom Klassenrüpel lächerlich gemacht wurde, ein kleines Mädchen, das unaufhörlich wegen seines Übergewichts ausgelacht wird. Es überrascht nicht, wenn Ihre Sexualität aufgrund dieser Erfahrungen durch Unsicherheit gekennzeichnet ist. Wenn Sie also Ihren Werdegang anhand Ihrer Träume zurückverfolgen, seien Sie liebevoll mit sich selbst. Unterschätzen Sie nie, wie tief »geringfügige« Verletzungen gehen können. Bitten Sie Ihre Träume, Ihnen alles zu enthüllen, was Sie in Ihrem gegenwärtigen Leben blockiert.

Träume über unsere Kindheit können auch positive Kommentare über eine heutige Beziehung abgeben. Indem sie beruhigende Symbole aus Ihrer Vergangenheit verwenden, können sie Ihnen mitteilen, ob eine Liebesbeziehung gut für Sie ist oder nicht. Nutzen Sie diese Zeichen, um den nächsten Schritt zu tun. Kurz nachdem ich den Mann traf, mit dem ich zur Zeit liiert bin, hatte ich einen Traum. Ich wusste, dass ich mich zu ihm hingezogen und mich in seiner Gesellschaft wohl fühlte, doch der Traum signalisierte mir Näheres darüber:

Mein Freund lädt mich zum Essen in ein Restaurant ein. Einfach, elegant, mit Spalieren nachtblühenden Jasmins, liegt es in der Nähe der Eisenbahnschienen, wo ich mich in meiner Kindheit nach der Schule immer gern mit meiner besten Freundin getroffen habe. Eine weise, freundliche Frau hinter der Theke eines Geschenkeladens verkauft St.-Christophorus-Medaillons, von denen ich weiß, dass sie Schutzamulette für Reisende sind. Ich erinnere mich, wie ich es als Kind liebte, diese Medaillons zu tragen. Die Frau verkauft außerdem liebenswerte Gegenstände aus der Kindheit meines Freundes. Irgendwie ist sie mir vertraut. Sie strahlt Freude aus und scheint uns beide gut zu kennen.

In Träumen, wo die Vergangenheit und die Gegenwart vereint werden, kann es bezeichnend sein, wem wir begegnen. Ich betrachtete diese Frau als eine Art Wohltäterin, die uns ihren Segen gab. Seine Kindheit, meine Kindheit – als wären wir immer miteinander verbunden gewesen. So wie ich in diesem Traum, werden auch Sie zuweilen einem Menschen begegnen, den Sie kennen und der Sie kennt. Dabei hat man das eigenartige Gefühl von Vertrautheit; Sie sind sich sicher, diesen Menschen schon tausendmal getroffen zu haben, doch Sie können sich nicht erinnern, wo. Erinnerungen sind flüchtig.

Als wir zehn Jahre alt waren, legten meine Freundin und ich glänzende Pfennigstücke auf die Schienen und quietschten vor Vegnügen, wenn die rasenden Züge sie flach quetschten. Wir behielten diese Pfennige ewig in unseren Taschen. So ewig wie ich mir wünsche, dass meine Beziehung sein möge. Träume als Vorahnungen können eine Weile brauchen, bis sie ihre wahre Bedeutung preisgeben. Vielleicht ist dieser Mann der richtige. Vielleicht werden wir als Reisende zusammen Glück haben. Bis dahin muss ich abwarten und schauen, was passiert.

Andere Träume können in Form von Albträumen auftauchen – schwierige Weisheiten, die, wenn wir daraus lernen, uns von dem befreien können, was uns gefangen hält. Erdrückende Kindheitsmuster setzen sich bis heute fort. Nehmen wir zum Beispiel meine Patientin Pam. Sie ist 40 Jahre alt und hat sich zeit ihres Lebens für ihre Sexualität geschämt. Ihre Herkunft trug dazu bei. Sie sagte: »Ich war ein freimütiges Kind, das kein Blatt vor den Mund nahm. Ich besuchte in den 60er-Jahren eine von christlichen Fundamentalisten geführte Schule im ländlichen Alabama. Immer wieder benahm ich mich in der Masse ›daneben‹. Zur Strafe wurde ich gezwungen, im Büro des Direktors die Bibel auswendig zu lernen. Mein Vater war Prediger in unserer Stadt. Die Regeln zu Hause waren strikt. Kein Tanzen, kein Kartenspielen, und mit Sicherheit kein Sex vor der Ehe.« Mit 16 Jahren lernte Pam einen Mann kennen, mit dem sie eine lange Liebesbeziehung hatte. Plötzlich begannen die Albträume. Pam sagte: »Es war immer derselbe.«

Schockiert stelle ich fest, dass ich schwanger bin. Ich gerate in Panik und der kalte Schweiß bricht mir aus. Jemand wird es merken, denke ich. Was werden die Leute sagen? Meine Eltern werden mich enterben! Bevor ich weiß, was geschieht, wird das Baby geboren. Zu meinem Entsetzen ist es ein Zy-

klop! Ein riesiges, blaugrünes Auge, die gleiche Farbe wie die meiner Augen, starrt von seiner Stirn. Ich möchte das Baby verstecken, doch es ist zu spät. Die ganze Stadt erfährt von dem Zyklopen und will nichts mehr mit uns zu tun haben.

Der Traum beschreibt auf beschwörende Weise Pams Schuldgefühle darüber, dass sie Sex hat, ihren Eltern und ihrer Religion zuwiderhandelt. »Ich war überzeugt, dass Gott mich bestrafen würde«, sagte sie. »Jeden Morgen schwor ich: ›Ich werde nie wieder mit ihm schlafen‹, aber ich tat es trotzdem.« Der Traum erschien immer wieder, bis die Beziehung vorbei war. Doch noch Jahre später konnte sie die Erinnerung daran nicht loswerden. Pam gab zu: »Ich habe nie Kinder gehabt. Tief in meinem Inneren hatte ich Angst davor, ein Monster zu gebären.« Wie verheerend muss es gewesen sein, im Geheimen eine solche Befürchtung zu haben. Es gab nur einen Weg, sie zu überwinden: durch Mitgefühl.

Wenn ein Mensch sich nach einer Veränderung sehnt, kooperiert das Universum. Ich tat meinen Teil, indem ich Pam einen umfassenderen spirituellen Kontext für Sexualität anbot. Doch wenn jemand von einem Archetypus träumt, der so gewaltig ist wie die Zyklopen, dann kommt diesem unweigerlich auch eine heilende Rolle zu. Man muss nur wissen, wie er zu interpretieren ist. Was uns am meisten erschreckt, kann durchaus eine Erlösung beinhalten. Viele Jahre später lernte Pam diese Tatsache bei einer Frauenhilfsgruppe kennen. Eine neu hinzugekommene Frau erzählte ihre Geschichte, wie sie »ein Baby – einen Zyklopen mit nur einem Auge – auf die Welt gebracht hatte«. Atemlos hörte Pam den Worten der Frau zu.

Obwohl das Baby starb, hatte die Frau deutlich seine Seele gespürt, etwas, das Mütter oft bei ihren Kindern fühlen. Sie sagte: »Dies war das spirituellste Ereignis meines Lebens. Ich fühlte mich geehrt, ein so wunderschönes

Wesen getragen zu haben, wenn auch nur für eine kurze Zeit.« Diese Worte heilten Pam: Der Traum einer Frau – die Realität einer anderen –, eine außerordentliche Synchronizität. Pam wurde gezeigt, wie sie ihre Situation mit anderen Augen sehen konnte. Eine beglückende Entwicklung war die Folge: Sexuelle Tabus wurden aufgelöst. Obwohl die Situationen der beiden Frauen unterschiedlich waren, half das Mitgefühl dieser Mutter für ihr Kind Pam dabei, sich selbst zu vergeben. Ein Entsetzen, stellte sich heraus, ist vielleicht nicht nur ein Entsetzen. Selbst eine albtraumartige Vision kann in einem umfassenderen menschlichen Kontext neu interpretiert werden. Jetzt konnte Pam damit beginnen, die Bedeutung von Sexualität neu zu definieren.

Träume von der Vergangenheit, Veränderungen in der Gegenwart – beides ist miteinander verbunden. Wenn sich also eine Sequenz Ihres Lebens in Ihren Träumen ständig wiederholt, dann hat das einen Sinn. Sexuelle Gefühle können eine Feinheit besitzen, die respektiert werden muss. Wenn Sie Angst vor der Liebe haben, weiß Ihr Körper davon. Er wird davor zurückweichen, sich einem anderen hinzugeben. Was aus Ihrem früheren Leben Beunruhigendes zurückgeblieben ist, bittet darum, geheilt zu werden. Was Ihnen Kraft gibt, will sich durchsetzen. Folgen Sie Ihren sexuellen Träumen. Lassen Sie sich von ihrer Weisheit leiten.

Inventuren über die Ereignisse unseres Lebens vorzunehmen ist von grundlegender Wichtigkeit. Geben Sie sich ausreichend Zeit, um über diese Dinge nachzudenken. Sie müssen sich von den sexuellen Glaubenssätzen Ihrer Familie nicht definieren lassen. Es ist kein Zeichen von mangelndem Respekt, das neu einzuschätzen, was geschehen ist – es zeugt lediglich von Intelligenz. Sie haben alle Voraussetzungen für diese Aufgabe. Indem sie Ihnen Einsichten anbietet, damit Sie die Wahrheit erkennen können, und Mitgefühl, um zu heilen, bereitet Intuition Sie darauf vor, jedes Kapitel Ihres sexuellen Werdegangs mit neuen Augen zu betrachten.

Diese Reise ist schwierig und anstrengend. Selbst wenn Sie denken, es ist einfach zu schwer, ich kann es nicht, nehmen Sie sich einen Augenblick Zeit. Versuchen Sie nicht, das Gefühl einfach zu ignorieren. Eine Pause ist angesagt. Bevor Sie weitermachen, sollten Sie sich auf Ihren inneren Frieden konzentrieren. Wann immer sich Zweifel oder Müdigkeit einschleicht, schaue ich mir gerne den nächtlichen Himmel an. Für mich gibt es nichts Ehrfurchterregenderes. Irgendetwas da oben lächelt durch mich hindurch und stärkt meinen Beschluss. Finden Sie Ihre eigene Kraftquelle; wenden Sie sich an sie, wann immer es nötig ist. Es ist lebensrettend zu wissen, wie und wann wir neue Kraft tanken können, um dann, mit neuer Kraft versehen, den nächsten Schritt zu tun.

Der Sinn des Reflektierens über die Vergangenheit ist erotische Befreiung. Es nützt Ihnen nichts, wenn Sie irgendeinen Aspekt Ihrer Sexualität aus einer früheren Zeit abgetrennt haben. Meine Toleranz gegenüber der Vergangenheit hat sich sehr verringert. Wenn mir etwas im Weg steht, will ich wissen, was es ist. Ich hoffe, es geht Ihnen genauso. Innere Leichtigkeit resultiert in einer erregenden Erotik. Das Herz möchte sich von allem befreien, was es gefangen hält.

11

Das heilende Geschenk sexueller Energie

Sexualität ist das äußerlich sichtbare Zeichen
einer inneren spirituellen Gnade,
die Liebe hervorruft.

Alan Watts

Vor langer Zeit, als die Welt noch nichts von Judentum, Christentum oder Islam gehört hatte, waren die Priesterinnen im Tempel mit den Vorbereitungen zur Feier des Vollmonds beschäftigt. Gekleidet in durchsichtige Gewänder, mit silber glänzenden Fußkettchen und halbmondförmigen Ohrringen, rochen sie nach Moschus, dem Duft der Leidenschaft. Diese »heiligen Prostituierten«, die höchstgeschätzten Frauen in der Gesellschaft, benutzten Sexualität, um zu heilen. Überall in Europa und im Nahen Osten wurde die Göttin der Liebe verehrt, und die Priesterinnen waren ihre Botinnen. Sex mit einer Priesterin war ein Akt der Weihe: Es war physisch, emotional und spirituell erhebend. Sie heilte ihre Partner durch die Übertragung ihrer weiblichen Essenz, entfachte den Funken in ihrer Seele und verjüngte ihr Leben.

Mehr als je zuvor können die Priesterinnen uns heute lehren. Aber wie? Und können die Menschen sie hören? Bei einem Vortrag mit dem Thema »Die intuitive heilende Kraft der Sexualität«, den ich vor einer Gruppe von Ärzten hielt, nahm ich all meinen Mut zusammen und brachte zum Schluss das Konzept der heiligen Prostitution zur Sprache. Ich fragte: »Was kann uns die Priesterin heute hinsichtlich der Behandlung unserer Patienten zeigen?« Damit wollte ich nicht vorschlagen, dass Ärzte Sex mit ihren Patienten haben sollen, sondern dass wir unseren

Patienten helfen sollten, eine positive Sexualität zu entwickeln, und dass wir Ärzte ihnen ein gesundes Vorbild sein müssen. Wenn Ärzte sich in ihrem Körper wohl fühlen, spüren die Patienten das. Wenn wir ohne Schwierigkeiten sexuelle Themen diskutieren können, wird es auch den Patienten leichter fallen, über diese Dinge zu reden. Doch vor allem wenn Ärzte (oder andere Heiler) die Verbindung zwischen Sexualität und Seele verstehen, können wir Patienten erziehen und ein Beispiel für diejenigen sein, die sich eine solche Integration wünschen. Wenn wir eine ausgeglichene Sexualität besitzen, strahlen wir auf einer energetischen Ebene eine Schwingung aus, ähnlich einer Stimmgabel, die andere spüren und der sie nacheifern können.

Die Botschaft meines Vortrags: Die Art und Weise, wie wir mit unserer Sexualität umgehen, kann anderen Menschen helfen, gesund zu werden. Die Reaktion der Zuhörer auf diesen Vorschlag erstaunte mich. Vor allem viele Urologen und Gynäkologen – Männer wie Frauen – wollten mehr wissen: »Welche Bücher kann ich dazu lesen? Wer sind die führenden Kapazitäten in diesem Bereich?« Ein Arzt sagte mir: »Die Beschäftigung mit der Sexualität ist sowohl etwas, das ich in meinem eigenen Leben vernachlässigt habe, als auch ein Teil der Patientenfürsorge, nach dem ich gesucht habe.«

Im Bereich unserer Sexualität können wir alle gleichzeitig Heiler sein und geheilt werden. Während des Akts der körperlichen Liebe haben Leidenschaft und Zärtlichkeit eine gesundheitsfördernde Wirkung auf Sie und Ihren Partner. Anspannung löst sich. Sorgen verschwinden. Die Lebenskraft kehrt zurück. All dies sind die Vorteile erotischer Erlebnisse. Doch auch umfassendere Heilung ist möglich. Sie werden den therapeutischen Effekt sexuellen Erlebens erkennen, wenn Sie zum Beispiel die Vielzahl unterschiedlicher Orgasmen ausprobieren, die ich beschreiben werde. Außerdem werden Sie lernen, sexuelle Energie intuitiv (allein oder mit einem Partner) zu bestimmten Organen zu leiten, um Symptome von Rückenschmerzen bis hin zur Depression zu beseitigen. Der mitfühlende Energieaustausch während des Liebesakts kann das Heilsystem in unserem Inneren aktivieren und sogar helfen, Krankheiten zu lindern. Wenn Sie zulassen, sich von Ihrer Sexualität auf vielen Ebenen durchdringen zu lassen, verleiht das allem, was Sie tun, gesteigerte Vitalität und Freude.

Sie sind die Göttin. Sie sind der Gott. Wenn Sie also jemanden lieben, versuchen Sie nicht, diese Sehnsucht zu zähmen. Ob Mann oder Frau, auch Sie können die überlieferten Künste der Tempelpriesterinnen anwenden. Selbst in unserer wenig spiritualisierten Welt steht Ihnen eine jahrtausendealte Macht zur Verfügung, wenn Sie Ihre Sexualität demütig und von Herzen kommend bewusst einsetzen. Benutzen Sie sie. Genießen Sie sie. Unterschätzen Sie nicht den Kraft spendenden sexuellen Instinkt, der Ihnen eigen ist.

Erster Schritt. Achten Sie auf Ihre Glaubenssätze!

Wenn es um sexuelle Heilung geht, bedenken Sie die vielen Möglichkeiten: die Art und Weise, wie Sie jemanden anlächeln, wie Sie Ihren Körper sehen; Ihre Bereitschaft zur Leidenschaft; Ihre Fähigkeit, Leidenschaft zu übertragen. Gelebte Sexualität ist ein Geben und Empfangen. Leidenschaft ist überall. Machen Sie sich zu einem Gefäß, doch vergessen Sie nicht: Sie mögen ein technischer Virtuose sein, doch wenn Ihr Herz nicht bei der Sache ist, können Sie mit Ihrer sexuellen Kraft weder wirklich heilen noch geheilt werden.

Ein Film über Sinnlichkeit als Therapie, den ich besonders liebe, ist Bernardo Bertoluccis *Stealing Beauty.* Er beschreibt den Übergang eines jungen Mädchens zur Frau, während sie die Künstlerfreunde ihrer verstorbenen Mutter in einer italienischen Villa besucht. Ich liebe den Film, weil alle Charaktere, unabhängig von ihrem Aussehen oder ihrem Alter, als sinnlich dargestellt werden – selbst ein Schriftsteller (gespielt von Jeremy Irons), der unheilbar an Krebs erkrankt ist. Er wird der Vertraute des Mädchens, seine Leidenschaft für das Leben ihr Vorbild und ihre Inspiration. Einen sterbenden Mann als erotisch zu porträtieren, ist revolutionär. Obwohl er durch die Chemotherapie seine Haare verloren hat und ständig an einen Tropf angehängt ist, ist man als Zuschauer von seiner sinnlichen, fürsorglichen Aura betroffen. Während er langsam dahinsiecht – in einer erotisch üppigen Landschaft anstatt in einem sterilen Krankenhauszimmer –, erwacht die Sexualität des Mädchens. Wer wen heilt und warum, ist eine Geschichte voller Komplexität und Anmut.

Die heilenden Eigenschaften der Sexualität und Sinnlichkeit stehen jedem zur Verfügung – ob Sie 20, 40 oder 80 Jahre alt sind, ob Sie krank sind oder sogar kurz vor Ihrem Tod stehen. Benutzen Sie Ihre Sexualität und Sinnlichkeit, um den anderen zu trösten oder zu stärken. Bei der Erotik ist auch wenig sehr wirkungsvoll. Sie kann Intuitionen hervorrufen. Wussten Sie, dass Sie durch eine bloße Berührung in einem anderen Menschen eine Erkenntnis wecken können? Ihre positive Energie kann die eines anderen Menschen verstärken. Sinnlicher Austausch ist nicht nur das, was Sie tun, sondern er ist die Liebe, mit der Sie es tun.

Sexualität kann auch Personen energetisieren, die keinen Geschlechtsverkehr haben, selbst jene, die sich der Keuschheit verschrieben haben. Vor einiger Zeit kam nach einem Vortrag eine völlig aufgelöste Nonne in vollem

Ornat zu mir, die mein Buch *Jenseits der Angst* gelesen hatte. Sie sagte: »Nachdem ich die von Ihnen empfohlenen Meditationen mache, ist meine Intuition besser geworden. Doch habe ich etwas sehr Beunruhigendes erlebt. Ich bin plötzlich überschwemmt von sexuellen Gefühlen! Was soll ich nur tun?« – ein rührendes Dilemma. Ich versicherte ihr: »Es ist nur natürlich, wenn das Sichöffnen in der Meditation sexuelle Gefühle auslöst. Doch Sie müssen Sie nicht in die Tat umsetzen. Lassen Sie sie einfach durch sich hindurchfließen.« Verständlicherweise war die Nonne erleichtert, als sie dies hörte.

Wenn Sie glauben, dass es eine Verbindung zwischen Spiritualität, Sexualität und Heilung gibt, wird sich das eine organisch aus dem anderen entwickeln. Während Sie meditieren, durch einen duftenden Garten wandeln, im warmen Wasser der Karibik baden oder mit jemandem schlafen, erlauben Sie Ihrem Körper, diese luxuriösen Aktivitäten voll aufzusaugen. Positive Energie aufzunehmen und zuzulassen, dass sie sich verwandelt, fördert die Gesundheit. Ihr Entzücken öffnet die Tore für Leidenschaft. In der alten jüdischen Haggadah gibt es eine wunderbare Redensart: »Wir werden zur Verantwortung gezogen für all die erlaubten Wonnen, die wir zu genießen versäumt haben.«

Die Suche nach Ekstase kann jedoch auch falsch ausgelegt werden, wie beispielsweise bei der Sucht nach Sex. Ich habe sowohl Männer als auch Frauen behandelt, die unter diesem quälenden Problem gelitten haben. Nichts daran hat irgendetwas mit Vergnügen zu tun. Indem sie sich nach schönen Gefühlen verzehren, nur um eine Leere zu füllen, sind Sexsüchtige ständig auf der Suche nach neuen Partnern. Die Befriedigung kann Sekunden oder Minuten andauern, dann ist sie vorbei. Einer meiner Patienten, ein 30-jähriger erfolgreicher Geschäftsmann, verschlang gierig die »Massage«-Anzeigen in Zeitungen oder fuhr den Hollywood Boulevard entlang, um Prostituierte zu finden. Er gab zu: »Ich habe Sex mit einer Frau und fantasiere dabei schon über die nächste.«

Sexsüchtige sind verwirrt. Sie glauben, dass sie auf der Suche nach Sex sind, doch ihr Hunger ist in Wahrheit spiritueller Natur. Wenn physische Ekstase aus einer göttlichen Quelle kommt, müssen sie zuerst nach dem Göttlichen schauen, um sie zu finden. Es überrascht nicht, dass eine oft angewandte Behandlungsform für Sexsüchtige *Sex and Love Addicts Anonymous (SLA)* ist, ein auf spirituellen Prinzipien basierendes Zwölf-Schritte-Programm. Das Ziel ist, Süchtigen Werkzeuge in die Hand zu geben, mit denen sie alleine eine höhere Macht finden können und nicht der Versuchung anheim fallen, sich von anderen Menschen oder äußeren Dingen »reparieren« zu lassen. Durch das Ersetzen sexueller Besessenheit durch eine Suche nach dem Geistigen kultivieren Sexsüchtige die Suche nach Ekstase. Und wenn sie erst einmal die geistige Verbindung hergestellt haben, können sie mit diesem Gespür für Ganzheit ihre Sehnsucht nach Intimität auf eine andere Ebene bringen.

Sexuelles Wohlbefinden bedeutet die Einheit von Seele, Körper und Geist. Wenn diese drei Aspekte im Gleichgewicht sind, strahlen Sie wie die Sonne. Wenn einer dieser Teile abgetrennt ist von den anderen, wird jedes sexuelle Erlebnis Sie unbefriedigt lassen. Eine meiner Patientinnen, 19 Jahre alt, sagte über einen One-Night-Stand: »Nachdem wir Sex hatten, wollte ich nur noch nach Hause gehen. Zwischen uns war gar nichts, ein schreckliches Gefühl.« Obsessiver, gefühlloser oder obligatorischer Sex kann nie heilend sein. Nur durch Liebe ist Heilung möglich. Lassen Sie sich von der Liebe in Ihren Ansichten und Handlungen motivieren.

Künstler ersetzen unsere verstaubten Konzepte über Sexualität durch eine erhabenere Vision. Eine Frau, die sich besonders mutig für einen Paradigmenwechsel einsetzt, ist die New Yorker Regisseurin erotischer Filme und Sexpädagogin Candida Royale. In Erwiderung der Kurzsichtigkeit hinsichtlich der Zurschaustellung von Körperteilen in pornografischen Filmen beschreibt sie, was von einer spirituell-weiblichen Perspektive aus als erotisch gilt. Sie erklärt: »Frauen wollen Sex in einer Weise dargestellt sehen, die ihn schön erscheinen lässt, echt … Sie wollen sehen, wie sich Zärtlichkeit zwischen den Partnern entwickelt.« Keine »Unterleibsbilder« oder Nahaufnahmen von triumphierenden Ejakulationen. »Frauen finden das widerlich«, bestätigt sie. »Meine Filme konzentrieren sich auf die Beziehung zwischen den Personen im Gegensatz zu einer Reihe von mechanischen Akten.« Ihrem eigenen spirituellen Wachstum verpflichtet, bringt Candida diese Sensibilität in ihre Kunst und in ihre Funktion als Sexpädagogin ein. Ihre Arbeit hat bei Medizinern großes Interesse ausgelöst. Der Saal war voll, als sie eine Rede vor der *American Psychiatric Association* hielt mit dem Thema »Das Kreieren erotischer Filme, die positive sexuelle Vorbilder von einem weiblichen Standpunkt aus präsentieren«. Candidas Arbeit heilt, indem sie ein Modell anbietet, das Erotik mit Intimität gleichsetzt. Das spricht Frauen an und lädt Männer ein, sich auf umfassendere Aspekte der sexuellen Erfahrung einzulassen.

Ich habe Candida Royales Arbeit mit eigenen Augen gesehen. Sie hatte mich zu den Dreharbeiten eines ihrer Filme eingeladen. Ich wollte einen nicht ausbeuterischen (in ihren Worten »sexpositiven«) Umgang mit der männlichen und weiblichen Sexualität erleben. Da saß ich also – ein wenig verlegen, muss ich zugeben – direkt am Fuß des Bettes, als die Kameras anliefen und ein Ehepaar (beide Pornostars!) sich liebte. Ich konnte alles sehen und schaute genau zu. Intuitiv stimmte ich mich auf die beiden ein. Ich bemerkte, dass Candida durch ihr Wissen um Energie einen besonderen, aus dem Herzen kommenden Ton einsetzte. Hier herrschte nicht der schäbige, von niederen Instinkten getriebene, stereotypische Umgangston gängiger Pornoproduktionen. In ihrer Funktion als Regisseurin verstärkte sie die erotische Anziehung des Paares, indem sie die Vertrautheit der beiden zueinander hervorhob. Diese elektrisierende Sinnlichkeit schien intuitiv richtig zu sein. Mein Gefühl der Verlegenheit verschwand, und als ich ging, fühlte ich mich weiblicher und erotischer – für mich ein Zeichen dafür, dass ich etwas Wertvolles und Heilendes erlebt hatte.

Ich betrachte Candida Royales Wertsetzungen als Teil einer neuen Sexualität, die sowohl das Männliche als auch das Weibliche in uns zelebriert. Männer und Frauen können einander erleuchten. Verschieden oder ähnlich, wir sollten uns bemühen, unsere gegenseitigen Veranlagungen so gut wie möglich zu verstehen. Die weiblichen Yin-Eigenschaften sind Empfänglichkeit, Intuition, Fließen und mondgleiche Verzückung. Das männliche Yang-Element ist der Hunger, etwas zu erreichen und zu erobern. Jeder von uns trägt alle diese Aspekte in sich. Bringen Sie Ihre weibliche und männliche Seite zusammen, teilen Sie sie mit Ihrem Geliebten. Das ist die Basis sexuellen Wohlbefindens.

Fragen zum Nachdenken

- Haben Sie Sexualität als heilend erfahren? Was haben Sie dabei als physische, emotionale und spirituelle Vorteile empfunden?
- Haben Sie jemals während des Liebesakts vorausahnende Eindrücke oder inneres Wissen über Ihren Partner gewonnen, das sich als richtig herausstellte? Ist Ihnen klar, dass sexuelle Nähe Ihr intuitives Verhältnis zueinander verbessert?

- Welche Aspekte erotischer Spielereien (Videos, Hilfsmittel etc.) empfinden Sie als stimulierend? Sind Sie bereit, zu experimentieren und herauszufinden, wie Spiritualität und Sexualität zueinander passen?

Zweiter Schritt. Nehmen Sie Ihren Körper bewusst wahr!

In Ihrem Körper existieren erogene Zonen, von denen Sie vielleicht nichts wissen und die darauf warten, entdeckt zu werden. Viele Menschen tappen ihr ganzes Leben lang im Dunkeln. Niemand sagt uns, wie wir diese erogenen Zonen finden können. Manche glauben sogar, dass es sie gar nicht gibt. Im Laufe der Jahre haben Feministinnen und Sexualwissenschaftler fieberhaft debattiert. Gibt es sie wirklich? Wie können wir sie finden? Welche Rolle spielen sie? Mithilfe Ihrer Intuition und dem Wissen, dass auch unser Körper spiritueller Natur ist, bitte ich Sie, selbst danach zu suchen. Unser Fokus ist dabei der rätselhafte Bereich des Orgasmus.

Was ist ein Orgasmus? Zunächst der physiologische Aspekt: Sie fühlen, sehen, hören, schmecken oder riechen etwas, das Sie sexuell erregt. Sind Sie eine Frau, schwillt Ihre Vagina an und wird feucht; Ihre Muskulatur kontraktiert. Wenn Sie ein Mann sind, fließt Blut in Ihren Penis, was zu einer Erektion führt, Samen wird ausgestoßen. Sie empfinden Wonne. Jenseits des Physischen erfüllt Sie der Orgasmus jedoch mit göttlicher Ekstase, Physiologie ist lediglich das Leitungskabel dieser Empfindungen.

Von einem intuitiven Blickpunkt aus betrachtet, gehört Ihr Orgasmus während des Liebesakts nie nur Ihnen allein. Energie wird auf Ihren Partner übertragen und beeinflusst sein Gefühl von Wohlbefinden und Gesundheit. Ein Orgasmus ist das Intensivieren und Übertragen reiner Lebenskraft; seine Qualität hat für beide Geschlechter therapeutische Implikationen. An dieser Stelle möchte ich über den weiblichen Orgasmus als eine Chance für Männer und Frauen sprechen, die Heilung zu erfahren, die Sexualität bringen kann.

Es geht um das uralte Rätsel: Sind weibliche Orgasmen klitoral oder vaginal? Es ist wichtig, dies zu wissen; es erweitert Ihre Möglichkeiten des Genießens. Darüber hinaus veranschaulicht es, auf welche Weise verschiedene Arten von Orgasmen gesundheitsfördernd sind. Die Funktion weiblicher Sexualität als Transformator hängt von dem Verständnis über die Möglichkeiten des Körpers ab.

Was enthüllen die historischen Diskussionen über dieses Thema? Die Meinungen sind seit jeher auseinander gegangen, was zur Verwirrung geführt hat. Im Jahre 1944 entdeckte der Gynäkologe Ernst Grafenberg den G-Punkt, womit er den Vaginalorgasmus in Amerika legitimierte. Von da an ging man allgemein davon aus, unterstützt von Freuds Theorien, dass reife Frauen vaginale und unreife Frauen klitorale Orgasmen haben. Dann nahm in den späten 60er-Jahren die feministische Bewegung ihren Anfang. Jetzt wurde die Überlegenheit der Klitoris wieder eingeführt. Männer wurden beschuldigt, vaginale Orgasmen zu propagieren, um Frauen abhängig zu halten. Zur gleichen Zeit kamen die Wissenschaftler William Masters und Virginia Johnson zu dem Schluss: »Alle Orgasmen sind in der Klitoris angelegt.« Erst im Jahre 1983 wurde die Vorrangstellung des vaginalen Orgasmus durch den Bestseller *The G-Spot* wieder geboren, doch das Buch wurde sowohl von Feministinnen als auch von Ärzten angegriffen. Schließlich hat sich die Wissenschaft geeinigt. Ein im Jahre 1999 in den *Psychiatric Annals* erschienener Artikel erklärt: »Frauen können aufgrund vaginaler Stimulation einen Orgasmus erreichen.« Gegenwärtig gilt dies als akzeptierte Tatsache. Doch warum ist vielen meiner Patienten diese Tatsache und ihre Bedeutung für sie noch immer nicht bewusst?

Natürlich gab es seit jeher auch eine andere Möglichkeit, diese Situation zu verstehen. Die viele tausend Jahre alte Tradition des Tantra hilft weiter. Wie ich bereits erwähnt habe, erhebt dieses spirituelle System der Hindus sexuelle Liebe zu einem heiligen Ereignis. Es beschreibt detailliert die richtigen Einstellungen und Techniken, die Liebende ausüben können, um intime Vereinigung und erotische Ekstase zu erleben. In einem Wochenendseminar von Charles und Caroline Muir wurde mir zum ersten Mal gezeigt, wie diese Lehren anzuwenden sind. Allein die Ausdrucksweise der beiden öffnete mir die Augen. Sie benutzten die Sanskritbegriffe *yoni* und *lingam,* heiliger Raum und Stab des Lichts. Denken Sie vergleichsweise an den abfälligen Jargon, der in der englischen und deutschen Sprache hinsichtlich der männlichen und weiblichen Anatomie weit verbreitet ist. Die Nomenklatur des Tantra geht von einer wesentlich anderen sexuellen Vision aus.

In der Antike wurden Studenten in den vielfältigen Disziplinen des Tantra und der Kunst der Liebe unterrichtet, angefangen von verschiedenen Methoden des Küssens bis zu den Vorteilen jeder einzelnen sexuellen Stellung. In unserer heutigen, westlichen Kultur wird den jungen Menschen jedoch nur selten ein positiver, sachdienlicher Unterricht in der Erotik zuteil. Ich erinnere mich, wie ich in der Highschool einen verschwommenen Beitrag in der Wochenschau über die Schrecken von Geschlechtskrankheiten gelesen habe. Sie wurden als echte Bedrohung dargestellt, doch das ist nur die halbe Wahrheit. Es steht uns zu, mehr über Freude, Genuss, Liebe und nicht ausschließlich über sexuell übertragene Krankheiten informiert zu werden. Männer und Frauen können einer des anderen Lehrer werden und lernen, die schlummernde sexuelle Energie im anderen zu entfachen. Tantra ist ein guter Ausgangspunkt dafür.

Vielleicht sind Sie, genau wie ich, von dem Versprechen fasziniert, »neue« erogene Zonen zu entdecken. Ein Höhepunkt des Muir-Seminars war die Erklärung, wie man den »heiligen Punkt« (beziehungsweise G-Spot) finden kann. Ich hatte schon davon gehört, doch noch nie einen Vaginalorgasmus erlebt. Charles Muir sagte über den heiligen Punkt: »Jede Frau bedarf in diesem Bereich der Heilung, egal, wie gut sie sich zu kennen glaubt.« Caroline fügte hinzu: »Die meisten Frauen haben Traumata in diesem Bereich … Infektionen oder Abtreibungen, Schwangerschaft, Krebs, Sex, den sie nicht wollten, Sex, der wehtat.« Wunden setzen sich in der Yoni fest und betäuben sie. Daher besteht ein therapeutischer Vorteil der »Massage des heiligen Punktes« in einer Klärung der Vergangenheit, die durch den Vaginalorgasmus ermöglicht wird.

Bevor sie uns alle nach Hause schickten, um die Übung mit einem Partner vorzunehmen, erklärten Charles und Caroline den Vorgang. Schaffen Sie sich eine angenehme Stimmung: Blumen Kerzenlicht, Räucherstäbchen. Um sich vorzubereiten, kann die Frau ein wohlriechendes Bad nehmen, wobei der Mann sie auf eine sinnliche Art wäscht und abtrocknet. Die Haltung der Frau: Seien Sie ganz und gar empfänglich; gestatten Sie sich zu genießen. Geben Sie allen Emotionen ungehindert Ausdruck. Die Haltung des Mannes: Betrachten Sie dies als eine Gelegenheit, »der Göttin zu dienen« und nicht Geschlechtsverkehr zu haben, agieren Sie als Heiler, der die weibliche Kraft erweckt. Unweigerlich fragte einer der anwesenden Männer: »Wollen Sie damit sagen, dass wir nichts zurückbekommen?« Charles antwortete: »Versuchen Sie es einmal. Indem Sie einer Frau Wonnen verschaffen, erhalten Sie vielleicht alles, was Sie wollen, und mehr.« Der heilige Punkt befindet sich am oberen Teil der Vagina, zwischen der Öffnung und dem Gebärmutterhals (siehe Abbildung 2). Er umfasst ein paar Zentimeter, der Bereich kann sich verlagern und vergrößern. Der Mann stimuliert den Punkt mit seinem Finger, während die Frau sich entspannt.

Diese Nacht war eine Offenbarung für mich. Ich ging mit Zweifeln an die Sache heran. Existiert ein solcher Punkt überhaupt? Was ist, wenn ich keinen habe? Was ist, wenn mein Partner ihn nicht finden kann? Dies sind natürliche Befürchtungen, die Sie unter Umständen auch haben. Als mein Partner diesen Bereich zum ersten Mal berührte, fühlte ich nur einen vagen Schmerz. Doch mein Liebhaber war geduldig. Er ließ nicht nach und tastete sich empfindsam vor. Das Erwachen sexueller Lust braucht oft Zeit; vielleicht geschieht es nicht sofort oder beim ersten Versuch. »Wird es dir langweilig?«, fragte ich ihn nach ungefähr einer Stunde. »Nein«, versicherte er mir lächelnd. Und so machten wir weiter.

Schließlich begann in meinem Innersten eine Sonne zu erglühen. Heller und immer heller schien die Sonne und wärmte alles Weibliche in mir. Das Licht pulste von meinen Genitalien ausgehend durch meinen ganzen Körper. Dann erfolgte das Ausstoßen einer klaren Flüssigkeit (*Amrita,* in Sanskrit »göttlicher Nektar«), von der man annimmt, dass sie von den bartholinischen Drüsen der Vagina produziert wird. In diesem Augenblick war ich nicht allein in meinem ehrfürchtigen Staunen. Mein Partner empfand das gleiche ehrfürchtige Staunen. Die Wonne zu sehen, die er gab, und sie selbst zu spüren, bereitete ihm ganz offensichtlich großen Genuss. Er war der Heiler, ich war die Empfängerin. In jener Nacht wurde ein strahlender Aspekt meiner Sexualität geboren, ein Ort weiblicher Stärke. Jetzt, wo ich weiß, wie sich mein heiliger Punkt anfühlt, werde ich es nie wieder vergessen. So ist es mit dem

Diagramm des heiligen Punktes (G-Spot)

Am oberen Teil der Vagina

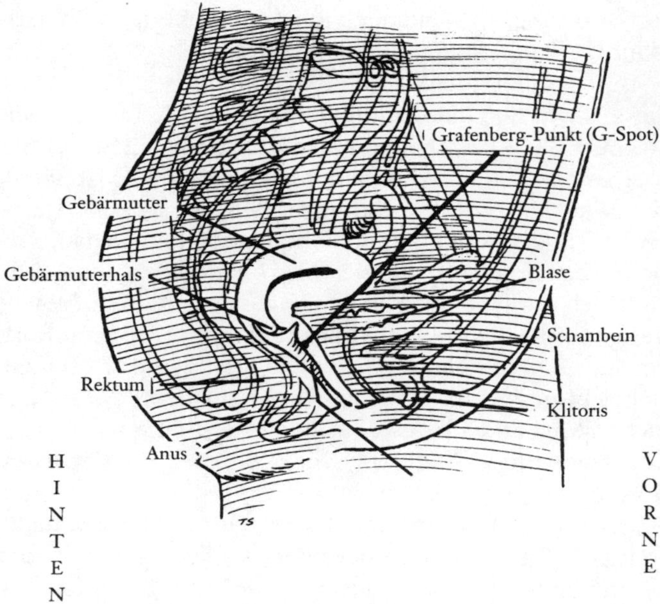

Abbildung 2 *Weibliche sexuelle Anatomie (innerlich)*

sexuellen Erwachen, oft ist das Schwierigste dabei, es zum ersten Mal zu erleben.

Ich möchte Ihnen noch mehr zeigen. Die Struktur, die ich für das Erlangen der richtigen Haltung, Stimmung und Technik beschrieben habe, ist ideal. Da es für eine Frau anatomisch schwierig ist, den heiligen Punkt anfangs selbst zu lokalisieren, rate ich Ihnen, mit einem Partner zu üben. Das Aktivieren dieses Bereichs erfordert unter Umständen die liebevolle Berührung eines anderen. Danach kann eine Frau diesen Punkt dann leichter selbst finden.

Während des Orgasmus stoßen manche Frauen sehr viel »göttlichen Nektar« aus; bei anderen tritt der Orgasmus ohne dieses Phänomen ein. Physiologien variieren: Jede Frau muss selbst herausfinden, wie ihr Körper reagiert. Wenn Sie diese Übung machen, nehmen Sie sich mindestens ein paar Stunden Zeit. Setzen Sie sich nicht unter Zeitdruck. Das Ziel besteht darin, den heiligen Punkt zu finden und nicht Geschlechtsverkehr zu haben. Gehen Sie mit Ehrfurcht vor der Erotik und voreinander an diese Übung heran.

Den heiligen Punkt finden

Bereiten Sie sich eine sinnliche Umgebung, warm und beruhigend: weiches Licht, frische Laken, vielleicht ein Strauß Blumen. Die Frau liegt auf dem Rücken auf einer bequemen Couch, im Bett oder auf Kissen am Boden. Ihr Partner sitzt oder kniet neben ihr. Nehmen Sie sich einen Moment Ruhe, um sich aufeinander einzustimmen. Schauen Sie einander in die Augen. Dann, wenn Sie beide bereit sind, steckt der Partner sanft einen gut befeuchteten Finger in die Vagina der Frau und stellt sich dabei ein Licht vor, das von einer Person zur anderen fließt. Dann tastet er mit seinem Finger vorsichtig tiefer, bis er den oberen Teil der Vagina zwischen dem Schambein und dem Gebärmutterhals berührt. Sanft massiert er mit dem Finger den zirka sechs Zentimeter großen Bereich, der sich im Zustand der Erregung schwammig oder wie eine winzige Schwellung anfühlt. Viele Frauen verspüren dabei das Bedürfnis, Wasser zu lassen, selbst wenn die Blase leer ist – eine Reaktion, die oft schnell erotischer Erregung weicht. Wenn die Frau Beschwerden verspürt, muss die Berührung sanfter werden, doch sollte der Partner mit dem Massieren des Punkts weitermachen, nachdem er vorübergehend damit aufgehört hat. Die Frau sollte sich allen Empfindungen öffnen, jedoch nichts erzwingen wollen. Achten Sie auf Bereiche, die Ihnen Wonne bereiten, aber auch auf jene, die eher gefühllos sind. Experimentieren Sie mit verschiedenen Handstellungen und Druckstärken. Sagen Sie Ihrem Partner, was sich gut anfühlt. Konzentrieren Sie sich nicht ausschließlich auf einen Orgasmus. Wenn der richtige Moment kommt, kann eine Frau einen oder mehrere Orgasmen haben, die ihren ganzen Körper umfassen. Sie mag lachen, weinen, Vergangenes wieder erleben. Erlauben Sie allem, das sich in Ihnen entwickelt, zu fließen. Das hat einen reinigenden Effekt und verstärkt die Ekstase.

Diese Übung sollte wiederholt werden, damit sie vertrauter, spielerischer und zu einer spirituellen Praktik wird. Sie versetzt eine Frau in die Lage, einen Teil von sich selbst zu entdecken, von dessen Existenz sie bisher nichts wusste. Sie macht dem Mann die Macht des Weiblichen zugänglich, die auch ihn heilt. Ein Gefühl der Starrheit in beiden Partnern schmilzt dahin. Sie fühlen Freude, Wonne, Wohlbefinden. Gehen Sie zärtlich vor. Ein Orgasmus kann sowohl emotionale Befreiung bringen, negative Energie entladen, Traumata herausspülen als auch ekstatische Wonne schenken.

Der Partner kann als sexueller Heiler agieren. Der Film *Bliss* erzählt von einem Ehemann, der seiner Frau bei der Heilung des Traumas eines sexuellen Missbrauchs in ihrer Kindheit hilft. Mit der Hilfe eines tantrischen Lehrers lernt er, dass Sexualität eine Würdigung des Physischen und ein Teilen des Herzens ist. Der Lehrer sagt ihm: »Demjenigen, der den Körper nicht akzeptiert, ist es unmöglich, Ekstase zu erleben. Ein Orgasmus allein ist keine sexuelle Erfüllung, obwohl ein Orgasmus Glückseligkeit bedeutet.« Der Ehemann macht sich Techniken zu Eigen, die dem Liebesakt mit seiner Frau etwas Heiliges geben. Indem er dies tut, erweckt er auf erotische Weise Bereiche des Körpers seiner Frau und die beunruhigenden Erinnerungen, die dort gespeichert sind. Die Erinnerungen bringen ihr zunächst emotionalen Schmerz, doch schließlich die Freiheit. Seine Handlungen initiieren eine Heilung in seiner Frau, die traditionelle Analyse allein nicht hatte zustande bringen können.

Stellen Sie sich den Körper einer Frau als Energie vor. Während des Orgasmus kann diese Energie auf eine andere Art mobilisiert werden. Klitorale Orgasmen haben eine bestimmte Qualität, vaginale Orgasmen eine andere. Beide sind was Wunderbares und können durch Selbstbefriedigung oder mit einem Partner die Gesundheit einer Frau ins Gleichgewicht bringen. Wenn eine Art von Orgasmus fehlt, bedeutet dies, dass die Fülle der Möglichkeiten im Körper einer Frau nicht genutzt wird.

Dritter Schritt. Erspüren Sie das energetische Potenzial Ihres Körpers!

Jetzt wollen wir den männlichen Orgasmus erforschen. Ich möchte Ihnen eine neue Denkweise von einer energetischen Perspektive aus anbieten. Der männliche Orgasmus beinhaltet viele Geheimnisse; er hat therapeutischen Wert sowohl für den Mann als auch für seine Partnerin. Er stellt einen physischen Akt dar, der die normale, gesellschaftlich akzeptierte Definition des männlichen Orgasmus transzendiert. Allgemein ist der männliche Orgasmus gleichbedeutend mit Männlichkeit und sexueller Potenz. Wir gehen davon aus, dass die Potenz umso größer ist, je mehr Orgasmen ein Mann erzielt, und dass es der einzige Zweck des Liebesakts ist, den sexuellen Höhepunkt zu erreichen. Das impliziert einen Druck, es richtig machen zu müssen. In der westlichen Welt glaubt die Frau wahrscheinlich auch dann, wenn sie selbst keinen Orgasmus bekommt, dass der Mann einen haben sollte.

Die Philosophie des Tantra bietet eine radikale Alternative dazu. Männliche sexuelle Kraft, Ausdauer und Intensität sexuellen Erlebens mit einer Partnerin kann verstärkt werden, ohne dass Viagra zum Einsatz kommen muss. Denken Sie um. Tantra betrachtet erotische Energie als einen Rohstoff, den man ansammeln und nicht gedankenlos verschwenden sollte. In der westlichen Kultur wird voreilig angenommen, dass die sexuellen Reserven eines Mannes unbegrenzt sind. Tantra sieht das nicht so. Dabei handelt es sich nicht um eine negative Betrachtungsweise der Männlichkeit; vielmehr ist es das Erkennen natürlicher Phasen und Rhythmen. Machen Sie sich an dieser Stelle noch einmal den Unterschied zwischen den Geschlechtern bewusst: Frauen fühlen sich nach dem Sex in der Regel gekräftigt, während Männer oft erschöpft einschlafen. Die tantrische Erklärung dafür ist, dass der Samen die Lebenskraft eines Mannes enthält. Wenn er ausgestoßen wird, kann der Mann sich erschöpft fühlen. Wenn der Samenvorrat sich im Laufe der Zeit nicht immer wieder regenerieren kann, wirkt sich das negativ auf den Körper des Mannes aus. Männliche Jugendliche, deren Reserve noch unangetastet ist, haben normalerweise keine derartigen Schwierigkeiten. Doch wenn ein Mann älter wird, kann sich das unter Umständen ändern. Er braucht länger, um eine Erektion zu bekommen oder einen Orgasmus zu erreichen. Die Menge des Ejakulats ist geringer und es vergeht mehr Zeit, bis er erneut einen Höhepunkt erreichen kann. Sind das die normalen Zeichen des Älterwerdens? Nein, sagt das Tantra, es sind Anzeichen von Energieverlust.

Und hier ist die brillante Lösung, die das Tantra bereithält: Männer können einen Orgasmus erleben ohne äußere Ejakulation. Für die meisten von uns ist das völlig unverständlich. Wie kann das möglich sein? Wie oft kann man das tun? Was sind die Vorteile? Tantra beschreibt den Orgasmus als eine innere Explosion erotischer Energie. Die Ejakulation ist ihre äußere Entsprechung. Das eine muss nichts mit dem anderen zu tun haben. Wenn daher ein Mann die subtilen Energien seines Körpers verlagert, kann er lernen, einen Höhepunkt zu erreichen, ohne seine »Lebenskraft« auszustoßen. Tantra empfiehlt, dass ein Mann sich während der körperlichen Liebe mindestens jedes vierte Mal vor dem Ejakulieren zurückhalten sollte. Dadurch wird Energie angesammelt, Erschöpfung vermieden und der Orgasmus zu einem Erlebnis, das bewusst gewählt wird.

Viele tantrische Lehrer, einschließlich Charles und Caroline Muir, empfehlen einen besonderen Aktionsplan. Seien Sie geduldig. Gehen Sie langsam voran. Wie bei jedem Versuch, eine neue Aufgabe zu bewältigen, erlauben Sie sich genug Zeit zur Übung. Die Technik, die ich beschreiben werde, kann angewendet werden, wenn Sie mit Ihrem Sexleben zufrieden sind, doch noch mehr wollen; oder wenn Sie unzufrieden sind und sich besseren Sex wünschen. Sie sollte wiederholt geübt, verfeinert und Ihren eigenen Wünschen und Bedürfnissen angepasst werden. Außerdem ist sie ganz einfach – eine sehr elementare Version einer hoch entwickelten Lehre. Diejenigen von Ihnen, die auf diesem Weg weiter gehen wollen, können sich der umfangreichen Literatur über Tantra bedienen (siehe Literaturhinweise).

Das Erreichen eines Orgasmus ohne äußere Ejakulation

1. Kräftigen Sie Ihren PC-Muskel.

Der PC-Muskel unterstützt sowohl bei Männern als auch bei Frauen die sexuellen Organe und kontraktiert während des Orgasmus. (Es ist der Muskel, der das Urinieren stoppt, wenn man ihn zusammenzieht.) Um Ihren PC-Muskel zu kräftigen, versuchen Sie reglmäßig, ihn während des Wasserlassens zusammenzuziehen und absichtlich den Urinstrom anzuhalten. Sie können dies auch zu anderen Zeiten probieren. Üben Sie mindestens 20 Sekunden lang mehrmals am Tag. Ein gut ausgebildeter PC-Muskel verhilft dem Mann zu einer starken Erektion und gibt ihm die erforderliche Kontrolle, um den Orgasmus von der Ejakulation zu trennen. Während des Liebesakts sollten Sie Folgendes versuchen: Wenn der Mann sich seinem Höhepunkt nähert, halten beide Partner mit ihren Bewegungen inne. Gleichzeitig versucht der Mann, seinen PC-Muskel anzuspannen, während er ruhig bleibt und sich zentriert.

2. Kontrollieren Sie Ihren Atem.
Wenn der Orgasmus naht, wird der Atem schneller. Während der Mann auf seinen Höhepunkt zusteuert, sollte er seinen Atem verlangsamen und tiefer ein- und ausatmen. Das wird ihm helfen, sexuelle Energie von den Genitalien zu anderen Bereichen des Körpers zu lenken. Einige erfahrene Yogis können ihren Orgasmus allein durch Atemkontrolle regulieren. Der Mann verlangsamt seine Atmung; seine Partnerin atmet in Übereinstimmung mit ihm, wodurch eine intime Vereinigung entsteht, die sowohl intuitiver als auch physischer Natur ist.

3. Leiten Sie Ihre Energie nach oben.
Der Mann fühlt, wie die Welle des Orgasmus in ihm ansteigt. Er stellt sich vor, wie sie eine Kehrtwendung weg von seinen Genitalien macht und stattdessen in den Oberkörper strömt. Während er dies tut, visualisiert auch seine Partnerin, wie seine Energien aufsteigen. Während ein Gefühl großer Wonne sich ausbreitet, empfindet der Mann eine umfassende erotische Lebendigkeit. Jeder Zentimeter

seines Körpers ist erregt. Manche nennen das den »totalen Körperorgasmus«. Doch machen Sie sich keine Sorgen, wenn eine derartige Intensität sich nicht sofort einstellt oder die Erektion teilweise zurückgeht. Mit Übung steigert sich der Genuss oft stufenweise. Lassen Sie zu, dass die Energie stärker wird und sich durch den ganzen Körper verteilt.

Meine Patienten, die diese dreiteilige Übung durchgeführt haben, empfanden einen großen Genuss dabei. Am unglaublichsten für beide Partner: Ein Mann kann tatsächlich einen Orgasmus erleben, ohne zu ejakulieren. Sie erleben Empfindungen, die einem Gefühl der Erleuchtung gleichkommen. Denken Sie nie, dass das unmöglich ist. Das Auflösen der engen Grenzen dessen, was uns eingetrichtert wurde, vergrößert die Reichweite sexuellen Heilens. Die Orgasmusenergie muss von der Form ihres physischen Ausdrucks unterschieden werden. Eine solche Alchemie von Intimität und Erotik bietet einen neuen Kontext, wie Paare miteinander umgehen können.

Als Psychiaterin, die diese Methode westlichen Liebenden vorstellte, bin ich natürlich auf Widerstand gestoßen. Ein Mann, ein Sportreporter, dessen Frau sich mit Tantra beschäftigen wollte, gab einigen weit verbreiteten Bedenken Ausdruck: Es kostet zu viel Mühe, warum also überhaupt erst damit anfangen? Was ist, wenn es mir nicht gelingt? Mir gefällt Sex so, wie er ist. Mich zurückzuhalten wird alles ruinieren. Sie erwarten von mir zu glauben, dass ich die gleiche Befriedigung erreichen werde? Diese Überlegungen sind allen verständlich. Meiner Erfahrung nach empfinden viele männliche Patienten, die sich entspannen und mit der Übung experimentieren, diese Art des Orgasmus als außerordentlich angenehm, ziehen sie sogar vor. Doch natürlich handelt es sich hier nicht um ein Entweder-oder. Der wahre Beweis liegt in dem Genuss des Praktizierens. Fällen Sie kein voreiliges Urteil. Versuchen Sie es. Vertrauen Sie Ihrer Erfahrung. Wenn Sie Vorbehalte haben, bedenken Sie die Vorteile des Wechsels zwischen beiden Orgasmusarten. Zahlreiche Männer, die die Technik meisterten, haben Folgendes berichtet:

- Ihre Erektionen halten länger an und sind stärker.
- Sie sind nach dem Sex nicht müde.
- Sie können öfter mit Ihrer Partnerin schlafen.
- Durch ausgedehnteres Liebesspiel können Sie Ihrer Partnerin mehr Genuss bereiten.
- Das Risiko von Schwangerschaft ist geringer (doch sollten Sie sich nicht zwecks Geburtenkontrolle darauf verlassen).
- Das Gefühl der Wonne ist gesteigert und im ganzen Körper spürbar.
- Die beiden Partner erleben eine tiefere Intimität.

Außerdem bietet diese Methode unbestreitbare Vorteile für die Gesundheit. Männer, die ihre sexuelle Praktik mit tantrischen Orgasmen ergänzt haben, erscheinen oft jugendlicher und vitaler. Ihre sexuelle Ausdauer bleibt bis ins hohe Alter erhalten. Indem sie ihre Sexualität bewusst lenken, können Männer sich selbst kräftigen, Energie gleichmäßiger verteilen und ihr physisches Gleichgewicht aufrechterhalten. Männer haben das Recht, ihre Körper zu kontrollieren. Dann wird der Orgasmus eine bewusst getroffene Entscheidung, eine Form der Kraftgewinnung. Solche Selbstregulierung ist wesentlich, vor allem für Männer mit sexuellen Fehlstörungen. Zum Beispiel bei Impotenz oder vorzeitiger Ejakulation kann Tantra die aktive Kontrolle des Mannes über seinen Körper wieder herstellen. Indem Männer Nuancen ihres sexuellen Rhythmus intuitiv erfassen, können sie sich aktiv entscheiden, eine gesündere Sexualität auszuleben.

Ob Sie einen Partner haben oder Orgasmen durch Selbstbefriedigung erreichen, in beiden Fällen können Sie lernen, den Fluss Ihrer sexuellen Energie zu lenken. Jeder reagiert auf einzigartige Weise. Vergleiche sind sinnlos. Respektieren Sie Ihre sinnlichen Bedürfnisse, gehen Sie ihnen nach. Sie besitzen in Ihrem Inneren ein strahlendes erotisches Licht. Sie wollen es in jede Zelle Ihres Körpers scheinen lassen, nicht nur unterhalb der Gürtellinie. Dadurch wird es Ihnen möglich, ungeahnte Wonnen zu erleben.

Vierter Schritt. Bitten Sie um innere Führung!

Die Beziehung zwischen Geist und Körper beginnt mit einem sekundenschnellen Aufblitzen von Gedanken und Gefühlen. Diese signalisieren die elektrischen Impulse Ihres Gehirns, die wiederum physisch-chemische Veränderungen auslösen, die sich auf Ihre Gesundheit auswirken. Wie verhält es sich damit beim Liebesakt? Wir wollen untersuchen, wie sexuelle Energie zum Zwecke der Heilung eingesetzt werden kann.

Sie haben ein Mitspracherecht, wenn es darum geht, wie Sie Ihre sexuelle Energie einsetzen. Die Kraft, die Sie generieren, kann zu bestimmten Bereichen des Körpers oder zu problematischen Emotionen geleitet weden. Hier ist das Prinzip: Konzentrieren Sie sich während des Liebesakts zunächst auf die Freude und Wonne, die Sie empfinden. Stellen Sie fest, wo in Ihrem Körper diese Gefühle am stärksten sind. Vielleicht in Ihren Genitalien? In Ihrem Herzen? Als Nächstes bitten Sie darum, dass diese positiven Empfindungen auf einen physischen oder emotionalen Bereich ausgedehnt werden, der der Heilung bedarf. Schließlich versuchen Sie, die Wonne, die Sie erleben, zu visualisieren und tatsächlich zu spüren, wie sie zu einem bestimmten

Körperbereich oder einem vorherrschenden Gefühlszustand wandert (wie beispielsweise Angst oder Depression). Dieser Vorgang ist besonders wirksam im Augenblick des Orgasmus, indem Sie Glückseligkeit mit Aspekten Ihres Wesens teilen, die dies am meisten brauchen.

Mein Patient Sam, ein 50-jähriger Lebensmittelgroßhändler, litt unter chronischen Nackenschmerzen, hervorgerufen durch Arthritis. Die übliche Medikation und Physiotherapie brachten ihm zwar Erleichterung, doch die Schmerzen gingen nie ganz weg. Sam und seine Frau hatten ein recht aktives Sexualleben und sie waren interessiert zu erfahren, wie Intuition während des Liebesakts physisch intervenieren konnte. Ich empfahl ihnen Folgendes:

Für Sam: Stellen Sie sich einen Pfad vor, der von Ihren Genitalien bis zu Ihrem Nacken verläuft. Entwickeln Sie ein Gespür für die Verbindung zwischen diesen beiden Punkten. Konzentrieren Sie sich auf diese Verbindung, doch strengen Sie sich dabei nicht an. Fühlen Sie gleichzeitig Ihre sexuelle Erregung als Energie, die sich im Körper intensiviert. Dann können Sie sich mit Ihrer Intuition auf die Feinheiten dieser Energie einstimmen und ihren Kurs lenken. Während des Orgasmus oder vorher – das liegt an Ihnen – äußern Sie in Ihrem Inneren eine Bitte in Form eines Gebets: »Bitte lass das Gefühl der Wonne direkt in das Zentrum meines Schmerzes gehen.« Dann – ohne es zu forcieren – erlauben Sie dem Gefühl, den Pfad von Ihren Genitalien zu dem von Ihnen vorher festgelegten Ziel entlangzuwandern.

Für seine Frau: Seien Sie amourös. Lieben Sie Ihren Mann intensiv. Befriedigen Sie ihn und sich selbst, so sehr Sie es vermögen. Denken Sie dabei die ganze Zeit an seine Nackenschmerzen als das Ziel: Sie schicken Leidenschaft dahin, um seine Beschwerden zu bekämpfen und zu beheben.

Diese Übung soll Vergnügen bereiten. Sie können Ihre Übungsstunden sogar mit Musik unterlegen. Sam und seine Frau entschieden sich für den Song »Midnight Rambler« von den Rolling Stones. Andere Patienten haben alles Mögliche von Tony Bennett bis zu Pachelbels Kanon in D-Dur oder den Red Hot Chili Peppers gewählt. Finden Sie heraus, was Sie inspiriert, wenn Sie dieses unbekannte Terrain durchqueren. Dass wir intuitiv sexuelle Energie lenken können, um Schmerzen, Krankheit oder Angst zu reduzieren, ist für die meisten von uns neu. Dieses Gefühl des Neuen macht den Versuch sogar noch genussvoller. Die Möglichkeiten sind grenzenlos, wie Sam und seine Frau herausfanden. Eine neue, besondere Zärtlichkeit entwickelte sich zwischen den beiden und entsteht zwischen allen Paaren, die ähnliche Erlebnisse miteinander teilen, indem der eine dem anderen sagt: »Mein Liebling, ich liebe dich so sehr. Ich biete dir meine Lebenskraft an, damit du geheilt wirst.« Allumfassende Liebe, die die Partner gegenseitig empfangen. Liebe, die das Eintauchen in Ihre tiefsten, dunkelsten Schmerzen willkommen heißt. Sam und seine Frau benutzten ihre Erotik zum Heilen. Im Laufe der Zeit ließen seine Nackenschmerzen immer mehr nach. Sam berichtete: »Judith, Sie haben einen Gläubigen aus mir gemacht. Unsere Leidenschaft ging genau an die Stelle, wo ich Schmerzen hatte.« Es gibt eine Zen-Redensart: »Dein Glück ist mein Glück. Es gibt kein größeres Glück in der Welt.« Dies können wir unserem Geliebten geben. Glückseligkeit, als Heilerin, aktiviert das Immunsystem und verbessert die Gesundheit.

Jenseits solcher Visualisierungen können auch Fantasien therapeutische Wirkung haben. Zu Beginn der modernen Wissenschaft machte Leonardo da Vinci Zeichnungen von seinem Penis. Er zeichnete zwei Kanäle, einen für Samenflüssigkeit, den anderen für *pneuma,* die Substanz der Intuition und Imagination. Erotische Fantasien können sowohl bei Männern als auch bei Frauen emotional und physisch belebende Wirkung ausüben. Wer das Objekt Ihrer Fantasie ist und die Art und Weise, wie Sie über denjenigen fantasieren, übermittelt intuitive Botschaften an Ihren Körper. Ich glaube, dass positive, liebevolle Fantasien für gute Gesundheit sorgen; destruktive Fantasien wirken negativ. Wenn Ihre Absicht also darin besteht, Sexualität heilend einzusetzen, entscheiden Sie sich für gesundheitsfördernde Vorstellungen und Szenarios. Ob Sie nun mit einem Partner fantasieren oder während Sie sich selbst Vergnügen bereiten, Ihre Gedanken beeinflussen Ihr Wohlbefinden.

In Bezug auf Ihr Sexualleben sollten Sie immer Ihre innere Führung überprüfen. Ein Teil von Ihnen ist vielleicht begeistert, doch Ihre Intuition signalisiert, das gefällt mir nicht. Vor einiger Zeit konsultierte mich ein 30-jähriges Callgirl aus Manhattan, die seit zehn Jahren im Geschäft war und eine sehr exklusive Klientel hatte. Sie sagte mir: »Seit ich meditiere, ist meine Intuition viel stärker geworden. Ich kann die Gedanken und Gefühle meiner Klienten spüren, bevor sie etwas darüber sagen. Das hindert mich bei meiner Arbeit!« Nach Begegnungen mit bestimmten Männern fühlte sie sich krank, nervös, erschöpft, wohingegen sie sich früher gut gefühlt hatte. Ich erklärte ihr: »Es hört sich so an, als würden Sie empathisch die Gefühle Ihres Sexpartners absorbieren. Während eines physischen Kontakts gibt es einen unvermeidlichen Austausch intuitiver Eindrücke. Wenn Sie mit vielen Menschen intim verkehren, setzen Sie sich einem weiten Spektrum von Energien aus, die nicht alle angenehm sind.« Eine Arbeit wie die ihre stellt eine verletzbare, gesundheitsgefährdende Situation für jeden intuitiv veranlagten Menschen dar. Die Antwort dieser Frau war: »Sex ist nur Geschäft«, doch ihre innere Führung verkündete: »Es fühlt sich nicht mehr gut an, dies zu tun.« Ich empfahl ihr dringend, darauf zu hören.

Eine Voraussetzung für eine gegenseitige fruchtbare Beziehung besteht darin, dass Sie sich auf der gleichen intuitiven Wellenlänge befinden wie Ihr Partner. Wer er oder sie ist, wer Sie gemeinsam sind, muss sich emotional und sexuell harmonisch anfühlen. Wie können Sie wissen, dass es so ist? Ihre innere Führung wird es Ihnen sagen. Wenn sie konsultiert wird, gibt sie Ihren Vorlieben und Aversionen unverblümt Ausdruck. Selbst wenn Sie Hals über Kopf verliebt sind, vergessen Sie nicht, in sich hineinzuhorchen.

Fünfter Schritt.
Hören Sie auf Ihre Träume!

Träume sind leidenschaftlich, und das Objekt ihrer Leidenschaft sind Sie. Wenn Sie den Schöpfer aller Träume fragen würden: »Was motiviert dich? Was willst du mir sagen?«, vermute ich, dass dieses geniale Wesen erwidern würde: »Ich möchte, dass deine Seele fliegt. Ich möchte, dass du glücklich bist. Ich möchte, dass du geheilt wirst.« Dies zu erreichen, erfordert natürlich eine unermüdliche Hingabe an unsere weitere Entwicklung – nicht unseren Ängstlichkeiten nachzugeben, sondern sie neu einzuschätzen, damit wir unsere Prioritäten erkennen können. Der Traumschöpfer »schießt direkt aus der Hüfte«, er ist ein unerschütterlicher Wahrsager in der Hoffnung, dass wir hinhören.

Meine Patientin Sue war mir in einem Traum angekündigt worden – innerhalb einer Woche rief sie mich an. Ich wusste, dass ich besonders achtsam sein musste. Sue war furchtlos. Eine 25-jährige Modedesignerin, sie sehnte sich nach einem authentischeren sexuellen Erleben. Ich sah Sue zum ersten Mal in meinem Wartezimmer: Sie war beinahe 1,80 Meter groß, eine gut aussehende Rothaarige, sehr schlank, aber mit einem üppigen Busen. Sie erinnerte mich an eine Barbiepuppe. Sexy, vielleicht, doch mehr eine Karikatur von dem, was Sex-Appeal sein soll. Sie sagte mir: »Ich möchte meine Intuition entwickeln. Bitte zeigen Sie mir, wie ich meine Träume interpretieren kann.«

Sue hatte lebhafte Träume und konnte sie artikulieren. Einer stach besonders hervor:

Ich bin unsichtbar, ein Gast bei meiner eigenen Beerdigung. Ich sehe mich im Sarg liegen, ziemlich tot. Ich falle beinahe in Ohnmacht, doch – was noch unheimlicher ist – meine Haare und mein Make-up sind perfekt, und ich bin verführerisch in ein rosa Versace-Kleid gehüllt! Ich warte. Ich beobachte. Monate vergehen. Mit Röntgenaugen beobachte ich, wie mein Körper zerfällt. Dann sehe ich sie: Meine Silikon-Brustimplantate sind intakt! Sie sind alles, was von mir übrig geblieben ist. Zwei sehr teure, steinharte, synthetische Hügel, die ein giftiges, nukleares Leuchten ausstrahlen. Ich bin wie gelähmt. Werde ich den Menschen nur auf diese Art in Erinnerung bleiben? Ist dies alles, was ich bin?

Sue hatte eine Vision von ihrer Sexualität erhalten, die ihr die Augen öffnete. Ich freute mich für sie. Sie musste sich neu überlegen, was Weiblichkeit ausmacht. Ihr Traum nahm kein Blatt vor den Mund: Der Versuch, eine vorfabrizierte Version von Frau zu leben, von der sie dachte, dass Männer sie wollten, hatte sie beinahe das Leben gekostet. Sues Tage als Verkörperung des »Material Girl« waren vorbei. Ihr Traum hatte dafür gesorgt – jene dem Tod trotzenden Implantate hatten sich unauslöschlich in ihr Bewusstsein eingeprägt. Sie sagte: »Sie erinnerten mich an Kakerlaken; so unzerstörbar, dass sie sogar eine Atombombe überleben.« Von jenem Tag an begann Sue nach einer Sexualität zu suchen, die sich wahr anfühlte.

Spieglein, Spieglein an der Wand, wer ist die Schönste

im ganzen Land? Ich, sagt der Geist. Sue fand ihn. Unser vorherrschendes Ziel bestand darin, ein spürbares Gefühl für das Geistige in ihr Leben zu bringen. Schließlich wollten wir erreichen, dass dies sich sowohl in ihrer inneren als auch äußeren Schönheit manifestiert.

Feng-Shui ist die heilige chinesische Kunst der Energieharmonisierung. Obwohl wir diesen Begriff meistens in Bezug auf den Ort oder die Möblierung unserer Wohnungen hören, wende ich Feng-Shui in meiner Praxis bei Menschen an. In ihrer Vielseitigkeit wirft diese alte Kunst Licht auf alles, angefangen bei kosmetischer Chirurgie bis zur Entwicklung unseres Sexuallebens. Wenn eine Unternehmung ein günstiges Feng-Shui aufweist – eine optimale Verbindung des Spirituellen, Emotionalen und Physischen –, wird es erfolgreich sein. Wenn nicht, bleibt der Erfolg aus. Träume sind Meister des Feng-Shui. Sie zeigen Ihnen den Weg zur Entwicklung eines vitalen sexuellen Selbst. Folgen Sie ihren Anweisungen. Fühlen Sie ihre Schwingungen. Dann wird Heilung die Folge sein.

Eine andere Patientin, Martha, hatte einen Traum dieser Art. Sie war 50 Jahre alt, hatte eine qualvolle Scheidung hinter sich und bat: »Ich möchte wieder mit meiner Sexualität in Berührung kommen.« Dann träumte sie:

Ich bin auf einer Party und rede mit einer hinreißenden Frau, die in feinste Seide gekleidet ist. Aufgeregt überreicht sie mir eine Abendtasche und sagt: »Halte dieses Geschenk in Ehren.« Ich öffne die Tasche. Entsetzt finde ich zwei schimmernde schwarze Schlangen, eine männliche und eine weibliche. Ich weiß, dass sie nicht giftig sind, fühle mich aber trotzdem abgestoßen und kann mich nicht dazu bringen, sie zu berühren. Verrückterweise sehe ich gleichzeitig, dass die Schlangen eine speziell für mich entworfene, lebendige Halskette formen, wobei ihre Kiefer vorne zusammenlaufen, um den Verschluss zu bilden. Sie hat genau die richtige Länge und ist leicht an- und abzulegen. Darüber hinaus ist sie unglaublich schön und genauso bedrohlich. Ich weiß, dass meine Sexualität neu erwachen wird, wenn ich die Kette trage. Doch ich habe Angst. Ich warte.

Marthas tief greifender Traum erfüllte ihren Wunsch, doch seine Komplexität erforderte eine therapeutische Expedition: »Was beunruhigt Sie bei Schlangen am meisten?«, fragte ich. (Beinahe musste ich lachen. Wer könnte diese Frage stellen, ohne Freuds österreichischen Akzent zu hören?) Martha stellte eine Liste auf: »Sie sind schleimig. Sie werden beißen. Sie werden mich erwürgen. Ich wäre eine völlig andere Person, wenn ich eine Schlange an mich heranlassen würde. Außerdem würde niemand eine Schlangenliebhaberin lieben.« Woher kamen diese Assoziationen? Martha erklärte: »Als ich sieben Jahre alt war, legte mein Bruder eines Tages eine Ringelnatter in mein Bett. Ich wäre beinahe gestorben!« Okay, dachte ich, aber zweifellos gingen Marthas Gefühle noch viel tiefer. Ich musste vieles bedenken. Historisch betrachtet hat der Archetypus der Schlange eine vielfältige Bedeutung. Im Griechenland der Antike schmückte sie den Heilstab des Äskulap. Im Hinduismus repräsentiert sie die machtvolle Kundalini-Energie. Für Kleopatra war die Schlange ein Attribut der Göttin Isis, die die Feinde Ägyptens mit Gift bespritzte. Die klassische Psychoanalyse interpretiert Schlangenphobie bekanntermaßen als Angst vor dem Phallus.

Für Martha beinhaltete sexuelle Heilung, dass sie die Qualitäten der Schlange in sich selbst akzeptierte, einschließlich ihrer derben ursprünglichen Kraft. Im Laufe der Zeit stellte sie sich zahlreichen Ängsten: der männlichen Energie, von der sie sich erdrückt fühlte; der Tatsache, dass sie sich »in ihrem Alter« zu erotisch fand; und vor allem der Angst vor ihrer weiblichen Macht. Dennoch, in Anbetracht ihres Hungers nach einer Wiedererweckung ihrer Sexualität, welche Wahl hatte Martha als die, nach vorne zu gehen? Viel Arbeit war nötig, doch heute betrachtet Martha die Schlange als eine Verbündete. In ihren Meditationen und Träumen stellt sie sich vor, wie sie diese Schlangen-Halskette trägt. Unbefangen hinsichtlich der Schlangen, bedient sie sich intuitiv ihrer Weisheit. Angeregt durch ihren Traum ist Marthas Sexualität heute präsenter als je zuvor in ihrem Leben. Ein Jahr später kann ich mit Freuden berichten, dass Martha eine harmonische Liebesbeziehung führt. Eine solche Transformation kann auch Ihnen widerfahren.

Wir alle haben Ängste – einige haben wir gemeinsam. Ein Bergführer sagte mir einmal: »Wovor die Frauen sich am meisten in der Wildnis fürchten, sind die Schlangen. Was die Männer am meisten fürchten, sind beißende Schildkröten!« Erotik und die Welt der Natur sind miteinander verwandt. Wenn in Träumen ein Tier, Vogel oder Reptil erscheint, hat das etwas mit unseren ursprünglichsten Instinkten zu tun. Gefürchtet oder verehrt, diese Kreaturen enthalten Hinweise für Ihre sexuelle Heilung.

Intuition verbindet uns unsichtbar miteinander. Sie träumen für mich. Ich träume für Sie. Als Kollektiv träumen wir alle gemeinsam. Wenn unsere Sexualität frei ist, gewinnt jeder, einschließlich der zukünftigen Generationen. Die höheren Mächte sind entzückt über unsere Errungenschaften. Träume machen uns ihre herrliche Größe zugänglich, erlauben uns die Erkenntnis unseres allumfassenden Selbst. Vor einiger Zeit hatte ich folgenden Traum:

Ich warte auf den Beginn einer Vorstellung in der Hollywood Bowl. Es ist ein warmer, sonniger Abend mit dem aufgehenden Mond im Osten. Das Orchester beginnt, Beethovens neunte Symphonie zu spielen, die »Ode an die Freude«. Der Chor, tausend singende Stimmen, füllt das Amphitheater: Ich schaue mich um und sehe Frauen aller Altersstufen, so weit das Auge reicht. Schneller. Lauter. Schneller. Lauter. Die Musik erreicht einen mitreißenden Höhepunkt. Plötzlich, wie auf ein Stichwort hin, gebärt jede Frau im Publikum eine wunderschöne Katze! Welche Euphorie! Das ganze Theater ist in Aufruhr. Alle applaudieren wie wild.

Ich wachte mit einem Gefühl auf, als hätte ich eine sichere neue Zuflucht gefunden, stolz darauf, eine Frau zu sein. Mein Traum fühlte sich sehr lang an und gab mir zu verstehen, dass eine sinnliche, katzenartige Weiblichkeit in mir Form angenommen hatte und weiterhin annimmt. Ich spüre, dass in meinen Vierzigern etwas Besonderes geschieht. Zur gleichen Zeit wie meine Spiritualität und Intuition ist auch meine Sexualität reifer geworden. Ich fühle mich gesegnet, den Unterschied zwischen meiner heutigen Sexualität und der sexuellen Armut meiner frühen Jahre spüren zu können. Dieser Traum gab mir außerdem das Bewusstsein, fruchtbar zu sein. Darüber hinaus fühlte ich eine gemeinsame Fülle mit den Menschen um mich herum: Zusammen waren wir produktiv, fruchtbar, lebenspendend. Mein Traum hatte also nicht nur mit mir zu tun. Er handelte von allen Frauen, allen Männern.

Sexuelle Heilung vereint unsere vielen Aspekte zu einem Ganzen. Eine heilige Vermählung findet statt, eine Verbindung des Erotischen und des Transzendenten, des Himmels und der alltäglichen Welt. Jung nannte es eine »Vererdung des Geistes« und eine »Spiritualisierung der Erde«. Als Resultat davon ist eine »Hochzeit« unvermeidlich. Vielleicht nicht so, wie Sie es sich vorgestellt haben, jedoch mit Sicherheit viel weitreichender, als Sie es sich je erträumt haben. Die heilige Hochzeit ist ein Ereignis in Ihrem Inneren, eine Allianz, die es Ihnen ermöglicht, Ihr normales Dasein auf außergewöhnliche Weise zu leben.

Eine solche Perspektive garantiert nicht, dass Ihre Beziehung perfekt sein wird. Worauf Sie sich jedoch verlassen können, ist, dass Sie jeden Tag mit Leidenschaft leben werden. Für mich erstreckt sich dies auf alles, was ich tue. Selbst die kleinsten Handlungen sind auf wunderbare Weise sinnlich. Ich sehne mich danach, jeden Augenblick voll auszukosten, und fühle mich hintergangen, wenn ich etwas verpasse.

Intuition bringt Sie zurück zu Ihrer Sexualität. Am Ende des Tages ist es unbedingt notwendig, sich gut zu fühlen. Sie sollen davon überzeugt sein, alles getan zu haben, um Ihre Seele zu verwirklichen. Bei meinen Seminaren überall in den USA sehe ich, wie beide Geschlechter eine Renaissance der Ideale erleben: Poesie, Intuition und Seele werden immer mehr mit der sexuellen Liebe versöhnt. Sie können Ihr Erwachen immer und immer wieder träumen. Ich lerne stets aufs Neue, dass dieser Prozess nichts mit Zeit zu tun hat. Es ist ganz einfach: Sobald Sie bereit sind, tritt die Veränderung ein. Ein solches Wachstum hat weder einen Anfang noch ein Ende; vielmehr stellt es einen unendlicher Kreis des Werdens dar.

Nachwort

Allumfassende Heilung

Nach dem letzten »Nein« kommt ein »Ja«.
Und von diesem »Ja« hängt die Zukunft der Welt ab.

WALLACE STEVENS

Wir müssen uns fragen, was wir uns am allermeisten während unseres kurzen Aufenthalts auf der Erde wünschen. Mit den Worten des Dichters Wallace Stevens: Was ist unser *Ja,* unsere tiefste Affirmation? Zu affirmieren heißt zuzustimmen. Apathie ist tödlich. Wenn es um Heilung geht, müssen wir eine klare Stellung beziehen. Das Wohlbefinden – sogar das Überleben – unserer Körper, Familien, Gemeinden, des ganzen Planeten hängt davon ab.

Ganzheitliche, allumfassende Heilung ist ein Lebensprogramm voller Mitgefühl. Es veranlasst uns dazu, unser ganzes Sein mit Liebe zu erfüllen. Meine tägliche Affirmation lautet: »Ich verpflichte mich zu einem Leben voller Liebe. Ich werde alles in meiner Macht Stehende tun, dies zu erreichen.« Im Verlauf dieses Buches habe ich immer wieder das physische, emotionale und sexuelle Wohlbefinden betont, die grundlegende Dreieinigkeit der Transformation des Selbst. Völlige Heilung auf allen Ebenen umfasst jedoch sowohl persönliche und spirituelle als auch globale Veränderung. Der Impuls, Heilung zu erfahren, wird zunächst in jedem Individuum entfacht und breitet sich dann aus, um soziale und politische Systeme zu durchdringen. Indem wir uns heilen, heilen wir auch die Welt.

Intuition ist die Zukunft. Vieles von dem, an das wir zurzeit glauben, liegt bereits hinter uns. Meine Vorhersage: In den nächsten 50 Jahren wird sich die Medizin allmählich zu einer ganzheitlichen Kunst und Wissenschaft entwickeln; Intuition, Geist und Technologie werden nahtlos ineinander übergehen. Was heute gewagt oder sogar ketzerisch erscheint, wird zur standardisierten Behandlungsform. Ich würde alles geben, um heimlich einem Gespräch zwischen Ärzten der Zukunft lauschen zu können. Ich kann mir vorstellen, wie sie sich am Kopf kratzen und sich fragen, worum es bei der medizinischen Kontroverse überhaupt ging? Rückblickende Weisheit, doch warum sollen wir darauf warten? Wenn es um Ihre Gesundheit geht oder die eines Ihnen nahe stehenden Menschen, befürworten Sie – nein, bestehen Sie schon heute auf einer erleuchteten medizinischen Behandlung.

Ganzheitliche Heilung erstreckt sich unweigerlich auch auf die Erde. Das Schicksal der Menschen und aller Lebewesen hängt von der Gesunderhaltung des natürlichen Ökosystems ab. Wenn Wälder abgeholzt werden, bluten auch wir in unserem intuitiven Unterbewusstsein; wenn Meere verseucht werden, weinen unsere Körper. Ich habe einmal geträumt, dass ich in einem Raumschiff mit einer Gruppe von Wissenschaftlern die Erde umrundete. Einer von ihnen sagte: »Schau nach unten.« Von Ehrfucht erfüllt, schaute ich auf den üppigen Planeten Tausende von Meilen unter mir. Ich sah riesige Kontinente, seidene Wolkendecken, azurblaue Meere. Doch zu meinem Befremden erkannte ich, dass der Globus auch ein bernsteinfarbenes Glühen ausstrahlte. Erschüttert verstand ich, dass ich die Nachwirkungen einer Apokalypse beobachtete. Unsere Erde war vergiftet, tot. Ich war erfüllt von einem unhörbaren, inneren Schrei der Trauer und des Verlusts. Ich glaube, dass dieses Traumszenario des »Jüngsten Tages« weniger eine Tatsache als eine Warnung darstellte. Vergessen Sie nie: Wenn es der Erde gut geht, geht es uns gut; wenn sie dahinsiecht, wird es auch uns bald nicht mehr geben.

Das Leben, wenn wir uns ihm mit Ehrfurcht nähern, ist

eine heilende Beschwörung einer positiven Zukunft. Um die Erde und uns selbst zu würdigen, müssen persönliche und kollektive Prioritäten festgelegt werden. Die jüdische Haggadah behauptet, dass Gebete sinnlos sind, »solange sie nicht subversiv« sind, wenn sie nicht »Herzlosigkeit, Hass, Opportunismus und Falschheit anfechten. Wahres Beten ist revolutionär. Es hat zum Ziel, Kräfte zu besiegen, die das Versprechen, die Hoffnung, die Vision zerstören.« In diesem Sinne sollten wir gemeinsam für die Welt beten.

Allumfassende Heilung geht davon aus, dass Veränderung erreichbar ist, wenn die Bemühungen aus dem Herzen kommen. In der von mir vorgeschlagenen Perspektive ist niemand von der Möglichkeit der Erneuerung ausgenommen. Intuition schenkt Neuanfänge. Sie ist ein Wissen, so alt wie das Einhorn, mit einer Kraft spendenden Gnade, die so voller Überraschungen ist, dass sie sich jeder Berechnung entzieht. Vertrauen Sie dem, was das Leben Ihnen gibt. Anstrengend oder erfreulich, jede Interaktion hat etwas mit dem Wachstum unserer Seele zu tun. Konzentrieren Sie sich auf den Vorgang und lassen Sie sich nicht ablenken. Die ehrliche Bemühung allein ist schon die halbe Arbeit.

Ich liebe Liebesbriefe, sowohl sie zu schreiben als auch sie zu bekommen. Also widme ich dieses Buch wie einen Liebesbrief Ihnen, den Lesern. Das Herz kennt keine Grenzen. Es ist der Ort, aus dem die wahre Kraft entspringt. Ich wünsche Ihnen von ganzem Herzen, dass Sie die Wahrheit dieser Behauptung am eigenen Leib erfahren und sie dann mit anderen teilen. Auf Intuition zu hören heißt, Liebe zuzulassen. Sie können einfach nicht anders. Liebe zu verbreiten lässt ein gutes Karma entstehen. Tun Sie es, wieder und wieder. Dann wird Ihr Leben zu einer herrlichen Kette unvorstellbarer Wunder werden.

Literaturhinweise

Intuition und Heilung

Brugh, Joy: *Joy's Way: A Map for the Transformational Journey.* Los Angeles: Jeremy Tarcher, 1979.

Dossey, Larry: *Reinventing Medicine: Beyond Mind-Body to a New Era of Healing.* San Francisco: Harper & Collins.

Emery, Marcia: *The Intuitive Healer: Accessing Your Inner Physician.* New York: St. Martin's Press, 1999.

Krieger, Dolores: *Deine heilenden Hände. Die Heilmethode Therapeutic Touch.* München: Hugendubel, 1999.

Myss, Caroline: *Chakren – Die sieben Zentren von Kraft und Heilung.* München: Knaur, 2001.

Naparstek, Belleruth: *Your Sixth Sense: Activating Your Psychic Potential.* San Francisco: Harper San Francisco, 1997.

Ornish, Dean: *Die revolutionäre Therapie: Heilen mit Liebe.* München: Mosaik, 1999.

Radin, Dean: *The Conscious Universe: The Scientific Truth of Psychic Phenomena.* San Francisco: Harper San Francisco, 1997.

Schultz, Mona Lisa: *Awakening Intuition: Using Your Mind-Body Network for Insight and Healing.* New York: Harmony Books, 1998.

Targ, Russell, und Jane Katra: *Miracles of Mind: Exploring Nonlocal Consciousness and Spiritual Healing.* New World Library, 1998.

Anatomie

Faller, Adolf: *Der Körper des Menschen.* Stuttgart: Thieme, 1999.

McCracken, Thomas: *Der 3D-Anatomieatlas.* Augsburg: Bechtermünz, 1999.

Kapit, Wynn: *Anatomie-Malatlas.* München: Arcis, 1995.

Träume

Delaney, Gayle: *Sensual Dreaming: How to Understand and Interpret the Erotic Content of Your Dreams.* New York: Fawcett Books, 1995.

Freud, Sigmund: *Die Traumdeutung*. Frankfurt/M.: Fischer, 1989.
Garfield, Patricia: *Creative Dreaming: Plan and Control Your Dreams to Develop Creativity, Overcome Fears, and Create a Better Self*. New York: Fireside, 1995.
Jung, C. G.: *Symbole und Traumdeutung*. Olten: Walter, 1998.
–: *Erinnerungen, Träume, Gedanken*. Olten: Walter, 1999.

Sexualität

Anand, Margo: *Tantra oder die Kunst der sexuellen Ekstase*. München: Orbis, 1998.
Angier, Natalie: *Frau – Eine neue Biographie des weiblichen Körpers*. München: Bertelsmann, 2000.
Borysenko, Joan: *Das Buch der Weiblichkeit*. München: Kösel, 1990.
Dunas, Felice, mit Phillip Goldberg: *Chinesische Liebesgeheimnisse. Alte Weisheiten für Glück und Gesundheit*. München: Heyne, 2000.
Etcoff, Nancy: *Nur die Schönsten überleben – Die Ästhetik des Menschen*. München: Hugendubel, 2001.
Moore, Thomas: *The Soul of Sex: Cultivating Life as an Act of Love*. New York: HarperCollins, 1999.
Muir, Charles, und Caroline Muir: *Tantra – Die Kunst des bewussten Liebens*. München: Heyne, 1999.
Watson, Cynthia Mervis: *Love Postions: A Guide to Aphrodisiacs and Sexual Pleasures*. New York: Jeremy Tarcher, 1993.

Anmerkung der Autorin

Ich habe dieses Buch in der Hoffnung geschrieben, dass es Ihnen helfen wird, effektiver mit Ihrem Arzt und anderen Heilkundigen im Bereich der Gesundheitsfürsorge zusammenzuarbeiten. Dieses Buch hat nicht die Absicht, als Ersatz für medizinische Fürsorge zu fungieren; kein Buch kann diesen Anspruch erheben. Ich hoffe jedoch, dass Sie es den Sie behandelnden Ärzten und Heilern zu lesen geben, mit denen Sie arbeiten; ich glaube, dass alle Heiler von einer intuitiveren Sichtweise bei ihrer Arbeit profitieren können, genauso wie ich glaube, dass allen Patienten eine offene und vertrauensvolle Beziehung mit einem mitfühlenden Arzt zugute kommt.

Um ihre Privatsphäre zu achten, habe ich die Namen und erkennbaren Charakteristiken meiner in diesem Buch erwähnten Patienten unkenntlich gemacht. Meine Freunde haben mir freundlicherweise die Erlaubnis gegeben, ihre Geschichten und tatsächlichen Namen zu benutzen. Ich bin den vielen Patienten und Freunden – allesamt Mentoren – dankbar, die mir für dieses Buch ihre Erfahrungen anvertraut haben.

Danksagung

Mein Dank geht an viele Personen, die mich beim Schreiben dieses Buches unterstützt haben:

Richard Pine, Literaturagent, dessen Integrität, Sachkenntnis und Engagement mich immer wieder aufs Neue inspirieren.

Betsy Rapoport, meine Traumlektorin; Seherin und Verfechterin dieses Projekts.

Kitty Farmer, die meisterhaft meine Seminare und Vorträge organisiert und mit liebevoller Hingabe die Kunde von meiner Arbeit verbreitet hat.

Paula Cizmar und Thomas Farber, deren engagierte Einsichten mithalfen, die Idee für dieses Buch zu formulieren und es zu vollenden.

Terry Schoonhoven, visionärer Wandmaler, der mit Talent und Freundlichkeit die Illustrationen zum Text angefertigt hat.

Rabbi Don Singer, Sensei, Führer, Freund, spiritueller Resonanzboden.

Berenice Glass, die die ganze Wahrheit hört und nicht urteilt.

Ich möchte den außergewöhnlichen Menschen bei Times Books für ihre Fähigkeiten und ihren Enthusiasmus danken: Tina Constable, Chip Gibson, Carie Freimuth, Mary Beth Roche, T. J. Snyder, Suzanne Wickham-Beard, Regina Su Mangum, Steve Ross, Sabrina Hicks, Tracy Howell, Linda Pennell und Mindy Schultz.

Auch danke ich meinen Freunden und meiner Familie für ihre Vorschläge und Ermutigungen: Mila Aranda, Barnet Bain, Barbara Baird, Kathy Bishop, Barbara Biziou, Dannion Brinkley, Laurie Sue Brockway, Ann Buck, Janus Cercone, Vicki Chang, Jane Daly, Barbara Dossey, Dr. Larry Dossey, Gay Norton Edelman, Arielle Ford, Linda Garbett, Michael Goerden, Peter und Tara Guber, Angelika Hansen, Brian Hilliard, Brother James, Jonathan Kirsch, Michael Manheim, Dr. Richard Metzner, Catherine Miller, Stephen Mitchell, Mary Manin-Morissey, Dean Orloff, Dr. Theodore Orloff, Dr. Dean Ornish, Dr. Phyllis Ostrum-Paul, Candida Royale, Lisa Schneiderman, Madeleine Schwab, Stephan und Hayden Schwartz, Marc Seltzer, Benjamin Shield, Stephen Simon, Chris Snyder, Leon Tang, Russell Targ, Suzanne Taylor, Roy Tuchman.

Und schließlich ist jeder Arzt auch ein Lernender: Ich bin meinen Patienten und Seminarteilnehmern, die mich immer wieder so vieles lehren, zu tiefstem Dank verpflichtet.